JN418826
니콜 ― 안기순 옮김
Fore str.
S. Giles
Muggle St.
Lyttil Wood str.
Sylver Str.
Noble str.
S. Albans
Adle St.
Lane la.
Ote la.
Stayning
Anne la.
Aldersmā Bury
Mayden St.
Lad la.
Hoggyn la.
Kerie la.
Forster lane
Goutter lane
Wood Streat
Mylke Streat
Chepesyde
Olde change
Fryda Streat
Bread Streat
Bowe church
Watlinge Streat

실버 스트리트의 하숙인
셰익스피어

THE LODGER: Shakespeare on Silver Street by Charles Nicholl
Copyright © 2007 by Charles Nicholl
First published in the United Kingdom by Penguin Books Ltd, 2007
All rights reserved.
This Korean edition was published by God'sWin Publishers, Inc. in 2009 by arrangement with Penguin Books Ltd., London through KCC(Korea Copyright Center Inc.), Seoul.

실버 스트리트의 하숙인

셰익스피어

찰스 니콜 | 안기순 옮김

고즈윈
God'sWin

고즈윈은 좋은책을 읽는 독자를 섬깁니다.
당신을 닮은 좋은책 — 고즈윈

실버 스트리트의 하숙인
셰익스피어

찰스 니콜 지음
안기순 옮김

1판 1쇄 발행 | 2009. 5. 6.

이 책의 한국어판 저작권은 (주)한국저작권센터(KCC)를 통한
저작권자와의 독점계약으로 고즈윈(주)에 있습니다.
저작권법에 의해 한국 내에서 보호를 받는 저작물이므로
무단전재와 복제를 금합니다.

발행처 | 고즈윈
발행인 | 고세규
신고번호 | 제313-2004-00095호
신고일자 | 2004. 4. 21.
(121-819) 서울특별시 마포구 동교동 200-19번지 202호
전화 02)325-5676 팩시밀리 02)333-5980
www.godswin.com

값은 표지에 있습니다.
ISBN 978-89-92975-24-7

고즈윈은 항상 책을 읽는 독자의 기쁨을 생각합니다.
고즈윈은 좋은책이 독자에게 행복을 전한다고 믿습니다.

"모든 접촉은 흔적을 남기게 마련이다."

−에드몽 로카르(Edmond Locard),

『전문 경찰 개론(Manuel de Technique Policière)』(1923)에서

차 례

제 1 부 '셰익스피어 나리'라는 분

제 2 부 실버 스트리트

제 3 부 마운트조이 가족

제 4 부 머리 장식 제작

작품집 「제1이절판(the First Folio)」에 실린 셰익스피어 초상화

제 1 부

'셰익스피어 나라,'라는 분

One Mr Shakespeare

"내 있는 모습 그대로가 나를 살게 하리라…."

–「끝이 좋으면 다 좋은 법」 4막 3장 322~3

1장

진술서

✠ ✠ ✠

1612년 5월 11일 월요일, 윌리엄 셰익스피어는 웨스트민스터 소재 소액청구재판소에 계류 중인 소송 관련 서류에 자취를 남겼다. 법원 서기가 가로 12인치, 세로 16인치 종이에 알아보기 힘든 필체로 셰익스피어의 증언을 받아 적었던 것이다.(삽화 1) 셰익스피어는 재판이 끝날 무렵 이 진술서의 맨 밑에 서명했다. 이 서명은 현존하는 셰익스피어의 서명 여섯 개 가운데 가장 초기의 것이다.(당시 셰익스피어의 나이는 48세로 이미 절반은 은퇴 상태였기 때문에 사실 '초기'라는 단어를 사용하기가 무색하다.)[1] 셰익스피어는 별로 정성을 들이지 않고 재빨리 서명했는데 첫 글자인 W는 셰익스피어 특유의 필체대로 시작과 끝을 둥글게 구부려서 힘차게 쓴 것이 분명하지만, 성은 서명하기 싫은 듯 아무렇게나 휘갈겨 쓰고 철자를 생략하여 전체적으로 'Willm Shaks'로 보인다. 이 약어 서명은 1613년도 저당 증서의 'Wm Shakspe'와 마찬가지로 문서 내용 바로 밑에 간격 없이 붙여서 썼는데 이는 셰익스피어가 형식적인 상황에 처했거나 조바심이 난 상태에서 서명을 했기 때문으로 추정된다.

셰익스피어의 서명은 세간의 이목을 끌기에 충분하다. 필적학자들은 서명이 '고정된 몸짓'이라고들 말한다. 서명이 없었다면 보잘것없는 종이에 불과했을 위의 진술서는 서명 하나로 셰익스피어의 손길을 느끼게 한다. 하지만 이 문서가 특별한 이유는 비단 서명 때문만은 아니다. 익명의 법원 서기가 기록한 내용 그 자체 덕분이기도 하다. 셰익스피어가 지은 수많은 희곡과 시가 전해 내려오지만 이 진술서는 그가 실생활에서 실제로 한 말을 기록한 것으로는 유일하게 현존하는 자료이다.

법원 기록부에 의하면 셰익스피어가 증언한 사건은 '벨롯 대 마운트조이(Belott v Mountjoy)' 사건으로, 가족 간의 금전적인 다툼에서 비롯된 약간 치졸한 성격의 싸움이었다. 피고인 크리스토퍼 마운트조이(Christopher Mountjoy)는 여성용 머리 장식 제작자였고 원고인 스티븐 벨롯(Stephen Belott)은 한때 마운트조이의 도제(徒弟)였다가 사위가 된 사람인데, 둘 다 프랑스 태생이지만 오랫동안 런던에서 생활했다. 마운트조이의 집은 도시 성벽 북서쪽 끝에서 가까운 크리플게이트(Cripplegate)의 실버 스트리트(Silver Street)에 있었다. 이곳이 바로 소송 과정에서 드러난 이야기 즉 윌리엄 셰익스피어가 연루된 이야기의 배경이다.

가족 간의 다툼은 지참금 때문에 벌어졌다. 벨롯은 1604년에 마운트조이의 딸과 결혼하면서 60파운드의 지참금을 받기로 했으나 한 푼도 받지 못했다고 주장했다.(60파운드는 오늘날 화폐 가치로 환산하면 대략 1만 2천 파운드 정도로 적은 금액은 아니지만 지참금으로는 그렇게 큰 금액도 아니었다.) 또한 마운트조이가 사망하는 경우에는 200파운드의 유산을 자기 부부에게 주기로 약속했다고도 주장했다. 마운트조이는 벨롯의 두 가지 주장을 모두 부인하는 입장이었는데 결국 이 지참금 문제로 인해 딸을 결혼시킨 지 8년 만에 법정에까지 서게 된 상황이었다.

셰익스피어는 심리 첫날 소환된 증인 세 명 중 하나였다.(삽화 3) 법정에서 셰익스피어는 어떤 질문을 받았을까? 질문은 그다지 많지 않았다고 간단하게 말할 수도 있겠지만 이 책에서는 질문에 대한 좀 더 긴 답변을 찾아보고자 한다. 셰익스피어는 다섯 개의 질문을 순서대로 받고 각 질문에 간결하게 답변했다. 법원 진술서 형식에 맞게 진술해야 했기 때문에 간결하게 답변하기도 했겠지만 다른 몇몇 증인과 마찬가지로 셰익스피어는 상세하게 진술하지 않았을 뿐만 아니라 애매하게 진술하거나 판결에 별반 도움이 되지 않는 답변을 했다. 진술서의 서명과 마찬가지로 적절하지 않다고는 할 수 없지만 그 이상도 그 이하도 아닌 진술이었다. 셰익스피어는 원고와 피고를 안 지 '10여 년이' 되었다고 답변했다. 그러니까 대략 1602년부터 알고 지냈다는 뜻이다. 셰익스피어는 젊은 벨롯을 '매우 선량하고 부지런한 일꾼'이며 '일을 잘하고 정직하게 처신했다'고 기억했다. 그렇다. 벨롯은 '매우 정직한 사람'이었고 그의 고용인 또한 그렇게 생각했다. 다툼의 원인에 대해 셰익스피어는 벨롯이 지참금을 약속 받았다는 것은 확실히 알았지만 액수는 기억하지 못한다고 했고 벨롯 부부가 결혼할 당시에 마운트조이에게서 '어떤 살림살이'를 받았는지도 기억하지 못한다고 했다.

또한 마운트조이의 부인으로부터 망설이는 도제를 설득해서 자기 딸과 결혼하게 해 달라는 부탁을 받았다고 진술했다. 이러한 진술로 판단해 볼 때 셰익스피어는 일종의 조언자나 중매자의 역할을 수행했던 것 같다. 그러나 다른 증인의 진술에 비추어 보면 셰익스피어의 역할은 그 이상이었음을 알 수 있다. 그 다른 증인은 커플이 '셰익스피어 앞에서 다짐했고', '결혼에 동의했다' 고 진술했다. 이 표현은 정확한 의미를 담고 있는데, 셰익스피어가 '약혼(troth-plighting)' 이나 '가(假)결혼(handfasting)' 으로 알려진 간단한 세속 의식을 집행했으며 젊은 커플의 공식적인 약혼에 관여했다는 사실을 말해 준다.

셰익스피어가 마운트조이의 가족 문제에 개입하게 된 경위를 직접 밝히지는 않았지만 해답을 멀리서 찾을 필요는 없다. 예전에 마운트조이의 집에서 하녀로 일했던 조앤 존슨(Joan Johnson)의 진술서에 '그 집에 하숙하는 셰익스피어 나리라는 분' 이란 표현이 등장하기 때문이다. 이는 벨롯 대 마운트조이 사건으로 알 수 있는 중요한 정보의 하나로서 셰익스피어가 거주했던 런던의 주소를 알게 해 준다. 그렇다면 셰익스피어는 실버 스트리트에서 얼마 동안이나 하숙 생활을 했을까? 어쨌거나 벨롯 부부의 결혼이 성사되었던 1604년에는 실버 스트리트의 마운트조이의 집에 거주했던 것이 분명하다.

내가 벨롯 대 마운트조이 사건에 관심을 기울이기 시작한 것은 '셰익스피어 나리라는 분' 이라는 평범한 표현을 접하고부터였다. 이 표현을 통해서 만큼은 셰익스피어를 위대한 문학가로 보는 것이 아니라, 문학적 소양이 전혀 없고 자신의 이름조차 쓸 수 없어 진술서의 서명란에 손을 벌벌 떨며 조그맣게 표시를 했던 하녀의 관점에서 보게 된다. 당시의 '나리(Mr)' 라는 칭호는 '마스터(Master)' 의 약자로서 신사의 지위를 함축적으로 나타내는 존칭이었다. 우리는 이 책에서 셰익스피어가 영위했다고 확신하는, 그러나 알려진 것이 많지 않은 그의 평범한 삶이나 평범한 듯 보이는 삶의 단편을 보게 될 것이다. 셰익스피어는 하숙인이었고, 위층에 사는 신사였고, 셰익스피어라는 이름의 나리였다.

벨롯 대 마운트조이 사건에 대한 셰익스피어의 진술서는 세상 빛을 본 지 거의 100년이 넘었지만 전기적 자료로서의 측면은 이상하다 싶을 정도로 무시되어 왔다. 이 진술서는 1909년에 런던 소재 공문서보관소(Public Record Office)에서 해당 사건의 다른 진술서와 함께 발견되었는데, 처음 발견한 사람은 네브래스카 대학교 영어학과 부교수인 44세의 미국인 찰스 월리엄 월리스(Charles William Wallace) 박사였다. 진술서를 발견했을 즈음에 찍은 그의 사진을 보면(삽화 5) 검은 수염에 윤기 나는 머리카락을 갖고 있으며 옷차림이 점잖다. 전통적인 고문서 학자의 이미지와는 조금 거리가 멀다. 그 옆에는 단정하게 모자를 쓴 아내 훌다(Hulda)가 서 있다. 이디스 워튼(Edith Wharton, 20세기 미국 최대의 여류 소설가 중 하나-옮긴이)의 소설 속 평범한 등장인물처럼 생긴 월리스 부부는 챈서리 레인(Chancery Lane) 소재 고문서보관소의 낡은 실내를 배경으로 오래된 양피지 문서 다발 앞에 서 있다.

월리스 부부는 이전에도 몇 년에 걸쳐 옛날 기록을 추적한 끝에 셰익스피어와 관련된 문서를 발견했다. 셰익스피어가 1613년에 사들인 블랙프라이어스 게이트하우스(Blackfriars Gatehouse) 관련 법률 서류와 절친한 극단 동료인 리처드 버베이지(Richard Burbage)와 존 헤밍스(John Heminges)가 개입된 법률 소송 관련 서류였다. 하지만 월리스는 자신을 경솔한 미국인 침입자로 간주하는 영국 학문 단체의 거만한 태도 또한 경험해야 했다. 물론 월리스가 '진정한 의미에서 대륙을 뛰어넘은 발견' 이라는 커다란 성과를 거뒀다고 주장한 비평가도 있었다. 하지만 『애서니엄(Athenaeum, 런던의 주간 문예 평론지-옮긴이)』에서 평론가들을 움츠러들게 만들었던 월리스의 산문 스타일은 '읽는 사람의 주의를 언제나 효율적으로 끌지는 못했다.' 특히 월리스는 에드워드 왕 시대 셰익스피어 연구의 대가인 C. C. 스톱스(Stopes)와 심하게 충돌했는데 스톱스가 문서보관소의 직원을 매수해서 자신이 주문한 서류를 중간에 빼돌려 보았다고 비난했다.[2]

월리스가 초기에 발견한 문서들은 셰익스피어와 관계가 있기는 하지만 앞서 소개한 진술서보다 고문서로서의 순수한 매력은 부족한 것이었다. 하지만 이 초기 발견으로 어떤 단서를 얻은 월리스는 당시의 소액청구재판소 의사록을 뒤져서 드디어 진술서를 찾아내기에 이르렀다. 월리스의 기록에 따르면 의사록 더미는 '잡다하고 오래된 가죽과 종이 뭉치' 로 원형이 잘 보존된 것도 있고, '부서지고' '때가 묻어' 있는 것도 있고, 일부는 '다루기 힘든' 삼으로 만든 끈으로 묶여 있었다.[3] 그의 이 같은 설명에는 고문서를 추적하면서 느낀 설렘과 전율이 묻어나지만 사실 추적 작업 자체는 실로 끈질긴 노력이 필요한 과정이다. 오늘날의 소액청구재판소 의사록 더미도 정글을 방불케 할 정도로 혼란스러운데 법정이 가장 붐볐던 제임스 국왕과 찰스 국왕 시대는 더 말할 필요도 없다. 월리스는 개인적으로 남긴 메모에서, 찾아 헤매던 문서를 마침내 발견했을 때

느꼈던 모순된 감정을 '기뻤으나 분량에 실망했다'는 말로 표현했다. '우리가 발견한 문서가 위대하다는 것은 인식했으나 분량은 기대했던 것보다 훨씬 적었다!' 월리스 부부는 맥 빠진 상태에서 이상야릇하게 침착한 태도를 보였다. '우리는 발견한 문서를 놓고 몇 마디 말을 주고받았다. 하지만 우리 앞에 법정 판결 요지보다 중요하고 흥미진진한 문서가 놓여 있으리라고는 그 방에 있던 어느 누구도 짐작하지 못했다.' 아마도 이런 침착한 태도는 최상의 발견에 모든 것을 거는 문서 사냥꾼의 편집증적 증상일 것이다. 월리스 부부는 어떤 빌미도 보이지 않았고 심지어 '찾았다!'고 외치지도 않았다. 스톱스의 염탐꾼이 도처에 깔려 있었기 때문이다. 게다가 계속 해야 할 일 또한 있었다. '발견한 것은 찾고 있던 문서의 일부에 불과하다는 사실을 알고 있었다. 나머지도 찾아야 했다.'[4]

월리스는 자신이 발견한 내용을 다음 해인 1910년 『하퍼스 먼슬리(Harper's Monthly)』 3월호에 발표했다. 그때까지 발견한 것은 벨롯 대 마운트조이 사건에 관련된 총 26건의 문서로서 일부는 행정적인 내용을 담고 있었으나 매우 '흥미진진한' 내용을 담은 문서도 있었다. 이중 12건의 문서에 셰익스피어에 대한 언급이 등장한다. 월리스는 『네브래스카 대학교 논문집(Nebraska University Studies)』 1910년 9월호에 완전한 사본을 게재했다. 오늘날 이를 입수하기는 어렵지만 『애서니엄』의 견해를 고려할 때, 발표 지면으로 정기간행물을 선택한 것은 꽤나 괜찮은 판단이었다.

셰익스피어의 진술서는 한동안 유리에 덮여 공문서보관박물관(Record Office Museum)에 전시되었다가 지금은 견고한 판지 상자 속에 비치되어 원래 보관 장소인 국립문서보관소(National Archives)

의 큐(Kew) 소재 새 본부에 안전하고 소탈한 모습으로 보관되어 있다. 진술서는 정당한 조사를 목적으로 하는 경우에만 열람할 수 있다. 나는 보관소의 굳게 잠긴 문 뒤에 안치되어 있는 상자에서 표면이 거친 잿빛 종이를 꺼냈다. 거의 400년 전 어느 월요일 아침에 셰익스피어가 별다른 조심성 없이 다뤘던 서류였다. 어떤 페이지가 사진 복제를 거친 것인지는 알기가 어려웠다. 물론 서명은 선명했고 W를 둥글려 쓰느라 생긴 호 안에 찍힌 점이 뚜렷해서 마치 작고 구슬 같은 눈처럼 바깥세상을 응시하고 있었다. 제대로 형태를 갖추지 않은 k는 꼭 잉크 얼룩처럼 보였다. 아마도 셰익스피어가 법정에 비치된 펜에 익숙하지 않았기 때문일 것이다. 이외에는 좀 더 막연한 감각에 의존할 수밖에 없다.

서류 더미에 대한 숭배를 마음에 품고 잠깐 지문과 디엔에이(DNA) 흔적 가능성에 대한 헛된 생각을 하다가 상자 속에서 역시 월리스가 발견했던 다른 서류를 펼쳤다. 대부분은 복제되지 않은 상태였다. 모두 네 세트가 들어 있었는데 첫 세트는 사건의 초기 고소장으로 네 장의 양피지로 되어 있고 왼쪽 끝이 더러운 흰색 줄로 묶여 있었다. 내용은 벨롯이 변호사 랄프 웜레이턴(Ralph Wormlaighton)을 통해 제출한 1612년 1월 28일자 소장과 마운트조이가 변호사 조지 하톱(George Hartopp)을 통해 제출한 2월 3일자 답변서이다. 일부 문장으로 미루어 서류는 1년 이상 전에 기록된 것으로 추정된다. 그 다음에는 5월 5일자 벨롯의 '피고에 대한 원고의 답변', 마운트조이가 작성한 날짜 불명의 '제2소송 답변' 등 쌍방 간에 오고간 서류가 이어진다. 이런 서류들은 대부분 예전에 법원에 제출한 서류의 내용을 반복한 것으로 분쟁 해결에 새로운 물꼬를 트기 보다는 변호사 비용만 부풀렸을 것이다.

나머지 세 세트의 서류는 소액청구재판소의 세 차례에 걸친 개정기에 기록된 것으로 증인은 증언을 하거나 미리 준비된 질문에 답변하는 형식을 취했다. 법원은 웨스트민스터 법률 관할구 안에 자리하면서 웨스트민스터 홀에서 층계로 연결된 1층에 위치했다. 셰익스피어가 런던에서 극작가로 활동할 당시의 지지(地誌)학자였던 존 스토우(John Stow)는 다음과 같이 기록했다. '왕좌재판소(King's Bench) 옆에 화이트홀(White Hall)로 불리는 커다란 방이 있는데 그곳에는 현재 워즈앤드리버리스재판소(Court of Wards and Liveries, 헨리 8세 때 세워진 법원으로 봉토세 관리, 세금 징수, 후견인, 봉토 점유와 인도 문제 등을 취급했다-옮긴이)가 자리하고 인접한 곳에 소액청구재판소가 있다.'[5] 1차와 2차 법원 개정기에는 셰익스피어를 포함한 증인이 벨롯 측 증인석에 섰고, 3차 개정기에는 마운트조이를 일방적으로 지지하는 증인이 법정에 출두했다. 세 차례 모두 동일한 서기가 같은 종류의 종이에 증인의 진술을 기록했다. 17세기 목판화에 표현된 법정 장면(삽화 2)을 보면 진술을 기록하는 서기, 원고와 피고의 진술을 경청하는 판사, 테이블 위에 놓인 서류 등 당시의 법정 분위기를 엿볼 수 있다.

5월 11일에 열린 첫 재판에서는 '미들섹스 카운티(county of Middlesex) 소재 일링(Ealing) 교구의 바구니 제작자인 토마스 존슨의 아내' 조앤 존슨, '런던 크리플게이트의 세인트 알페이지(St Alphage)에 사는 신사' 다니엘 니콜라스(Daniel Nicholas), '워릭셔 카운티(county of Warwickshire)의 스트래트퍼드 어폰 에이본(Stratford upon Avon) 출신 신사' 셰익스피어의 진술서가 작성되었다. 증인들은 진술서 작성 순서에 따라 조사를 받았고 마지막 차례로 셰익스피어가 증인석에 들어섰을 때 서기의 손은 눈에 띄게 피로를 느꼈다. 총 네 페이지로 구성된 진술서는 오른쪽 구석이 손상되어 일부 내용이 훼손된 것을 제외하고는 상태가 양호하다.

1612년 6월 19일에 열렸던 2차 재판에는 여섯 명의 증인이 출석했다. 첫 증인으로 채택된 사람은 1차 재판에서 증인석에 섰고 증인 중에서 사건과 가장 관련이 많았던 다니엘 니콜라스였고, 다음 증인으로는 벨롯의 도제였던 윌리엄 이턴(William Eaton), 성 세펄커(St Sepulchre) 교회 교구의 술집 주인 조지 윌킨스(George Wilkins), 벨롯의 계부이자 '국왕의 트럼펫 연주자의 한 사람'으로 묘사된, 크리플게이트 성 자일스(St Giles) 교회 교구에 사는 험프리 플러드(Humphrey Fludd), 직물상인 크리스토퍼 위버(Christopher Weaver), 머리 장식 제작자이자 피고의 동생인 노엘 마운트조이 등이 있었다. 이들 중에서 크리스토퍼 위버와 노엘 마운트조이는 실버 스트리트가 속한 성 올라브(St Olave) 교회 교구에 거주했다. 이곳은 마운트조이가 살았고 셰익스피어가 하숙을 했던 교구로서 스티븐 벨롯과 마운트조이의 딸이 이곳 교구 교회에서 결혼식을 올렸다.

6월 23일에 열린 3차 재판에서는 피고가 요청한 증인들이 법정에 출두했다. 채택된 증인은 지난 번 재판 때 증인대에 섰던 크리스토퍼 위버와 노엘 마운트조이, 우드 스트리트(Wood Street)의 성 알반스(St Albans) 교회 교구에 거주하는 양복점 주인 토마스 플라워(Thomas Flower) 등 세 명뿐이었다.

사건에 연루된 아홉 명의 증인 중 다섯 명은 형제이거나 계부, 도제, 하숙인, 하녀 등 소송 당사자와 특정 관계를 맺은 사람이고 나머지 네 명은 대략 친구나 이웃의 범주에 속했다. 직업으로 보면 세 명은 장인으로 바구니 제작자(의 아내), 머리 장식 제작자와 도제였고, 세 명은 상인으로 술집 주인, 직물상, 양복점 주인이었으며, 두 명은 연예계 종사자로 극작가(이자 신사)와 트럼펫 연주가였고, 나머지 한 명은 직업이 불분명한 신사였다. 또한 이들 중 일곱 명은 런던의 크리플게이트 지역이나 그 근방에 거주했고, 당시 런던에 거주하지 않았던 일링의 조앤 존슨과 스트래트퍼드의 셰익스피어도 과거에 같은 지역에 거주했었다. 벨롯 대 마운트조이 사건은 걸어서 30분이면 돌 수 있는 지역 안의 얘기였던 셈이다.

아홉 명의 증인에 속하지는 않았지만 사건의 중심에 있었던 여성이 둘 있는데 그중 한 명은 크리스토퍼의 아내 마리 마운트조이(Marie Mountjoy)로 몹시 앓다가 사건이 법정에 가기 전에 사망했다. 또 한 명은 마운트조이 부부의 딸인 메리 벨롯(Mary Belott)으로 아마도 원고의 아내이기 때문에 증인으로 채택되지 않은 것으로 보인다. 모녀의 이름은 '마리(Marye)'로 같기 때문에 이 책에서는 혼동을 피하기 위해 어머니는 '마리'로, 딸은 '메리'로 표기하고자 한다.(마리는 프랑스에서, 메리는 영국에서 출생한 것이 거의 확실하기 때문에 이런 표기는 설득력이 있다.) 이민자들의 대다수는 자신의 이름을 영국식으로 바꿔 불렀는데 이는 외국 태생이라는 사실을 거부한 것도 아니고 프랑스 인으로서의 인식을 거부한 것도 아니다. 그들은 이민자로서 이중적인 삶을 살았다. 런던에서 50년을 보낸 스티븐 벨롯 또한 유서에는 자신의 프랑스 이름을 적었다.

우리는 법정 진술서를 통해 셰익스피어의 하숙집 주인과 도제 벨롯 등 셰익스피어를 개인적으로 알았던 몇몇 사람들을 처음으로 만날 수 있다. 비록 소송 과정에 드러난 모습이기 때문에 어느 정도 왜곡되거나 편협한 관점으로 보일 가능성은 있지만 어쨌거나 그들의 면모를 접할 수는 있는 것이다.

크리스토퍼 마운트조이에 대한 첫인상은 비열하고 괴팍하다는 것이다. 그의 비열함은 딸의 지참금을 지불하지 않은 행실로도 분명하게 드러난다. 소유한 토지가 상당하다는 증인의 진술로 보아 그가 지참금을 지불하기에 충분할 만큼 부유했고 여기에 메리가 단 하나뿐인 자식이었다는 사실을 덧붙여 생각할 때 그의 인색한 성품을 익히 짐작할 수 있다. 벨롯의 계부 험프리 플러드의 증언에 따르면, 마운트조이는 도제였던 벨롯에게 인색하고 까다롭게 굴었고, 벨롯의 어머니와 자신은 '아들에게 옷을 가져다주어야 했고', '어쩔 수 없이 아들의 이발 비용까지 지불해야 했다.' 소송이 진행되는 중에 우리는 마운트조이의 고함소리를 듣게 된다. 마운트조이는 '소송에서 유죄 판결을 받더라도 원고에게 돈을 주느니 차라리 감옥에 누워 있겠다.' 고 소리쳤고,(노엘 마운트조이의 증언) '원고에게 예전에 준 것 말고 다른 걸 더 주느니 감옥에서 썩고 말겠다.' 고 말했다.(크리스토퍼 위버의 증언)

마운트조이의 소송 상대인 스티븐 벨롯 또한 타협을 모르기는 마찬가지였지만 그의 어조는 마운트조이보다는 침착하다. 몇몇 증인은 법정까지 가기 전에 두 사람의 갈등을 해결하려고 애썼다. 그들은 1607년에 마운트조이의 집을 완전히 떠난 벨롯에게 가서 화해하라고 설득했지만 실패했다. 벨롯은 자신을 찾아온 토마스 플라워에게 '내가 마땅히 받아야 할 것이 있다면 받아 낼 것이다.' 라고 말했

다. '그리고 그가 내게서 돌려받을 것이 있다면 당당하게 와서 받아 가라고 하라.'

남편과는 대조적으로 마리 마운트조이의 어조는 좀 더 온화하고 우호적이었다. 하녀였던 조앤 존슨은 마운트조이 부인이 망설이는 젊은 커플에게 결혼을 부추겼다고 진술했다. '피고의 아내는 스티븐과 메리를 격려하고 배려했다.' 마리는 나중에 가족의 사이가 지참금 문제로 갈라졌을 때도 문제를 해결하기 위해 애를 썼다. '피고인 크리스토퍼 마운트조이의 죽은 아내는 딸 부부에게 재산을 더 주라고 생전에 남편에게 누누이 간청했다.' 하지만 마운트조이는 아내의 간청에 크게 반발했다. '그는 딸 부부에게 한 푼도 주지 않을 것이다. 자신에게 정작 필요한 것이 무엇인지 모르는 사람이기 때문이다.' (크리스토퍼 위버의 증언)

다니엘 니콜라스의 진술서에는 흥미로운 내용이 포함되어 있다. 셰익스피어가 소송에 대해 했던 말이 나와 있는 것이다. 추측건대 니콜라스는 재판을 앞두고 벨롯의 요청을 받아 셰익스피어를 방문한 것으로 보인다. 실제로 재판 이전에 소송이 시작되므로 니콜라스가 셰익스피어를 방문한 시기는 1610년경으로 추정된다. 니콜라스는 이렇게 진술했다.

> 원고는 본 증인에게 아내와 함께 셰익스피어를 찾아가서 피고가 원고 본인과 결혼하는 딸에게 무엇을 얼마나 주기로 약속했는지 사실대로 알아보라고 부탁했다. 그래서 증인은 셰익스피어에게 물었고 그는 마운트조이가 무남독녀인 딸과 원고가 결혼한다면 50파운드의 돈과 일정 살림살이를 주겠다고 약속했다고 말했다.

여기서 지참금 액수에 대한 증언에 차이가 생긴다. 마운트조이가 약속한 지참금 액수를 다니엘 니콜라스가 묻자 셰익스피어는 50파운드라고 대답했다. 하지만 법정에서 선서를 하고 동일한 질문을 받았을 때 셰익스피어는 액수를 기억하지 못한다고 답했다. 이것은 무엇을 뜻하는 것일까? 놀랄 만큼 민첩하고 예민한 셰익스피어의 기억력이 쇠퇴하기 시작한 것일까? 법정에서 한 셰익스피어의 모호한 진술은 기억력 감소가 원인인 것으로 해석되어 왔지만 사실 이 진술은 의도적이었던 것 같다. 이에 대해서는 이 책의 후반부에서 언급하고자 한다.

니콜라스는 자신의 진술에 셰익스피어의 말 몇 마디를 덧붙였다. '또한 셰익스피어는, 피고가 말하길 원고가 메리와 결혼하지 않는다면 메리에게 돈을 한 푼도 줄 수 없다고 했다고 합니다.'

벨롯의 도제였던 윌리엄 이턴의 진술에도 셰익스피어에 대한 언급이 나오지만 어떤 이유에서인지 법정은 셰익스피어와 관련된 이턴의 진술을 증거로 인정하지 않고 즉시 삭제하면서 '그는 더 이상 진술할 수 없었다.'는 상투적인 결론으로 대체했다.

법원은 1612년 6월 30일에 최종적으로 결정을 내렸다. 정확하게 말하면, 판결을 내리지 못하고 명목상 소송 쌍방이 소속되어 있는 프랑스 교회(French Church)로 사건을 이관했다.

> 소송 쌍방과 양측 변호사가 입회해서 동의한 가운데 판사는 사건을 런던 소재 프랑스 교회의 목사와 교구 민생위원과 장로들에게 넘길 것이다.

당시 프랑스 교회는 스레드니들 스트리트(Threadneedle Street)에 위치했고 현재는 소호 스퀘어(Soho Square)에 자리하고 있는데 그 무렵 작성된 교회 문서에는 해당 사건에 대한 기록이 단편적으로 남아 있다.[6] 프랑스 교회는 해당 사건을 심의하기 위해 7월 30일에 양측에 두 명씩 네 명의 대표를 임명했다. 호기심 강한 전기 작가에게 구미가 당길 만한 내용은 문서 끝에 적혀 있는 비난조의 메모이다. '장인과 사위 모두 방탕하다.' 현대인들은 프랑스 교회 소속 칼뱅주의 장로들이 '방탕'에 대해 매우 포괄적인 개념을 갖고 있었다고 생각하지만 마운트조이 사건과 관련해서는 '방탕하다'는 사실을 명쾌하게 입증하는 증거가 나중 기록에 등장한다.

이 기록에 따르면 마운트조이는 하녀와 불륜을 맺어 사생아를 둘 낳았다는 이유로 교회 장로들에게 비난을 받았다. 이밖에도 방종하고 기이한 생활 방식을 버리고 경건한 생활을 하라는 권고를 자주 받았고 음란한 행동과 간통으로 판사 앞에 끌려간 적이 있었으며 이런 일련의 불명예스런 행동으로 교회에서 공개적으로 파문당했다. 현대의 관점에서 본다면 당시 마운트조이는 상처를 한 홀아비였으므로 하녀와의 동거가 그다지 나쁜 행실로 여겨지지 않을 수도 있다. 하지만 그 무렵의 환경에서는 음란한 행동과 간통이라는 말로 표현될 만한 비정상적인 성적 행동으로 이해된 것이 사실이다.

12월에 교회 평의회는 벨롯 대 마운트조이 사건에 대해 결론을 내렸다. 스티븐 벨롯에게 유리하게 내려진 결론이긴 했지만 마운트조이에게 지불하라고 명령한 액수는 금화 20노블에 불과했다. 금화 20노블(약 6파운드 13실링)은 애당초 벨롯이 받아야 한다고 주장했던 액수의 10분의 1에 지나지 않았다. 따라서 오랜 시간을 끌다가 마침내 내려진 결론에 대해 양측 모두 불만을 품었다. 게다가 몇 달이 지나도록 마운트조이가 돈을 지불하지 않았다는 기록이 남아 있다. 사건은 이렇듯 아무것도 해결되지 않은 채 서서히 사람들의 기억에서 사라졌다.

벨롯 대 마운트조이 소송 얘기는 이 책에서 전달하고자 하는 내용의 일부에 불과하다. 오히려 소송 관련 기록을 매개로 해서 실버 스트리트를 중심으로 형성되었던 자그마한 세계로 들어가 그곳에 살았던 셰익스피어의 존재를 엿보는 것이 이 책이 의도한 목적이라 하겠다. 문서를 처음 발견했던 월리스는 문서를 검토한 후에 셰익스피어의 존재를 밝혀냈다. 새뮤얼 쇤바움(Samuel Schoenbaum, 20세기의 대표적인 셰익스피어 전기 작가이자 학자-옮긴이)에게도 벨롯 대 마운트조이 사건 관련 기록은 특별한 의미로 다가왔다. 셰익스피어가 등장하는 기록 가운데 유일하게 '가정 희극의 소재 속에 살아 움직이는 셰익스피어를 보여 주기' 때문이었다.[7] 벨롯 대 마운트조이 사건은 셰익스피어가 속했던 세계를 이해하기 위한 놀라운 초대장이지만 여기에 적절한 반응을 보인 사람이 없었다는 사실 또한 우리의 호기심을 자극한다. 이 사건으로부터 전개된 얘기가 현대에 이르기까지 밝혀지지 않았기 때문에 셰익스피어의 삶을 들여다볼 수 있는 작은 창문은 아직 열려 있는 셈이다.

마운트조이 가족은 우리를 감질나게 하는 원천이다. 월리스가 마운트조이 가족에 관련된 문서를 최초로 발견한 이후로 그들에 대한 지식은 꾸준히 더해져 1941년에는 레슬리 핫슨(Leslie Hotson)이, 1973년에는 A. L. 로우스(Rowse)가 새로 발견한 중요한 자료를 모아 발표하기도 했지만, 밝혀질 정보는 여전히 남아 있다. 지금까지 무시돼 오기는 했으나 법정 기록에 마운트조이 가족에 대한 상세한 정보가 있고, 세상에 알려지지 않은 채 전해 내려온 교구 교적부, 특별 징수세 명부, 유언 검인 기록, 의학 증례집(症例集) 등의 기록도 있다. 이 같은 기록들은 단편적으로 남아 있긴 하지만 이를 통해 마운트조이 가족에 대한 사실들이 하나씩 밝혀지고 있는 단계이며 특히 이 책을 쓰기 위한 연구가 진행되면서 마운트조이 가족의 성격이 어렴풋이 조명되기 시작했다.

마운트조이 가족 외에 벨롯 대 마운트조이 사건의 주변을 떠도는 흥미로운 인물들이 있다. 먼저 벨롯의 계부이자 트럼펫 연주자로 왕궁을 드나들었던 험프리 플러드와 스완 앨리(Swan Alley)의 헨리 우드(Henry Wood)이다. 헨리 우드는 옷감 상인으로 마운트조이 부부와 직업적인 관계를 맺었고 마리와는 그 이상의 관계에 있었던 인물이다.

사건에 연루된 또 다른 증인인 조지 윌킨스는 종잡을 수 없는 인물이다. 그는 진술서에서 자신을 '술집 주인'이라고 칭했는데 어느 정도까지는 맞는 말이다. 자기가 종사하는 직업의 본질을 더욱 정확하게 표현해서 '포주'라고 밝힐 수는 없었을 것이다. 조지 윌킨스는 자주 법을 어겼고, 일부 혐의는 매춘부에 대한 폭력 행사였다. 하지만 그에게는 또 다른 모습이 숨어 있다. 포주인 동시에 극작가였던 것이다. 셰익스피어는 다소 불쾌하고 위험한 이 인물을 알고 있었다. 윌킨스가 『페리클레스(Pericles)』의 첫 두 막의 대부분을 집필한 것은 거의 확실한 사실이다. 1607~8년에 집필을 완성한 『페리클레스』는 1623년에 출간된 셰익스피어의 위대한 희곡집 『제1이절판(the First Folio)』에서 누락되었는데 윌킨스가 상당 부분을 집필한 것이 그 이유였다. 『페리클레스』를 최초로 수록한 셰익스피어 작품집은 1664년에 출간된 『제3이절판(the Third Folio)』이었다. 나는 이 책에서 사회의 밑바닥 인생을 살았던 윌킨스라는 인물과 셰익스피어의 관계를 연구했다. 윌킨스는 문학적 경력은 미천했지만 상당히 신랄한 문체를 구사하는 작가였다. 그가 구사했던 문체의 특징은 『강제 결혼의 고통(The Miseries of Enforced Marriage)』에 잘 드러나 있다. 이 작품은 실제로 발생했던 살인 사건을 바탕으로 한 희곡으로 1606년에 셰익스피어 극단이 무대에 올렸다.

로카르의 교환 법칙(Locard's Exchange Principle)으로도 불리는 과학 수사의 제1법칙은 '모든 접촉은 흔적을 남긴다.'는 것이다. 물론 이 책은 범죄 수사에 적용하는 '과학 수사'의 결과물은 아니지만 접촉한 생명체는 흔적을 남긴다는 개념을 바탕으로 한 연구의 결과물이다. 마운트조이 가족과 그들이 속했던 세계에 대해 좀 더 많은 사실을 밝혀내는 일은 그 자체만으로도 물론 가치 있는 일이지만, 더 나아가 그들의 집에 하숙을 하고 있었기에 그들이 매일 스스럼없이 접촉했던, 유명하지만 많은 부분이 베일에 가려 있는 셰익스피어에 대해 좀 더 많은 사실을 알아낼 수 있는 수단으로서의 중요성이 돋보이는 것도 사실이다. 출발점은 바로 과거의 기억을 더듬어 몇 개의 간략한 문장으로 진술한 셰익스피어의 진술서이다. 진술서로 시작해서 셰익스피어와 관련된 문서를 추적하다 보면 제임스 1세 시대 런던의 어두컴컴한 거리와 좁은 뒷골목을 지나 위층 창문으로 희미하게 불빛이 내비치는 집에 도착하게 된다. 400여 년의 세월이 지나 흔적은 희미하지만 셰익스피어가 바로 그곳에 살았다.

2장

40세에 접어들어

✠ ✠ ✠

셰익스피어가 살았던 집과 그 집에서 알고 지냈던 사람들에 대해서는 이후에 충분히 설명할 것이다. 여기서는 먼저 셰익스피어가 그곳에 살았던 시기를 살펴보고 그때의 삶을 연대기 속에 정확하게 자리매김 하는 일이 중요하다.

진술서의 작성 날짜는 1612년이지만 진술서에 기록된 증언 내용의 시기는 17세기 초까지 거슬러 올라간다. 셰익스피어는 크리스토퍼 마운트조이를 처음 만난 것은 1602년경이었다고 진술했다. 이 시기는 물론 셰익스피어의 기억이 부정확할 가능성도 있지만 반대의 증거가 나타나지 않는 한 그가 마운트조이의 집에 살았다고 추측할 수 있는 가장 이른 때이다. 셰익스피어가 마운트조이의 집으로 이사 간 것은 그해일 수도 있고 다음 해인 1603년일 수도 있다. 1603년은 엘리자베스 여왕이 사망하고 흑사병이 맹렬하게 위세를 떨쳤으며 극장이 폐쇄되는 등 극도로 혼란스러운 해였다. 흑사병의 유행과 극장 폐쇄로 셰익스피어는 1603년도 여름 내내 런던에 없었을 것이다. 따라서 실버 스트리트에서 셰익스피어의 모습을 볼 수 있었던 시기는 그 이후일 것으로 추정된다. 어쨌거나 셰익스피어는 마운트조이의 집에서 줄곧 생활하지 않고 필요에 따라 들락날락했던 것으로 보인다.

셰익스피어가 최소한 1604년 중반에는 마운트조이의 집에서 하숙을 한 것이 확실하다. 스티븐과 메리가 결혼한 것이 그해 11월이었고 셰익스피어가 결혼하라고 두 사람을 설득한 것은 결혼식을 올리기 몇 주 전이었기 때문이다. 조앤 존슨의 진술대로 셰익스피어는 당시에 마운트조이의 '집에 하숙했고' 하숙인으로 그 식구들과 일시적으로 친밀한 관계를 유지했다.

셰익스피어가 그 이후로 언제까지 마운트조이의 집에 머물렀는지를 판단하기는 어렵다. 법정 기록에도 더 이상 셰익스피어에 대한 언급이 등장하지 않고 런던에서 활동하던 시기 후반부의 셰익스피어의 행적에 대해서는 알려진 것이 거의 없기 때문이다. 1606년 가을에 마리 마운트조이가 사망하면서 셰익스피어의 행적에 변화가 있었을 가능성이 있다. 셰익스피어가 1607년에 조지 윌킨스와 공동으로 작품을 쓴 것은 마운트조이 집에서 하숙했던 시절에 맺은 관계가 발판이 되었을 가능성이 있지만 그렇다고 해서 셰익스피어가 그때까지 여전히 실버 스트리트에 거주했으리라고는 가정할 수 없다. 적어도 1609년에는 셰익스피어가 마운트조이의 집에 거주하지 않았음을 암시하는 증거가 있는데, '가난한 사람을 구제하기 위한 주당 특별 징수세' 평가를 위해 1609년 4월 6일자로 작성된 서더크(Southwark) '거주민' 명단이 그것으로, 여기에 셰익스피어의 이름이 기재되어 있다.[8] 셰익스피어가 서더크에 자리했던 글로브 극장(Globe theatre)의 대표였기 때문에 명단에 올랐을 가능성은 있지만 어쨌거나 이는 그가 1609년에 실버 스트리트가 아닌 서더크에 거주했다는 증거로 보는 것이 타당하다.

셰익스피어가 하숙 계약을 파기한 정확한 시기는 애매하지만 하숙하고 있었던 것이 분명한 시기는 앞서 말했듯이 1604년 무렵이다. 또한 셰익스피어가 벨롯과 마운트조이의 결혼 생활에서 발생한 우여곡절을 '가정 코미디의 소재'로 사용할 의도를 품었을 가능성도 있지만 그렇다고 해서 결혼을 설득하기 직전에 서둘러 하숙을 시작하고 성 올라브 교회에서 결혼식을 올리자마자 급하게 이사 나왔다고는 볼 수 없다. 따라서 셰익스피어가 마운트조이 집에 하숙했던 시기는 1603~5년으로 보는 것이 합리적이다. 이 책에서 중점적으로 다루고자 하는 것도 셰익스피어가 사십 세에 다가서고 사십 세를 넘어섰던 바로 이 시기다.[9]

1603년에 셰익스피어는 극작가로서의 정점에 있었다. 이 시기까지 그는 오늘날 자신을 유명하게 만든 다수의 희곡 작품 즉 『로미오와 줄리엣(Romeo and Juliet)』, 『리처드 3세(Richard Ⅲ)』, 『한여름 밤의 꿈(A Midsummer Night's Dream)』, 『베니스의 상인(The Merchant of Venice)』, 『뜻대로 하세요(As You Like It)』, 『십이야(Twelfth Night)』, 팔스타프(Falstaff)를 주인공으로 하는 희극, 『줄리어스 시저(Julius Caesar)』, 『햄릿(Hamlet)』 등을 썼다. 특히 1601년 무렵에 공연된 『햄릿』은 엘리자베스 여왕 시대에 전혀 접해 보지 못했던, 영웅의 미묘하고 복잡한 정신을 그려 냈다. 『햄릿』을 분수령으로 하여 셰익스피어는 걸작을 생산한 후의 양면적인 단계에 머무르게 됐는데, 『햄릿』은 그의 명성을 보장해 주었지만 이후의 나아갈 길을 밝혀 주지는 못했다. 『햄릿』 이후의 시기는 종종 '문제극(problem plays)'으로 불리는 어색하고 역설적이며 어두운 작품 세계를 특징으로 하는데 그중에서도 『법에는 법으로(Measure for Measure)』, 『끝이 좋으면 다 좋은 법(All's Well that Ends Well)』이 실버 스트리트 거주 시절에 쓴 것이다.

어쨌거나 연극계에서 차지하는 셰익스피어의 위치, 희곡 작가인 동시에 배우이자 극단의 주주였던 그의 직업을 묘사하는 중심 단어는 단연코 '불확실성'이다. 당시의 연극계는 혼잡하고 치열한 경쟁의 장이었기 때문에 번창하는 극단도 있었지만 파산하는 곳도 많았다. 극단은 관료들의 적개심이 표출되는 표적이었다. 관료들은 극장을 도시의 불유쾌한 존재로 규정하고 폭동과 매춘, 소매치기, 전염병과 반항심을 전파하는 진원지로 생각했다. 셰익스피어가 몸담았던 극단은 1594년에 설립된 '로드 체임벌린스 멘(Lord Chamberlain's Men)'으로 여왕의 사촌이자 의전장관이었던 헌스던 경(Lord Hunsdon) 헨리 캐리(Henry Carey)의 후원을 받는 곳이었다. 1590년대 말에 런던의 유력 극단으로 추대된 '로드 체임벌린스 멘'은 신축된 글로브 극장에서 공연했다. 하지만 극단이 걷는 길은 결코 순탄하지 않았다. 후원자가 사망하면서 극장이 즉시 폐쇄되기도 했고 연극 내용이 무례하다는 고관대작들의 비난이 빗발치기도 했다. 1601년 2월에는 글로브 극장 무대에 올렸던 『리처드 2세(Richard Ⅱ)』가 여왕의 노여움을 샀다. 희곡 자체가 폐위 장면으로 인해 이미 논란의 대상이 되고 있었는데(초판에는 폐위 장면이 등장하지 않는다.) 엎친 데 덮친 격으로 실패로 끝난 에식스(Essex)의 폭동이 일어나기 전날 밤에 에식스 백작을 추종하는 무리의 요청으로 공연되면서 엄청난 파문이 일었다. 이 공연 때문에 셰익스피어의 동료인 오거스틴 필립스(Augustine Phillips)가 추밀원에 소환되어 해명을 해야 했다. 2년 후에는 셰익스피어가 연기했던 『세야누스(Sejanus)』가 '로마 가톨릭 교리에 충실한 반역적 내용'을 포함하고 있다는 이유로 작가인 벤 존슨(Ben Johnson)이 추밀원에 소환되기도 했다. 특히 벤 존슨은 정도를 넘어선 정치적 발언으로 두 번이나 투옥되었는데 두 번째로 투옥되었던 1605년에는 존슨과 동료 작가들의 귀와 코가 잘릴 것이라는 보고가 있었다. 작가들은 논쟁에 휩싸였고 극장에는 예측할 수 없는 형벌의 그늘이 항상 드리워 있었다.

극단의 주요 극작가에게는 문학적인 압박감 또한 커다란 걱정거리였다. 극장을 둘러싼 유행의 물결이 급속하게 변했기 때문이다. 먼저 존슨, 존 마스턴(John Marston), 토마스 미들턴(Thomas Middleton)을 비롯한 젊은 작가들이 속속 등장하여 새로우면서도 날카롭고 풍자적인 동시에 외설스러운 분위기를 연극계에 몰고 왔다. 또한 소년 극단과도 경쟁을 해야 했다. 『햄릿』에 '성 바울의 아이들(the Children of St Paul's)', '왕궁 부속 교회의 아이들(the Children of the Chapel Royal)'을 비롯한 소년 극단을 가리켜 '대중 극장을 욕 먹이는 매 새끼'라 칭하는 대사가 등장할 정도였다. 극단끼리의 경쟁 과열은 결국 작가들 사이의 치졸한 인신공격으로 치달았고 셰익스피어 또한 이런 추세에 합류했던 것으로 보인다.〔'극장 전쟁(War of the Theatres, 엘리자베스 여왕 시대 후기에 극장계에서 일었던 논쟁-옮긴이)'〕. 가십거리를 늘어놓는 케임브리지 희극 『파르나소스로부터의 귀환(The Return from Parnassus) 2부』(1602년경)에서는 실제 배우인 켐프

(Kemp)와 버베이지(Burbage)의 역할을 맡은 배우들이 극작가를 비방하는 대사를 했다. 극중의 켐프가 '오, 벤 존슨은 백해무익한 작자라오. 하지만 셰익스피어가 그를 정화시켜서 명예를 드러내게 했다오.' 라고 말하는데 그 문맥을 따져 보면 이 대사는 무대 위에서 존슨을 풍자한 것이었다. 아마도 『트로일러스와 크레시다(Troilus and Cressida)』(1602년경)에 등장하는 몸집 크고 괴팍한 아약스(Ajax) 또한 실존 인물에 대한 인신공격의 예였을 것이다. 여기서 아약스는 '곰처럼 촌스럽고 코끼리처럼 느리고 기질은 너무나 혼란스러워서 어리석음 때문에 용맹이 짜부라진다.' 이렇듯 인신공격은 당시 연극계의 어쩔 수 없는 풍토였으며 이런 풍토에서 초연하기란 거의 불가능했다.

이렇듯 직업상의 불확실성과 목을 죄어 오는 격렬한 경쟁이 계속되었던 1603년에 셰익스피어에게는 안정성을 보장 받을 새로운 기회가 주어졌다. 제임스 왕이 스코틀랜드를 떠나 런던에 도착한 지 12일 만인 5월 19일에 셰익스피어가 소속된 '로드 체임벌린스 멘'을 '국왕 소속 극단'으로 승인한다는 내용의 칙허장(勅許狀)이 발부되었기 때문이다. 칙허장에는 셰익스피어, 버베이지, 존 헤밍스, 헨리 콘델(Henry Condell), 오거스틴 필립스, 윌리엄 슬라이(William Sly), 희극배우 로버트 아민(Robert Armin) 등의 이름이 거론되었다. 이들은 '자신의 기술과 재능을 발휘해서 희극, 비극, 역사극, 막간촌극, 도덕극, 목가극 등을 연기하고 사람들에게 위안과 쾌락을 줄 수 있는 사랑스런 인물을 재창조하는' 권한을 부여 받았다. 이후로 셰익스피어 극단은 '킹스 멘(the King's Men)'이란 명칭으로 불리게 되었다. 이는 매우 시기적절한 변화였다. 불과 며칠 전에 극단의 후원자였던 헌스던 2세인 조지 캐리가 건강 악화로 의전장관 직을 사임했고 소문에 따르면 매독으로 9월에 사망했기 때문이다.

극단은 새로 취득한 지위로 인해 명예와 왕실의 보호라는 특권을 누렸다. 제임스 1세의 대관식에서 셰익스피어와 동료들은 그리 대단한 직위는 아니지만 의대관(衣帶官)에 임명되었다. 또한 궁정에서 공연할 수 있는 특권을 부여받았는데 이는 셰익스피어 극단에 절대적으로 필요한 특혜였다. 전염병의 확산으로 극장이 폐쇄되어 더 이상 공연을 할 수 없게 되었던 날 왕실 칙허장을 받았기 때문이다. 왕실은 서둘러 런던을 벗어났고 킹스 멘도 그 뒤를 따랐다. 킹스 멘은 배스(Bath)에서 첫 작품을 무대에 올렸고 30실링을 대가로 받았다. 비록 시작은 변변치 않았지만 새로 다져진 그들의 기반은 튼튼했고 오래 지속될 것이었다.

셰익스피어의 이력을 간단하게 훑어본 것만으로도 마운트조이 부부에게 셰익스피어가 어떤 의미를 지닌 존재였는지 알 수 있다. 셰익스피어는 연극계의 유명 인사로, 아마도 마운트조이 가족이 동경해 마지않았을 제임스 국왕의 새 궁정에 어느 정도 입지를 굳히고 있었다. '마리 마운트조이, 머리 장식 제작자'라는 기록이 1604~5년의 왕실 장부(삽화 23)에 등장하는 것도 마리 마운트조이가 셰익스피어와 직접적으로 접촉한 결과일 가능성이 있다. 마리 마운트조이는 제임스 국왕의 덴마크 태생 부인인 앤(Anne) 또는 안나(Anna)에게 머리 장식과 아마도 기타 물품을 공급하고 59파운드를 대금으로 받았다. 대금 지급일 중의 하나는 1604년 11월 17일로 셰익스피어가 도움을 주었던 메리와 스티븐의 결혼식이 있기 바로 이틀 전이었다.

40세인 셰익스피어는 당시 사회 관념으로 볼 때 원숙한 중년기에 접어들었다. '청춘은 영원하지 않을 것이다.' 그는 자크(Jaque)가 언급한 인생의 '일곱 단계' 가운데 다섯 번째 단계 즉 풍채 당당한 정의(正義)의 단계로 미끄러져 들어가는 자신의 모습을 발견했을지 모른다.

> 눈은 엄격하고 제대로 모양을 갖춰 깎은 수염에
> 영리한 격언과 새로운 사례가 머릿속에 가득하다…
> -『뜻대로 하세요』 2막 7장 155~6

이런 모습은 실버 스트리트에 사는 결혼 상담가로서 적절한 모습이라 생각될지도 모르겠다. 셰익스피어는 관례적으로 『햄릿』의 유령, 『뜻대로 하세요』의 아담(Adam)과 같은 노인 역을 연기했다. 아마 이 시기의 셰익스피어는 현대에 남아 있는 초상화에서처럼 이미 머리가 벗겨지고 있는 단계에 있었을 것이다.

현존하는 초상화 중에서 진짜로 평가받고 있는 것은 세 점뿐이다. 마틴 드루샤우트(Martin Droeshout)의 판화로 『제1이절판』 속표지에 실린 초상화(8쪽 참고), 국립초상화박물관(National Portrait Gallery)에 전시되어 있고 존 테일러(John Taylor)의 작품으로 알려져 있는 '챈도스(Chandos)' 초상화(초상화의 소유주였던 챈도스 공작의 이름을 딴 것임-옮긴이), 기라르트 얀센(Gheerart Janssen)의 작품으로 스트래트퍼드 소재 성 트리니티 교회(Holy Trinity Church)에 있는 장례식 흉상이 그것이다. 드루샤우트 초상화와 흉상은 대체적으로 실물에 가장 가까운 작품으로 추정되고 있지만 초상화치고는 묘사된 인물이 너무 개성이 없고 서먹서먹해 보인다. 장례식 흉상은 '자기만족에 차 있는 푸줏간 주인'을 닮았다는 평을 받기도 했는데 이런 평가는 에드워드 왕 시대의 속물근성이 낳은 표현이기는 하지만 불행하게도 적절한 표현처럼 보인다. '챈도스 초상화'의 주인공이 셰익스피어인지는 확실하지 않다. 다만 출처가 신빙성이 있고 다른 두 초상화와 어느 정도 유사하며 다른 초상화에서는 볼 수 없는 저항하기 힘든 음울한 묘사가 특징이다. 제작 연도로 보면 '챈도스 초상화'가 가장 초기 작품이고(1610년경) 나머지 두 초상화는 사후에 완성되었다. 드루샤우트의 작품은 지금은 유실되고 없는 더 이른 시기의 초상화를 토대로 한 것으로 추정되는데, 이 유실 작품은 몇 가지 이유로 제작 연도가 1604년 무렵까지 거슬러 올라간다.(드루샤우트 초상화와 유실된 원 작품에 대해서는 17장에 다시 서술하였다.) 『제1이절판』을 장식한, 초상화라고 하기에는 뭔가 부족한 드루샤우트 초상화 속 어딘가에는 40대 초반의 셰익스피어, 실버 스트리트에 살았던 하숙인 셰익스피어의 모습이 존재한다.

이 초상화에는 존경스럽지만 그런 존경스러움을 가리는 무언가를 소유한 인물이 그려져 있다. 지위가 의심스럽고, 시와 음악, 웃음만큼이나 도덕적 문제와 부패에 연루된 극장의 모호한 분위기가 묻어난다. 셰익스피어는 명목상으로는 상류 계급으로, 아버지를 위해 샀다가 아버지가 1601년 사망한 후에 자신이 갖게 된 멋진 문장(紋章)을 걸치고 있다.〔존슨은 셰익스피어 가문의 문장 제명(題銘)인 '자격 없이는 얻어지지 않는다(Non sanz droict)'를 '겨자 없이는 얻어지지 않는다(Not without mustard)'로 패러디하기도 했다.〕 셰익스피어는 자신의 계급 여부를 둘러싸고 문장 사무소와 갈등을 빚었다. 셰익스피어에게 문장을 수여했던 문장관 윌리엄 데시크(William Dethick) 경이 조사를 받았고, 데시크 경의 적수였던 사람이 작성한, 신사 자격이 의심스러운 사람을 기재한 명단에는 '배우인 셰익스피어'가 포함되어 있었다. 배우는 결코 상류 계급이 될 수 없다는 것이 당시에 팽배했던 관념으로 셰익스피어는 이 때문에 오랫동안 깊은 고통을 안고 살아야 했다. 셰익스피어는 세상의 평가를 제대로 받지 못하는 자신의 직업에 대한 쓰라린 감정을 소네트 3번에 표현했다.

> 운명의 여신에게서 총애를 받는 그대가 나를 위한답시고 꾸짖는다.
> 내 해로운 행동을 지배하는 여신이 죄의식에 시달리다
> 기껏해야 대중의 풍습이 낳은 공공연한 재력만을
> 내 삶에 부여했다고
> 그 때문에 내 이름에 낙인이 찍혀
> 거의 그 때문에 내 본성이 억압받는다고
> 마치 염색업자의 손처럼 그렇게 적응하도록

이보다 좀 더 온화한 표현은 1611년 셰익스피어를 대상으로 한 풍자시에서 찾아볼 수 있다.

> 몇몇 사람들이 사람 좋은 윌리엄에게 하는 말을 나는 장난삼아 노래한다.
> 익살스런 왕의 역할을 맡지 않았더라면
> 왕의 친구가 되었을 것이라고[10]

이를 바꾸어 말하면 배우라는 직업을 선택했기 때문에 사회적으로 출세할 수 있는 가능성이 사라졌다는 뜻이다.

셰익스피어가 자산가였다면 그가 소유했던 자산은 돈과 부동산이었다. 셰익스피어는 수입이 많았다. 추정 재산의 범위는 상당히 넓지만 대략 연간 250파운드는 족히 되었을 것이다. 셰익스피어는 1602년까지 스트래트퍼드에 집 세 채와 북쪽의 107에이커에 달하는 소작인이 딸린 농지를 소유했고, 3년 후에는 440파운드를 투자해서 10분의 1세(稅) 농지에서 산출되는 수입의 절반을 획득했다.[11] 이는 꽤나 큰 재산으로 극장의 '견실하지 못한 겉치레'를 통해 벌어들인 돈을 재빨리 벽돌과 모르타르와 땅으로 굳힌 것이었다. 셰익스피어는 적은 돈도 가볍게 여기지 않았다. 실버 스트리트에 거주하면서 스티븐과 메리를 약혼시켰던 1604년에는 변호사를 통해 35실링 10펜스의 부채를 상환하지 않는 스트래트퍼드의 이웃을 고소했다. 그는 '내 지갑을 훔치는 사람은 쓰레기를 훔치는 셈'(『오셀로』 3막 3장 161)이라는 이아고(Iago)의 의견에 반드시 동의하지는 않았을 것이다.

1605년에 발간된 작자 미상의 팸플릿 『래치의 유령(Ratsey's Ghost)』에는 지역 배우에게 런던으로 가서 '햄릿'을 연기해 급료를 받으라고 하는 조언이 실려 있다. '자네는 거기서 검소하게 생활하는 법을 배워야 하네. … 그리고 사람들이 자네에게 의지해서 먹고사는 것이 아니라 자네가 사람들에게 의지해서 먹고사는 법을 배워야 해. 자네 손이 자네 주머니에 낯설어지는 법을 배워야 한다네. 주머니가 두둑해지면 시골에 집을 사거나 귀족의 지위를 사게나.' 조언을 들은 배우는 알았다고 대답한다. '런던에 갈 때는 초라한 행색이었으나 때를 잘 만나 엄청난 부자가 됐다는 사람의 얘기를 들은 적이 있소.' 저자는 물욕이 있었던 배우 셰익스피어를 염두에 두고 이 글을 썼을지도 모른다.

존슨은 스스로를 상류 계급이라 여긴 셰익스피어의 주장에는 호응하지 않았지만 막상 『제1이절판』의 서문에서는 셰익스피어에게 찬사를 보내며 그를 '점잖다(gentle)' 고 표현했다. 당시에 이 단어는 현대에서처럼 부드러움만을 뜻하는 것이 아니라 예의, 충절, 청렴 등 '신사의 자질' 을 가리켰다.

이외에도 실버 스트리트에서 하숙하던 시기의 셰익스피어에 대해 어떤 사실이 알려져 있을까? 셰익스피어는 결혼하긴 했지만 아내인 앤 해스웨이(Ann Hathwey) 또는 앤 해서웨이(Ann Hathaway)는 스트래트퍼드에 계속 거주했기 때문에 남편의 덕목을 운운하기에는 부부가 물리적으로 지나치게 멀리 떨어져 있는 상황이었다. 셰익스피어는 딸 둘과 아들 하나를 두었는데 1596년에 아들 햄닛(Hamnet)이 11세의 나이로 죽자 마음에 깊은 상처를 입었다.[12] 두 딸은 1603년에 20세가 된 수잔나(Susanna)와 햄닛의 쌍둥이 누이 주디스(Judith)였는데 셰익스피어가 실버 스트리트에서 하숙하던 당시에는 둘 다 미혼이었다. 엘리자베스 여왕의 말년을 괴롭혔던 '승계' 문제는 해결되었지만 셰익스피어의 승계 문제는 오리무중에 빠져 있었던 것이다.

셰익스피어가 매력적인 신사였다고 증언하는 사람은 많았다. 1592년 들어 셰익스피어를 개인적으로 처음 소개했던 헨리 체틀(Henry Chettle)은 이렇게 썼다. '나는 셰익스피어가 직업에서 보여 주는 우수한 자질만큼이나 교양 있는 품행의 소유자라는 것을 알았다. 이외에도 셰익스피어를 존경하는 사람들은 셰익스피어가 정직성이 필요한 거래에서는 공정한 태도를 취하고 예술을 입증하는 글에서는 익살맞은 솜씨를 발휘한다고 말한다.'[13] '교양 있는' 품행과 '공정한' 태도를 지녔다는 이 같은 평가는 비록 10년 전에 언급한 것이기는 하지만 셰익스피어가 40대가 되었다고 해서 달라질 이유는 없다. 하지만 이 진술은 대중을 상대로 하는 명목상의 글에 나온 것이기 때문에 실제로는 체틀의 찬사 이면에 가시 돋친 의미가 숨어 있다는 사실을 포착할 수 있다. 셰익스피어는 로버트 그린(Robert Greene)이 쓴 『서푼짜리 기지(Groatsworth of Wit)』에 나온 악명 높은 구절을 놓고 체틀에게 불만을 토로했는데, 이 구절은 셰익신(Shakescene, 셰익스피어를 빗댄 호칭으로 연극 무대를 뒤흔든다는 뜻-옮긴이)이 '우리의 날개로 아름답게 장식한 건방진 까마귀'라고 공격하는 것이었다. 달리 말하면 셰익스피어가 건방지게도 희곡을 쓰는 비천한 배우에 지나지 않는다는 뜻이었다. 이 책은 표면적으로는 로버트 그린이 썼고 그가 사망한 후에 체틀이 편집해서 출간한 것으로 알려져 있지만 체틀이 책 내용의 대부분을 임의로 꾸며 댔다고 주장하는 사람들도 있다. 어쨌거나 셰익스피어는 자신을 공격한 글의 책임자로 체틀을 지목했다.[14] 체틀은 셰익스피어의 지지자임을 자청하는 '신분 있는' 사람들에 대해서도 언급했다. 체틀이 그들을 '신분 있는' 사람들이라고 언급한 것은 정확한 표현이었는데, 이들은 '명예로운' 귀족이나 기사보다는 낮은 신분의 사람으로 신사, 시민, 전문 직업인 등을 가리켰다. 어떤 사람들은 셰익스피어가 점잖게 행동하고 정직했지만 냉혹한 자질 또한 소유했다고 주장했다. 자신의 '정직성'을 증명하기 위해 필요하다면 권력을 지닌 자신의 지지자에게 도움을 청하는 젊은이의 모습이 바로 셰익스피어라는 것이다.

다른 동시대인들도 셰익스피어에 대해 증언했다. 이들 중에는 현대인이 알고 있는 유명한 작가도 있었지만 셰익스피어가 활약할 당시의 문학적 환경을 형성했던 군소 작가들도 포함되었다. 셰익스피어와 버베이지를 지칭하는 것이 확실한 'W. S.'와 'R. B.'를 글로 예찬한, 달필가이자 시인인 존 데이비스의 증언은 다음과 같다.

> 배우들이여, 나는 그대들과 그대들의 자질을 사랑하오.
> 그대들은 시간을 혹사하지 않기 때문이오.
> 재치와 용기, 훌륭한 풍채, 멋진 역할
> 이 멋지고 훌륭한 모든 자질이 나쁘게 사용되지 않는 한은 말이오.
> 무대가 순수하고 온화한 피로 물든다 해도
> 하지만 그대들은 정신과 마음가짐이 관대하오(generous).[15]

1604년에는 때로 앤서니 스콜로커(Anthony Scoloker)로 밝혀진 'An. Sc.'가 현대인은 알 수 없는 어떤 정확한 근거를 바탕으로 셰익스피어를 '상냥한 셰익스피어'라고 언급했다.[16]

존 오브리(John Aubrey)는 셰익스피어가 '잘생기고 풍채가 훌륭하고 매우 좋은 동료로 상당히 민첩하고 유쾌하고 부드러운 재치의 소유자'라고 말했다. 오브리는 셰익스피어가 사망하고 10년이 지난 1626년에 태어났기 때문에 셰익스피어를 직접 보지 못했지만 그를 만난 적이 있는 사람을 통해 그런 사실을 밝혀냈다. 오브리가 거론한 출처에는 아이였을 때 셰익스피어를 개인적으로 알았던 대브넌트 형제(Davenant brothers)가 등장한다. 형제의 아버지는 옥스퍼드에서 '크라운(Crown)' 이란 여관을 운영했는데 셰익스피어가 한때 이곳에 묵었다고 되어 있다. 동생 윌리엄 대브넌트 경은 자신이 셰익스피어의 사생아라고 주장했기 때문에 증언의 진실성 여부가 의심스럽지만 1603년에 태어난 형 로버트 대브넌트 목사는 셰익스피어에 대한 어린 시절의 단순하고 따뜻한 추억을 기억했다. 오브리는 로버트 대브넌트의 추억을 이렇게 적었다. '로버트 D. 목사는 셰익스피어 씨가 크라운에서 자신에게 수없이 뽀뽀를 해 주었다고 말했다.'[17]

이상은 셰익스피어의 인간성에 대한 동시대인들의 증언이다. 셰익스피어는 도발적이었지만 '교양을 갖췄고', 진정한 신사였든 아니었든 '온화했고', 후배 작가에게는 '상냥했고', 어린 소년에게는 아낌없이 사랑을 쏟았으며, '정신과 마음가짐이 관대했다.' 이는 셰익스피어에 대한 긍정적이고 밝은 인상과 기억이다. 그의 어두운 측면은 작품을 통해 틀림없이 추리해 낼 수 있다. 어떻게 그가 작품 속에서 잔인함과 기만의 그림자, 배반을 암시하는 미묘한 표현, 성적인 면의 암울한 고통 등을 그토록 날카롭게 묘사하고 나타낼 수 있었겠는가? 셰익스피어는 이아고도, 에드먼드(Edmund)도, 테르시테스(Thersites, 추악한 용모와 욕설로 유명한 그리스 병사-옮긴이)도 아니었지만 자신 안에서 그들의 모습을 발견했다.

호르헤 루이스 보르헤스(Jorge Luis Borges)의 유명한 수수께끼처럼 셰익스피어는 '모든 이인 동시에 아무도 아니다.' 하지만 전기문은 셰익스피어가 좀 더 평범하기는 하지만 궁극적으로는 신비스러운 어떤 존재임을 뒷받침한다.

3장

단물과 쓴물

✠ ✠ ✠

셰익스피어는 1603~5년에 마운트조이의 집에 머물면서 어떤 작품을 썼을까? 이 시기에 썼던 작품에는 희곡 다섯 편이 있는데 이를 추정상의 연대순으로 열거하면 『오셀로(Othello)』, 『법에는 법으로』, 『끝이 좋으면 다 좋은 법』, 『아테네의 타이몬(Timon of Athens)』, 『리어 왕(King Lear)』이 된다. 셰익스피어는 평균적으로 연간 두 편의 희곡을 썼는데, 극단을 주도하는 극작가로 인정을 받게 된 주요 요인의 하나가 바로 이 같은 왕성한 생산력이었다. 셰익스피어는 거의 대부분 두 편 이상의 희곡을 동시에 작업했기 때문에 희곡끼리 영향을 주고받았다.

『오셀로』와 『법에는 법으로』의 집필 연도는 매우 정확하게 산출할 수 있다. 셰익스피어가 두 작품을 1603년에 썼고 1604년 말에 둘 다 궁정에서 공연되었다는 기록이 남아 있기 때문이다. 이와는 대조적으로 『끝이 좋으면 다 좋은 법』, 『아테네의 타이몬』은 집필 연도를 알 수 있는 문서가 남아 있지 않다. 또한 1623년에 출간된

『제1이절판』에 수록되기 전에는 인쇄되지도 않았고 무대에 올랐다는 기록도 없다.〔어쨌거나 킹스 멘의 공연 기록은 매우 부실하다. 인접한 로즈 극장의 경우에는 설립자인 필립 헨슬로우(Philip Henslowe)가 극장의 공연 상황과 매표 상황을 꼼꼼하게 기록했지만 글로브 극장에는 장부조차 없었다.〕『끝이 좋으면 다 좋은 법』은 『법에는 법으로』와 내용이 유사한 것으로 보아 완성 시기가 1604년인 것으로 추정되고, 『아테네의 타이몬』은 『리어 왕』에 사용된 언어와의 유사성을 기준으로 살펴볼 때 모방한 것이라기보다는 앞선 것처럼 보이므로 1605년에 집필된 작품으로 추정된다. 셰익스피어의 작품 중에서 가장 강렬한 성격을 띠는 『리어 왕』은 1606년에 처음으로 무대에 올랐고 셰익스피어가 실버스트리트에 하숙하고 있을 때 집필이 시작된 작품이다.

위에서 언급한 다섯 편의 희곡은 사람들의 호기심을 자아내기에 충분하다. 앞뒤로 셰익스피어의 가장 위대한 비극 두 편이 탄생했고 그 사이에 다소 색다르면서 대중적인 인기도가 떨어지는 작품 세 편이 완성되었다. 이 세 편의 희곡을 '실험적' 작품으로 평가할 수도 있겠지만 셰익스피어 자체가 항상 실험을 시도했던 인물이었으므로 완전히 성공하지 못했던 실험으로 볼 수 있을 것이다.

『법에는 법으로』와 『끝이 좋으면 다 좋은 법』은 전통적으로 '문제극' 또는 '블랙 코미디(빈정대는 유머가 담긴 희극-옮긴이)' 범주에 속하는 희곡이다. 이런 그룹에 속하는 희곡으로 좀 더 초기 작품인 『트로일러스와 크레시다』(1602년경)가 있는데 이 책에서 초점을 맞추는 시기에는 속하지 않지만 분위기는 유사하다. '문제극'은 구식 용어이기는 하지만 대체적으로 편리하게 사용할 수 있는 말이다. 이는 1896년에 F. S. 보아스(Boas)가 당시의 주요 극작가인 입센

(Ibsen)과 쇼(Shaw)의 희곡 경향을 나타내기 위해 처음 사용하였다. 쇼는 과장해서 셰익스피어를 비난하는 경향이 있었지만 '문제극'으로 분류되는 특정 희곡을 좋아했기 때문에 셰익스피어를 가리켜 '17세기가 놓아 주기만 한다면 20세기에 시작할 준비가 되어 있고 기꺼이 그렇게 할 인물'이라고 평가했다.[18]

『법에는 법으로』와 『끝이 좋으면 다 좋은 법』은 분류가 어렵기 때문에 '문제' 극이다. 이들 희곡의 어조는 걷잡을 수 없고 희미하고 아련하게 병적이다. 도버 윌슨(Dover Wilson)의 경구적인 요약대로라면 '분위기는 가라앉아 있고 재치는 음울하다.' 감탄할 만큼 훌륭한 등장인물이 전부 호감 가는 인물인 것도 아니고 호감 가는 인물은 오히려 전혀 훌륭하지 않다. 유머는 신랄해서 '상냥함을 배제하고 신경을 거슬러 불온한 뒷궁리를 하게 만드는 특성을' 갖는다.[19] 이들 희곡은 좀 더 직접적인 의미에서 '문제극'으로 분류된다. 도덕적인 수수께끼, 뒤얽힌 동기, 행동할지 말지를 놓고 갈등하는 등장인물 등 의도적으로 문제를 제기하기 때문이다. 문제극은 방식은 다르지만 17세기 초에 『햄릿』이 소개한 분위기를 유지하여 불안하고, 의문을 제기하고, 우울한 성향의 생각으로 창백한 빛을 띤다. 또한 사회의 겉치레 이면에 감춰진 불안과 부패에 대한 지각으로 생기를 잃는다. 이는 『법에는 법으로』를 지배하는 특정 주제로서 감옥과 매음굴 등의 눈에 보이는 천함보다는 정부 관리의 숨겨진 부패에 사회 병폐가 더욱 많이 도사리고 있음을 내보인다.

권력이란, 다른 사람처럼 잘못을 저지르지만
자체로 일종의 약을 갖고 있어서

> 비행을 덮어 딱지가 생기게 만든다. … (2막 2장 135~7)

20세기 중반에 활약했던 분석가 중에서 가장 두드러진 웅변가였던 A. P. 로시터(Rossiter)는 이런 문제극의 전반적인 특징을 '이동성(shiftingness)' 이란 용어로 요약했다.

> 고정된 관점은 모두 실패하거나 잘못되기 쉬운 것으로 느껴진다. … 던(Donne, 1572~1631. 영국 형이상시파의 대표적 시인-옮긴이)의 사랑 시처럼 이런 희곡들은 대립되고 모순되는 견해를 정신에 제시하여 결국 확정되거나 만족스런 해답을 얻지 못하는 상황을 조성한다. 이는 해답이 없는 변수에 대한 것이다.

이런 개념을 『끝이 좋으면 다 좋은 법』에 등장하는 회의적인 성향의 라퓨(Lafeu)는 다음과 같이 완곡하게 표현했다. '그 때문에 우리는 자신의 공포를 사소한 것으로 만들어서 스스로 미지의 공포에 굴복해야 할 때 겉보기에만 그럴 듯한 지식 속에 자신을 파묻고 만다.' (2막 3장 3~6)

셰익스피어가 희비극에서 시도했던 것이 바로 문제극이었다. 희비극이란 용어는 셰익스피어가 매우 존경했던 로마 희극작가 플라우투스(Plautus)에서 비롯되었다. 그는 신과 보통 중산층 로마인들을 부적절하게 교제하게 했다 해서 자신의 희곡인 『암피트리온(Amphitryon)』을 '희비극' 이라 불렀다. 셰익스피어가 활동했던 시대에 희비극의 새로운 모델을 제시한 작가로는 지오반바티스타 지랄디 신티오(Giovanbattista Giraldi Cintio)와 지오반바티스타 구아리니(Giovanbattista Guarini)와 같은 이탈리아 작가가 있었다. 두 사람 모두 페라라(Ferrara)의 세련된 궁정이 낳은 인물이었다. 시인이자 외교관이었던 구아리니가 썼고 1602년에 영어로 번역된 목가적인 희비극 『충직한 양치기(Il Pastor Fido, The Faithful Shepherd)』는 흥미로운 교훈을 전달한다. 구아리니는 '진정한' 희비극은 비극의 '위대한 주제'를 회피한다고 주장했다. 공상적이기보다는 실제적이고, '상반된 특질'을 혼합하며, 등장인물은 위험과 혼란 즉 그의 용어대로 이야기의 '거짓 절정(il nodo finto)'을 통과해 행복에 이른다는 것이다. 이 우아한 정의는 1602년에 『충직한 양치기』의 영어판과 함께 출간된 논문에 수록되었는데, 셰익스피어는 1~2년 후에 『끝이 좋으면 다 좋은 법』을 저술할 당시에 이 정의를 마음속에 품고 있었을 가능성이 있다. 비록 희곡의 마지막 부분에서 왕이 할 수 있는 최상의 말은 '모든 것이 좋은 것처럼 보인다.'는 것이었지만 제목 자체에 희비극의 반어적인 정의가 반영되어 있다.

『햄릿』에는 이 같은 최신식의 혼합 장르에 대한 유머러스한 언급이 등장한다. '최상의 것은 … 비극, 희극, 역사극, 목가극, 목가희극, 역사목가극, 비극역사극, 희비역사목가극 등이다.'(2막 2장 397~400)

이 같은 새로운 종류의 희비극의 주요 특징은 본질적으로 다른 어조와 감정의 혼합이다. 구아리니는 이런 본질적으로 다른 어조와 감정을 '상반된 특질'이라 불렀다. 『햄릿』은 하나의 전형으로, 전통적으로 엄격한 세네카(Seneca) 풍 복수 비극 형식에 날카롭고 때로는 형편없는 농담이 끼어든다. 이는 연극에 대한 가장 초기 비평에서 찬사를 받았던 특징이다. 수수께끼 인물인 'An. Sc.'는 『다이

판투스(Daiphantus)』(1604)의 서문에서 '비극배우가 발끝으로 조심스럽게 걸을 때 희극배우는 말을 타고 가는 셰익스피어의 비극처럼' 자신의 시가 통속적이기를 희망했다.

특히 『끝이 좋으면 다 좋은 법』에 등장하는 어조의 혼합은 걷잡기 힘들 정도이다. 희곡의 중심 얘기는 민간전승 제재['왕의 치유(Healing the King)', '영리한 계집애(The Clever Wench)']를 바탕으로 하고, 회의주의와 역설로 이루어진 좀 더 현대적인 색채와 동화적인 성향 사이에는 부조화가 존재한다. 희곡의 대사는 달콤한 쇠퇴기의 애수로 독자를 위로했다가 그 애수에 너무나 쉽게 마음을 주는 독자를 비웃는다. 문제극은 본질적인 애매모호함과 진실성에 대한 시험으로 인해 '매너리즘 작품'이라 불려 왔다.[20] 다시 말해서 문제극은, 파르미지아니노(Parmigianino)와 브론치노(Bronzino) 같은 16세기 중반 이탈리아 화가들의 복잡한 원근법과 왜곡된 인물의 면면을 공유했다.

보몬트와 플레처(Beaumont and Fletcher), 웹스터(Webster)의 『악마의 재판(The Devil's Law Case)』, 매신저(Massinger) 등으로 대표되는 제임스 1세 시대 희비극은 나중에야 전성기를 맞게 되지만 존 마스턴(John Marston)은 이미 1603년에 매우 독특한 도시풍의 희비극인 『불평분자(The Malcontent)』를 써서 풍자와 화젯거리에 대한 동시다발적인 취향을 만족시키는 형식을 선보였다. 이 희곡은 『법에는 법으로』와 비슷한 점을 포함하고 있는데 아마도 경쟁 상대로서 셰익스피어에게는 자극이 되었을 것이다.[21]

『오셀로』의 2행 대구(對句)는 이런 희곡의 매력을 간단하고 아름답게 표현했다.

이런 문장들은 달건 쓰건
양쪽 모두에 설득력이 있기 때문에 모호하다. (1막 3장 216~217)

위 문장을 산문체로 다시 풀어쓴다면, '이런 문장들은 달콤하거나 쓰디쓴 경향을 똑같이 보여 그 두 가지 특징이 문장 속에 강력하게 존재한다.'는 것이다. 이는 데스데모나(Desdemona)의 아버지인 브라반티오(Brabantio)의 대사로, 극적인 순간에 나름대로의 역할을 담당하면서 셰익스피어의 희비극을 대표하는 일종의 전형이나 표어로 사용되고 있다.

만약 희비극이 달콤함과 쓰디씀(단물과 쓴물)의 균형을 맞춘 것이라면 『아테네의 타이몬』은 순수한 쓰디씀이다. 이 희곡은 셰익스피어의 희곡 가운데 가장 인기가 없었던 작품으로 그의 원숙기에 공연된 작품 중에서 공연 횟수도 가장 적다. 플루타르크(Plutarch)의 『영웅전(Lives)』에 나오는 부유한 아테네 인의 얘기를 극화한 것인데, 이 아테네 인은 돈이 바닥난 후 추종자와 아첨꾼들에게 버림받고 세상에 등을 돌려 숲 속에서 야생 생활을 한다. 희곡에는 훌륭한 시적 요소가 포함되어 있지만 전반적인 어조는 황량하다.

현재 입수할 수 있는 유일한 원고는 1623년 『제1이절판』에 수록되어 있는데 여전히 부분적으로 거칠고 조야하며 결말 또한 제대로 맞아떨어지지 않는다. 내용에 불규칙성이 존재하는 이유는 희곡이 공동 작품이었기 때문이다. 셰익스피어와 공동으로 희곡을 집필했던 작가는 20대 초반의 런던 사람으로 그 무렵 연극계의 떠오르는 젊은 별이었던 토마스 미들턴이다. 그는 마스턴이 대표했던 풍자

작가의 계보에 속한 시인으로서 저술 활동을 시작했다. '으르렁거리는 여섯 호색가(six Snarling Satyres)'를 포함하는 『마이크로시니콘(Microcynicon)』(1599)은 1599년에 실시된 대주교의 검열에서 '부적절한 작품'으로 판정 받고 몰수되었다. 미들턴이 극장에서 활동하기 시작한 것은 17세기에 들어서였고 처음에는 셰익스피어의 라이벌 극단인 애드미럴스 멘(Admiral's Men)에서 활동했다. 헨슬로우가 남긴 기록에 따르면 미들턴은 역사극을 썼고, 데커(Dekker), 마이클 드레이턴(Michael Drayton), 앤서니 먼데이(Anthony Munday), 존 웹스터(John Webster) 등과 함께 공동 작품의 집필에 참여해서 1602년 5월에 보수를 받았다. 그 후 미들턴은 노골적이고 음란한 '도시 희곡' 시리즈를 발표하면서 유명세를 탔다. 1603년 크리스마스에 『피닉스(Phoenix)』가 공연되었고 다음 몇 년에 걸쳐 『사랑의 가족(The Family of Love)』, 『늙은이를 잡기 위한 계략(A Trick to Catch the Old One)』, 『미친 세상(A Mad World)』, 『나의 주인들(My Masters)』, 『청교도(The Puritan)』, 『다섯 구혼자(Your Five Gallants)』 등이 무대에 올랐는데 대부분의 희곡은 아동 극단의 공연을 목적으로 쓰였다. 존슨은 미들턴을 '상스러운 사람'이라 불렀지만 존슨이 좋아하지 않았던 작가가 워낙 많았던 까닭에 신빙성은 떨어진다. 다재다능하고 장래가 촉망되는데다가 다작 작가였던 미들턴은 킹스 멘의 입장에서는 대어였다.

셰익스피어는 예전에도 공동 집필을 진행한 적이 있었지만 공동 작업 자체를 좋아하지는 않았다. 현존하는 증거로 추론해 볼 때 미들턴과의 공동 작업은 십여 년 만에 처음 있는 일이었다. 셰익스피어는 초기 극작가 시절에는 다른 작가와 공동으로 집필해서 오히려 작품을 망치기도 했는데, 『헨리 6세(Henry VI)』에는 토마스 내쉬(Thomas Nashe)의 손길이, 『타이터스 안드로니커스(Titus Andronicus)』에는 조지 필(George Peele)의 손길이 남아 있다. 1593~4년경에는 '토마스 모어 경(Sir Thomas More)'에 대한 희곡 집필에 참여했지만 이 희곡은 원고로만 남았을 뿐 단 한 번도 무대에서 공연되지 못했다. 이런 이유로 셰익스피어는 일단 연극계에 뿌리를 내리고 난 후에는 두드러질 정도로 혼자서만 활동했다. 헨슬로우의 설명과 일지의 내용을 살펴보면 당시에 로즈 극장에서는 통상적으로 2~5명의 극작가들이 공동으로 작품을 썼다. 헨슬로우가 열거한 공동 작품 중에서 인쇄된 작품은 거의 없고 벤 존슨의 최초 작품으로 헨리 체틀과 공동 저술했던 『격렬한 분노는 이내 식고(Hot Anger Soon Cooled)』는 유실되었다. 그러나 17세기에 들어서면서 젊은 작가들이 공동으로 집필해 완성한 작품은 인쇄되는 경우가 많았다. 이들 작품 중에는 채프먼, 존슨, 마스턴의 『동쪽을 향해!(Eastward Ho!)』, 데커와 웹스터의 『서쪽을 향해!(Westward Ho!)』와 『북쪽을 향해!(Northward Ho!)』, 데커와 미들턴의 『정직한 매춘부(The Honest Whore)』와 『활발한 소녀(The Roaring Girl)』, 보몬트와 플레처의 작품 여럿이 있다. 이러한 공동 저술 경향은 서로 매우 다른 두세 가지의 재능을 한 작품에서 맛볼 수 있다는 측면에서 관객을 끌어들이기에 이로운 장점이 있었다.

『아테네의 타이몬』이 대성공을 거두었다고는 말할 수 없지만 제3막의 거의 모든 내용을 포함해서 현재 미들턴이 쓴 것으로 추정되는 글은 강력한 필치를 자랑하며, 미들턴과 킹스 멘과의 연결 또한 성공적이었던 것으로 보인다. 미들턴은 1606년경에 킹스 멘 극단을 위해 『복수자의 비극(The Revenger's Tragedy)』(1607년에 작자 미상으로 출간)과 짧고 시사적인 『요크셔 비극(A Yorkshire Tragedy)』(1608년 출간) 등 훌륭한 비극 두 편을 발표했다. 미들턴은 특히 『요크셔 비극』의 속표지에 'W. 셰익스피어'의 공으로 돌린다고 썼다. 또한 『청교도』 초판에서도 'W. S.' 덕분임을 밝히고 있다. 이 같은 소개는 마케팅 전략의 일부로서 기회주의적인 발상에서 비롯된 조치긴 하지만 어쨌거나 새로운 문학적 결합을 정확하게 표현해 주고 있다. 셰익스피어가 『요크셔 비극』의 일부를 썼을 가능성 또한 배제할 수 없다.

셰익스피어는 직업상 받는 압박감에 의해 어쩔 수 없이 공동 작업에 참여했을지도 모른다. 미들턴이나 조금 후에 등장할 조지 윌킨스처럼 좀 더 젊고 예리한 작가들의 역량을 공급 받아야 할 필요성을 느꼈을 가능성이 있다.

이상에서 실버 스트리트에 거주하던 시절 셰익스피어의 문학적 측면—희비극의 '신랄하고 복잡한 음악', 미들턴과의 결합을 내포한 공동 작업—에 대해 대략적으로 살펴보았다. 셰익스피어에게 이 시기는 변화의 시기였고, 실험의 시기였고, 역설과 부정의 시기였으며, '선과 악이 얽힌 가닥'의 시기(『끝이 좋으면 다 좋은 법』 4막 3장 67)였다.

이런 경향이 당시 셰익스피어의 정신 상태와 어느 정도 관련이 있는지는 물론 토론해 봐야 할 문제이다. 17세기 초에 발표된 셰익스피어의 작품을 일컬어 우울증을 앓거나 질병을 앓던 시기의 산물 혹은 오늘날 흔히 말하듯 중년에 겪는 위기의 산물로 보는 견해가 한때 유행했다. C. J. 시슨(Sisson)은 '셰익스피어의 상상의 슬픔(The Mythical Sorrows of Shakespeare, 1934)' 이란 제목의 유명한 강연에서 이런 견해를 강력하게 반박했다. 시슨은 셰익스피어가 '비관주의와 환멸로 고통 받았던 17세기 우울의 희생자의 입장에서' 희비극을 썼다는 주장을 공격하면서 이런 주장은 '위대한 창조적 작가의 비극적인 글이 비극적 기분이나 개인적인 불행의 증거라고 제안하는 태도' 에 불과하다고 토로했다. 이와 반대의 입장은 콜리지(Coleridge, 1772~1834. 영국의 시인이자 비평가-옮긴이)가 주장했듯 '사람은 자신이 불행할 때 지독하게 불쾌한 시를 쓴다.' 는 것이다. 어쨌거나 셰익스피어의 작품에 대한 비평은 계속 방향을 잡지 못하고 학자의 개인적인 해석에 따라 다양한 양상을 보여 왔다.

전기적인 지식에 의존해서 희곡을 이해하는 태도가 위험하고 감상에 치우치는 경향이 있는 것은 사실이다. 수십 년 전에 쓰인 대사의 일부만을 끌어내서 그 속에서 일관된 개인적인 태도를 유추해내는 것은 불합리하다. 대사는 연극상의 문맥에 속한 것이기 때문에 셰익스피어의 개인적인 견해를 반영한다고 볼 수 없다. 하지만 회의론이 우세한 것 같다. 전기와 문학이 레고 조각처럼 딱 들어맞는 것은 아니지만 그렇다고 전적으로 분리되어 있지도 않기 때문이다. 전기적인 해석을 '부적절하다' 고 생각했던 철저하고 면밀한 본문 분석가인 E. M. W. 틸야드(Tillyard)조차도 『끝이 좋으면 다 좋은 법』의 시적인 불규칙성을 검토한 후에 다음과 같은 결론을 내렸다. '일부 대구(對句)는 셰익스피어가 일반적으로 사용하는 대구 이상이다. 다시 말해서 이상한 분위기를 풍기는 대구는 희곡을 쓸 당시 셰익스피어의 유별난 기분을 가리킨다.'[22]

내가 관심을 갖는 것은 셰익스피어가 활동하던 시기의 물리적이고 문화적인 환경을 재창조하는 일이다. 셰익스피어가 당시에 썼던 희곡은 그런 환경의 일부이기 때문이다. 희곡은 셰익스피어의 책상 위에 놓여 있었고 그의 마음속에 있었다. 정확한 연대기적 경계 안에서 셰익스피어의 희곡과 그것을 썼을 당시의 환경을 연결하는 것은 무방한 일이다.

예를 들어 셰익스피어가 억지로 결혼을 하도록 강요받은 젊은 프랑스 청년에 대한 희곡을 썼는데 그 희곡은 셰익스피어 자신이 젊은 프랑스 청년에게 결혼을 강요했을 당시에 쓴 것이라는 사실이 드러난다고 치자. 그렇다면 셰익스피어가 개입한 실제의 결혼과 무대 위에 펼쳐진 허구의 결혼 사이에 연관성이 있는지 의심을 품어볼 만하다. 『끝이 좋으면 다 좋은 법』이 바로 그런 경우에 속하는 작품으로 학문적인 정확성을 이유로 이런 연관성을 무시하는 것은 옳지 않다. 나는 스티븐 벨롯이 루시용 백작(Count Roussillon)인 버트람(Bertram)의 모델이라고 주장하지 않을 것이고 셰익스피어가 마운트조이 가족에게 일어난 작은 가정사에서 영감을 받아 버트람과 헬레나(Helena)의 불안정한 약혼에 얽힌 이야기를 썼다고도 주장하지 않을 것이다. 하지만 유사성은 분명히 존재한다. 가정생활의 '사소한 일'들이 극작가의 눈에 번쩍 띄게 되면 여기에 대부분의 사람들이 알지 못하는 특징이 교묘하게 섞여 비밀스런 분위기를 풍기며 풍부해지는 것이다.

4장

런던의 셰익스피어

✠ ✠ ✠

셰익스피어와 마운트조이 가족 사이에 일어난 일은 셰익스피어가 런던에서 활동하던 시기에 있었던 사건 가운데 작은 부분에 지나지 않는다. 물론 셰익스피어는 런던 토박이가 아니다. 그는 스트래트퍼드 어폰 에이본에서 태어나 그곳에서 결혼하고 그곳에 묻혔다. 장이 서는 이 자그마한 도시는 말 그대로 그의 고향이었다. 그의 부모와 아내와 자녀들과 대부분의 형제들과 사촌들이 그곳에 살았다. 그는 어린 시절을 보낸 집을 성인이 되어 상속 받았고, 1598년 들어서는 도시의 끝자락인 뉴 플레이스(New Place)에 꽤나 커다란 집을 구입해서 말년으로 접어들수록 더욱 많은 시간을 그곳에서 보내다가 1616년에 52세를 일기로 세상을 떠났다. 따라서 셰익스피어는 진술서에 기록되어 있듯이 '워릭셔 카운티 스트래트퍼드 어폰 에이본'의 셰익스피어였다.

그럼에도 '에이본의 소중한 백조(sweet swan of Avon)'[23]는 성인기의 많은 시간을 스트래트퍼드가 아닌 런던에서 보냈다. 셰익스피어는 사업과 극단과 문학의 수도로서 런던에 매료 당했고, 성공과 명예를 거머쥐기 위해 그 속에서 몸부림쳤다. 셰익스피어가 런던에서 활동한 것은 직업상의 필요 때문이었지만 그렇다고 해서 어쩔 수 없이 그랬던 것은 아니었다. 셰익스피어는 다른 많은 런던 사람과 마찬가지로 이주자였다. 외부인들의 이주는 인구통계학적인 시류의 일환이었다. 런던의 인구는 16세기 들어 두 배로 증가했고 제임스 왕의 초기 통치기에는 20만 명에 이르렀다. 셰익스피어의 동료 문학인 가운데 다수가 지방 출신이었다. 크리스토퍼 말로(Christopher Marlowe)와 존 릴리(John Lyly)는 캔터베리 출신이었고, 토마스 내쉬는 로스토프트(Lowestoft), 로버트 그린은 노리치(Norwich) 출신이었고, 조지 채프먼은 히친(Hitchin), 프랜시스 보몬트(Francis Beaumont)는 레스터셔(Leicestershire) 출신이었다. 심지어 궁정식 세련미의 표본인 월터 롤리 경(Sir Walter Ralegh)조차도 '말년에는 세련되지 못한 데번셔(Devonshire) 사투리를 구사했다.'[24]

옛 노래는 '런던이여, 그대는 모든 도시의 꽃이다.' 라고 런던을 칭송했다. 하지만 팸플릿 저자였던 토마스 내쉬의 견해는 완전히 달라서 '런던이여, 그대는 죄의 씨가 뿌려진 정원이고, 천한 수로를 빨아들이는 바다이다.' 라고 노래했다. 아마도 두 견해 모두 사실일 것이다. 16세기 말의 런던은 유럽에서 가장 크고 생기가 넘치고 세련된 도시라 할 수 있었다. 하지만 지나치게 혼잡하고 지저분하고 부패하고 범죄에 찌들고 전염병이 들끓는 곳이기도 했다. 위험과 쾌락의 농후한 바람이 좁은 골목을 휩쓸며 지방에서 온 사람들의 마음을 빼앗았을 것이다. 도시의 순수한 활기는 셰익스피어 희곡의 놀랄 만한 '하층민의 삶' 속에 스며들어갔다.

셰익스피어가 처음 런던에 온 시기는 알려져 있지 않다. 젊은 시절 셰익스피어가 스트래트퍼드에 남긴 마지막 자취는 1585년 2월 쌍둥이 자녀인 햄넷과 주디스의 세례 기록이었고, 당시 그의 나이는 20세였다.(세례식에 실제로 참석했다는 기록이 아니라 그가 참석했으리라 추정되는 기록이다.) 셰익스피어가 런던에 모습을 드러낸 첫 기록은 1592년 중반으로 거슬러 올라간다. 로즈 극장에서 「해리 더 식스(harey the vi, '헨리 6세 제1부'를 이렇게 부른 것이 거의 확실하다.)」가 무대에 오르고 그린이 『서푼짜리 기지』에서 셰익스피어를 공격했을 때였다. 이런 기록들 사이에는 전설적인 '행적불명의 세월'이 존재한다. '행적불명의 세월'은 셰익스피어의 행적에 대한 문서상의 기록이 전혀 없는 7년을 뜻하는데 초기 전기 학자들은 여전히 입증되지 않고 있는 여러 학설을 제시하였다. 존 오브리는 이 시기에 셰익스피어가 '지방에서 교사'로 활동했다고 주장했고, 에드먼드 말론(Edmund Malone)은 '변호사의 사무원'으로 활동했다고 주장했다. 좀 더 최근의 해설자 중에는 젊은 가톨릭교도의 비밀운동에 가담했다고 해석하는 사람도 있다.[25] 이런 학설이 사실일 가능성도 있지만 어쨌거나 셰익스피어는 소위 말하는 '행적불명의 세월'의 상당 부분을 런던에서 보냈음이 확실하다. 1592년에 그린이 셰익스피어를 공격한 내용을 보더라도 당시에 셰익스피어가 이미 배우로서 또 극작가로서 어느 정도 성공을 달성했다는 사실을 알 수 있다. 그렇기 때문에 그린이 셰익스피어를 '우리의 날개로 아름답게 장식한 건방진 까마귀'라고 비난했을 것이다. 여기서 '우리'는 말로, 내쉬, 필, 토마스 왓슨(Thomas Watson) 등 대학재인파〔大學才人派, University Wits, 1580~92년경 옥스퍼드 · 케임브리지 대학을 졸업하고 문단에 진출, 16세기 후반의 막간극과 사극 위주의 영국 극(劇)에 새로운 방향과 생기를 불어넣은 작가군을 가리킨다-옮긴이]를 일컫는다. 셰익스피어가 이렇게 성공을 거두고 또 비난을 받을 수 있었던 유일한 장소는 런던이었고 그가 최소한 1580년대 말경에는 런던에 거주했다는 것이 일반적인 사실로 받아들여지고 있다.

셰익스피어는 경력의 말년에 접어들면서 스트래트퍼드로 물러났지만 그 시기 또한 모호하다. 1611년에 공연된 『폭풍우(The Tempest)』에는 '우리의 떠들썩한 축제는 이제 끝이 났다.'는 고별 메시지가 포함되어 있다. 하지만 셰익스피어는 무대에 올릴 작품을 계속 썼다. 1613년 초 여름에 글로브 극장에서 공연된 『헨리 8세(Henry VIII)』는 존 플레처와 공동으로 집필한 작품이었지만 『제1이절판』의 편집자들은 『헨리 8세』가 『페리클레스』와는 달리 셰익스피어의 작품이라고 말할 수 있을 만큼 그의 손길을 충분히 탔다고 생각했다. 그러나 이후에 플레처와 함께 저술했던 『두 귀족 친척(The Two Noble Kinsmen)』과 『카르데니오(Cardenio)』는 셰익스피어의 기여도가 미비했기 때문에 그의 작품 목록에 포함시키지 않았다. 축포에서 나온 불꽃이 건초 지붕에 옮겨 붙는 바람에 글로브 극장이 불에 탄 것은 『헨리 8세』를 공연할 때였다. 셰익스피어가 세웠고 키웠던 거대한 극장은 1613년 7월 25일 화재로 파괴되었고, 이날은 셰익스피어가 도시의 삶에서 은퇴한 상징적인 날이 되었다. 하지만 '셰익스피어가 어제 런던에 와서 그를 보러 갔다.'[26]는 기록을 고향 지인이 1614년 11월에 남긴 것으로 보아 은퇴 날짜는 그저 상징적인 의미를 지닌다.

이런 날짜가 대략 정확하다면 셰익스피어는 런던에서 약 25년 동안 거주하면서 일했고, 이 책에서 관심을 쏟는 부분도 바로 런던에서 영위된 셰익스피어의 삶과 활동이다.

셰익스피어가 런던에서 실버 스트리트에 하숙을 정하기 전에 살았던 장소에 대해서는 어느 정도 파악이 가능하다. 존 오브리는 셰익스피어가 '쇼어디치(Shoreditch)'에 살았다고 주장했다. 오브리는 항상 신뢰할 수 있는 정보원은 아니지만 정보 탐지에 관한 한 전문가였다. 특히나 이 경우에 오브리에게 정보를 제공한 사람은 노년에 접어든 배우 겸 감독 윌리엄 비스턴(William Beeston)이기 때문에 상당히 신빙성이 있다. 윌리엄 비스턴의 아버지인 크리스토퍼는 1590년대 말에 셰익스피어와 함께 연기했다. 오브리는 비스턴이 사망하기 일 년 전인 1681년 여름에 그를 인터뷰했는데 셰익스피어에 대한 회고담을 몇 마디 듣지 못한 것으로 보아 너무 늦게 찾아간 것으로 보인다. 셰익스피어가 쇼어디치에 거주했었다는 얘기를 들은 것도 당시 인터뷰에서였다.[27]

셰익스피어가 런던 생활 초기에 쇼어디치에 살았을 가능성은 충분하다. 최초의 본격적인 극장이 쇼어디치에 설립되었기 때문이다. 배우인 리처드 버베이지의 아버지인 제임스 버베이지가 1576년에 설립한 '시어터(Theatre)', 그리고 '커튼(Curtain)'이 있었는데 이는 템스 강 남쪽 뱅크사이드 지역에 위치한 극장들보다 시기상 앞서는 것이었다.

셰익스피어가 연극계에 자리를 잡아가고 있던 1580년대 말의 쇼어디치는 초라한 작은 집들이 넘쳐 나고 뒷골목이 어수선한 빈민가에 가까웠고 성벽 외곽으로 들판과 늪지, 폐허가 된 수도원이 펼쳐져 있었다. 하지만 이런 물리적인 환경에도 불구하고 극장과 연관되어 엘리자베스 여왕 시대의 자유분방한 분위기가 조성되어 있었다. 당대 가장 위대한 문학적이고 연극적인 재능의 소유자들이 비포장도로를 따라 살았다. 토마스 왓슨과 크리스토퍼 말로가 쇼어디치 남쪽의 노턴 폴게이트(Norton Folgate)에 살았는데 1589년에는 근처 호그 레인(Hog Lane)에서 무기를 집어 들고 싸우는 두 사람의 모습이 목격되기도 했다. 희극인인 리처드 탈턴(Richard Tarlton)은 말년에 지금의 쇼어디치 하이 스트리트(High Street)인 홀리웰 스트리트(Holywell Street)에서 엠 볼(Em Ball)이란 이름의 창녀와 함께 살았다. 팸플릿 저자로 붉은색 수염을 기르고 셰익스피어에게 신랄한 공격을 퍼부었던 로버트 그린 또한 쇼어디치에 거주했다. 그의 정부〔가브리엘 하비(Gabriel Harvey)가 '처량한 누더기 왈패(sorry ragged quean)'라 묘사한 바 있다.〕도 볼이라 불렸는데 그녀의 남동생은 거리에서 '커팅 볼(Cutting Ball)'로 알려진 소매치기였다. 아마도 그린의 정부인 볼은 탈턴의 정부인 엠 볼과 관계가 있을 것이고 같은 여성일 가능성이 있다. 그린과 볼 사이에 태어난 사생아 포르투나투스(Fortunatus)는 유아기 때 사망해서 성 레오나르도 교회에 묻혔다. 셰익스피어의 미래의 공동 저자인 조지 윌킨스 또한 이 지역에서 어린 시절을 보냈을 가능성이 있고 그의 아버지도 1603년에 성 레오나르도 교회에 묻혔다. 교회 등록부에는 버베이지 가족, 브라운 가족, 비스턴 가족 등 배우와 그 가족들의 이름이 눈에 많이 띈다. 오브리가 윌리엄 비스턴을 인터뷰한 곳도 쇼어디치 호그 레인에 자리한 비스턴의 자택이었다.

셰익스피어는 1590년대 중반 들어 성 헬렌 교회의 비숍스게이트

(Bishopsgate) 교구로 이사했다. 이사한 곳은 지금은 도시 성문 안쪽에 위치한 북쪽 극장에서 가까웠다. 셰익스피어의 흔적은 영국 전역에 걸쳐 교구별로 정리해 놓은 평신도 특별 징수세 기록부에서 찾아볼 수 있다. 특별 징수세는 국왕의 명령으로 부과된 세금으로 대부분 1년에 한 번 세 차례에 나눠 징수되었고 세금 요율은 의회의 통제를 받았다. 토지 소유주들에게는 소유한 '토지'의 가치를 기준으로 세금이 부과되었고 토지를 소유하지 않은 사람들에게는 좀 더 낮은 요율에 의거해서 소유 '동산'을 기준으로 부과되었다. 국립문서보관소에 소장되어 있는 런던 기록부는 온전히 보존된 것은 아니지만 매우 귀중한 자원으로 이 책에서 자주 언급될 것이다.

비숍스게이트에서의 셰익스피어에 대한 가장 초기 기록 날짜는 1596년 10월이다. 이 기록에 따르면 셰익스피어의 자산은 동산이 5파운드로, 이를 기준으로 책정된 세금은 5실링이었다. 이런 기록을 검토해 보면 당시에 셰익스피어가 처했던 환경을 파악할 수 있다. 우선, 특별 징수세 기록부에 셰익스피어는 해당 교구에서 세대주로 등록되어 있다. 세대주였다고 해서 주택을 소유했다는 뜻은 아니고 실제로도 주택을 소유했을 가능성은 희박하다. 아마도 부동산을 장기 임차했거나 차용 계약을 맺었을 것이다. 자산 평가액 5파운드는 중간 정도 수준으로, 동료 교구민이었던 존 스펜서 경(Sir John Spenser)이 소유한 토지의 평가액은 300파운드였고 150파운드로 토지를 평가 받은 사람도 있었지만, 대다수 사람들의 자산 평가액은 10파운드나 5파운드, 3파운드였다. 물론 주로 이민자들로 구성된 외국인의 자산은 여기에도 미치지 못했지만 최저 평가액은 3파운드였다. 당시 문학작품에서의 언급을 살펴보면 동산에 대한 평가는 재산 입증 서류만큼이나 분명했다. 존 릴리의 『마더 밤비(Mother Bomby)』(1585)에 나오는 한 등장인물은 '굴을 안주로 마실 적포도주 한 컵을 소유한 사람의 이름이 여왕의 특별 징수세 납세자 명단에 올랐다.'(2막 5장)고 말한다. 저자 미상의 작품집 『도버의 잭(Jack of Dover)』에 나오는 한 남성은 아내가 값비싼 스타킹 신는 것을 좋아하기 때문에 재산 평가액이 '예전보다 5파운드 증가했다.'[28] 이는 물론 과장된 표현이기는 하지만 어쨌거나 당시 기록으로 볼 때 1590년대 중반까지 셰익스피어가 구축한 재산의 규모는 괜찮은 편이었다고 추리해 볼 수 있다.

1596년도에 산정된 세금은 다음 해 2월까지 지불해야 했다. 하지만 셰익스피어는 세금을 내지 않아서 1597년 11월 15일자 서류에 미납자로 기재되었다. 미납 통지서를 검토해 보면 해당 교구의 '하급 수금원'은 미납자 명단에 오른 사람들이 '사망했거나, 고장을 떠났거나, 해당 교구에서 이탈했거나, 동산이 옮겨졌거나 비밀리에 은닉되어' 세금을 거둘 수 없었다고 주장했다. 셰익스피어가 사망하기 전의 일이므로 사망은 세금 미납 원인에서 배제된다. 또한 셰익스피어는 1598년 10월 1일자로 성 헬렌 교회 교구에서 5파운드의 자산을 소유한 것으로 기록되어 있기 때문에 교구 이탈도 미납 원인이 아니다. 결론적으로 셰익스피어는 지불을 기피했던 것으로 보인다. 이는 당시 상황을 고려할 때 별로 놀랄 만한 일이 아니다. 세금 징수 체계가 혼란스러워서 납세 기피 현상이 흔하게 발생했기 때문이다. 하지만 런던에서의 셰익스피어의 존재를 입증하는 최초의 실질적인 기록이 그의 탈세 기록이라는 사실이 흥미롭다.

이처럼 셰익스피어의 세금 문제를 살펴보다 보면 그가 속했던 무리에 대한 흥미로운 사실 또한 발견하게 된다. 1598년 성 헬렌 교회 기록부에는 셰익스피어를 포함하여 거의 50명에 달하는 사람들의 이름이 올라 있었다. 그중에서 전기 작가들은 토마스 몰리(Thomas Morley)라는 사람에게 관심을 가졌는데 당대에 활동했던 음악가 토마스 몰리인 것이 거의 확실하다. 그의 『제1에어곡집(First Book of Airs)』(1600)에는 셰익스피어의 『뜻대로 하세요』에 등장하는 '그것은 연인이자 그의 아가씨였다'는 노랫가락이 실려 있다. 하지만 내 눈길을 끈 것은 헨리 모운더(Henry Mawnder)라는 이름이었다. 그다지 흔한 이름이 아니기 때문에 '의회의 메신저'로 몇 년 동안 활동했던 헨리 마운더(Henry Maunder)와 동일 인물일 가능성이 크다. '의회의 메신저'는 다소 두루뭉술한 직책으로 여러 가지 활동을 담당하였으며 그중 일부 임무는 정치적으로 예민한 영역에 있었다. 1593년 5월에 크리스토퍼 말로의 체포 영장을 가지고 법원에서 파견된 사람이 바로 마운더였다. 그는 켄트(Kent)의 치슬허스트(Chislehurst)에서 크리스토퍼 말로를 찾아 5월 20일에 추밀원으로 데려왔다. 말로는 그로부터 열흘 후에 의문의 죽음을 당했다. 말로를 알고 지냈고 존경했던 셰익스피어에게 마운더는 그다지 달가운 존재가 아니었을지도 모른다. 하지만 소문만 무성한 채 베일에 가려 있던 말로의 일에 대해 마운더에게 들었을 가능성도 배제할 수는 없다.

1590년대 성 헬렌 교회 기록부에서 눈에 띄는 이름으로는 또한 앤서니 엘보우(Anthony Elbow)가 있다. 그는 특별 징수세 납세자 명단에 기재된 교구 '외국인'으로 아마도 몇 년 전에 런던의 외국인 조사 명부에 올랐던 앤서니 헬보우(Anthony Helbow)일 것이다. 마르짓(Margit)이란 이름의 아내와 영국인 하인과 함께 릴리(Leley)에 거주했던 프랑스 인 비단 제작자인 그는 셰익스피어와 마찬가지로 세금을 납부하지 않았지만 '사망'으로 세금 납부가 면제되었다. 성 헬렌 교회의 교구 교적부에 따르면 '스테이블리스 앨리(Staveley's Alley)' 출신 앤서니 엘보우가 1596년 10월 13일에 매장된 것으로 되어 있다. 앤서니 엘보우는 셰익스피어의 머릿속에 멋진 이름으로 저장되어 있다가 몇 년 후에 『법에는 법으로』에서 엘보우 경관으로 태어났다. 셰익스피어는 진짜 엘보우의 엉터리 영어를 기억해서 말장난을 생각해 냈고 이를 엘보우 경관을 통해 구현하여 희곡의 분위기를 희극적으로 바꿨다.

셰익스피어는 1598년 10월의 2차 세금 평가 때에도 세금을 납부하지 않았다. 하지만 이번의 미납 사유는 이사였다. 엘리자베스 여왕 시대의 관료제는 허술하게 돌아갔지만 셰익스피어의 미납 사유는 재무부 문서에 제때 기록되었다. 재무부 문서에는 셰익스피어에 대한 언급이 두 차례 등장한다. 첫 번째는 그가 1599년 당시에 서리 카운티(county of Surrey)의 거주민이었다는 것이고, 두 번째는 '윈체스터 주교(Episcopus Wintonensis)'라는 단어 옆에 이름이 적혀 있는 것이다. 이런 기록을 통해 파악해 보면 셰익스피어는 여전히 비숍스게이트에 등록되어 있던 1598년 10월 이후에 템스 강 남부 서리 쪽, 좀 더 자세하게는 서더크(Southwark)의 '더 리버티 오브 더 클링크(the Liberty of the Clink)' 지역으로 이사 갔다. 이곳은 윈체스터 주교의 관할구역으로서 셰익스피어가 이사한 이유는 새로 건립된 글로브 극장의 개장과 관계가 있을 가능성이 있다. 글로브 극장은 1599년 초에 서더크의 임대지에 세워졌고 그곳에서 불과 몇 백

야드 떨어지지 않은 곳에는 애드미럴스 멘이 활동했던 로즈 극장과, 말뚝에 사슬로 묶인 곰이 커다란 개떼에게 괴롭힘을 당하는 파리 가든(Paris Gardens)의 동물 우리가 있었다.

이상은 1603년경에 셰익스피어가 크리플게이트로 이사 가기 전에 살았던 장소에 대한 기록이다. 셰익스피어는 쇼어디치에 모습을 드러냈고 비숍스게이트와 서더크에 기록을 남겼다. 이 초기 주소는 셰익스피어의 삶이자 생계였던 극장에서 물리적으로 가까웠다. 하지만 새로 하숙하게 된 마운트조이의 집은 그렇지 않았다. 크리플게이트에서 글로브 극장에 가려면 도시를 가로질러 남쪽으로 걸어가 거룻배나 수상 택시를 이용해 강을 건너 서더크까지 가야 했다. 매우 불편했을 것으로 보이는데, 이 점이 또한 흥미롭다.

앞서 지적했듯이 이 시기의 셰익스피어는 경력의 정점에 있었다. 시대를 막론하고 성공의 뒤에는 스트레스와 압박감이 따라붙게 마련이다. 그는 시('말 잘하는 셰익스피어…')와 시사 희극('오, 매력적인 셰익스피어, 나는 궁정의 서재에 그의 그림을 걸어 놓겠소.'), 법학원(Inns of Court)의 비화[존 매닝엄(John Manningham)의 일기에 기록되어 있다. 26장 참고] 등에 제재로 등장하며 유명세를 치렀고, 배우로서 자신이나 다른 작가가 쓴 희곡을 공연하면서 얼굴이 세상에 널리 알려졌다. 하지만 자크(Jaques)가 주장했듯이 유명세는 '거품 같은 명성'이기 때문에 언제나 상반된 측면을 포함하고 있어서 그에게는 성취만큼이나 괴로운 환영이었을 것이다. 실버 스트리트로 이사 간 것은 일종의 도피였을까? 연기자와 연극 애호가들로 들끓는 공적이고 떠들썩한 세계에서 도망쳐서 좀 더 조용하고 고상하고 자신을 잘 모르는 이웃을 찾아갔던 것일까?

오브리의 정보원이었던 윌리엄 비스턴의 얘기를 들어 보면 이런 의문에 대한 힌트를 얻을 수 있다. 비스턴 스스로 기억해 냈거나 자신의 아버지에게서 들었던 얘기에 따르면 셰익스피어는 '타인과의 교제를 즐기지 않았기 때문에 존경을 받았다.' 그는 '방탕한 생활을 하지 않을 것이고 초대를 받는다 하더라도 아프다고 대답할 것이다.' 비스턴의 말이 사실인지는 입증할 수 없지만 상식적으로 생각해 볼 때 수긍이 간다. 이는 정신적 공간에서 이루어지는 집필의 은둔성을 표현한 말로, 셰익스피어는 방탕한 생활을 부추기는 파티를 즐기지 않고 도시가 고요 속에 잠긴 한밤중에 촛불을 밝혀 놓고 차분하게 앉아 작품을 썼을 것이다. 그렇지 않았다면 연기하고 연극을 감독하고 극장 운영에 전반적으로 관여하면서 어떻게 최소한 37편의 희곡과 두 권 길이의 이야기체 시와 154편의 소네트를 쓸 수 있었겠는가? 따라서 셰익스피어가 크리플게이트로 이사하게 된 이유 중의 하나는 집필에 대한 압박감 때문에 사람들과의 교제를 피하기 위해서였을 가능성이 있다.

해트필드 하우스(Hatfield House)에 소장되어 있는 세실 문서(Cecil papers) 중에는 법정 관리인 월터 코프 경(Sir Walter Cope)이 기록한 다소 시무룩한 어투의 편지가 있다. 그는 크랜본 경(Lord Cranborne)인 로버트 세실에게 편지를 썼다.

> 저는 오늘 아침 내내 사람을 보내 연기자와 요술쟁이와 그 같은 부류의 인간들을 물색하라고 했지만 정말 찾기가 힘들다는 사실을 깨달았습니다. 그래서 그들을 찾는다는 쪽지를 남겼습니다.

그러자 버베이지가 와서 여왕께서 관람하지 못한 새로운 연극은 아직 없지만 『사랑의 헛수고(Love's Labour's Lost)』라는 옛날 연극을 재상연하는데 여왕께서 보시면 무척 좋아하실 것이라고 말했습니다.

코프는 편지에 날짜를 기입하지 않았지만 세실의 비서가 편지 뒷면에 '1604년' 이라고 썼다. 1605년 1월에 『사랑의 헛수고』가 궁정에서 공연된 것으로 미루어 이는 신빙성 있는 날짜로 추정된다. 코프가 성과 없이 쫓아다녔을 연기자 중에는 틀림없이 셰익스피어도 포함되어 있었을 것이다. 코프나 그의 부하가 셰익스피어를 만나러 마운트조이의 집으로 찾아갔을 때 그는 외출 중이었을까? 아니면 행방이 확실하지 않거나 사적인 주소가 알려져 있지 않아서 찾기가 힘들었을까? 셰익스피어는 코프처럼 배우들을 '요술쟁이와 그 같은 부류의 인간들' 로 취급하는 속물근성의 궁정 토박이를 상대하는 일 같은 건 극단의 다른 사람에게 일임했을까? 아마도 이런 질문에 대해서는 『오셀로』에 등장하는 트집 잡는 광대가 정확하게 대답할 것이다. '나는 그가 어디 사는지 몰라요. … 그가 이곳에 사는지 저곳에 사는지는 말할 수가 없어요.'

후대 사람들은 벨롯 대 마운트조이 소송의 흔적을 추적함으로써 유명하지만 사람들 눈에 띄지 않도록 도망 다니는 셰익스피어가 하숙했던 곳을 알았고, 이제 그를 찾아 실버 스트리트로 향할 수 있게 되었다.

제2부 실버 스트리트

거리에서 그를 만났다.
일행 속에 있는 그 신사를 만났다.

—『실수 연발(The Comedy of Erros)』 5막 1장 226~7

5장

모퉁이 집

✠ ✠ ✠

마운트조이 가족이 살던 집은 사라진 지 오래지만 위치는 매우 정확하게 추정할 수 있다. 스티븐 벨롯의 도제였던 윌리엄 이턴의 진술서에는 마운트조이의 집이 실버 스트리트와 '머글 스트리트(Muggle Street)'가 만나는 모퉁이에 있다고 나온다. 몽크웰 스트리트(Monkwell Street)라고 불리는 경우가 더 많았던 머글 스트리트는 실버 스트리트의 북쪽으로 성벽을 향해 뻗어 있었다. 따라서 마운트조이의 집은 실버 스트리트의 북쪽, 남쪽으로는 성 올라브 교회의 경내 바로 맞은편에 위치해 있었다. 머글 스트리트 또는 몽크웰 스트리트는 도시의 행정구역을 나누는 경계였다. 거리의 서쪽은 패링던(Farringdon) 구역이었고 동쪽은 크리플게이트 구역이었다. 세금 기록에서 알 수 있듯이 크리스토퍼 마운트조이는 크리플게이트 구역 거주민이었다. 따라서 셰익스피어가 1604년 무렵에 하숙했던 마운트조이의 집은 정확하게 실버 스트리트와 몽크웰 스트리트의 동쪽 모퉁이에 있었다.

과거에 목판공인 랄프 아가스(Ralph Agas)의 작품으로 알려져서 지금도 편의상 '아가스 지도'로 불리는, 엘리자베스 여왕 시대의 런던을 새긴 목판 지도를 보면 마운트조이의 집이 명확하게 드러난다.(삽화 6) 가파른 박공지붕에, 전면 위에는 달개의 돌출부가 있고, 위층에는 창문 네 개가 나 있다. 안타깝게도 창문은 점처럼 표현되어 확대경으로도 안쪽 모습을 들여다볼 수 없다. 물론 이 지도에서 볼 수 있는 집의 모습은 마운트조이 집의 실제 모습이 아니라 그 존재를 나타내는 획일적인 모습에 지나지 않는다. 실제로 지도상의 마운트조이의 집은 다른 집의 모습과 매우 유사하다. 사실 아가스 지도의 런던은 최신식 주택이 일률적으로 단정하게 들어서 있는 모습으로, 빈터에 마구잡이로 들어섰던 기회주의적 건축 현실과는 거리가 멀다. 게다가 지도의 작성 날짜는 마운트조이가 실버 스트리트에 거주한다고 알려진 가장 이른 시기보다 30년이 앞선 1560년대 초이기 때문에 지도상에 표시된 집은 마운트조이의 집이라 할 수 없다. 따라서 아가스 지도는 구체적인 장소는 나타냈으나 상세하게 묘사하지는 않은 시각적인 기록으로서 그나마 오늘날 입수할 수 있는 최상의 자료이다.

중요한 점은 이 지도를 통해 실버 스트리트를 둘러싼 주변 환경을 살펴볼 수 있다는 것이다. 남쪽으로 그리 멀지 않은 곳에 커다란 상업 거리인 치프사이드(Cheapside)가 있고 그 너머로 성 바울 대성당이 있다.(지도에 나와 있는 나무 첨탑은 1561년 번개로 파괴되었다.) 실버 스트리트의 북쪽과 서쪽은 성벽으로 둘러싸여서 집들이 그 안에 편안하게 둥지를 틀고 있다. 동쪽으로는 우드 스트리트(Wood Street)가 크리플게이트(Cripple 또는 Creple Gate)를 통과해 뻗어 있다. 크리플게이트에는 절름발이가 치유를 받았다는 전설이 문에 붙어 있지만('cripple'은 신체장애자, 절름발이를 뜻한다-옮긴이) 크리플이라는 이름은 단순히 입구가 협소하기 때문에 붙여진 것으로 입구 천장은 그야말로 사람이 기어서(creep) 통과해야 할 정도로 낮다. 성문 너머로 해자를 건너면 무어필드(Moorfields)의 초목 재배장이 펼쳐진다. 지도에는 야채밭, 산울타리, 궁술 연습장이 보이고 북쪽으로 핀스베리 필드(Finsbury Fields)의 풍차에 이르기까지 상큼한 경치가 펼쳐진다. 셰익스피어가 실버 스트리트에 살았을 때는 이런 경치의 일부가 이미 개발로 사라진 후였지만 런던은 여전히 시골로 둘러싸인 도시였다. 노팅 힐(Notting Hill)에서는 견과류를 수확하고, 셰퍼즈 부쉬(Shepherd's Bush)에서는 양들이 풀을 뜯고, 혹스턴(Hoxton)에서는 돼지를 사육했으며, 어떤 이는 어느 날 이슬링턴(Islington)으로 나가 오리 사냥을 하고 '크림을 넣은 수프 한 그릇을 먹었다.'[29]

셰익스피어의 하숙집은 그가 사망한 후에도 반세기 정도까지 남아 있다가 1666년의 대화재를 견디지 못하고 소실되었다. 크리플게이트는 대화재로 인해 파괴된 지역의 북쪽 끝 부근에 있었다. 대화재는 빌링스게이트(Billingsgate)의 푸딩 레인(Pudding Lane)에서 시작되어 건조한 도시를 휩쓸며 서쪽으로 진행됐다. 실버 스트리트가 화염에 휩싸인 것은 화재가 발생한 지 3일째인 1666년 9월 4일이었다. 이 화재로 약 1만 3천 채의 집이 소실되었고 마운트조이의 집도 그에 속해 있었다.

마운트조이의 집은 불에 타 소실되었던 그 자리에 다시 복원되었다. 당시의 조사에 따르면 건물의 길이는 실버 스트리트와 몽크웰 스트리트를 따라 각각 63피트(약 19.2미터)였다. 길이만으로는 집의 크기를 알 수도 있고 알지 못할 수도 있다.[30] 19세기 중반에는 그곳에 더 쿠퍼스 암스(The Coopers' Arms)라는 선술집이 있었다. 19세기 말에 들어서면서 실버 스트리트에 있던 집들 거의 대부분이 빅토리아조 풍의 창고와 '공장'으로 대체되었지만 선술집은 그대로 남았다. 1910년경에 찰스 윌리엄 월리스가 이 선술집을 직접 또는 사람을 시켜서 찍은 사진이 현재까지 남아 있다.(삽화 7) 더 쿠퍼스 암스는 외관이 지저분한 4층짜리 건물로 밖에는 소화전이 서 있고 모퉁이의 커다란 광고판에는 뮤 오리지널 런던 스타우트(Meux Original London Stout)의 생맥주와 병맥주 광고 문구가 적혀 있으며 입구에는 '차와 식사(Teas and Dinners)'라고 손으로 쓴 간판이 걸려 있다. 이곳의 광경은 엘리엇(Eliot)의 「서시(Prelude)」(1917)에 등장하는 칙칙한 분위기를 연상시킨다.

> 소나기가
> 부서진 블라인드와 굴뚝 통풍관을 때린다.

셰익스피어 시절에는 거리 번호가 없었지만 그 이후 선술집의 주소는 실버 스트리트 13번지였다.

실버 스트리트에 있던 마운트조이의 집이 파괴된 것은 그리 예외적인 일이 아니다. 런던의 중심부에 있던 엘리자베스 여왕 시대와 제임스 1세 시대의 집은 대화재로 거의 사라졌다. 실버 스트리트 자체 또한 더 이상 존재하지 않기 때문에 집의 물리적인 실체는 오늘날과 완전히 동떨어져 있다. 실버 스트리트가 사라진 것은 그 지역을 강타했던 두 번째 재앙 즉 런던 대공습 때였다. 1940년 12월 29일 밤에 감행된 독일 공군의 습격으로 런던 전 지역이 폐허로 변했다. 독일군 폭격기는 세 시간 동안 약 130톤의 고성능 폭약과 600발의 소이탄(燒夷彈)을 런던에 퍼부었다. 북쪽으로 앨더스게이트(Aldersgate)와 무어게이트(Moorgate) 주둔지와 남쪽으로 치프사이드 사이에 위치한 지역 전체가 불길에 휩싸였다. 데니스 플랜더스(Dennis Flanders)가 1941년 연필과 수채화 물감을 사용해 그린 소묘가 이 같은 파괴 현장의 실상을 그대로 보여 준다. 소묘는 북쪽의 성 자일스 교회를 바라보는 위치에서 실버 스트리트의 폭격 잔해를 묘사하고 있다.(삽화 8)

많은 거리들이 대공습 이후의 잿더미 속에서 다시 제 모습을 찾았지만 실버 스트리트는 그렇지 못했다. 실버 스트리트는 재개발과 교통 계획이 진행되는 속에서 1960년대 초 들어 거대한 바비칸 단지(Barbican estate, 런던 시의 주거 단지-옮긴이)의 외곽 지역으로 바뀌었다. 과거의 흔적을 볼 수 있는 유일한 단서는 오래된 교회 경내들인데 지금은 시민에게 개방된 공공장소가 되었다. 그중에서도 번쩍거리는 고층 건물로 둘러싸인 성 올라브 교회의 경내가 눈에 띈다. 근처의 다른 교회와 마찬가지로 교회 건물의 토대는 볼 수 없지만 도시에 자란 관목을 따라 나지막하게 쌓인 벽돌 담 위에 놓인 희끄무레한 갓돌에는 세월에 닳고 닳은 글씨가 새겨져 있다.(삽화 9) 갓돌은 오래된 묘석의 일부처럼 보이고 그 위에는 두개골 밑에 교차시킨 대퇴골과 더불어 '이곳은 실버 스트리트에 자리했던 성 올라브 교구 교회로 1666년의 끔찍한 화재로 파괴되었다.'는 글귀가 새겨져 있다. 반대편에도 글이 새겨져 있는데 지금은 그 대부분을 판

독할 수 없고 다만 맨 끝줄에 '교구 총회의 요청으로 하수국장이'라고 적혀 있는 것을 볼 수 있다. 아래 새겨진 날짜 18**는 아마도 1865년인 듯하다. 교구 총회는 성 올라브와 쌍을 이루었던, 우드 스트리트의 성 알반스(St Alban's) 교구 총회일 것이고, 갓돌의 제작 연도는 19세기일 가능성이 크고 글귀를 새기기 전에 두개골이 이미 새겨져 있었을 것이다. 만약 이것이 사실이라면 갓돌은 화재가 발생하기 전부터 있었던 교회 부속 묘지의 유물 중 일부일 것이다.

성 올라브 교회의 경내는 실버 스트리트에 서 있던 마운트조이의 집과 거의 정반대편에 있었다. 현재 그 터는 런던 월(London Wall)이라는 번화한 도로의 끝에 위치해 있다. 여기서 일컫는 런던 월은 명칭에 오해의 소지가 있는데 실제로는 옛 성벽 길을 따라 비스듬하게 남쪽으로 나 있는 도로를 일컫는 것이고 성벽의 일부는 북쪽에 남아 있다. 실버 스트리트의 일부는 런던 월 아래쪽으로, 일부는 런던 월을 따라 뻗어 있었다. 걸음짐작으로 거리를 재다 보면 마운트조이의 집에 가장 근접한 곳은 런던 월 주차장 지하이다. 대화재 이전의 지층이 현재의 지표면 바로 밑에 위치한 것으로 보아 실제 마운트조이의 집에 물리적으로 근접한 것은 분명하다. 그러나 한때 셰익스피어가 살았건 살지 않았건 간에 지하 주차장은 어쩔 수 없이 지하 주차장이므로 우울한 사실이 아닐 수 없다.

하지만 현실에 견주어 생각해 보면 오히려 마운트조이의 집이 현존하는 경우가 훨씬 더 우울할 수도 있다는 생각이 들어 위안이 되기도 한다. 방마다 우편엽서 판매대가 놓여 있고 반짝반짝 윤이 나는 나무 마루에 류트(lute) 선율이 구석구석 방문객을 쫓아다닐 장면을 상상해 보면 말이다.

이외에도 셰익스피어가 살았던 당시의 집과 거리의 모습을 그려 볼 수 있는 방법이 있다. 매우 분명한 출처로는 1598년에 출간되고 1603년에 개편된 존 스토우의 『런던 개관(Survay of London)』이 있다. 하지만 크리플게이트의 구석진 장소는 단서를 찾아 이곳저곳을 해매고 다녔던 골동품 애호가의 열정에 불을 붙이지는 못했다. 다른 곳에 대한 호기심과 얘깃거리를 쫓느라 바빴던 스토우는 실버 스트리트에 대해서는 다음과 같은 간단한 글만 남겼다. '우드 스트리트 아래쪽에는 은세공사들이 사는 것으로 추정되는 실버 스트리트가 있고, 깔끔한 집들이 모여 있다.' 스토우가 실버 스트리트라는 이름에서 은세공사를 연상해 낸 것은 중세적이었다. 셰익스피어 시대의 실버 스트리트에는 금세공사가 몇 명 살기는 했지만 은세공사가 살았다는 구체적인 증거는 전혀 없기 때문이다. 이외에도 스토우는 거리에 '깔끔한(fair)' 집이 있었다고 전했다. '깔끔한' 이란 형용사는 할 말이 마땅하지 않을 때 사용하는 온화한 표현으로 스토우가 의도했던 뜻은 건물이 크고 거리가 잘 정리되어 있는 수준급 지역이라는 것이다. 이 지역은 대화재 이후에도 스토우가 뜻했던 외관을 유지했다. 1756년에 출간된 『런던의 역사(History of London)』에서 윌리엄 메이틀랜드(William Maitland)는 실버 스트리트를 '잘 지어진 집이 늘어선 멋지고 넓은 거리' 로 묘사했다. 하지만 제임스 1세 시대의 런던에는 넓은 거리가 거의 없었기 때문에 지금 우리 눈에는 좁게 보일 것이다.

마운트조이의 집은 가정집인 동시에 공방이었기 때문에 꽤나 넓었을 것이다. 1층에는 마운트조이가 머리 장식을 제작하는 공방, 손님들이 제품을 구매하는 소매점이 있었을 것이다.(이론상으로 이민 온

장인들이 일반 서민에게 직접 물건을 판매하는 행위는 법으로 금지되어 있었지만 이 법은 엄격하게 지켜지지 않았다.) 위층에는 가족의 살림집과 하숙인을 들일 방이 있었다. 좀 더 위층의 작은 방에서는 도제와 하인들이 생활했다. 1590년대 말의 마운트조이 가정의 모습을 그려 보면, 크리스토퍼와 마리 부부, 두 사람의 딸인 메리, 도제 세 명 등 모두 여섯 명이 머리 장식 제작업에 종사했고 최소한 두 명 이상의 입주 하인이 있었다. 그러다가 조금 뒤에 셰익스피어가 하숙인으로 합류했던 것이다. 1612년 크리스토퍼 위버가 법정에서 '마운트조이의 집에 머무는 사람이 있다.' 고 진술한 것으로 보아 셰익스피어가 마운트조이의 집을 나온 후에도 하숙인이 있었고 그 전에도 있었을 가능성이 크다. 이런 증거를 모아 보면 마운트조이의 집에는 최소한 아홉 명의 성인이 거주했다. 이 숫자는 1612년에 이르러 줄어드는데 마운트조이가 집의 반을 세놓은 것이 그 이유였다. 노엘 마운트조이는 이에 대해 이렇게 말했다. '그가 살고 있는 집이 두 부분으로 나뉘었고, 세입자는 하숙인이나 체류자와 분리되었다.'

당시에 상인의 널찍한 집은 작가들의 숙소로 인기가 높았다. 로버트 그린은 도우게이트(Dowgate)에 있는 가죽 세공인 집에서 살다가 사망했고, 벤 존슨은 엘레펀트 앤드 캐슬(Elephant and Castle) 부근에 있는 빗 제작자 집에서 하숙했고, 매튜 로이던(Matthew Roydon)은 블랙프라이어스에 있는 구두 제작자 집에서 체류했으며, 내쉬는 호지어 레인(Hosier Lane)의 돈 밝히는 인쇄업자 존 댄터(John Danter)의 집을 숙소로 삼았다. 당시에는 셰익스피어처럼 작품 활동에 열심이었던 작가들 대부분이 하숙을 했다. 직업상의 편의를 넘어 꼭 필요했기 때문이었다. 이와는 별개의 문제이기는 하지만 셰익스피어는 시내에 아파트를 한 채 소유했다.

당시에 존재했던 집의 재산적 가치를 가늠해 볼 수 있는 개괄적인 지침이 있다. 마운트조이는 집의 소유주가 아니라 임차인이었다. 노엘에 따르면 마운트조이는 1612년에 집의 임대차계약을 갱신했다. '그는 향후 30여 년 동안 자신이 살고 있는 집의 임차권을 소유했다. 하지만 임차권을 갱신한 것은 최근이었다.' 마운트조이는 브렌트포드(Brentford)에도 집을 한 채 빌렸는데 그곳은 세입자에게 전대했다.(마운트조이가 임차한 브렌트포드의 집에 대해서는 25장에서 언급하고자 한다.) 현재 우리가 파악할 수 있는 임대료는 두 건의 임차를 합한 금액이다. 크리스토퍼 위버에 따르면 마운트조이는 '임차 건물에 대한 임대료로 연간 약 17파운드를 지불했다.' 두 건물 각각의 임대료는 알 수 없고, 집값만으로는 브렌트포드의 집이 고가일 수도 있지만 임대료라면 아마도 런던 쪽이 더 비쌌을 것이다. 실버 스트리트 집의 합리적인 임대료는 연간 10~12파운드였을 것으로 추정된다.

집은 아마도 목재로 뼈대가 이루어진 건물이었을 것이다. 연석(軟石)을 재료로 지은 집은 도시에서 상당히 드물었다. 존 스토우는 중세 시대의 집에 대해 『런던 개관』에 다음과 같이 썼다. '런던에 있는 집들은 화재 예방을 위해 돌로 지어졌다. 하지만 나중에 집 지을 땅이 줄어들자 목재 집이 들어서기 시작했다.' 목재 집은 돌집보다 높게 짓는 것이 쉬웠기 때문에 5층짜리 집도 심심찮게 생겨났다. 이런 집들의 모습은 당시의 그림이나 조각을 통해 볼 수 있으며, 영국 전역에 흩어져 있으면서 우리가 일반적으로 '튜더' 양식으로 부르는 집들에서도 짐작해 볼 수 있다. 물론 오늘날 종종 보이는 흑백 외관은 실제 모습과는 다르다. 런던 거리의 전형적인 색깔은 좀 더 부드러워서 가공하지 않은 참나무의 은회색과 칠하지 않은 흙의 베이지색 및 암갈색을 띠었다. 벽돌과 돌로 구축한 얕은 기반 위에 놓인 구조물은 수평으로 하중을 견디는 보로 이뤄져 있고 여기에 직선과 대각선의 목재가 끼워졌다. 집 앞으로 삐죽 나온 돌출부의 무게를 견디려면 특히 보가 튼튼해야 했다. 이 돌출부는 자주 논란의 대상이 되었다. 좁은 거리의 빛을 차단하고 타인의 사생활을 침범할 뿐 아니라 집에 대한 재산 가치 판단에 있어 부분적 기준이 되는 지상층 부분을 변경시켰기 때문이다. 아가스 지도에 그려진 집에서 볼 수 있듯이 좀 더 큰 위층 돌출부는 경사진 지붕을 달아 보관 장소로 사용한 달개이다. 마운트조이의 집에도 돌출부가 있었다. 데커와 웹스터의 희극 『서쪽을 향해!』(1607)에는 '직물상의 가게를 정신병동의 병실처럼 어둡게 만드는 달개'(1막 1장)라는 표현이 등장한다.

이런 집의 보수와 유지는 당시의 임대차 관습에 따라 결정되었다. 임차인은 필요한 경우 돌, 벽돌, 타일을 수리할 책임을 졌고, 목재와 바닥 마루, 유리창, 배수구의 상태를 유지하고 축사 문과 달개방에 사용할 판자를 제공하고, 벽에 못을 박고, 선반을 달고, 손상된 벽에 흙을 바를 책임을 졌다. 또한 오물통과 하수구를 청소할 책임을 졌다. 존 해링턴 경(Sir John Harrington)이 1596년에 출간한 반은 진지하고 반은 상스러운 내용의 『변소의 변신(Metamorphosis of Ajax)』에 원형이 소개되기는 했지만 수세식 화장실의 시대는 훨씬 나중에 도래한다. 존 해링턴 경은 여러 사람이 함께 사용하는 도시

하수구에서 풍기는 특이한 악취를 과장해서 표현했다.

> 부엌에서 나오는 생선 물, 닭의 피와 내장, 설거지물, 다른 집에서 생기는 배설물 등이 습도가 높은 날이면 흐르는 물과 뒤섞인다. … 이렇게 섞이면 파라셀수스(Paracelsus, 스위스의 연금술사 · 의학자 · 화학자-옮긴이)가 살았더라도 이보다 더 강력한 것은 추출해 낼 수 없을 정도로 악취 중의 악취를 풍긴다.

엘리자베스 여왕 시대의 런던에서 행해졌던 오물통 수거 작업에 대한 설명 또한 전해져 내려온다. 집주인은 두 명의 '야경꾼'과 작업반원에게 32실링을 지불하고 16통의 분뇨를 처리했다. 이외에도 일꾼에게 줄 빵과 치즈, 맥주, 굴뚝이나 홈통을 수선할 벽돌과 모르타르, '구덩이의 냄새를 제거하기 위한 향나무 값으로' 3펜스를 추가 지불해야 했다.[31]

우리에게는 다행스럽게도 실버 스트리트의 '깔끔한' 집들 가운데 한 채의 구조와 크기를 상세하게 서술한 정보가 현존한다. 더들리 코트(Dudley Court)라 불리는 그 집은 마운트조이 집에서 두 집 아래의 거리 북쪽에 있었다. 한때는 앨드게이트(Aldgate) 소재 성 삼위일체 교회의 수도원에 속했었지만 16세기 중반 해크니(Hackney)의 존 더들리가 소유하게 되었다. 이후 런던에 상당한 토지를 소유했던 크라이스트 병원(Christ's Hospital)이 1599년에 이를 매입했고 몇 년 후에 랄프 트레스웰(Ralph Treswell)이 측량했다. 트레스웰이 수행한 여러 측량과 더불어 더들리 코트에 대한 정확하고 우아한 도면이 병원의 '증거서(Evidence Books)'에 기록되어 전해진다.[32]

더들리 코트는 큰 가구 하나와 작은 가구 둘을 포함해서 세 가구로 나뉘어 있었지만 여전히 단독주택으로 간주되었다. 집은 길에서 떨어져 있었고 안마당을 통과해서 집 안으로 들어가는 구조였다. 건물은 3층으로 정면의 폭이 60피트(약 18.3미터) 가량이었고 1층의 정면은 2피트(약 60센티미터), 2층은 몇 인치 정도 돌출되어 있었다. 집의 주요 부분을 보면 1층에는 부엌과 응접실을 포함해서 방이 네 개 있었다. 집 뒤편에 자리한 가장 큰 방 두 개의 크기는 각각 15×15피트(약 4.6×4.6미터) 가량이고 44×30피트(약 13.4×9.1미터) 크기의 좁은 정원 쪽으로 창문이 나 있었다. 또한 정원의 구석에는 우물이 있었다.

더들리 코트는 순수한 주거용 주택이기 때문에 배치는 다를지 모르지만 치수는 같은 길을 접하고 있는 마운트조이의 집과 비슷할 가능성이 있다. 트레스웰이 측량한 여러 채의 집에는 현관방이 있거나 '가게 용도'로 사용하기 위해 거리 쪽으로 입구가 나 있는 방이 있었는데 아마 마운트조이의 집도 이런 구조로 지어졌을 것이다.

트레스웰의 도면은 1층의 배치도이기 때문에 위층의 방 배치를 볼 수는 없지만 첨부되어 있는 메모에 그 모습이 묘사되어 있다. 집의 위층에는 모두 여덟 개의 방이 있었다. 두 개는 '다락방'으로 집 처마 밑에 위치한 천장이 낮은 방이었다. 다락방은 가난에 찌든 시인이 거처하는 방으로 연상되는 경우가 많지만 셰익스피어가 마운트조이 집의 다락방에 기거했을 가능성은 희박하다. 셰익스피어의 경제적 형편은 다락방에 기거하는 작가들보다는 훨씬 나았을 것이기 때문이다. 더들리 코트의 위층에서 가장 큰 방은 '굴뚝이 나 있는 거실 위의 방'으로 크기는 20×17피트(약 6×5미터)에 달했다. 이는 그다지 작은 방이 아니었지만, 일반적으로 트레스웰의 측량 결과와 현존하는 제임스 1세 시대 집을 통해 알 수 있는 사실은 서로 일치한다—방들은 전반적으로 작았고 천장은 낮았으며 별도의 난방이 필요했던 것은 물론 유리가 비쌌기 때문에 창문으로 들어오는 빛도 충분하지 않았다.

위층에는 주된 침실에서 멀지 않은 곳에 화장실이 있었다. 트레스웰의 조사에 따르면 화장실은 주로 집의 위층에 위치했고 크기는 5×7피트(약 1.5×2미터)를 넘지 않아 좁았다. 문학계의 농담대로라면 읽고 난 팸플릿과 원고는 이곳에서 불명예스러운 최후를 맞았을 것이다. 한 집에 화장실이 한 개 이상인 경우는 흔하지 않았기 때문에 셰익스피어도 다른 사람과 화장실을 함께 사용했을 것이다.

6장

이웃

✠ ✠ ✠

1604년에 실버 스트리트를 거닐던 사람들은 무엇을 보고 누구를 만났을까?

마운트조이 집의 정문에서 갈 수 있는 방향은 세 갈래였다. 오른쪽은 머글(몽크웰) 스트리트의 끝으로 실버 스트리트의 서쪽 끝자락이 남쪽으로 노블 스트리트와 연결되었다. 바로 인접한 이웃 중에 윈저 하우스(Winsor House)가 있었는데 이는 근방에서 가장 큰 집으로 예전에는 네빌스 인(Neville's Inn)으로 불렸다.(스토우는 이 건물을 '석재와 목재로 지어진 커다란 집'이라 칭했다.) 웨스트몰랜드(Westmorland) 백작 집안인 네빌 가문이 중세 시대부터 소유했던 건물로서 네빌 가문과 혼인 관계를 맺은 윈저 가문을 통해 전해 내려온다. 5대 윈저 경인 헨리는 셰익스피어 시대에 성직자로 활동했고, 그의 아내 앤은 윌트셔(Wiltshire) 유지의 딸이었다. 두 사람 사이에 태어난 자녀들은 모두 교회가 아닌 '자택에서' 세례를 받았다는 기록이 남아 있다. 아마도 집 안에 자그마한 예배당이 있었을 것이다. 1600년 6월에는 신생아 딸인 그리즐(Grizzel)이 교회에 매장되었다. 윈저 경은 후세에 기억될 만한 일은 하지 않은 것으로 보인다. 1600년에는 성직자의 요염한 아내 앨리스 블레이그(Alice Blague)를 정부로 삼고 싶어 했고, 1601년에는 에식스 백작을 문책하는 자리에 앉았다. 헨리가 1605년에 43세의 나이로 사망하자 의회는 그의 채무를 청산할 목적으로 그가 소유한 땅의 일부를 매각하도록 명령했다. 성 올라브 교회의 교구 교적부에 따르면 윈저 하우스는 나중에 데이비드 파울스 경(Sir David Fowles)의 소유로 넘어갔는데 아마도 이때 매각된 것으로 추정된다.

윈저 하우스의 남쪽에는 벽으로 둘러싸인 정원이 있었다. 스토우는 노블 스트리트의 시작점에서 '도시의 성벽 앞에 놓인 정원을 돌담이 둘러싸고 있다.'고 기록했다.[33] 그는 돌담의 길이가 '95엘(elles)'이라 했는데〔엘은 팔을 뜻하는 고대 영어로 현대 영어 '엘보우(elbow)'에 흔적이 남아 있다.〕 1엘은 45인치(약 1미터) 정도였다. 따라서 윈저 경의 정원은 길이가 100야드(약 91미터)가 넘었다. 돌담은 아가스 지도에도 그려져 있다. 마운트조이 집 현관에서 서쪽으로 실버 스트리트를 바라보면 막다른 골목처럼 보일 것이다. 이 지점에서 남쪽으로 방향을 꺾으면 노블 스트리트가 시작되기 때문에 실제로 막다른 골목은 아니지만 윈저 경의 정원 돌담이 거리를 가로질러 놓여 있기 때문에 그렇게 보이는 것이다.

거리에 얽힌 옛 이야기의 일부를 들어보자. 돌담이 거리의 서쪽 끝을 차단하기 이전에 있었던 얘기다. 유적을 살펴보면 색슨 시대와 초기 중세 시대에 실버 스트리트는 도시의 공식 성문인 크리플게이트와 앨더스게이트를 연결하는 성벽의 중간 지점에 자그마한 성문을 내며 뻗어 있었다. 이 출입구는 12세기 무렵부터 차츰 봉쇄되기 시작했는데 처음에는 마차가 지나갈 수 없었고 나중에는 보행인도 지나다닐 수 없었다. 성문이 폐쇄되자 거리는 성문으로 향하는 통로의 구실을 상실하면서 좀 더 조용해졌다. 이 거리가 실버 스트리트로 알려진 것도(가장 초기 기록은 1279년에 보인다.) 아마 성문이 폐쇄된 후였을 것이다. 성문이 폐쇄되기 전에는 별도의 이름이 없는, 애들 스트리트(Adle Street)의 서쪽 연장선에 불과했다. '애들'은 앵글로색슨어인 '아델(adel)'에서 유래된 것으로 '소똥'이란 뜻이다. 스미스필드(Smithfield)에 있는 커다란 가축 시장을 가기 위해 가축 상인들이 들어섰던 지름길이었기 때문에 나온 이름이다. 성벽을 통과하는 출입구가 폐쇄되면서 애들 스트리트는 가축 시장으로 가는 지름길로서의 용도를 상실하고 주민과 장인들이 거주하기에 더욱 바람직한 장소가 되었다. 거주민들 중에서 금속을 다루는 사람들이 거리에 새로운 이름을 부여했는데 중세 시대 그들의 존재는 고고학 유물을 통해 입증되었다. 한때 단순히 똥 거리의 연장선에 불과했던 거리가 새롭게 태어난 것이다.

마운트조이의 집에서 길을 건너면 성 올라브 교회의 작은 경내가 눈에 들어왔다.[34] 이 지역은 넓이가 330제곱야드(약 276제곱미터)로 길 건너에 있는 윈저 공의 정원보다 훨씬 작았다. 마운트조이 집 정면에서는 두 곳의 경치가 합쳐져서 잎이 우거진 상큼한 경치를 즐길 수 있었다. 교회 자체는 교회 경내의 서쪽 끝에 자리했고 노블 스트리트에 접해 있었다.

스토우는 성 올라브 교회에는 별다른 관심을 기울이지 않았다. 그저 '실버 스트리트에 있는 교구 교회로 주목할 만한 기념물이 없는 작은 교회' 라고 언급했을 뿐이다. 성 올라브 교회가 그다지 비중이 크지 않았다는 점은 아가스 지도로도 확인할 수 있다. 도시에 있는 대부분의 교회에는 탑이 그려져 있고 몇몇 교회에는 번호까지 적혀 있지만 성 올라브 교회는 전혀 구체적으로 묘사되지 않았다. 또한 1609년에 교회를 부수고 다시 건축한 것으로 미루어 셰익스피어가 실버 스트리트에 거주할 당시에 성 올라브 교회의 상태는 좋지 않았던 것 같다. 성 올라브 교회는 작고 초라하기는 했지만 종한 벌을 갖고 있어서 엘리자베스 여왕의 생일을 맞이해 종을 울리는 데 소요된 비용을 적은 기록이 남아 있다.

아마도 셰익스피어는 성 올라브 교회에서 예배를 보았을 것이다. 그렇더라도 셰익스피어의 종교관이나 신앙심의 깊이를 파악할 길은 전혀 없다. 당시에는 교회에 정기적으로 출석하는 것이 시민의 의무였고 출석을 게을리하는 사람은 벌금형을 받아야 했기 때문이다. 성 올라브 교회의 목사는 케임브리지 대학교 출신으로 셰익스피어보다 몇 살 연하인 존 플린트(John Flint)였다. 그가 다녔던 크라이스트 칼리지(Christ's College)는 청교도주의 경향이 강한 곳이었고 그곳에서 '위대한 설교자' 로 명성을 쌓았던 것으로 보아 플린트 또한 청교도주의 성향을 띠었을 것으로 보인다. 메리 마운트조이의 결혼식과 메리 어머니의 장례식을 집전한 것도 플린트 목사였고, 이런 사건들을 교구 교적부에 기재한 것도 그의 유창한 손길이었다. 플린트 목사는 교구에 도착한 지 얼마 지나지 않아 교적부의 표지에 이렇게 적었다.

실버 스트리트에 있는 성 올라브 교회의

교구 교적부의 내용은 주님의 연도 1593년에
이곳 교회의 목사인 본인 존 플린트가
기록하거나 복사한 것이다.

교회 경내의 맞은편에는 실버 스트리트보다 좁은 몽크웰 스트리트가 크리플게이트를 향해 북쪽으로 뻗어 있었다. 이 길에 들어서면 도시 성벽 너머에서 넘어오는 신선한 공기를 마시고 여가 활동도 즐길 수 있었으며 무어필드를 북동쪽으로 가로지르면 쇼어디치의 극장에 갈 수 있었다.

몽크웰 스트리트는 이발사-외과 의사 조합(Barber-Surgeons' Company) 회관과 정원이 거의 대부분을 차지했다. 중세 시대의 이발사와 외과 의사는 면도날과 기타 절단 도구를 기술적으로 다루는 사람으로서 한 사람이 두 직업을 겸했다. 이후 르네상스 시대에 들어 해부학 연구에 눈을 뜨면서 수술이 더욱 의욕적으로 실시되었고 이런 추세와 더불어 두 직업이 점차 분리되기 시작했다. 하지만 이발사는 작은 수술과 치과 수술을 계속 집도했는데 그중에서도 정맥절개술을 주로 실시했다. 당시에 이발소 앞에 서 있던 붉고 흰 기둥이 지금도 구식 이발소 밖에서 여전히 돌아가고 있지만 이는 실제로 피와 붕대를 뜻했다. 살균이나 마취를 거의 하지 않고 실시되었던 당시 수술은 현대의 관점에서 볼 때는 위험천만한 엉터리였다. 존 매닝엄이 1601년에 묘사한 담석 제거 수술 과정을 살펴보자.

둔부 근처 음경의 통로에 이음새가 있는데 외과 의사들은 한쪽 끝이 오목하고 전체적으로 구부러진 도구〔도뇨관(導尿管)으로 불리는〕를 가지고 이음새를 찾아 절개한 다음 오리 부리라 부르는 또 다른 도구로 돌을 찾는다. 돌이 이음새를 절개한 구멍으로 나올 수 없을 정도로 크면 환자는 죽고 만다.[35]

셰익스피어 시대에 이발사 회관은 나중의 위치보다 더욱 동쪽에 있었고 회관의 정면은 몽크웰 스트리트에 접해 있었다. 회관에는 커다란 방 또는 홀이 있었고 저녁식사 준비를 위한 부엌이 딸려 있었다. 이발사 조합은 예전에 윈저 경에게 임대했던, 회관 뒤에 있는 땅을 1605년에 매입하여 추가로 법정을 세웠다. 이니고 존스(Inigo Jones)가 파두아(Padua)에 있는 '테아트로(teatro)'를 모델로 도시 성벽 옆에 유명한 원형 해부학 극장을 건립한 것은 1630년대에 들어서였지만 훨씬 오래 전부터 해부는 이발사 회관에서 실시되고 있었다. 1580년경에 완성된 그림(삽화 10)에서는 엘리자베스 여왕 시대의 외과 의사인 존 배니스터(John Banister)가 '내장 강의'를 하고 있다. '내장 강의'는 이발사 회관에서 매년 열렸는데 조합원과 그들이 초대한 손님들을 대상으로 공개적으로 진행되었다. 그림에서는 배니스터가 해골을 가리키고 있고 그 옆에는 의학 책이 펼쳐져 있다. 배니스터 앞에는 해부가 진행 중인 시체가 놓여 있다. 배니스터 또한 실버 스트리트에 거주했지만 1599년에 사망했기 때문에 셰익스피어와 같은 시기에 실버 스트리트에 거주하지는 않았다. 성 올라브 교회의 기록부에는 해부에 사용된 시체—전통상 처형당한 죄수의 시체—를 매장한 기록이 남아 있다. 예를 들어 헨리 스탠리는 '외과 의사들이' 해부했고, 캐서린 왜크터는 '의사 팔머(Pallmer)'가 해부했다고 기재되어 있다. 이 부분에서는 『리어 왕』의 한 장면이 떠오른다.

> 그들로 리건(Regan)을 해부하게 해서 대체 심장 주위에 무엇이 있는지 알아보라. … (3막 3장 34~35)

> 외과 의사를 불러오라!
> 내 뇌를 자르게… (4막 5장 188~189)

1600년 6월 17일에 캐서린 왜크터를 해부했던 의사 팔머는 리처드 팔머(Richard Palmer)로서 당대에 선도적인 위치에 있던 의사였다. 케임브리지 대학 피터하우스(Peterhouse) 칼리지의 교수였던 팔머는 1593년에 왕립의과대학(Royal College of Physicians)에서 의사 면허증을 받았고 1597년에 교수로 선출되었으며 1599년과 그 후 몇 번에 걸쳐 학생감으로 임명되었다. 1612년에 수행한 트레스웰의 조사에 따르면 팔머는 이발사-외과 의사 조합 소유의 땅에 인접하고 몽크웰 스트리트에 있는 건물을 소유했다. 해부가 실시되었던 곳도 아마 그가 소유한 건물이었을 것이다. 그해에 팔머는 이웃 의사인 존 지파드(John Giffard)와 함께 사경을 헤매는 헨리 왕자를 간호했다. 팔머는 1625년에 사망했는데 유언장에는 성 올라브 교회 교구의 거주민으로 기재되어 있다.

이발사 회관에는 '깔끔한' 정원이 딸려 있었다. 이 정원이 최초로 기록에 등장한 것은 유지를 목적으로 관리인에게 급료를 지급하기 시작한 1555년에 출간된 조합 연보였다. 딸기, 로즈메리, 제비꽃, 포도나무 등과 함께 울타리를 만들기 위해 들장미를 구매한 내역이 나중에 첨가되었다. 포도나무를 심은 것은 추측건대 와인을 만들기 위해서라기보다는 피클을 담그고 요리에 사용할 식초를 만들기 위해서였을 것이다.

이발사-외과 의사 조합의 정원이 특별한 관심을 끄는 이유는 위대한 원예학자인 존 제라드(John Gerard)와의 관계 때문이다. 제라드는 교육을 받은 외과 의사였고 조합 내에서 여러 공식적인 자리를 거쳤을 뿐만 아니라 1607년에는 석사학위를 받으면서 의사로서 전성기에 도달했다. 하지만 그를 더욱 유명하게 만든 것은 도뇨관과 오리 부리를 다루는 기술보다는 원예가로서의 역량이었다. 존 제라드는 벌리 경(Sir Burghley)을 위해 정원을 고안했고, 홀본(Holborn)에 있는 자신의 정원을 '원산종과 외래종의 나무와 과일과 식물'이 무성한 곳으로 가꿨다. 1597년에는 유명한 『식물지(Herball)』를 출간했는데 이는 식물 묘사와 분류에 있어서 기념비적인 서적이다. 이 책에 게재된 그림은 이전에 유럽 대륙에서 출간된 저서에서 도용한 것이 많기는 하지만 여하튼 1천8백 개가 넘었다.

제라드는 왕립의과대학에서 약용식물을 재배하는 '약초재배원' 원장으로 활동했고 1590년대 말에는 이발사 회관에 약초재배원을 설치하도록 이발사-외과 의사 조합에 촉구했다. 제라드의 촉구에 따라 1602년 11월 2일에 '제라드 정원설립위원회'가 열렸다. 정원의 어디에 무엇을 심었는지는 분명하지 않지만 셰익스피어가 실버 스트리트에 거주했을 당시에는 근처에 제라드가 고안한 약초재배원이 있었을 가능성이 높다. 다시 한 번 『리어 왕』의 한 장면이 머릿속에 떠오른다.

리어: 이것이 무슨 식물인지 말해 보거라.
에드거: 스위트 마조람(sweet marjoram, 약용이나 향미용으로 쓰이는 꿀풀과 식물－옮긴이)입니다.
리어: 맞다. (4막 5장 92~94)

본성을 돌보고 양육하는 것은 본성에 부족한 휴식이다
본성에게 휴식을 일깨워 주는 것은 여러 약초인데
그 약초의 힘이 고통의 눈을 감게 할 것이다. (4막 3장 12~15)

시골 출신이었던 셰익스피어는 약초에 대한 예리한 지식을 가지고 있었다. 『오셀로』에서 이아고는 원예적인 은유를 노래한다. '우리 몸은 정원이다. 그곳에서 쐐기풀이나 상추씨를 심고, 히숍풀을 가꾸고 사향초를 뽑는다. 한 종의 약초를 가꿀 수도 있고 여러 종류의 약초를 키워 기분 전환을 할 수도 있다.(1막 3장 320~326)' 이는 현대 원예의 측면에서 판단할 때도 타당한 말이다.[36]

이밖에도 다른 성격의 여러 조합들이 근처에 본부를 두었는데, 이는 그 일대가 세인의 인정을 받았던 이유 중의 하나이기도 했다. 몽크웰 스트리트를 벗어난 도시 성벽 근처에는 활 제작인 회관이 있었고 근방에는 제혁공 회관과 미장이 회관, 애들 스트리트에는 양조업자 회관이 있었다. 남쪽으로 치프사이드 방향으로 가면 잡화상인 회관과 자수 장식가 회관, 그리고 어떤 조합보다 부유했던 금세공인 회관이 우뚝 서 있었다.

제임스 1세 시대에 성공의 대명사로 통했던 금세공인이 근방에 많이 거주했는데 실버 스트리트에도 최소한 윌리엄 피어슨(William

Pierson)이라는 사람 한 명은 살고 있었다. 그는 애들 스트리트의 토마스 세비지(Thomas Savage)에게 집을 빌렸는데 토마스 세비지는 셰익스피어 또한 아는 인물로 글로브 극장을 건축할 당시의 토지 임대 보증인의 한 사람이었다. 실버 스트리트나 근방에 거주했던 또 다른 금세공인으로는 헨리 배니스터(Henry Bannister)가 있는데 외과 의사인 존 배니스터의 친척으로 추정된다. 헨리 배니스터는 존 올폴(John Wolfall)과 마찬가지로 '중개인' 또는 대금업자이기도 했다. 그는 직업상의 사기꾼이었고 부당한 거래를 했다는 죄목으로 1593년에 성실청(星室廳, 1641년에 폐지된 영국 형사법원으로 배심원을 두지 않고 행하는 전횡과 불공평한 판결로 유명했다-옮긴이)에 기소되기도 했다.(이때의 기록에 '실버 스트리트'의 배니스터라 표현되었다.) 배니스터와 올폴은 현금이 필요한 '젊은 신사'들을 끌어모으기 위한 끄나풀로 니콜라스 스키어스(Nicholas Skeres)라는 미심쩍은 인물을 고용했다. 사기꾼이었던 스키어스는 이따금씩 에식스 백작에게 고용되어 첩자로 활동했으며, 크리스토퍼 말로가 살해되던 날 밤에 그와 함께 있었던 사람 중 하나로 문학사에서 의혹에 휩싸여 있는 인물이다.

몽크웰 스트리트를 따라 올라가다 보면 오른쪽으로 가지런히 들어선 빈민 구호소를 지난다. 스토우는 빈민 구호소에 대해 이렇게 언급했다. '앞서 말한 몽크웰 스트리트의 동쪽에 암브로스 니콜라스 경(Sir Ambrose Nicholas)이 설립한 반듯한 빈민 구호소가 12채 있다.' 그곳에서는 12명의 '가난하고 연로한' 사람들이 임대료를 내지 않고 생활하면서 '각자 주당 7펜스를 지급 받고 매년 숯 5자루, 장작 25더미를 받았다.' 이들은 성 올라브 교회의 기록부에 '빈민 구호 대상자'로 기재되었다. 인정 많은 설립자 암브로스 니콜라스

경은 제염업에 종사하는 인물로 1575~6년에 런던 시장을 역임했다. 그는 이후 2년 만에 사망했기 때문에 셰익스피어가 그를 알았을 가능성은 없지만 그의 아들인 다니엘 니콜라스(1560년경 출생)를 알고 지낸 것은 확실하다. 다니엘 니콜라스는 스티븐 벨롯의 친구로, 논쟁에 휩싸인 지참금 문제의 진실을 알기 위해 셰익스피어를 찾아갔었다고 1612년에 법정에서 진술했던 바로 그 사람이다.

몽크웰 스트리트의 끝, 도시 성문 근처에는 예전에 은신처나 예배당으로 사용되었던 '성벽 옆의 성 제임스(St James-by-the-Wall)'라는 건물이 서 있었다. 현재 이곳은 공동주택으로 바뀌었는데 근처에는 이 건물에 속했던 오래된 우물이 있었다. 스토우는 이 우물('well')이 몽크웰 혹은 몽크스웰이라는 거리 이름의 기원이라고 주장했지만 이는 옳지 않은 것 같다. 이 거리에 대한 가장 초기 기록은 12세기까지 거슬러 올라가는데 당시에는 '뮤크웰(Mukewelle)'이나 '모그웰(Mogwelle)' 스트리트로 불렸고 그 첫 음절(muk-, mog-)은 아마도 사람의 성이거나 집안의 이름일 것이다. 따라서 좀 더 거칠게 들리기는 하지만 도제인 윌리엄 이턴의 진술서에 등장하고 아가스 지도에도 나오는 머글 스트리트가 이 거리에 대한 더 정확한 명칭인 것 같다.

성문 바로 바깥에는 크리플게이트의 성 자일스 교회가 있었다. 탑이 높게 솟아 있는 성 자일스 교회는 화재와 폭발에도 아랑곳하지 않고 여전히 건재해서 옛 실버 스트리트 자리에서 뚜렷하게 볼 수 있다. 이 교회 교구에는 과거 한때 벤 존슨, 토마스 데커, 셰익스피어의 공동 작가인 조지 윌킨스 등이 살았다. 또한 교구 기록에 따르면 '배우, 에드워드 셰익스피어(Edward Shakespeere)'가 살았지만 이는 셰익스피어의 동생인 에드먼드(Edmund)를 가리킬 가능성이 크다. 셰익스피어보다 열여섯 살 아래였던 에드먼드는 큰형을 따라 화려하지만 불확실한 런던 극장계에 발을 들여놓았던 것 같다.[37] 또한 근처의 우드 스트리트 동쪽에 자리한 성 메리 앨더맨베리(St Mary Aldermanbury) 교회 교구에는 킹스 멘 극단에서 셰익스피어와 가장 친했던 동료이자 『제1이절판』의 편집자인 존 헤밍스와 헨리 콘델이 살았다. 교회 경내에 서 있는 기념비에는 헤밍스가 '42년 동안', 콘델이 30년 이상 해당 교구에 거주했다는 기록이 남아 있다. 두 사람은 교회 교구 위원으로 활동했고 자녀 21명이 그곳에서 세례를 받았으며 그중 10명이 그곳 묘지에 묻혔다.[38]

셰익스피어의 동료 작가와 배우들은 정작 성 올라브 교회 교구에는 한 사람도 살지 않았지만 근방에 모여 살았다. 셰익스피어 외에 실버 스트리트에 거주했던 유일한 문학계 인사는 발행인이었던 토마스 넬슨(Thomas Nelson)이었다. 그는 글을 쓰기도 했는데 주로 발라드와 시사 문제를 다룬 시를 써서 미약하기는 하나 셰익스피어의 등장을 예고하는 역할을 했다. 셰익스피어의 라이벌이었던 로버트 그린이 1592년에 발표한 팸플릿은 토마스 넬슨이 발행한 마지막 작품으로 알려져 있다. 이 사람은 아마도 1594년에 성 올라브 교회에 매장된 두 명의 토마스 넬슨 중 한 사람일 것이다. 셰익스피어가 실버 스트리트에서 하숙하기로 결정했을 당시 그곳에 살았던 작가는 전혀 없었던 것으로 보인다.

실버 스트리트에서 동쪽 위로 꺾어 혼잡한 우드 스트리트에 들어서면 지파드 박사의 집이 나왔다. 지파드 박사는 마운트조이의 이웃으로 윌트셔 출신이었으며 셰익스피어와 나이가 엇비슷했다. 옥스퍼드의 뉴 칼리지(New College)에서 수학했고 1596년에 왕립의과대학에서 의사 면허를 받았다. 이웃이었던 리처드 팔머와 마찬가지로 사람들의 존경을 받는 임상의였으며, 이 두 사람은 1612년 11월 5일에 웨일스 왕자 헨리를 진찰했다. 하지만 두 사람이 왕자에게 처방했던 약은 효과가 없었고 왕자는 다음 날 사망했다.[39]

지파드 박사의 집 옆에는 더들리 코트가 있었다. 더들리 코트에 대해서는 랄프 트레스웰의 측량을 인용하여 앞에서 설명했다. 더들리 코트의 측량 시기는 1612년으로 벨롯 대 마운트조이 소송이 진행되던 무렵이었지만 집의 임차인이었던 존 카운들리(John Cowndley) 또는 카운리(Cownley)가 최소한 10년 전부터 이 집에 살았고 셰익스피어도 그를 알았을지 모른다. 카운들리는 첫 아내인 조앤(Joan)을 1603년 여름에 흑사병으로 잃고 다음 해 봄인 1604년 4월 19일에 엘리자베스 그린엄(Elizabeth Greenham)과 재혼했으며 정확하게 9개월 후인 1605년 1월 20일에 딸인 엘리자베스가 세례를 받았다. 이것이 바로 실버 스트리트에 자리한 셰익스피어의 방을 기준으로 반경 몇 미터 안 교구에서 벌어졌던 생활상이었다.

우드 스트리트에서 통로를 거쳐 더들리 코트 뒤를 돌아가면 탤벗(Talbot)이란 이름의 선술집 겸 와인 가게가 있었다.[40] 탤벗은 현존하는 증거로 판단해 볼 때 마운트조이의 집에서 가장 가까운 술집으로 셰익스피어가 단골로 다녔던 곳이다. 셰익스피어가 더 자주 다녔던 술집은 브레드 스트리트(Bread Street)에 있던 머메이드(Mermaid)였는데 증거가 일화의 성격을 띠기는 하지만 셰익스피어는 그곳에 모여들었던 재인(才人)과 시인 무리에 속해 있었을 가능성이 크다.

머메이드에 모였던 사람들 중에는 벤 존슨, 프랜시스 보먼트, 토마스 코리에이트(Thomas Coryate)가 있었고, 셰익스피어가 1613년에 블랙프라이어스 게이트하우스를 매입할 당시 보증을 섰던 사람의 하나인 윌리엄 존슨(William Johnson)이 머메이드의 운영자였을 가능성이 높다. 탤벗은 문학적인 성격을 띤 술집이 아니라 보통 선술집이었는데 당시에는 이 점이 때로 상당한 장점으로 작용했을지 모른다. 탤벗의 주인은 프랜시스 라이트(Francis Wright)로 직물상 조합으로부터 건물을 임차했다. 이 건물은 예전에는 '광택 공장'이었는데 완성된 옷감을 눌러 광택을 내는 광택기는 말을 움직여서 동력을 얻었기 때문에 건물에는 마구간이 구비되어 있어 편리하게 선술집으로 용도를 변경할 수 있었다.

근처의 우드 스트리트에는 캐슬(Castle)이 있었다. 하지만 캐슬은 선술집이라기보다는 여관에 가까워서 여행객에게 침대와 식사, 마구간을 제공했다. 도시 주변에는 이런 장소가 꽤나 많았다. 앨더맨베리에는 액스(Axe)가 있었고 필립 레인(Philip Lane)에는 코크(Cock)가 있었으며 가장 유명한 장소로는 '목 두 개 달린 백조(Swan with Two Necks)'가 있었다. '목 두 개 달린 백조'는 지금의 그레셤 스트리트(Gresham Street)에 있었는데 우드 스트리트의 동쪽에서 밀크 스트리트(Milk Street)의 시작점까지 뻗어 있는 뒷골목인 래드 레인(Lad Lane)을 따라 길게 늘어서 있었다.〔'목 두 개 달린 백조'라는 진기한 이름은 오늘날에도 여전히 영국 대중 술집의 이름으로 사용되고 있다. '목(Necks)'은 원래 '새김눈(nicks)'이었다. 포도주 도매상은 당시에 군주만이 기를 수 있었던 백조를 키우는 특권을 누렸는데 자기 소유의 백조를 구별하기 위해 백조 부리에 새김눈 두 개를 새겨 넣었다고 한다.〕이 '목 두 개 달린 백조'가

성업 중이던 1556년에 일기 작가인 헨리 마킨(Henry Machyn)이 '밀크 스트리트 끝단에 있는 목 두 개 달린 백조 근처 연못에서 한 여인이 익사했다.' 는 기록을 남겼다. 17세기로 접어들 무렵에 이 여관을 소유했던 사람은 리처드 볼턴(Richard Bolton)이었다. 볼턴은 1598년에 건초 4분의 1 더미를 왕실 마구간에 배달했다. 이는 여관에 부과했던 건초세였다. '목 두 개 달린 백조' 는 19세기까지 잔존했었고, 1831년의 인쇄물에 따르면 그곳에는 거대한 뜰이 펼쳐져 있고 출입구는 세 군데 나 있었으며 위 두 층에는 숙박 시설이 들어서 있었다.[41]

'목 두 개 달린 백조' 는 운송업자를 유치하기 위한 여관이어서 후에 '역마차 여관' 이라 불리게 되었지만 당시만 해도 정식 역마차 서비스가 존재하지 않았다. 역마차는 지붕이 덮여 있고 스프링이 장착되지 않은 마차로 도시 교통수단으로는 인기가 높았지만 장거리 여행에는 그다지 많이 사용되지 않았다. 장거리 여행의 주된 수단은 말을 타는 것으로 방방곡곡을 돌아다니며 상품과 편지를 배달하는 운송업자들이 선호했다. 『헨리 4세 제1부』의 한 장면에는 로체스터 소재 여관의 뜰을 배경으로 운송업자 두 명이 등장한다.(2막 1장) 한 사람은 '채링 크로스(Charing Cross)까지 훈제 햄과 생강 두 뿌리' 를 배달해야 하고 또 한 사람은 자신의 '큰 바구니' 로 살아 있는 칠면조를 배달해야 한다. 그들은 말에 안장을 얹은 후에 '수고비를 두둑이 받고 동행할' 신사를 기다린다. 다시 말해서 귀중품을 소지했기 때문에 안전을 위해 운송업자와 동행하기를 바라는 여행객을 기다렸던 것이다.

근처에 있던 이 같은 여관들 또한 셰익스피어가 이 지역을 거주지로 선호했던 이유 중의 하나였다. 여관은 오지로 향하는 여행과 우편 운송의 경유지였다. 오브리는 셰익스피어가 '일 년에 한 번 고향으로 여행을 했다.' 고 말했다. 따라서 셰익스피어에게는 이곳 크리플게이트가 여행을 하기에 매우 편리한 곳이었다. '물 시인(Water Poet)' 으로 알려졌던 나룻배 사공이자 엉터리 시인 존 테일러(John Taylor)는 우드 스트리트에 있는 캐슬 여관에 가면 우스터(Worcester)와 이브셤(Evesham)으로 향하는 운송업자를 찾을 수 있다고 했다.[42] 이 노선은 셰익스피어가 머물렀던 곳으로 알려진 여관 '크라운' 이 있던 옥스퍼드 지역을 통과해 북쪽 샛길을 거쳐 스트래트퍼드까지 이어졌다.

스트래트퍼드의 운송업자로는 윌리엄 그리너웨이(William Greenaway)가 유명했다. 셰익스피어가 런던을 오가는 여행에서 그와 동행했을 가능성이 있지만 그리너웨이는 1601년경에 은퇴했거나 사망했기 때문에 그런 관계가 오래 지속되지는 않았을 것이다. 언젠가 그리너웨이는 셰익스피어의 이름이 언급된 편지를 스트래트퍼드까지 배달한 적이 있다. 편지의 수령인은 이렇게 대답했다. '10월 25일(1598년)자 당신 편지가 그리너웨이를 통해 내게 전달되었습니다. 동향 사람인 윌리엄 셰익스피어가 우리에게 돈을 주겠다는 내용이었습니다.'[43] 이 편지가 런던에서 스트래트퍼드까지 배달되는 데는 6일이 걸렸는데 무슨 이유에서인지 도착이 늦어졌던 것으로 보인다. 런던에서 스트래트퍼드까지의 거리는 1백 마일(약 160킬로미터)이 채 안 되기 때문에 여행은 통상적으로 3일이 걸렸다. 그리너웨이는 말을 타고 스트래트퍼드까지 편지를 전달하는 요금으로 5실링을 청구했다.[44]

우드 스트리트에서는 커다란 런던 거리의 소음과 혼잡함을 접할 수 있었다. 여행자들이 묵는 여관과 여관을 오가는 일시적인 인구가 그곳에 활력을 더해 주었다. 우드 스트리트를 벗어나 남쪽으로 걷다가 첫 골목에서 왼쪽으로 꺾어지면 러브 레인(Love Lane)이란 뒷골목이 나온다. 스토우가 '소위 음탕한 여자들의 거리'라고 불렀던 것으로 보아 아마도 이곳에서 성매매가 이뤄졌으리라 추정된다.(빌링스게이트에 있는 또 다른 러브 레인에는 매음굴이 있었는데 겉보기에는 증기 욕실이었으나 예외 없이 매음굴이었다.)[45] 이곳은 평판이 좋지 않았던 성벽 북쪽의 클러큰웰(Clerkenwell)이나 강 건너에 있으면서 극장 코밑에 매음굴이 들어섰던 서더크처럼 붉은 등이 환하게 켜져 있던 지역이 아니라 외관이 수수한 곳이었다.

우드 스트리트를 따라 내려가면 만나게 되는 치프사이드의 커다란 상업 중심지 근처에는 제임스 1세 시대의 타락한 삶을 나타내는 상징이 서 있었다. 우드 스트리트 교도소가 그것이었는데 카운터(Counter)나 컴프터(Compter)로 알려진 도시 내부의 여러 교도소 가운데 하나였다. 다른 교도소는 브레드 스트리트와 포울트리(Poultry), 서더크에 있었다. 전부 그런 것은 아니었지만 이들 교도소에는 주로 채무자들이 수감되었는데 상습적인 채무 지급 불능자는 여러 해 동안 수감되기도 했다. 1592년에는 '더 홀(the Hole)이나 투페니 감방(Twopenny Ward)'에 수감되어 있는 가난한 죄수들을 구제하기 위해 자비로운 사면 결정이 내려졌다. 두 감방은 교도소 안에서도 가장 열악하고 암울한 곳이었다. 경제적으로 좀 더 여유가 있던 죄수들은 마스터 감방(Master's Ward)과 나이트 감방(Knights' Ward)에서 상대적으로 안락한 수감 생활을 했다.[46] 포울트리 교도소의 감방 크기는 20제곱피트(약 1.8제곱미터) 미만이었음에도 때로 40명 이상이 수감되기도 했다. 교도소는 악취로도 악평이 자자했다. 『명랑한 아낙네들(Merry Wives)』에서 팔스타프는 '교도소 문 옆을 지나는 것은 새 잡는 끈끈이처럼 혐오스럽다.(3막 3장 71~3)' 고 말했다. 그 전에 팔스타프는 런던에서 가장 좋은 냄새로 '순전한 시기의 버클러스베리(Bucklersbury)' 의 냄새를 언급했는데 이는 셰익스피어가 교도소의 악취와 대조시켜 나타낸 표현이다. 버클러스베리는 식료품상과 약종상이 들어선 거리를 말하며 '순전한 시기' 는 약초가 판매되는 봄과 초여름을 가리킨다.

이것이 제임스 국왕 통치 초기에 셰익스피어가 거주했던 런던의 모습이었다. 이곳에는 비밀스럽게 벽으로 둘러싸인 정원과 수풀이 우거진 이웃이 있었고 새소리가 상인들의 소음과 섞이고 약초 향기가 굴뚝 연기, 음식, 오물 냄새와 앞서거니 뒤서거니 퍼져 나갔다. 앞서 설명했듯이 이 지역은 외과 의사 및 끔찍한 해부 기술과 관계가 있었다. 우리는 이곳에서 번성의 냄새를 맡는다. 조합 회관으로 향하는 금세공인, 고리대금업자, 진지하게 생긴 길드 조합원을 목격한다. 셰익스피어는 조용하고 정체되어 있는 부유한 거리에서 살았다. 우드 스트리트의 선술집과 여관, 러브 레인의 아가씨들, 교도소 홀 감방의 지독한 시설 등 도시를 구성하는 좀 더 자극적인 삶이 그리 멀지 않은 곳에서 펼쳐지기는 했지만 말이다.

상류층과 하류층 이웃 사이에는 상인, 장인, 하인 등으로 이루어진 중간층이 있었는데 이들의 존재는 중간 계급 성향이 강한 런던 교구의 분위기를 좀 더 정확하게 전해 준다. 교회의 매장 기록을 살펴보면 이 교구에서 영위되었던 상업의 면면을 볼 수 있는데, 우연의 일치인지 아니면 갑작스런 사망률 증가 때문인지는 확실하지 않으나 흑사병이 돌았던 1603년 들어 성직자 존 플린트는 매장된 성인 남성의 이름 옆에 직업을 추가로 기록했다. 1603~12년까지 10년 사이에 기록된 사람으로는 음유시인 헨리 샌던(Henry Sandon), 이발사 회관의 인부 존 스미스(John Smith), 화가 윌리엄 린비(William Linby), 직공 존 헬리(John Hely), 재봉사 리처드 라딩게(Richard Lardinge), 요리사 앤서니 스펜서(Anthony Spenser), 바늘 제조인 윌리엄 버턴(William Burton), 공증인 윌리엄 라이트우드(William Lightwoode), 공증인 존 브라운(John Browne), 인부 니콜라스 샤프(Nicholas Sharpe), 공증인 존 덧슨(John Dodson), 백랍기구 제작자 니콜라스 쿡(Nocholas Cooke), 자수가 윌리엄 테일러(William Tailer), 보석 세공인 윌리엄 알렌(William Allen), 제염업자 윌리엄 스미스(William Smith), 제염업자 윌리엄 리브(William Rieve), 마구 제조인 로저 터너(Roger Turner), 직물공 리처드 로버츠(Richard Roberts), 인부 존 워커(John Walker) 등이 있었다.

셰익스피어와 가까운 곳에 살았고 지금은 기억 속에서 사라진 이 같은 사람들 중에서 셰익스피어와 어느 정도 알고 지냈을 가능성이 있는 사람으로는 자수가 윌리엄 테일러가 있다. 그는 직업 때문에 마운트조이 부부를 알았을지도 모른다. 마운트조이 부부가 제작하는 머리 장식에는 자수 작업이 필요했기 때문이다. 테일러의 딸은 1605년 12월 1일에 성 올라브 교회에서 세례를 받았는데 세례명이 코델리아(Cordelia)였다. 교구 교적부에도 올라 있는 코델리아라는 이름은 흔하지 않은 것으로 코둘라(Cordula) 또는 코델(Cordell)이라는 켈트어식 이름을 더 많이 찾아볼 수 있었다. 물론 가장 유명한 코델리아는 허구상의 인물인 리어 왕의 딸이었다. 그때까지 테일러 가족은 『리어 왕』을 볼 수도 읽을 수도 없었다. 『리어 왕』은 1606년에 최초로 공연되고 1608년에 이르러서야 처음으로 인쇄되었기 때문이다. 따라서 테일러 가족은 코델리아라는 이름을 작가에게서 직접 받았을 가능성이 있다. 근처에 거주하면서 희곡을 쓰는 작가에게 새로 태어난 딸을 위해 멋진 이름을 지어 달라고 부탁해서 코델리아라는 아름다운 이름을 선물 받았을지도 모른다.

7장

살림살이

✠ ✠ ✠

실버 스트리트와 주위 환경이 완전히 사라지기는 했지만 다행스럽게도 고고학자의 철저한 연구가 이루어져 왔다. 대부분의 발굴 작업은 런던박물관의 경영자였던 W. F. 그림스(Grimes)의 지휘 아래 해당 지역이 전반적으로 재개발되기 전인 1950년대에 진행되었고, 최근 들어서는 규모가 좀 작기는 하지만 엘리자베스 하우(Elizabeth Howe)와 데이비드 라킨(David Lakin)의 지휘 아래 이루어졌다.[47] 하지만 16~17세기에 해당하는 발굴품은 많지 않다. 빅토리아 여왕 시대에는 기존의 소유 토지 밑에 지하실과 지하 저장실을 만들었기 때문이다. 유물이 빈약한 것은 당시 해당 지역의 사회 상황과도 관계가 있을 수 있다. 가정에서 배출된 잡동사니 대부분이 소유지 뒤의 뜰에 버려지기보다는 다른 곳으로 날라져 갔기 때문이다. 이는 제임스 1세 시대 거주민들에게는 바람직한 처리 방법이었겠지만 후대의 고고학자들에게는 실망을 안겨 준다.

실버 스트리트의 남쪽 지역 발굴 대상지는 두 군데였다. 한곳은 성 올라브 교회 경내와 오트 레인(Oat Lane) 사이에 있는 지역이고, 다른 한곳은 성 메리 스테이닝(St Mary Staining) 교회의 경내 근방이었다.[48] 셰익스피어가 활동했던 시대에 속한 유물의 대부분은 사발, 단지, 컵, 가마솥, 요리용 그릇을 포함한 도자기 파편 등 평범한 것이었다. 당시 런던에서는 다양한 종류의 도자기가 인기를 끌었는데, 철분이 많아 붉은색이 도는 갈색 빛깔 진흙으로 만든 '중세 이후의 레드웨어(redware)', '튜더 왕조 시대의 그린웨어(greenware)', 서리(Surrey)와 햄프셔(Hampshire) 접경에서 제작되었던 '침(Cheam) 지역의 화이트웨어(whiteware)'와 '접경 지역의 투박한 도기'가 있었다. 이러한 파편들 사이에서 좀 더 친숙하게 느껴지는 물건들이 발굴되었는데, 바로 크리플게이트의 한쪽 구석에서 영위했던 일상생활을 엿볼 수 있게 하는 것이었다. 소용돌이 도안이 뼈 재질 손잡이에 장식된 칼자루, 담배 파이프, 우묵한 접시, 완전한 17세기 침실용 변기 등이 그 예이다.

또한 석기 단지 두 개, 벨기에 동부 라에렌(Raeren)의 유명한 가마에서 생산된 자기, 특이하게도 아랍어 서체를 연상시키는 글씨에 푸른 구리 광택으로 장식된 발렌시아(Valencia) 풍의 작은 사발 모양 도자기 등 수입산 그릇도 몇 점 포함되어 있었다. 이런 유물들은 크리플게이트 지역의 수수한 집 내부에서 이국적인 색채를 발했을 것이다.

또 다른 흥미로운 발굴품으로 증류기(alembic)가 있었다. 셰익스피어는 『맥베스(Macbeth)』에서 이 증류기를 '림벡(limbeck)'이라는 철자로 썼다. 증류기는 증류에 사용되는 돔형 용기로 가장자리에 기다란 주둥이가 있었다. 아마도 해당 지역에서 금속 작업이나 의

료 행위를 할 때 사용되었을 것이다. 증류와 승화를 이용해서 약을 조제하는 방법은 신비주의자이자 치료사인 파라셀수스를 추종하는 사람들이 제안한 물리 화학적인 방법의 일종으로 당시에 논란의 대상이었는데 특히나 매독 치료를 위한 수은 제조가 성행하고 있었다.[49] 증류기는 연금술사들이 실험실에 구비해야 하는 필수적인 도구이기도 했다.

또한 오트 레인 외곽에 돌로 지어진 오물통에서 암컷 송골매의 골격이 발굴되었는데 이는 암시하는 바가 크다. 송골매는 매사냥에 사용되었던 가장 호화롭고 멋진 새로 높은 지위의 상징이었다. 또 다른 곳에서는 참매 한 마리와 새매 세 마리가 발견되었는데 이 새들은 사냥과 오락을 목적으로 사육된 것이었다. 당시 사람들은 도시 성벽 너머의 탁 트인 땅에서 매사냥을 즐겼다. 셰익스피어는 다른 분야에서와 마찬가지로 매사냥에 대해서도 일가견이 있어서 자신의 희곡에 등장하는 40개 이상의 독립된 이미지에 매사냥에 대한 지식을 활용했다. 『오셀로』에는 정숙하지 못한 아내를 '매섭거나' 훈련받지 않은 매에 비유한 놀라운 대사가 등장한다.

> 그녀가 길들여지지 않은 매라는 것이 밝혀진다면
> 그녀의 발목에 매인 끈이 내 애정 어린 마음이더라도
> 휘파람을 불어 그녀를 날려 버리고 바람에 떨어지게 해서
> 운명의 먹이가 되게 하리라. (3막 3장 264~7)

유물들은 셰익스피어가 살았을 당시 실버 스트리트에 인접했던 집들의 부엌, 침실, 욕실, 공방, 새 우리 등에서 나왔다. 분량이 그

리 많은 것도 아니고 대부분이 파편에 불과했지만 이런 물건들은 드라마의 소품처럼 추정해서 만든 것이 아니라 당시에 실제로 존재했던 물건이라는 점에서 중요성을 지닌다.

이 유물들은 셰익스피어가 단기간 몸담았던 사회에서 사용되었던 것이기는 하지만 그렇다고 이를 통해 마운트조이의 집을 들여다볼 수는 없다. 마운트조이의 집 문턱을 넘어서려면 교구에 버려진 쓰레기 더미로부터 시선을 돌려 다시 한 번 벨롯 대 마운트조이 소송에 관련된 서류와 양피지 문서를 살펴봐야 한다. 셰익스피어는 '피고가 결혼 당시에 원고에게 어떤 살림살이와 생활필수품을 주었는지' 기억하지 못했다. 하지만 원고는 상당히 상세하게 기억하고 있었고 법원에 제출한 조서에 그 목록을 기술했다. 1604년 마운트조이의 집에 있었던 살림살이의 일부를 간략하게나마 살펴보기로 하자.

낡은 새털 침대 하나
낡은 새털 덧베개 하나
털 부스러기를 넣은 덧베개 하나
얇은 초록색 양탄자 하나
털실로 짠 평범한 담요 두 장
이불보 세트
거친 리넨으로 만든 냅킨 열두 장
짧은 식탁보 두 장
짧은 수건 여섯 장과 긴 수건 한 장
낡은 제도용 책상 하나

팔걸이 없는 낡은 걸상 두 개
판자로 만든 찬장 하나
실 꼬는 나무 물레 하나
작은 가위 두 개
낡은 트렁크 하나와 낡아 보이는 트렁크 하나
실패 상자 하나

욕실과 식당, 공방에 놓여 있었던 살림살이를 보여 주는 이 목록은 매우 자세하지만 표현에 있어 어딘가 씁쓸한 뉘앙스를 풍긴다. 새롭고, 크고, 폭신하고, 화사했을지도 모르는 물건들이 목록에 따르면 낡거나, 작거나, 얇거나, 거칠다. 어느 시점에 벨롯은 장인에게 받은 살림살이를 가리켜 '소수의 하찮은 물건(토마스 플라워의 진술)'이라고 했다. 이 살림살이 목록은 신혼부부가 살림을 차리는 데 장인이 얼마나 인색하게 굴었는지를 나타내려는 의도를 내비치는 것이지만 좀 더 광범위한 사회학적 관점 또한 포함하는 것으로, 이 같은 변변찮은 목록을 통해 제임스 1세 시대 런던에 살던 대부분의 가정이 별다른 살림살이를 갖추지 못한 채 생활했다는 사실을 알 수 있다.

이 살림살이들은 셰익스피어가 기거하던 방에서 나온 것이 아니라 마운트조이의 집에 있던 잡동사니들이었다. 하지만 새털 침대, 초록색 양탄자, 판자로 만든 찬장 등은 어느 방에나 비슷하게 있었을 것이다.

8장

셰익스피어의 침실

✣ ✣ ✣

이제 거의 셰익스피어의 침실 문까지 도달했다. 하지만 그 문을 열기 전에 다시 한 번 추측과 일반화의 원칙에 의존해야 한다. 셰익스피어의 방을 묘사함에 있어 제임스 1세 시대 초기의 살림살이로 가득찬 방을 흉내 낼 생각은 없다. 그래도 동시대 작가와 예술가의 눈을 통해 일부 살림살이를 갖춘 방을 들여다보면 유익할 것이다.

1604년에 출간된 『블랙 북(The blacke booke)』에는 전문 작가의 숙소를 생생하게 묘사한 부분이 나와 있다. 여기에 등장하는 숙소의 주인은 '무일푼의 피어스〔『무일푼의 피어스(Pierce Pennyless)』의 저자인 고 토마스 내쉬를 소설화한 인물〕'로 생계가 막연한 팸플릿 작가라는 점에서 글에 묘사된 방은 셰익스피어의 방과는 다르다. 게다가 '무일푼의 피어스'가 기거하는 방은 런던의 피크트해치(Pickt-hatch, 매음굴로 유명했던 장소-옮긴이)에 있는 누추하고 더러운 셋방이었다. 하지만 『블랙 북』의 저자가 곧 셰익스피어와 공동으로 작품을 쓰기 시작할 토마스 미들턴이기 때문에 근접성의 측면에서 좋은 출발점인 것 같다. 미들턴은 장황한 희극적 비유를 절제하면서 피어스의 방을 이렇게 묘사했다.

> 깜깜한 실내를 더듬으며 계단 두 개를 올라갔다. 마침내 눈에 들어온 것은 음침한 등잔의 시원찮은 불빛이었다. 침대 틀의 반을 이용한 좁은 책상 위에 등잔이 놓여 있었다. … 적나라하게 드러난 돌벽을 채색된 천 두 장으로 가렸지만 천이 워낙 너덜너덜 헤져서 가리나 마나였다. … 침대 위에는 거미줄이 네 갈래 덮개처럼 쳐 있고 여러 갈래의 거미줄이 커튼처럼 드리워 있었다. … 침대보는 검은 천을 대충 이어 만들었고 … 이 비참한 침대 위에 상스러운 글을 담은 원고('무일푼의 피어스')가 놓여 있었다.

과장된 글이기는 하지만 작가의 방 내부를 실감나게 묘사한 이 장면을 통해 침대와 접이책상, 심지 달린 등잔, 회반죽을 바르지 않은 벽에 걸린 '채색 천'을 본다. 심지어 이렇듯 적막하게 버려진 환경에서도 침대에는 네 개의 기둥과 비록 거미줄로 된 것이기는 하나 덮개와 커튼이 갖춰져 있다.

숙소의 모습을 엿볼 수 있는 또 다른 작가로, 채무자가 수감되는 교도소를 들락날락하곤 했던 토마스 데커를 들 수 있다. 그가 1620년에 쓴 팸플릿 『데커의 꿈(Dekker His Dreame)』에는 침대에 누워 있는 그의 모습을 담은 목판화(삽화 11)가 실려 있다. 이를 들여다보면 수염 달린 남자가 끝을 접은 취침용 모자를 쓰고 누워 있고 침대는 피어스의 침대와 마찬가지로 기둥 네 개가 있고 단순하게 나무로 된 덮개로 덮여 있다. 여기에 육중해 보이는 커튼이 드리워 있다. 침대 기둥은 정교하다기보다 단단해 보인다. 물론 이것은 데커가 실제로 사용했던 침대는 아니지만 동시대 예술인이 마음속에 그려 볼 수 있었던 침대의 유형이었다.

오늘날에 볼 수 있는 기둥 네 개 달린 침대는 다소 방탕하고 귀족적인 분위기를 풍기기 때문에 그것이 정말 실용적이라는 사실을 깨닫지 못하는 경우가 많다. 기둥이 네 개 있으므로 겨울에는 따뜻하고 여름에는 날벌레로부터 보호를 받을 수 있다. 또한 네 기둥을 에워싸면 일종의 칸막이 역할을 할 수 있고 커다란 다용도 방 안에서 이동 가능한 침실을 확보하게도 된다. 이는 바로 제임스 1세 시대 침실 겸 거실의 모습이다. 오셀로는 이런 침대 위에서 데스데모나(Desdemona)의 목을 조른다. '부드럽게 조금씩 커튼을 드리우겠소.' 돈(Donne)의 「떠오르는 태양(The Sun Rising)」에서 햇빛에 시달린 연인들이 누워 있던 곳도 바로 이런 침대였다.

> 분주하고 늙은 바보 멍청이 무분별한 태양아
> 어째서 너는 이렇게
> 창문으로, 커튼으로 우리를 찾아드느냐?[50]

의심의 여지없이 셰익스피어 또한 실버 스트리트에 있는 자신의 방에서 '좁고 사방이 막혀 있는' 하지만 그다지 불쾌하지는 않은 이런 종류의 침대에 누워 잠을 청했을 것이다. 케케묵은 고치 같은 이런 침대에서 청한 잠이 언제나 평화로웠는지, 매일 밤 수월하게 잠을 이루었는지는 알 수 없지만 말이다. '내가 악몽만 꾸지 않는다면, 호두 껍데기 속에 갇혀 있더라도 무한한 우주의 왕처럼 여겨질 텐데.'(『햄릿』 2막 2장 255~7) '내 상념은 … 암흑을 쳐다보며 감기려는 내 눈꺼풀을 크게 뜨게 한다.'(소네트 27번) 그가 침대에서 항상 홀로 잤는지 아닌지도 알 길이 없다. 오랫동안 고향을 떠나 런던에 체류하면서 완전히 금욕 생활을 했을 것 같지는 않고 당시 일화의 일부를 보더라도 그렇지 않았다는 것을 알 수 있기 때문이다.

셰익스피어가 시각화했던 방 두 개를 살펴보자. 첫 번째는 윈저의 가터 여관(Garter Inn)에 있는 존 팔스타프의 방으로 여관 주인의 눈을 통해 그려지고 있다. '그의 성이 있고, 집이 있고, 방이 있고, 고정 침대와 바퀴 달린 낮은 침대가 있다. 여기에는 빙 둘러 탕자의 얘기가 그려져 있다.'(『명랑한 아낙네들』 4막 5장 5~7) 다시 한 번 기둥 네 개 달린 침대와 하인용인 바퀴 달린 작은 접이침대가 등장한다. 탕자의 얘기를 그린 그림은 벽걸이일 수도 있고 침대 커튼일 수도 있다. 미들턴의 『미친 세상(A Mad World)』(1605년경)을 보면 바운티어스 프로그레스 경(Sir Bounteous Progress)의 손님 접대용 침대에는 '얇은 아마포로 된 침대보'가 덮여 있고 '천으로 만든 덮개'와 '베니스에서 비단과 금으로 탕자의 얘기를 수놓은 커튼'이 드리워 있다.(2막 2장 4~6)

두 번째, 『심벌린(Cymbeline)』(1609년경)에는 사악한 이아키모(Iachimo)가 이모젠(Imogen)의 잘 꾸며진 '침실'을 촛불로 은밀하게 살피는 장면이 나온다. 이 침실은 여성의 방으로 셰익스피어의 시각화가 무척 흥미롭다.

방을 살피고 나서 빠짐없이 다 적어 넣을 것이다.
이런저런 그림이 있고, 저기에는 창문이 있고

침대에는 이런 장식이 있고, 장식용 벽걸이(arras)가 걸려 있고, 얘기의 내용은 이러저러하고… (2막 2장 24~7)

희곡의 배경은 명목상으로는 로마시대 영국(Roman Britain, 43~410년 사이에 로마 제국의 통치를 받았던 영국의 일부 섬-옮긴이)이지만 방은 여러모로 제임스 1세 시대에 속한다. 침대의 '장식'은 기둥 네 개와 덮개와 커튼이다. 장식용 벽걸이를 뜻하는 'arras'라는 말은 태피스트리로 유명한 프랑스 북부 도시인 아라스(Arras)에서 유래되었다. 나중에 밝혀지는 내용을 보면 이모젠의 방에 걸려 있는 벽걸이는 '금과 은으로 짠 태피스트리'이고 이곳에 수놓은 '얘기'는 '로마인을 만난 콧대 높은 클레오파트라'에 대한 것이다.〔여기서 로마인은 안토니(Antony)로서, 이 얘기는 그 무렵 발표되었던 셰익스피어의 『안토니와 클레오파트라』를 교묘하게 선전한 것이다.〕 장식용 벽걸이는 피어스의 더러운 방에 걸린 '채색 천'과는 다르지만 마감 처리가 되지 않은 벽을 은밀하게 감추려는 용도로 쓰인 점에서는 근본적으로 같다. 『명랑한 아낙네들』에서 포드 가문의 응접실에 걸려 있는 장식용 벽걸이는 팔스타프에게 은신처가 된다. '나는 장식용 벽걸이 뒤에 몸을 숨길 것이다.' 『공연한 소동(Much Ado about nothing)』에서 등장인물은 장식용 벽걸이 뒤에 숨고 『헨리 4세 제1부』에서는 장식용 벽걸이 뒤에서 잠이 든다. 가장 중요한 장면으로는 햄릿이 장식용 벽걸이 뒤에서 '뭔가 움직이는' 소리를 듣고 '쥐다! 쥐다!'라고 소리치며 칼로 찔러 결국 대화를 엿듣고 있던 폴로니우스(Polonius)를 죽이는 장면을 들 수 있다. 뚱뚱한 팔스타프조차 장식용 벽걸이 뒤에 몸을 숨길 수 있었던 것으로 보아 장식용 벽걸이는 벽에 고정되어 있지 않고 천장이나 선반으로부터 늘어뜨려져 있어 뒤로는 공기가 통하고 쥐도 지나다닐 수 있고 염탐꾼이 숨을 수도 있었을 것이다.

이아키모는 이모젠의 방에 있는 벽난로 또한 언급했는데 벽난로 앞에 새겨진 장식과 '윙크하는 두 큐피드' 모양으로 조각된 은 장작 받침대에 대한 것이다. 벽난로의 위치에 대한 언급('굴뚝은 방의 남쪽에 나 있다.')은 방의 방향을 알 수 있게 해 준다. 벽난로 장식은 벽에 걸린 그림보다 더 눈길을 끌지만 자세히 묘사되지는 않고 그저 언급만 하는 정도이다. 벽난로는 방의 심장부로 추위와 습기를 막아 준다. 공기와 벽과 침대의 습기는 만성적으로 감기를 달고 지냈던 영국인들이 더불어 살아야 하는 요소였다.

침대와 장식용 벽걸이, 벽난로 외에도 작가들에게 필요한 물품이 있다. 책상이나 탁자, 의자가 그것이다. 팸플릿 작가였던 로버트 그린을 새긴 목판화를 보면 그린은 책상보가 덮인 책상에 앉아 있고 책상 위에는 잉크병, 종이 칼, 젖은 잉크에 뿌리기 위한 가루를 담은 가루 상자 또는 제본된 두꺼운 책으로 보이는 물건이 놓여 있다. 목판화는 수의를 완벽하게 갖춰 입은 그린의 '영혼'을 보여 주는 등 비현실적인 내용을 담고 있지만 당시 작가가 직업상 필요로 했던 도구의 종류를 파악하기에 유용하다. 그린은 등이 똑바르고 팔걸이가 곡선인 나무 의자에 앉아 있는데 자세는 그다지 편안해 보이지 않는다. 오브리에 따르면 벤 존슨은 이런 의자에 약간 푹신함이 가미된 의자를 좋아했다. '그가 글을 쓸 때 앉는 의자를 보았다. 마치 늙은 아낙네가 사용하는 것처럼 짚으로 만들어졌다.'[51]

당시의 기준으로는 넓고 편리했더라도 그때의 방들은 천장이 낮고 조명이 변변치 않았던 것이 분명하다. 따라서 셰익스피어가 글을 쓸 때 사용했던 책상을 마음속에서 창문 가까운 곳에 배치해 보니 이내 창문 밖으로 대체 어떤 장면이 펼쳐졌을지 궁금해졌다. 마운트조이 집의 뒤뜰이 보였을까, 아니면 실버 스트리트에 늘어선 집들의 지붕과 굴뚝이 보였을까? 교외에 늘어선 상큼한 나무들이 보였을까? 높게 난 창문에서는 저 아래 더들리 코트의 정원이 보였을지도 모르고 서쪽으로는 담으로 둘러싸인 윈저 공의 정원이 펼쳐졌을지도 모른다. 아마도 이러한 광경 중 하나에서 『법에는 법으로』에 등장하는 안젤로(Angelo)의 정원을 꾸미기 위한 영감을 받았을 것이다. '벽돌로 빙 둘러싸인 정원/서쪽에는 뒤편으로 포도원이 펼쳐지고.' 포도원으로 통하는 '판자 문'을 거치면 더욱 비밀스런 '작은 문이 있네/이는 포도원에서 정원을 이어 주는 문이라네.' (4막 1장 28~33) 희곡에서 셰익스피어가 묘사한 정원은 도시의 정원인 것이 틀림없기 때문에 희곡의 이 대사는 1604년 실버 스트리트에 있는 자신의 방에서 썼을 가능성이 있다.

셰익스피어의 책상 위와 주변에는 책과 원고, 노트, 초벌 원고, 사본 등이 널려 있어 문학적 분위기를 물씬 풍겼을 것이다. 전통적인 견해에서는 셰익스피어가 책에서 얻은 지식에 의존하지 않으면서 직관적으로 물 흐르듯 '자연스럽게' 문장을 쏟아 내는 타고난 작가라고 여겼다. 작품의 소재를 책에서 얻지 않고 생활 속에서 이끌어 냈다는 것이다. '천부적으로 솟아나는 시를 자유분방하게 노래하는 감미로운 셰익스피어, 상상의 자녀여.' 〔존 밀턴(John Milton), 「쾌활한 사람(L' Allegro)」〕 이런 당시의 견해는 어느 정도까지는 확실히 사실이었을 것이다. 『제1이절판』의 편집자로서 셰익스피어의 집필 방식을 잘 파악하고 있었던 헤밍스와 콘델은 이렇게 기록했다. '그의 정신과 손은 함께 움직였다. 그는 생각한 것을 너무나 쉽게 쏟아 냈기 때문에 우리가 받아든 원고에는 지운 자국이 거의 없었다.' 이는 무척 유명한 언급인데, 실제로는 그 이전에도 같은 취지의 내용이 발표된 적이 있었다. 셰익스피어 생전인 1615년경에 프랜시스 보몬트는 벤 존슨에게 보내는 편지[52]에 이런 시를 써 넣었다.

여기에 쏟아 놓으려 하네
(있기라도 하다면) 내 학식을,
그동안의 배움을 쏟아 내서 셰익스피어처럼
명쾌하게 노래하려 하네, 그러면 우리 후손들이 들을 것이네
설교자는 청중들에게 전하고자 하네
때로 나약한 인간이
자연의 어렴풋한 빛에 의지해
얼마나 멀리 갈 수 있는지

셰익스피어가 '자연스럽게' 문장을 구사한다는 것은 일찍이 전설처럼 사람들의 마음에 새겨졌다. 하지만 최소한 18세기 이후에 그와는 반대의 주장을 폈던 학자들은 셰익스피어가 천부적인 재치로 엮어 낸 문장들을 끈기 있게 파헤쳐서 그 속에 포함된 학식이나 독서의 영향을 밝혀내고 있다. 창의적인 작가들이 대부분 그렇듯이 셰익스피어 또한 왕성한 독서가였다. 그가 독서에 열심이었던 이유

는 즐거움을 위해서 뿐 아니라 꼭 필요했기 때문이었다.

1604년 당시 셰익스피어의 책꽂이에는 옛날부터 간직해 온 애장 도서와 새로 구입한 책이나 빌린 책들이 섞여 꽂혀 있었다. 애장 도서에는 셰익스피어가 좋아했던 저자로 추정되는 로마 시인 오비드(Ovid)의 작품, 특히 매끄러우면서 자극적인 전설을 담은『변신(Metamorphoses)』이 있었다. 셰익스피어는 맨 처음 출간한 자신의 시의 주제인 비너스와 아도니스 얘기를 이『변신』에서 취했고,『한여름 밤의 꿈』에 등장하는 피라머스(Pyramis)와 티스베(Thisbe)의 얘기 또한 여기서 가져왔다. 셰익스피어의 초기 비극인『타이터스 안드로니커스』에서는 어린 소년의 독서를 위한 책으로 거론된다.

타이터스: 그것은 무슨 책이지…?
루키우스(Lucius): 할아버지, 오비드의『변신』이에요.
어머니께서 주셨어요. … (4막 1장 41~3)

『심벌린』에서 이아키모가 이모젠의 침대 곁에서 발견한 것도 이 책이었다.

그녀는 늦게까지 독서를 하고 있었군.
테레우스(Tereus)의 얘기를 말이야. 여기 책장이 펴져 있다. … (2막 2장 44~5)

셰익스피어는 작가 활동의 말년에도 여전히『변신』을 읽었다. 그는『폭풍우』(1611)에서 프로스페로(Prospero)가 정령에게 작별을 고

하는 장면을 쓰는 동안, 마법사 메데아(Medea)의 마법이 등장하는 『변신』의 대목을 읽었다. 1567년에 아서 골딩(Arthur Golding)이 출간한 번역본에서 이 대목은 다음과 같이 시작한다.

그대 공기와 바람, 언덕의 요정과 시냇물과 숲의 요정
흐르지 않는 호수와 밤의 요정이 모두에게 다가온다.
나는 그들의 도움으로
물을 원래 있었던 샘으로 깨끗하게 거꾸로 흐르게 만들었다.
(『변신』 7장 197~200)

이 부분을 셰익스피어는 이렇게 썼다.

그대 언덕과 시냇물, 흐르지 않는 호수와 숲의 요정
모래 위에 발자국을 남기지 않는 그대는
빠져나가는 바다의 신을 쫓는다. 그러면 그는 달아난다.
그가 다시 돌아올 때는 … (5막 1장 33~6)

이렇게 비교해 보는 작업은 상당한 의미가 있다. 첫 줄은 거의 노골적인 표절이지만 셰익스피어는 이어지는 부분에서 공상적인 분위기를 이어 나가면서 골딩이 번역한 오비드의 옛 '14음절 행'을 나긋나긋하고 유창한 무운시(無韻詩)로 바꿨다. 대사의 내용 일부를 자세하게 검토해 보면 셰익스피어는 라틴어 지식을 활용해서 시의 원문을 사용하기도 했다. 존슨이 셰익스피어에 대해 '라틴어 구사 능력이 부족하고 그리스어는 더욱 서툴다.'[53]고 주장했던 것은 아마도 셰익스피어의 외국어 능력을 과소평가했거나 의도적으로 평가절하한 것으로 보인다.

이외에 셰익스피어가 많이 읽었던 책은 토마스 노스(Thomas North)가 박력 있는 영어로 번역한 플루타르크의 『영웅전』이었다. 초판은 1579년에 출간되었지만 셰익스피어가 책장에 소장했던 것은 옛 스트래트퍼드 친구인 리처드 필드(Richard Field)가 1595년에 출간한 책일 것이다. 셰익스피어는 1599년에 새 글로브 극장의 무대에 올렸던 『줄리어스 시저』를 집필하면서 노스의 『영웅전』을 집중적으로 활용했다. 특히 마크 안토니(Mark Antony)의 삶에 흥미를 느꼈고 이후 안토니와 클레오파트라의 얘기뿐만 아니라 타이몬의 얘기 또한 자신의 작품에 활용했다. 셰익스피어가 글을 쓸 때 참고했던 또 다른 책은 라파엘 홀린쉐드(Raphael Holinshed)의 『연대기(Chronicles)』(1587)로 셰익스피어 역사극의 모체였다. 셰익스피어는 경력의 후반기에는 이 책을 그다지 많이 참고하지 않았으나 11세기 스코틀랜드 왕인 맥베스의 통치에 대해 쓸 때 다시 사용했다.

셰익스피어의 책상에는 1603년에 출간된 책 두 권이 곧 놓이게 된다. 한 권은 가톨릭 신부가 수행했다고 추정되는 액막이 의식을 설명한 것으로, '로마 가톨릭 교의 어리석은 사기 행각 선언 … 일명 웨스턴(Weston)이라 불리는 예수회 수사 에드먼즈(Edmunds)가 악마를 쫓아낸다는 핑계로 실시했고 로마 가톨릭 신부들이 사악한 동료들에게 실행했다'는 장황한 제목의 책이었다. 이 책의 저자인 새뮤얼 하스네트(Samuel Harsnett)는 뉴 피시 스트리트 힐(New Fish Street Hill)에 자리한 성 마가렛 교회의 사제이자 런던 주교 소속 예배당 목사였다. 셰익스피어가 영국 중부지방의 비밀스런 가톨릭 세계에 관여했기 때문에 이 책에 관심을 가졌다고 생각하는 사람들이 있다. 하지만 저자로서 저술상의 편의 때문에 그랬다는 것이 내 생각이다. 셰익스피어는 하스네트의 책에서 광신도가 사용하는 수수께끼 같은 고어를 발견했고 이는 셰익스피어가 창조해 낸 등장인물 가운데 가장 이상하면서도 위대한 인물인 『리어 왕』의 미친 거지 '불쌍한 톰'의 특징을 이루는 데 결정적인 역할을 했다. 플리버티지빗(Flibbertigibbet), 스물킨(Smulkin), 모도(Modo), 마후(Mahu), 호프댄스(Hoppedance), 오비디컷(Obidicut) 등을 비롯해서 톰이 불러낸 수많은 악령과 심부름 마귀는 모두 하스네트의 책에서 따온 것이었다.

또 다른 한 권은 미셸 드 몽테뉴(Michel de Montaigne)의 『수상록(Essays)』을 존 플로리오(John Florio)가 영어로 번역한 책이다. 영향력이 컸던 이 책은 문제극이나 희비극의 탐구적인 성격을 반영하는 동시에 부분적으로 그런 성격을 만들어 냈다. '내가 안다고 잘못 가정하고 있는 것은 무엇인가?'와 구별되는 질문인 '내가 아는 것은 무엇인가?'라는 몽테뉴의 좌우명은 문제극이나 희비극에 반향을 일으키면서 당대의 철학적이고 윤리적인 가정을 분석하고 판단했다. 『법에는 법으로』에 나오는 이사벨라(Isabella)의 말은 이런 좌우명의 약한 메아리로 볼 수 있다. '그대 가슴으로 가라/가슴을 두드리며 그대의 심장에게 무엇을 아느냐고 물어라.' (2막 2장 137~8)

물론 셰익스피어는 자신보다 12세 연상인 번역가 플로리오를 알고 있었다. 플로리오는 이탈리아인의 피가 흐르면서 영국에서 태어난 훌륭한 언어학자로 까다롭고 거만했다. 두 사람이 만난 곳은 셰익스피어가 1593~4년에 시 두 편을 헌정했던 사우샘프턴 공작(Earl of Southampton)을 중심으로 한 모임이었을 가능성이 있다. 플로리오가 1590년대 초에 공작의 가정교사로 일했기 때문이다. 셰익스피어의 희극 『사랑의 헛수고』에 등장하는 현학자 홀로페르네스(Holofernes)는 사우샘프턴 공작 패거리를 즐겁게 해 줄 목적으로 플로리오를 풍자적으로 묘사한 인물이라는 주장이 있다. 이런 주장은 과장이기는 하지만 홀로페르네스가 이탈리아 속담을 수록한 플로리오의 책 내용을 인용한 것은 사실이다.

셰익스피어는 몽테뉴의 저서를 읽으며 영향을 받았고 그 영향은 실버 스트리트에 거주할 당시에 집필했던 희비극에 스며들었다. 몽테뉴는 '우리 삶의 모든 규칙은 언제나, 한 가지 같은 일을 할 것인지 하지 않을 것인지로 정리된다.' 고 썼다. 이는 『법에는 법으로』에서 볼 수 있는 상반되는 정신 상태로 등장인물은 '어떤 일을 할지 말지를 놓고 갈등하는' 자신을 발견한다. '인간은 대체적으로 얼룩덜룩한 실패작에 불과하다', '내가 지녀 온 최고의 선에는 부도덕한 흔적이 있다.' 는 몽테뉴의 주장은 『끝이 좋으면 다 좋은 법』에 나오는 유명한 대사의 예고편이다. '우리의 삶이란 직물은 선과 악이 함께 섞인 실로 짠 것이다.' 희곡에 등장하는 어조의 변화와 메시지의 불확실성은 '나는 혼란과 무질서, 혼합이 아니고서는 전적으로 확실하게 할 말이 전혀 없다.' 는 몽테뉴의 강렬한 거부를 반영한다.

셰익스피어는 플로리오가 번역한 몽테뉴의 책을 읽었고 당연히 책 또한 소장하고 있었을 것이다. 하지만 이는 현재 영국 국립도서관에 소장되어 있는, 책 면지의 뒷면에 'Willm Shakspere' 라는 서명이 있는 책은 아니었다. 현존하는 책은 18세기 말에 출간된 것으로 추정되며 합법적이기는 하나 모작으로 여겨지고 있다.

이외에도 실버 스트리트에 있는 셰익스피어의 방 책꽂이에는 『오셀로』를 쓸 때 터키의 사이프러스 침공을 상세하게 묘사하기 위해 참고했던 리처드 놀스(Richard Knolles)의 『터키의 역사(History of the Turkes)』(1603), 『법에는 법으로』에 자료를 제공했던 조지 웻스톤(George Whetstone)의 『프로모스와 카산드라(Promos and Cassandra)』(1578)와 친티오(Cinthio)의 『에피티아(Epitia)』(1583), 원래 2세기에 그리스어로 쓰였고 '염세주의자 타이몬'의 얘기를 포함한 루시안(Lucian)의 라틴어 판 작품 등이 꽂혀 있었을 가능성이 있다.

『끝이 좋으면 다 좋은 법』을 구성하는 주요 얘기의 출처는 보카치오(Boccaccio)의 『데카메론(Decameron)』이었다. 셰익스피어는 인기 있는 얘기 모음집인 윌리엄 페인터(William Painter)의 『쾌락의 궁전(Palace of Pleasure)』(1566)에 실린 영어 번역본을 이야기 구성에 사용했으나, 프랑스가 배경인 이 희곡에 쓰인 언어를 추적해 보면 1545년에 출간되어 그 후에도 자주 증쇄되었던 앙투안 드 마콩(Antoine de Macon)의 불어판 『데카메론』 또한 활용했음을 알 수 있다. 본문에는 참고 여부를 확증할 수 있는 결정적인 증거가 없지만 셰익스피어가 프랑스 인 가정에 기거했다는 사실이 그 가능성을 뒷받침해 주고 있으며 아마도 마운트조이 부부가 불어판 『데카메론』을 소장하고 있었을 가능성이 있다.

셰익스피어가 소장했던 여러 종류의 책에는 1603년과 1604년에 출간된 책 두 권이 또한 포함돼 있었을지도 모른다. 이 책들은 몽테뉴의 책처럼 호화로운 2절판이 아니라 싸구려 4절판이었다. 이중 먼저 출간된 책의 속표지에는 '덴마크 왕자 햄릿의 비극적 역사/윌리엄 셰익스피어 저/런던 시, 케임브리지, 옥스퍼드 대학교 등 여러 곳에서 소속 배우들이 여러 차례 공연했다.' 고 적혀 있었다. 'N. L.〔니콜라스 링(Nicholas Ling)〕과 욘 트룬델(Iohn Trundell)을 위해' 인쇄된 이 책은 바로 『햄릿』의 초판본이다. 이 초판본은 오늘날에는 일반적으로 '악한 4절판(bad quarto, 전기 작가들은 'Q1' 이라 부른다.)' 으로 알려져 있다. 이를 신속하게 대체하기 위해 1604년에 '선한 4절판(good quarto, 'Q2')' 이 출간되었는데 속표지에는 '정확하고 완벽한 원고를 바탕으로 기존의 책을 증보해서 거의 새로 인쇄했다.' 고 적혀 있다. 여기서 지칭한 '정확하고 완벽한 원고' 는 현대인이 알고 있는 희곡으로서, 『제1이절판』에 실린 희곡도 이를 바탕으로 한 것이다. 초기 4절판에는 흥미로운 변형이 들어 있지만 대체적으로 원형이 손상되었거나 창조성이 결여되어서 『햄릿』의 특징인 복잡한 시적 요소와 신속한 철학적 논쟁이 상당 부분 모습을 감췄다. 요컨대 Q1에서 왕자의 가장 유명한 독백은 이렇게 시작한다.

> 사느냐 죽느냐 항상 그것이 중요하다.
> 죽으면 잠이 들겠지. 그것이 전부일까? 그렇다.
> 아니다. 잠이 들면 꿈을 꿀 테지, 그렇게 계속 될지도 몰라 …

보통의 독자들에게는 이 독백이 뜻 모를 소리처럼 들릴지 모른다. 물론 뜻 모를 소리는 아니지만 내용의 질이 확실히 떨어지는 것은 사실이다. 언어는 퉁명스러운 느낌을 주고, 원래 첫 줄에 연이어 나오는, '참고 견디는 것이 더욱 고귀한 정신일지…' 로 시작해서 인간이 처한 조건을 놀랍도록 훌륭하게 정리한 '마음의 고통과 육체에 끊임없이 따라붙는 수없는 충격…'(3막 1장 58~65)으로 이어지는 유명한 대사 일곱 행이 빠져 있기 때문에 대사의 활력은 급격히 떨어진다.

4절판으로 인쇄된 사실로 추정해 볼 수 있듯이 사람들은 Q1이 좀 더 길이가 길고 내용이 풍부한 대사를 줄여 놓은 것이라고들 주장한다. Q1은 연극에서 공연했던 배우가 '기억을 토대로 재편성한' 원고라는 것이 일반적인 가설이고, 셰익스피어가 먼저 Q1을 쓰고 나중에 Q2를 다시 집필했다는 주장도 있다. 분명한 것은 Q1보다 더 일찍부터 『햄릿』이 존재했다는 사실이다.〔전문가들은 이를 '원햄릿(Ur-Hamlet)'이라 부른다.〕 1589년에 내쉬가 로버트 그린의 책 서문에서 장난스런 어투로 '그는 비참한 말을 잔뜩 쏟아 내는 햄릿을 보여 줄 것이다.'[54]라 언급하였고, 1596년 이전 어느 때 쇼어디치에 있는 한 극장에서 공연된 토마스 로지(Thomas Lodge)의 작품에도 '햄릿'이 등장한다.

작품을 둘러싼 이런 수수께끼 때문에 1603년에 발표된 4절판에 대해 셰익스피어가 어떻게 생각했는지를 알기는 어렵지만 이 작품의 출간으로 화가 났던 것은 분명해 보인다. 건망증이 심한 배우가 쓴 것인지 셰익스피어가 도제 시절에 서툰 솜씨로 쓴 것인지는 알 수 없지만 어쨌든 원본이 표절되어 작가의 승인 없이 출간되었기 때문이다. 이는 셰익스피어 희곡 원고의 여러 해적판 가운데 하나로서 『로미오와 줄리엣』, 『명랑한 아낙네』와 같은 희곡은 원작이 손상된 상태로 처음 발표되었다. 이렇게 손상된 내용을 대체하는 것이 『제1이절판』이 내세운 편집 원칙 중의 하나였다. '독자들은 예전에 여러 형태로 도난당하고 비밀스럽게 유통된 모사본에 속았고, 작품은 모사본을 출간한 부주의한 사기꾼의 기만과 술책 때문에 변형되고 훼손되었지만, 이제 훼손된 부분이 복구되어 완전한 형태를 갖출 수 있게 되었다.'

셰익스피어는 탐욕스런 출판인을 향해 당연히 분노를 느꼈을 것이다. 셰익스피어가 다른 사람에게 화를 냈던 두 건의 일화가 오늘날 전해지는데 두 건 모두 출판과 관계가 있었다. 첫 번째 사건은 앞에서도 언급했는데 바로 1592년 『서푼짜리 기지』에서 '셰익신'을 비방했던 헨리 체틀과의 승강이였다. 두 번째 사건은 1599년 시선집 『열정적인 순례자(The Passionate Pilgrim)』가 출간되고 나서 발생했다. 이 책은 속표지에 'W. 셰익스피어 작'이라고 적혀 있었지만, 수록된 시 중에서 셰익스피어의 작품은 다섯 편에 불과했고 그나마 두 편은 아직 출간된 바 없는 소네트였으며 다섯 편 모두 셰익스피어의 허락을 받지 않은 채 실려 있었다. 이 책의 출판인은 윌리엄 재거드(William Jaggard)로, 셰익스피어의 친구들이 지면을 통해 셰익스피어가 '달콤한 소네트'를 지었다고 언급한 것을 듣고 구미가 당겼던 것인지도 모른다. 토마스 헤이우드(Thomas Heywood)는 여전히 저자가 셰익스피어로 알려진 상태에서 『열정적인 순례자』 신판이 출간되었을 무렵에 보인 셰익스피어의 반응을 기록했다. '나와 안면이 있는 작가는 감히 자신의 이름을 도용한 재거드 씨에게 매우 화가 났다.'[55]

마이클 드레이턴(Michael Drayton)은 언젠가 '출판인은 내가 경멸하는 동시에 인연을 끊고 싶은 부류의 비열한 인간들이다.'[56]라고 말했는데, 셰익스피어 또한 그렇게 생각했던 때가 있었을 것이다.

이렇게 해적 행위를 했던 재거드가 셰익스피어 사후에 『제1이절판』의 출간을 주도했던 사람 중 하나였다는 사실은 아이러니가 아닐 수 없다. 아마도 『제1이절판』의 출간으로 예전에 셰익스피어의 이름을 감히 도용했던 실수를 만회했다고 생각했을지도 모를 일이다. 『제1이절판』에는 과거에 출간되지 않았던 희곡 열여덟 편이 포함되어 있는데 여기에는 『맥베스』, 『십이야』, 『폭풍우』처럼 자칫 영원히 유실되고 말았을 걸작들이 들어 있다.

제3부

마운트조이 가족

The Mountjoys

헬레나: 누가 프랑스 인인가요?
다이애나: 깃털 장식을 달고 있는 사람요.

–『끝이 좋으면 다 좋은 법』 3막 5장 77~8

9장

출생과 나이

✠ ✠ ✠

앞에서 셰익스피어가 크리플게이트에 살았던 때의 주거 환경 – 가구 딸린 방과 상업적인 거리, 셰익스피어와 안면이 있었던 이웃들, 셋방이 여럿 있는 주택, 종이 달린 자그마한 교구 교회 등—을 살펴보았다. 하지만 이런 환경에서 가장 중요한 위치를 차지하는, 셰익스피어와 같은 집에 살았던 가족들에 대해서는 그저 얼핏 살펴보고 지나갔을 뿐이다. 그들은 어떤 사람들이었으며, 셰익스피어와는 어떻게 인연이 닿았을까?

마운트조이 집안에 대해서는 단지 단편적으로만 알려져 있을 뿐이다. 오늘날 우리는 마운트조이의 출생지는 알고 있지만 출생 시기는 알지 못하고, 마리 마운트조이의 경우에는 출생 시기는 알지만 출생지는 모른다.

마운트조이는 귀화 과정에서 '프랑스 국왕의 백성으로 크레시(Cressey)에서 출생한 사람'으로 기록되었다.[57] 'Cressey'는 영국인 서기가 Crécy를 영어식으로 표기한 것으로 추정된다. 프랑스에는 크레시라는 도시가 여러 군데 있었는데 그중에서 마운트조이의 출생지로 가장 유력한 곳은 크레시앙퐁티외(Crécy-en-Ponthieu)이다. 영국인들의 귀에 익은 크레시가 바로 이곳으로 백년전쟁 중이던 1346년 8월 26일 에드워드 3세가 이끄는 영국 궁수들이 프랑스 군대를 완파했던 유명한 전투가 벌어진 곳이다. 이곳은 영국 해협에서 동쪽으로 약 12마일(약 19킬로미터) 떨어진 프랑스 북서부 피카르디(Picardie) 주 솜(Somme) 현 지역의 비옥한 평야에 자리했다. 마운트조이는 이곳을 '타운' 이라 불렀지만 오늘날은 약 1,500명의 인구를 보유한 큰 마을 정도에 지나지 않는다.

크레시앙퐁티외의 주민 명부에 크리스토퍼 마운트조이의 출생 기록은 없지만 16세기 등록부가 허술하기 짝이 없었던 점을 고려해야 할 것이다. 앞으로 제시할 근거로 추정해 볼 때 마운트조이는 1550년대 중반이나 1560년대 초에 출생했을 가능성이 크다.

크레시 근방에는 여러 규모의 장이 서는 도시와 상업지역이 있었다. 가장 가까운 곳은 10마일(약 16킬로미터) 떨어진 아브빌(Abbeville)이었지만 가장 중요한 곳은 피카르디의 주도인 아미앵(Amiens)이었다. 아미앵은 프랑스 최대 규모의 고딕 양식 대성당과 중세 수생 식물원으로 유명한 곳으로 직물 제조업의 중심지였으며 모직, 면, 비단, 리넨을 포함한 고품질의 섬유를 생산하는 북부 프랑스와 플랑드르(Flanders, 현재의 벨기에 서부, 프랑스 북부, 네덜란드 남서부를 포함하는 지역-옮긴이)의 인구 밀집 지대에 속했다. 런던에 거주하는 외국인들에 대해 상세하게 기록한 1593년도 '외국인 신고서(Return of Strangers)' 를 보면 아미앵 출신 이민자들이 14가구에 총 25명이었다. 그들은 모두 직물 제조업에 종사했고 과반수는 비단을 제조했으며 호박단 제조자가 두 명, 비단을 감고 꼬는 사람 각 한 명, 염색하는 사람과 실패 제작자가 각각 한 명씩 있었다. 아미앵 근처에는 또한 자수 벽걸이로 유명한 아라스가 자리했다. 런던에 아라스 출신 이민자 중 비단 제조자는 아미앵 출신보다 더 많았고 그 외에 양털 빗는 사람 둘과 펠트 제조자 한 명이 있었다.

크리스토퍼 마운트조이의 머리 장식 제조업은 고향인 피카르디의 직물업에 근간을 두고 있었다. 그가 런던에 오기 전에 어디서 무엇을 했는지는 알 수 없지만 틀림없이 도제 기간을 거쳤을 것이다. 머리 장식을 제작하려면 비단 꼬기, 실 제작, 금속 줄 제작, 자수 등의 수공에 기술이 필요했다. 또한 가발 제작 기술도 필요했는데, 17세기에 기록된 아미앵의 가발 제작 명인 목록에서 몽투아[Montois, 몽주아(Montjoie)라는 이름의 변형일 가능성이 있다.]라는 이름을 찾을 수 있다.[58]

이 이름은 노르만 민족에서 그 뿌리를 찾아볼 수 있는데 라 망슈(La Manche)에 있는 몽주아(Montjoie) 타운과 연결시킬 수 있다. 하지만 윌리엄 아서(William Arthur)는 『가족과 기독교 이름의 어원사전(Etymological Dictionary of Family and Christian Names)』에서, 한 프랑스 인 십자군 전사가 예루살렘 근처의 어느 산을 회상하며 '그들은 (그 산을) 마운트조이(Mount-Joye: 기쁨의 산)라고 불렀다. 그곳에서 처음으로 예루살렘을 봄으로써 순례자에게 기쁨을 안겨 주었기 때문이다.'라고 했다는 내용을 기록함으로써 어원의 범위를 넓혔다. 아서는 또한 프랑스 고어사전에 'mont-joie'가 '승리의 기념비로서 프랑스 군대가 쌓은 돌무더기'로 풀이되어 있기 때문에 이 이름이 군대와 관계가 있다고도 주장했다. 또 다른 권위자는 '몬트조이 세인트 데니스(Montjoy St Denis)!' 가 '프랑스 왕의 전투 함성' 이라고 했다.[59] 몽주아[Montjoi(e)]가 중세 시대 프랑스의 의전관이란 직위를 뜻한다는 사실도 관련시켜 볼 수 있다. 이렇듯 군대나 의전관과의 관련성을 고려해 볼 때 크리스토퍼 마운트조이는 재력가 집안의 후손이거나 분파일 가능성도 있다.

실제로 셰익스피어의 『헨리 5세』에 등장하는 프랑스 의전관은 '몬트조이(montjoy)' 로 불린다.

> 트럼펫의 팡파르가 울린다. 몬트조이가 다가선다.
>
> 몬트조이: 제 제복으로 알아보셨군요.
>
> 왕: 그렇다네. 나는 자네를 알고 있네. 그 외에 내가 모르는 것이 무엇인가?
>
> 왕: 그대 이름이 무엇인가? 나는 그대의 능력에 대해서는 알고 있네.
>
> 몬트조이: 몬트조이입니다.
>
> 왕: 그대는 직무를 잘 수행하고 있군. (3막 3장 111~12, 135~7)

일부 전기 작가들은 의문을 품기도 하지만, 몬트조이라는 이름은 역사 속에서 존재해 온 것이므로 위의 희곡에 등장하는 몬트조이를 크리스토퍼 마운트조이와 연결하는 주장을 펼치기는 어렵다. 또한 셰익스피어는 1602년경에 처음으로 마운트조이를 알았다고 진술했으므로 3년 전에 공연된 『헨리 5세』에서 마운트조이를 언급했을 것 같지는 않다. 반면에 실질적으로 만난 적은 없으면서도 존재를 알고 있었을 가능성은 있다. 어쨌거나 기억해야 할 사실은 셰익스피어가 소액청구재판소 진술서에서 언급했던 이름은 자신이 알고 지냈던 마운트조이라는 것이다.

셰익스피어는 개인적인 암시와 특정 그룹에만 통용되는 용어를 작품 속에 자주 사용했다. 궁정이나 귀족 관객들을 대상으로 집필한 『사랑의 헛수고』, 『명랑한 아낙네들』, 『십이야』 등과 같은 희곡에는 이런 암시와 용어가 풍부하게 등장한다. 따라서 『헨리 5세』에 등장하는 '몬트조이'는 나중에 모습을 드러낼 실버 스트리트의 마운트조이를 은연중에 언급한 것일 수도 있지만 나는 이에 대해 의문을 갖고 있다. 마운트조이를 언급하는 것이 작품 진행에 별 도움이 되지 않기 때문이다. 만약 몬트조이가 역사 배경 속 인물이 아니라 실버 스트리트의 마운트조이를 가리켰다면 헨리 5세가 몬트조이에게 '그대는 직무를 잘 수행하고 있군(Thou dost thy office fairly)'이라고 말하는 장면에 이르러 아마도 글로브 극장의 관객들은 웃음을 터뜨렸을 것이다. 당시에 '직무를 수행한다(do one's office)'는 표현은 종종 'house of office'라고 불렸던 옥외 변소에 간다는 뜻으로 쓰였기 때문이다.

마리 마운트조이의 뿌리에 대해서는 알려진 사실이 전혀 없다. 마리는 피카르디에서 마운트조이의 젊은 시절 애인이었을 수도 있고 런던에서 마운트조이를 처음 만났을 수도 있다. 두 사람이 런던에서 처음 만났다면 마리는 마운트조이와는 상관없는 다른 프랑스 지역 출신일 수 있다. 사실 마리가 프랑스에서 출생했는지 여부조차 알 길이 없어서 이미 영국에 정착한 프랑스 이민자의 딸일 가능성도 배제할 수 없다.

현재 알려져 있는 것은 그녀의 대략적인 출생일이다. 점성술사이자 의사인 사이먼 포먼(Simon Forman)에게 한 진술에 따르면 그녀는 1597년 11월에 30세였다. 그러나 2주 후에 같은 의사에게 자신이 29세라고 했던 것으로 보아 진술의 정확도는 떨어진다.[60] 산술적으로는 두 가지 진술 중 하나가 거짓이겠지만, 둘 다 줄잡아 말한 나이일 가능성도 있다. 만약 30세가 맞다면 1567년이나 1566년 말에 출생한 것인데 그렇다면 두 해 중 더 이른 시기인 1566년 말을 출생 시기로 보는 편이 더 낫다. 따라서 마리 마운트조이는 셰익스피어보다 2~3세 어렸고 셰익스피어의 하숙집 주인이 되었을 때는 30대 중반의 나이였다. 이는 기억해 둘 만한 점으로, 전기에서 마리 마운트조이는 거의 예외 없이 '마운트조이 부인'으로 불리는데 이는 정확하고 편리한 호칭이기는 하지만 특히나 '하숙집 안주인'이라는 다소 희극적인 뉘앙스를 더하면 원래보다 더 나이 든 것 같은 이미지를 풍기는 것이 사실이기 때문이다.

앞으로 곧 제시할 새로운 증거에 따르면 1582년에 마운트조이 부부는 결혼한 상태였다. 당시에 마리는 15세나 16세에 불과했으므로 두 사람이 결혼한 지는 그리 오래되지 않은 것이 분명하다.(결혼 가능한 법적 최소 연령이 12세이기는 했지만 당시에 15세 이하 신부의 결혼은 흔하지 않았다.)[61] 이 무렵에 두 사람은 런던에 살았으므로 런던에서 결혼했을 가능성이 크다. 런던 소재 프랑스 교회의 결혼 등록부를 보면 도움이 되겠지만 당시 기록은 유실되고 현존하는 최초의 등록부는 1600년 것이다.

두 사람의 대략적인 결혼 날짜는 크리스토퍼 마운트조이의 나이를 알아내는 데 도움이 된다. 크리스토퍼가 결혼한 것은 1582년경인데 그 전에 도제 기간을 마쳤을 것이다. 관례상으로 도제 기간에서 자유로워지는 나이는 21세였다. 그리고 일정하지는 않지만 결혼한 장인이 될 수 있는 실제적인 최소 연령은 18세였다. 그러므로 마운트조이는 적어도 셰익스피어가 태어난 1564년 이전에 출생했다. 동생인 노엘이 1582년 무렵에 출생한 것으로 보아, 어머니의 최대 가임 기간을 25년으로 잡을 때 크리스토퍼는 1557년과 1564년 사이에 출생했다고 추정할 수 있다. 이는 허점이 많은 논리이기는 하지만 내 생각으로 크리스토퍼는 마리와 마찬가지로 셰익스피어 전기에서 흔히 묘사되는 것보다 젊었을 것이다. 따라서 쇤바움이 1612년 소송 당시의 마운트조이를 '노인'이라 칭한 것은 적절하지 않다.

10장

성 마르탱 르 그랑 교회

✠ ✠ ✠

마운트조이 가족은 프랑스 신교도 즉 위그노(Huguenots)였다. 16세기 후반 프랑스는 종교 분쟁의 먹구름에 휩싸여 있었다. 피카르디 출신 존 칼뱅(John Calvin)의 가르침에서 영감을 받은 신교도 운동이 급속하게 프랑스를 휩쓸면서 1560년대 초에 이르자 프랑스에 700여 곳의 칼뱅주의 교회가 들어섰다. 이런 움직임에 반대하는 세력은 기즈(Guise) 공작 앙리(Henri)가 이끄는 가톨릭 리그(Catholic League)였다. 크리스토퍼 말로는 앙리의 정치 운동을 '프랑스에서는 단 하나의 위그노도 숨 쉬지 못하게 할 것이다.(『파리 대학살』 1막 5장)' 라는 말로 정리했다. 발루아 왕조(Valois, 1328~1589년에 프랑스를 다스린 왕조-옮긴이)의 군주('애새끼 왕' 으로 불렸던 샤를 9세와 괴팍한 동생 앙리 3세)들은 이렇듯 양립이 불가능한 세력 사이에서 무능하게 흔들렸으며, 1562년에 발생한 내전이 35년이 넘도록 산발적으로 계속되었던 탓에 나라는 피폐해졌다. 1589년 들어 위그노의 리더인 나바르(Navarre)의 앙리가 앙리 4세로 왕위를 계승했다. 그는 정략적으로 가톨릭으로 개종하고('파리는 하나가 되어야 한다.'), 위그노에게 예배의 자유를 약속하면서 1598년 낭트칙령을 발표함으로써 평화를 이룩했다.

수십 년 동안 거듭되는 혼란 속에서 수천 명의 위그노들은 최소한 처음에는 자신들을 곤경에 빠진 신교도 친구로서 공식적으로 환영해 주었던 영국으로 피신했다. 이들이 고향에서 겪은 끔찍한 사건 중에서도 가장 악명 높았던 것은 1572년 8월에 발생한 성 바르톨로뮤 축일 학살 사건(The Massacre of St. Bartholomew's Day)이었다. 사건의 배후에는 광신적인 가톨릭 신자 기즈와 연로한 황태후 카트린 드 메디치(Catherine de Medici)가 도사리고 있었다. 이 사건으로 약 2~3천 명에 달하는 사람들이 파리에서 목숨을 잃었고 센 강은 떠다니는 시체로 가득 찼다. 파리 외곽에서는 기즈를 추종하는 폭도와 민간 경비대 대원들이 위그노 지역으로 몰려들었고 전체 사망자 수는 6만 명에 이르렀다. 이런 잔학 행위는 영국에서 가톨릭의 무자비함을 일컫는 대표적인 사례가 되었고 1580년대 엘리자베스 여왕 시대 사람들이 공격적으로 가톨릭에 반대하는 계기가 되었다. 정부 강경론자로는 파리 대사로 근무할 당시 대학살을 직접 목격했던 국무장관 프랜시스 월싱엄(Francis Walsingham)이 대표적이었다.[62]

크리스토퍼 마운트조이가 영국으로 건너온 시기는 대략적으로 대학살이 진행되는 동안이었다는 설이 있다. 이는 가능한 얘기기는 하지만 입증할 만한 증거는 남아 있지 않다. 대학살 시기는 이민이 최절정을 이루던 때여서 1573년에 런던에 거주하는 외국인의 수는 7천 명 이상이었다. 이 시기 전후에도 이민자는 수적으로 적기는 했지만 지속적으로 유입되었다.

정확한 날짜와 자세한 상황은 알 수 없지만 마운트조이 부부의 얘기에는 이렇듯 아픈 이민의 역사 즉 격변과 충격의 역사가 감춰져 있다. 그들은 피난처를 찾아 영국에 도착한 보트 피플(boat people)로서 작은 범선과 고깃배에 과도하게 짐을 싣고 해협을 가로질러 도버(Dover), 라이(Rye), 뉴헤이븐(Newhaven), 사우샘프턴 등 남쪽 해안 항구에 도착했다. 도착하고 나면 당직 이민국 관리의 조사를 받고 임시 숙소를 배정 받았다. 사우샘프턴의 항구 근처에는 따뜻한 환영의 수호성인인 성 줄리앙(St Julian)을 기리는 위그노 교회가 세워졌다. 1560년대 초 도버에는 78명의 위그노 난민이 거주민으로 등록되었다. 그중 25명은 과붓집이었고 대부분의 남성은 상인과 장인이었지만 의사 3명, 목사 2명, 교사 2명, 변호사 2명, 향사(鄕士) 2명, 정원사 1명도 포함되어 있었다. 캔터베리에서는 플랑드르 출신으로 프랑스어를 쓰는 사람들의 왈론(Walloon) 말 공동체가 교회당의 지하실을 처음에는 직물 제조 창고로 다음에는 학교로 종국에는 교회로 사용할 수 있도록 당국의 허가를 받았다. 동앵글리아(East Anglia) 이민자들은 스페인이 네덜란드를 점령하자 영국으로 도피한 네덜란드 인들이 대다수였다. 토마스 내쉬는 어린 시절 로웨스토프트(Lowestoft)에서 동앵글리아 이민자들을 봤을 당시의 불쾌한 기억을 '시가 조사해서 먹여 살려야 했던 어중이떠중이 무리들' 이란 말로 표현했다.[63]

런던에서 위그노 수용소는 서더크, 런던탑 근처 성 캐서린 교회, 이스트 스미스필드(East Smithfield), 블랙프라이어스, 성 마르탱 르 그랑 교회 교구에 자리했고 모두 특별 행정 구역에 속했기 때문에 도시 관청의 관할권이 미치지 않았으며 옛 수도원 규칙의 유풍이 그대로 남아 있었다. 앨더스게이트와 치프사이드 사이에 있었던 성 마르탱 르 그랑 교회 교구는 특별히 고립된 지역으로 게토(ghetto)라고까지도 부를 수 있을 정도였다. 1574년에 추밀원은 이곳이 '이방인, 피수용자, 음란한 사람들이 밀집해 있어서 도시 관리에게 커다란 골칫거리다.' 라며 우려를 표명했다. 1583년에 이 지역에는 100여 세대의 이민자 가정이 있었다. 그다지 많은 수가 아닌 것처럼 들리겠지만 작은 지역이었던 점을 고려하면 결코 적은 숫자가 아니었다.[64] 스토우는 종교개혁이 발생하는 동안 파괴되었던 예전 교회 부지에 '커다란 와인 술집' 이 들어섰고 '다수의 다른 집들은 … 이방인에게 세를 놓았다.' 고 보고하면서 그곳에 거주하는 이방인을 '기술자, 구매자, 판매자' 로 묘사했다. 달리 말하면 장인과 상인이었다는 뜻이다.[65]

1582년에 마운트조이 가족을 볼 수 있었던 곳은 바로 성 마르탱 르 그랑 교회 주변이었다. 성 마르탱 르 그랑의 북쪽에 있는 성 앤 교회와 성 아그네스 교회 교구의 1582년도 특별 징수세 부과 명단에는 '이방인' 가구가 다음과 같이 기재되어 있다.(삽화 13)

존 듀먼(John Dewman), 재봉사 (동산 가치를 바탕으로 평가) 40실링

그의 아내 4펜스(인두세)

그의 종복 니콜라스 아미스포드(Nicholas Armesford) 4펜스

그의 종복 클라우스 밸로(Clause Valore) 4펜스

그의 종복 앤서니 듀먼(Anthonye Dewman) 4펜스

그의 종복 크리스토퍼 몬기(Christofer Mongey) 4펜스

그의 아내 —— 몬기 4펜스[66]

마지막에 기재된 두 사람이 크리스토퍼 마운트조이와 마리 마운트조이인 것은 거의 확실하다. 외국인의 이름을 서류에 영어로 옮겨 적을 때 마운트조이를 '몬기(Mongey)'로 기록하는 것은 충분히 있을 수 있는 일이다. 그들의 이름이 'Mongeoy'(프랑스 인이 기록), 'Munjoye'(영국인이 기록), 'Monioy'(크리스토퍼의 귀화 허가장) 등으로 기록된 서류도 있다. 이름을 밝히지 않은 그 아내의 존재는 일견 불확실해 보이기도 하며 이론상 크리스토퍼의 전처일 가능성도 있으나 다른 곳에서는 전처에 대한 언급이 전혀 없기 때문에 혹 전처가 있었다 하더라도 날짜상 마리로 대체해도 무방할 것이다. 따라서 이 책에서는 명단에 기재되어 있는 크리스투퍼의 아내 '——몬기'를 16세가량의 마리 마운트조이로 추정하고 얘기를 전개하려 한다. 비록 그녀의 존재가 처음으로 나타난 역사 기록치고는 본명이 완전히 드러나지 않은 다소 마음 아픈 흔적이긴 하지만 말이다. 당시에는 서류에 아내의 이름을 적지 않는 것이 관례였지만 어쨌거나 이 익명성은 그녀가 단지 성 마르탱 르 그랑에 속한 또 하나의 외국인 이민자일 뿐임을 뜻하는 것이기도 하다.

특별 징수세 부과 명단이 작성된 날짜가 1582년 8월 1일인 것으로 보아 마운트조이 부부는 그 이전에 런던에 도착했음을 알 수 있다. 그들은 이민자 재봉사인 존 듀먼과 함께 생활했고, 크리스토퍼는 듀먼의 공방에 있던 종복 네 명 중 하나였다. 여기서 '종복(servant)'이라는 용어는 의심할 여지없이 조수나 도제를 뜻한다. 마

운트조이가 이미 결혼을 했기 때문에 도제 기간을 프랑스에서 마쳤는지 영국에서 마쳤는지에 대해서는 논란의 여지가 있으므로, 이 시기의 마운트조이는 특별한 전문 기술을 가진 조수로 이해하는 것이 좀 더 정확하다.

재봉사 존 듀먼에 대해서는 이민자 명단을 가지고 추적해 볼 수 있다. 몇몇 명단에는 John Dueman이나 Duman으로 기재되어 있고, 한스 두 메인(Hans Du Main)으로 적힌 명단도 있다. 그는 네덜란드의 헬데를란트(Gelderland)에서 태어나 1560년대 말에 영국으로 건너왔고 1577년에 영국에 귀화했다. 특별 징수세 부과 명단을 검토해 보면 알 수 있듯이 존 듀먼은 1582년에는 성 앤 교회와 성 아그네스 교회 교구에 살았고 마운트조이 부부를 피고용인으로 두었다. 듀먼에 대한 마지막 기록은 1593년도 외국인 신고서이다. 그의 이름 아래에 아내와 자녀 네 명이 기재되어 있는데 그 무렵에는 사업이 활기를 잃어 '외국인 종복'을 단 한 명 둔 것으로 되어 있다.[67]

그러나 마운트조이가 그의 밑에서 일했던 1580년대 초에 듀먼의 사업은 꽤나 번창했었다. 1582년도 특별 징수세 부과 명단에는 '종복' 네 명의 이름이 기재되어 있지만 1583년 4월 6일자로 작성된 지역 '외국인' 명단에는 네덜란드 사람인 윌리엄 반수트판(William Vansutfan), 토마스 헨릭(Thomas Henrick)이 피고용인으로 추가되었다.[68] 이 문서에는 듀먼이 '양복점 재단사 조합에 회비를 지급했다.'는 내용 또한 있는데, 직공을 여섯 명 거느리고 신망 높은 양복점 재단사 조합의 회원이었다는 사실은 그의 사회적 지위가 탄탄했음을 뜻한다.

그렇다고 해서 마운트조이 부부가 경제적으로 여유가 있었다고 단정할 수는 없다. 듀먼은 외국인이었기 때문에 특별 징수세로 부과된 40실링(2파운드)의 두 배인 4파운드를 납부해야 했고 그의 피고용인은 최소한 4펜스의 인두세를 지불해야 했다. 마운트조이라는 두 이름의 가장자리에는 '진술서(affidavit)'를 뜻하는 'aff'가 적혀 있는데, 이는 납세자에게 압류할 동산이 없기 때문에 세금 징수인이 체납 세금을 징수할 수 없다고 선언했음을 뜻한다.[69] 진술서를 작성한 목적은 세금 체납자의 납세 의무를 면제하기 위한 것이 아니라 세금 징수인의 징수 책임을 피하기 위한 것이었다. 마운트조이 부부는 두 사람의 인두세로 8펜스를 낼 여유가 없었거나 내고 싶지 않았던 것으로 보인다. 나중에 셰익스피어도 여러 가지 추측 가능한 이유로 이보다 더 큰 금액을 체납한 사실로 미루어 마운트조이의 세금 체납에도 여러 이유가 있을 수 있다. 하지만 이 초기 기록을 통해 우리는 이후 딸의 지참금을 지불하지 않아 문제를 일으키는 크리스토퍼 마운트조이의 모습 또한 떠올려 보게 된다.

성 앤과 성 아그네스 교구는 앨더스게이트의 북동쪽 구석의 도시 성벽 바로 바깥으로 펼쳐져 있었다. 포프 레인(Pope Lane) 북쪽에 위치한 교회는 버드나무의 성 앤 교회로도 알려졌지만 스토우가 쓴 『런던 개관』에 따르면 이는 과거의 이미지일 뿐이다. '일부 사람들은 교회 이름이 근처에서 자라는 버드나무에서 유래되었다고 말하지만 지금 그곳에는 버드나무가 자랄 만한 빈 땅은 전혀 없고 교회 경내에는 높다란 물푸레나무만 무성하다.' 나무가 자랄 만한 빈 땅이 없다는 것으로 보아 이민자들이 거주하는 고립된 영토는 이미 사람들로 꽉 들어차 있었던 듯한 분위기가 느껴진다.

마운트조이 부부가 살았던 이곳은 실버 스트리트에서 매우 가까웠다. 현재 그레셤 스트리트인 성 앤스 레인(St Anne's Lane)은 성 마르탱 르 그랑의 동쪽에서 노블 스트리트까지 뻗어 있었다. 마운트조이 가족이 성 앤 교회 교구에서 실버 스트리트의 집으로 곧장 이사를 갔다면 몇 백 야드(몇 백 미터) 안에서 움직인 셈이 되었을 것이다.

아마도 크리스토퍼 마운트조이에게는 영국으로 이주한 다른 친척이 있었을 것이다. 1582년의 동일한 특별 징수세 부과 명단에는 비숍스게이트의 성 보톨프(St Botolph) 교회 교구에 거주하는 '존 마운트조이(John Mountjoy), 외국인' 이라는 흥미로운 기록이 포함되어 있다. '마운트조이' 라는 성은 분명히 프랑스 것이고 또한 '외국인' 이라 했으므로 존 마운트조이는 프랑스 이민자일 것이며 당연히 크리스토퍼의 친척이었을 것이다.

존 마운트조이는 꽤나 부자였다. 1582년에 동산 가치로 산정한 특별 징수세로 10파운드가 부과되었기 때문이다. 하지만 이후 그의 이름은 다른 특별 징수세 부과 명단에서도, 1593년에 작성된 외국인 신고서에서도, 성 보톨프 교회의 등록부에서도 찾아볼 수 없다. 프랑스 교회의 유실된 등록부에 그에 대한 정보가 기재되어 있을지도 모른다. 그러나 나는 다른 출처에서 이 이름을 접하게 되었는데 직업이 '머리 장식 제작자' 로 되어 있어 즉각적으로 관심을 갖게 되었다. 그는 런던 동부 스텝니(Stepney)의 교외 지역에 살았고 결혼 허가 명단에 이름이 기재되어 있다. '스텝니 교구 소속으로 라임하우스(Limehouse)에 거주하는 머리 장식 제작자인 미혼남 존 몬트조이(Montjoy)와 같은 교구 소속 미혼녀 앤 블랙우드(Anne Blackwood)

의 1610년 11월 22일자 결혼을 승인한다.' 두 사람은 엿새 후에 스텝니 소재 성 던스턴(St Dunstan) 교회에서 결혼식을 올렸다.[70]

비숍스게이트의 프랑스 인 존 마운트조이와 스텝니의 머리 장식 제작자 존 마운트조이가 관계가 있을까? 그럴 가능성이 크다. 스텝니의 존 마운트조이가 비숍스게이트 존 마운트조이의 교구인 성 보톨프 교회 교구에 1617년에 살았기 때문이다. 1617년 4월 10일에 '존 마운트조이와 앤 사이의 딸인 캐서린(Katherin)' 이 성 보톨프 교회에서 세례를 받았다. 1621년의 특별 징수세 부과 명단에도 '존 마운트조이와 아내' 라고 기록되어 있는 것으로 보아 그때도 이들은 여전히 성 보톨프 교회 교구 소속이었다.[71] 이들은 한 사람 당 4펜스의 인두세를 부과 받았으므로 경제적으로 그다지 여유롭지 않았다. 1638년에 성 보톨프 교회에서 결혼식을 올린 윌리엄 마운트조이는 두 사람의 아들일 가능성이 있다.

거의 40년 가까운 세월에 걸쳐 기록을 남긴 두 존 마운트조이는 동일한 사람일 수 있다. 프랑스에서 영국으로 이민 온 머리 장식 제작자가 비숍스게이트에서 스텝니로 이사했다가 다시 비숍스게이트로 돌아갔고 결혼해서 느지막이 자녀를 낳았으나 가세가 기울었다는 한 가지 가설을 세울 수 있다. 아니면 비숍스게이트의 존 마운트조이가 스텝니의 머리 장식 제작자인 존 마운트조이의 아버지일 수도 있다. 어떻든지 간에 크리스토퍼 마운트조이와 관계가 있다는 점은 부인할 수 없다. 머리 장식 제작은 매우 전문적인 기술을 필요로 하는 분야였으므로 같은 성을 소유한 프랑스 인 머리 장식 제작자는 친척일 가능성이 높기 때문이다. 비숍스게이트의 존 마운트조이는 크리스토퍼의 형제이고 스텝니의 존 마운트조이는 조카일 가능성은 어떨까?

마운트조이들은 스텝니에 계속 흔적을 남겼다. 1630대 초에는 로버트 '마운티오예(Mountioye)' 의 아들들이 던스턴 교회에서 세례를 받았고, 1660년에는 에드워드 마운트조이, 1688년에는 찰스 마운트조이에 대한 기록이 있다. 마운트조이라는 이름은 19세기에도 계속 등장한다. 또한 던스턴 교회의 결혼 등록부를 보면 크리스토퍼 마운트조이가 이 일족과 친척 관계에 있음을 확인해 주는 단서의 파편을 찾을 수 있다. 크리스토퍼가 사망하고 7년이 지난 1627년에 두 번째 부인이던 이사벨(Isabel)은 성 던스턴 교회에서 재혼했다. 이 교회는 머리 장식 제작자인 존 마운트조이가 과거에 결혼했던 곳이다. 아마도 이사벨은 전 남편의 몇몇 친척이 살고 있는 스텝니로 연고를 찾아 이사 갔을 것이다.

런던에 사는 프랑스 인들에게 정신적이고 사회적인 중심지가 되어 준 곳은 프랑스 교회였다. 30여 년 전 에드워드 6세 시대에 신교도 이민자들은 브로드 스트리트(Broad Street)에 위치한 오스틴프라이어스(Austinfriars)를 사용할 수 있도록 허가를 받았다. 그들은 과거에 아우구스티누스 수도회에 속했다가 강탈당하고 황폐해진 이 교회에서 예배를 보았다. 1560년대 초 들어 이민자의 수가 극적으로 증가하자 신도들을 분리해야 할 상황이 되었다. 네덜란드 인들은 계속 오스틴프라이어스에서 예배를 보았기 때문에 그 후로 이곳은 '네덜란드 교회(Dutch Church)' 로 불렸다. 프랑스 인들은 스레드니들 스트리트의 모퉁이에 있는 성 앤서니 교회를 인수했다. 1568년에 네덜란드 교회의 교인은 2천 명에 달했고 프랑스 교회는

1,800명이었다. 1593년에 이르자 두 교회와 매우 작은 규모를 지닌 이탈리아 교회의 교인 수는 모두 3,325명이었다.[72] 웨스트민스터 근처 레스터 필즈(Leicester Fields)에도 위그노 교회가 있었다.

런던에 거주하는 프랑스 이민자들은 프랑스 교회에 속하거나 자기 지역 교구 교회에 속하도록 법으로 정해져 있었다. 1573년에는 그 법이 확실하게 적용되어서 이민자 명단에 '소속 교회가 없다고' 기록되면 본국으로 송환되어야 했다. 여하튼 그들은 엄격한 칼뱅주의와 느슨한 영국 국교 중에서 선택할 수 있었다. 프랑스 교회는 12명의 장로로 구성된 위원회나 회의를 통해 운영되었다. 장로들은 소속 신도들의 신앙은 물론 사생활까지도 경계를 늦추지 않고 살폈다. 현존하는 교회 등록부는 1600년 이후의 것이기 때문에 크리스토퍼와 마리가 1580년대 초에 프랑스 교회에서 결혼했는지, 두 사람의 딸이 그곳에서 세례를 받았는지의 여부를 확인할 길이 없다. 하지만 가족에게 일어났던 일생일대의 사건들 즉 두 번의 장례식과 한 번의 결혼식은 모두 실버 스트리트에 자리한 성 올라브 교회에서 거행되었다. 크리스토퍼가 1603년에 대부의 자격으로 혼자 모습을 드러냈던 것을 제외하고는 마운트조이 가족이 프랑스 교회와 인연을 맺었다는 실질적인 기록은 전혀 없었다. 그러다가 1612년에 벨롯 대 마운트조이 사건을 담당했던 법원이 사건에 대한 판단을 프랑스 교회 장로들에게 의뢰했던 것이다. 앞서도 살폈듯이 당시 프랑스 교회는 마운트조이를 결코 자신들 사회의 주된 일원으로 여기지 않았다.

마운트조이 가족이 프랑스 교회에 모습을 드러내지 않았다는 사실은 다음 두 가지를 암시한다. 첫째, 그들은 타국에서 고립된 장소에 집단으로 몰려 있지 않고 지역사회와 융합하려 노력한 이민자들이었다. 둘째, 그들은 종교적 난민으로 분류되었다 하더라도 그다지 종교적인 성향의 사람들이 아니었다. 다른 지역과 마찬가지로 프랑스에서 신교도로 살았다는 것은 꼭 신앙만을 말하는 것이 아니라 지방색이나 사회 계급, 전문적 집단의 성격 등을 표현하는 것인지도 모른다. 또한 난민이 된 것은 종교적인 박해 때문이건, 내전에 따른 혼란과 부패 때문이건 간에 단순히 정상적인 생활이 불가능했기 때문일 수 있다. 종교적 난민이라는 범주는 영국 정부가 인식했던 광범위한 대상에 불과했다. 1573년에 실시된 런던 거주 외국인 인구 조사에서 조사 대상자의 3분의 1 이상은 자신들이 '런던으로 이주한 이유는 단지 생계를 유지할 일거리를 찾아서' 라고 털어놓았다.[73] 현대적 표현으로 이들은 망명지를 찾았던 사람들이 아니라 경제적인 이주민들이었다.

크리스토퍼 마운트조이는 여러 면에서 전형적인 위그노 난민이었다. 그는 대다수의 위그노 난민과 마찬가지로 프랑스 북서부 출신이었고, 직물 및 패션 산업 분야에서 전문 기능공이나 장인으로 일했는데, 1593년의 외국인 신고서에 기재된 직업 분류에 따르면 거의 40퍼센트에 해당하는 사람들이 직물 제조업과 의류 제조업 분야에 종사했다.[74] 또한 그는 교리와 예배라는 특정 이유 때문이 아니라 '일거리를 찾아서' 아니면 새로운 삶을 찾아서 이민을 온 경우였는데 이 또한 전형적인 위그노 난민의 모습이었다.

11장

성공과 위험

✠ ✠ ✠

마운트조이 부부가 네덜란드 인 재봉사 듀먼의 집에서 얼마나 생활했는지는 알려지지 않았다. 1580년대 중 · 후반의 행적이 모호하기 때문이다. 성 마르탱 르 그랑 교회 교구에 머리 장식 제작자들이 살았기 때문에 마운트조이 부부는 가게를 열기 전에 그들과 접촉했을 것이다. 이 시기에 확실하게 일어난 사건으로 우리가 알고 있는 것은 두 사람의 딸인 메리의 출생이다. 1582년에 마리 마운트조이는 16세 정도가 되었고 아직 신혼이었는데 이때가 아마도 메리의 생일로 추정하기에 가장 이른 시기일 것이다. 또 다른 측면에서 생각해 보자면, 메리는 1604년(벨롯과 결혼한 해)에 결혼 가능기에 도달했으므로 1589년보다 훨씬 뒤늦게 태어났을 리가 없다. 아마도 셰익스피어가 실버 스트리트에 숙소를 정했을 당시에 10대 후반이었을 것이고 많아야 21세였을 것이다.

마운트조이 부부에게 1580년대는 열심히 일하면서 살림을 넓혀 가는 시기였다. 1590년대에 이르러 크리스토퍼는 머리 장식을 독립적으로 제조하기 시작하면서 자신의 공방을 차리고 도제를 둘 수 있었다. 크리스토퍼의 경제적 · 사회적 지위는 상승세를 타기 시작했다. 아마도 사업에 필요한 돈을 확보할 수 있었을 것인데, 비숍스게이트의 존 마운트조이가 크리스토퍼의 친척이리라는 내 생각이 맞다면 그를 통해 돈을 구할 수 있었을 것이다. 또한 운도 따라 1590년대와 1600년대에 머리 장식이 유행을 좇아 정교해지면서 그들의 특별한 기술이 더욱 빛을 발하게 되었고 가격 또한 비싸게 받을 수 있었다. 하지만 이런 사업에는 날카로운 통찰력이 필요했다. 머리 장식은 다채로운 모양과 스타일을 지니며, 재료 사이의 결합이 효과적으로 이루어져야 하기 때문에 창작에 가까웠다. 따라서 성공적인 머리 장식 세작자는 유행하는 스타일을 반영하는 것은 기본이고 그런 스타일을 제안할 수 있어야 했다. 마치 워즈워드(Wordsworth)가 노래했듯이 '스스로 음미할 수 있는 취향을 스스로 만들어야 하는' '위대하고 독창적인 작가'와 같았다.

크리스토퍼 마운트조이는 전반적으로 그다지 평판이 좋은 사람이 아니었고 이 책에서도 그의 명예를 회복하는 일은 하지 않을 것이다. 하지만 그가 탁월한 장인이자 디자이너였던 점만은 분명하다. 그의 공방에서 제작한 머리 장식은 '여왕에게 어울릴 만한 것'이었다. 이는 훌륭한 제품을 일컫는 흔한 비유이기는 하지만 1604년에 실제로 그런 일이 발생했다. 앤 여왕이 마운트조이의 창작품 몇 점을 구매했던 것이다.

패션계에서 이룬 마운트조이의 성공에는 박수를 보낼 만하다. 런던에서 사업을 시작하면서 '외국인'으로서 받는 여러 압력과 장애를 극복하고 일궈 낸 결과이기 때문이다. 엘리자베스 여왕 시대 말기의 런던에는 오늘날과 마찬가지로 이민자를 향한 적의의 목소리가 있었다. 이민자들은 토박이들의 직업을 빼앗는 존재였다. 물 밀 듯 밀려오는 이민자 때문에 지역 주민들은 삶의 터전을 위협받았다. 또한 이민자들은 지역사회에 통합되려 하지 않았다. 1571년에 한 무리의 런던 인들은 탄원서를 제출하고 '그들은 자신들끼리만 똘똘 뭉쳐 있다. 교회와 정부, 상업, 언어, 결혼에 있어서 우리와는 분리되려 한다.' 고 불평했다.[75]

정부 쪽에서 생각하면 이민의 물결은 여러 문제와 이익을 동시에 가져왔다. 튜더 왕조에 속한 정부는 이민자의 유입을 잠재적으로 약화시키기 위해 우선 본능적으로 이민을 통제했다. 이민자 인구 조사나 외국인 조사는 정부의 이런 의도의 표현으로 런던에서만도 1562년과 1593년 사이에 최소한 10회 이상 실시되었다. 또한 '무료 숙식 제공(free-hosting)' 의 음모가 제안되기도 했다. 이는 지역 시민이 이웃에 사는 외국인을 공식적으로 책임지는 제도였다. '외국인들은 도시 안에서 하숙을 하거나 집을 차지하면 안 되고 무료로 숙식을 제공하는 호스트나 배정된 호스트의 집에만 거주해야 한다.' 하지만 정부는 이민자들의 유입으로 발생하는 이익 또한 인식하고 있었는데, 그들의 산업 기술과 수공예 기술, 돈 등이 그것이었다. 정부는 대신 지역 주민의 두 배에 달하는 세금을 이민자에게 부과하고 여기에 기타 사소한 세금을 덧붙였다.

영국 토박이 중 런던에서 활동하는 사업가와 상인들의 이민자를 향한 적의에 찬 목소리가 특히 컸는데, 그들은 새로운 경쟁으로 인해 생계를 위협받고 있다고 느꼈다. 그리하여 자신들의 생계 보호를 위해 탄원서를 제출하고 의회에 로비 활동을 벌였다. 그들은 '많은 수의 외국인 특히나 상인과 수공예 장인들이 우리의 터전에 정착하고 있다는 사실'이 크게 유감스럽다고 주장했다. 크리스토퍼 마운트조이는 숙련된 장인이었고 때로 상인으로 묘사되기도 했다. 따라서 수십 년 동안 변함없이 메아리쳐 온 이런 불평은 정확하게 크리스토퍼 마운트조이와 같은 사람을 겨냥한 것이었다.

> 외국인들은 어떤 상품도 소매로 판매해서는 안 된다. 하지만 많은 외국인 상인들이 이런 규칙을 아랑곳하지 않고 소매업에 종사하면서 내부에 상점과 자기 방을 만들어 놓고 그곳에서 도매로도 소매로도 물건을 판매하고 사람들의 집으로 배달하고 손님을 맞이하면서 자신들이 판매하는 상품을 이런저런 방법으로 선전한다.
> …
> 그들은 자기 나라의 상품을 판매해서 취득한 돈을 우리 왕국의 상품을 구입하는 데 써야 하지만 그렇게 하지 않는다. 그들은 우리 왕국에서 일어나는 상업의 반을 차지하면서도 그렇게 번 돈의 20분의 1도 쓰지 않는다. 대신에 돈을 자기 나라로 보내거나 환전을 거쳐 양도한다. …
> 그들은 지금처럼 자유롭게 자기들끼리 물건을 사고팔아서는 안 된다. 그리고 … 새로운 직물이란 직물은 모조리 그들이 휩쓸고 있다. …

이 글에는 갈등이 담겨 있다. 한편으로는 정부의 국내 산업 보호 정책이 미온적이어서 규제와 제약이 적절하게 시행되지 않았음을 알려 주며, 다른 한편으로는 위그노들의 트레이드 마크였던 고품질의 수공예 기술이 엘리자베스 여왕 시대의 런던 소비 계층 사이에 시장을 형성하면서 이를 바탕으로 지하경제가 성행했음을 보여준다.[76]

이처럼 탄원이 수없이 이루어졌지만 효과적인 조치는 취해지지 않았고 1593년에 이르러서는 반 외국인 감정이 다시 불붙어서 위험 수위에 이르렀다. 이 시기는 전염병과 전쟁이 지배하던 때로, 북해 연안의 저지대 국가에 장기간의 갈등이 존재했고 스페인의 침략 위협이 다시 시작되었다. 경제가 무리하게 팽창하면서 인플레이션이 증가했고 추수된 농산물이 적어 음식 가격이 급등했다. 런던의 분위기는 험악해졌고 이런 상황에서 외국인은 비난의 화살을 돌리기에 편리한 희생자였다. 한 목격자는 이렇게 썼다. '보통 사람들은 과중한 세금과 경제 쇠퇴, 수없이 벌어지는 전쟁 등이 마치 외국인 때문에 생기기라도 한 것처럼 분노했다.'[77]

갈수록 더욱 투쟁적인 행동들이 거리를 휩쓰는 가운데 1593년 4월 중순에는 선동적인 인쇄물 하나가 등장했는데, 추밀원은 이런 인쇄물에 대해 '불쾌하기 짝이 없는 플래카드가 런던의 일부 기둥에 나붙었는데 그 내용은 외국인에 대한 폭력을 부추기는 것이었다.' 고 묘사했다. 인쇄물에서 공격의 대상은 '짐승처럼 잔인하지 않으면 술에 절어 있는 게으름뱅이 벨기에 인, 소심한 플라망 인(Fleming, 플라망 어를 말하는 벨기에 인-옮긴이), 부정직한 프랑스 인' 이었다. 또한 '자신의 조국에서 비겁하게 도망쳐 나왔다' 며 비난하는 내용과 '위선을 가장하고 겉보기에만 종교적인 것처럼 속인다' 고 손가락질 하는 내용이 곳곳에 가득했다. 여왕이 '그들에게 자국 국민보다 더욱 좋은 환경에서 더욱 많은 자유를 누리며 살 수 있게 허락했다' 는 불평도 팽배했다. 결국 이 인쇄물은 외국인에게 극단적인 최후통첩을 내리며 마무리 됐다.

> 모든 플라망 인과 프랑스 인에게 내년 7월 9일까지 영국 땅을 떠나는 것이 최선이라는 점을 알려야 한다. 그때까지 떠나지 않으면 쓰라린 채찍을 수없이 맞게 될 것이다. 이대로 방치하면 도제의 숫자가 2,336명에 이를 것이다. 모든 도제와 장인들 또한 플라망인과 외국인과 더불어 축소시켜야 한다.[78]

추밀원은 시장인 큐스버트 버클 경(Sir Cuthbert Buckle)에게 긴급 서한을 보내 관련자를 엄중히 조사하고 필요하다면 고문을 하라고 명령했다. 그러나 내용이 한층 과격해진 플래카드가 다시 등장했다. 그중에서 가장 악명 높았던 플래카드는 5월 4일 밤에 네덜란드 교회의 벽에 붙었던 '네덜란드 교회 비방문' 이었다. 이 비방문은 극작가인 토마스 키드(Thomas Kyd)와 크리스토퍼 말로가 관련됐을지도 모른다는 가능성 때문에 현재까지도 사람들의 입에 오르내리고 있다. 비방문은 이렇게 시작한다.

> 이 나라에 살고 있는 외국인들이여
> 이 글을 주의해서 마음에 새겨라.
> 그대들의 목숨과 재산과
> 자녀와 사랑하는 아내를 지키기 위한 보호 수단으로 이해하라.

비방문은 이민 온 장인과 소매업자에 대한 평소의 불만을 거듭 주장한 것이지만('우리 불쌍한 장인들은 굶어 죽어 간다. 너희들 때문에 일을 할 수 없기 때문이다.' '너희들의 살인적인 장사 때문에 우리 모두가 파멸한다.') 폭력을 행사하라고 민중을 선동하는 분위기가 어느 때보다 드셌다.

> 그러므로 치명적인 운명의 순간을 예상하라.
> 곧 너희와 너희가 가진 것에
> 여태껏 한 번도 보지 못했던 일이 닥칠 것이다.
> 이 필연적인 불행을 결코 피할 수 없을 것이다.
> 파리 대학살도 그렇게 많은 피를 흘리지는 않았다. …[79]

이런 노골적인 광시(狂詩)는 '탬벌린(Tamburlaine)'이란 가명의 서명으로 끝을 맺었다. 이 가명은 대중의 인기를 끌었던 말로의 희곡으로 타타르족의 장군 티무르-이-렝(Timur-i-leng, '절름발이 티무르'라는 뜻-옮긴이)의 정복과 잔인함을 노래한 『탬벌린 대왕(Tamburlaine the Great)』(1587)을 암시했다.

이렇듯 과격한 비방문이 이민자 사회에 어떤 감정을 불러일으켰을지는 가히 짐작할 수 있을 것이다. 브뤼셀(Brussels)의 가톨릭 정보원 리처드 버스티건(Richard Verstegan)에게 영국으로부터 배달된 편지(5월 16일자)에서도 당시의 상황을 확인할 수 있다.

> 런던의 도제들이 모든 외국인들에 반대하는 수많은 비방문을 뿌리고 있고, 신속하게 떠나지 않는다면 그들 모두를 무차별로 죽

이겠다고 격렬하게 위협하고 있다. … 따라서 외국인들은 극심한 공포에 떨고 있다. 많은 무리들이 이미 떠났고 더욱 많은 무리들이 매일 떠나고 있다. 따라서 우리 위원회가 그들을 보호할 방법을 딱히 찾지 못하는 가운데 대부분의 사람들이 떠날 것으로 생각된다.

이 편지가 도착하기 전인 5월 17일에 버스티건은 이렇게 썼다. '1만 명이 넘는 외국인이 올 여름에 영국을 떠나기로 결정했다. … 일반 사람들까지 자신들에 반대하는 소동이 벌어질까 두려워하기 때문이다.'[80] 숫자는 과장되었지만 이 무렵에 피신할 여건을 갖춘 사람들은 런던을 떠난 것이 확실하다.

이렇듯 외국인 혐오증이 서서히 끓어올라 폭발 직전에 다다랐던 1593년도에 외국인 보고서가 작성되었다. 3월 6일에 시장은 각 구의 행정 장관에게 '최대한 비밀리에 공들여 조사를 해서' 다음 사항을 알아내라는 지시를 내렸다.

외국인이 어디에 얼마나 거주하고 있는가, 외국인의 출신 국가와 직업은 무엇인가? … 남녀를 불문하고 집에 거느리고 있는 하인은 몇 명인가? 현 주소지에 거주한 지는 얼마나 되었는가? 어떤 교회에 다니는가? 집에 영국 태생의 가족이 있는가?

행정 장관은 인구 조사를 나흘 안에 완수하라는 지시를 받았다. 이런 지시는 긴급하게 감독해야 할 필요성 때문이기는 했지만 전적으로 비현실적이었다. 실질적으로 보고서는 5월 4일까지 제출되지

않았다.[81]

위의 지시사항에 대한 답변은 현존하는 보고서에서 찾을 수 있지만 보고서에 서술된 1,100여 가구 중에 마운트조이 가정이 포함되지 않은 것은 전기적인 입장에서 애석한 일이 아닐 수 없다. 마운트조이 가족이 기록에서 누락됐다는 사실은 조사 기간인 1593년 3월 6일과 5월 4일 사이에 그들이 런던에 없었음을 말해 준다. 마운트조이 가족은 약삭빠르게도 얼마간 런던을 떠나 있었을 것이다. 마운트조이가 부동산을 임차했던 브렌트포드에 가 있었거나 아니면 스텝니에 있었을 가능성도 있다. 이 마을들은 1593년 보고서의 조사 대상 지역이 아니었다.

마운트조이 가정의 초기 런던 생활에 대해서는 알려진 것이 거의 없다. 하지만 그들은 국외 이주자로서의 취약성을 안고 생활해야 했음이 분명하다. 상당한 제약을 받으면서 막대한 세금을 내야 했고 호기심이나 조롱의 대상이었으며 이 호기심이나 조롱은 때로 위험한 적개심으로 변하곤 했다. 물론 이런 긴장을 상쇄할 만한 이익이 따른 것도 사실이지만 어쨌거나 소액청구재판소에서 증인들이 증언한 크리스토퍼 마운트조이의 괴팍스러운 면모를 접할 때는 당시의 이런 전후 상황을 참작해서 이해해야 할 것이다.

마운트조이 가족은 앞서 보았듯이 1593년 봄에는 런던을 벗어나 생활한 것으로 보이나 그들이 크리플게이트에 모습을 드러낸 최초의 흔적을 볼 수 있는 것도 그해 근처이다. 1612년 벨롯 대 마운트조이 사건에 증인으로 출두했던 크리플게이트의 주민 두 명은 자신들이 이 시기에 마운트조이를 알고 있었다고 주장했다. 다니엘 니콜라스는 마운트조이를 20여 년 동안 알아 왔다고 했는데, 그렇다면 그가 마운트조이를 처음 알았던 시기는 1592년까지 거슬러 올라가며, 이는 마운트조이가 실버 스트리트에 거주하기 시작했을 가능성이 있는 가장 이른 시기다. 마운트조이가 1591년에 실버 스트리트에 살았다면 그해에 작성된 특별 징수세 부과 명단에 기록되었을 것이기 때문이다. 반면에 험프리 플러드는 1594년 이후로 18여 년 동안 마운트조이를 알고 지냈다고 말했다. 증인들의 기억이 꼭 믿을 만한 것은 아니지만 플러드의 말은 정확할지도 모른다. 플러드의 진술에 따르면 그는 1594년경에 프랑스에서 스티븐 벨롯의 어머니와 결혼했고 그 후 얼마 지나지 않아 벨롯을 런던에 거주하는 '피고의 도제로 집어넣었다.' 플러드는 최소한 자신이 결혼한 해는 기억했을 가능성이 크기 때문에 그의 진술은 마운트조이 가족이 1594년경에 사업차 크리플게이트에 있었다는 사실을 입증하는 꽤나 신빙성 있는 증거이다.

그렇다면 1593년 말의 편지에 언급된 '문조이(Munjoye) 씨'가 크리스토퍼일 가능성이 크다. 이 편지를 작성한 사람은 노퍽(Norfolk, 영국 동부의 주-옮긴이) 출신의 젊은 신사인 필립 고디(Philip Gawdy)로 런던에서 법학을 공부하고 있었는데 평소 주변에서 들은 갖가지 풍문을 적어 고향으로 보내곤 했다. 그중에는 1587년에 애드미럴스 멘이 연극을 공연할 때 극장에서 발생한 사건에 대한 소식도 있었다. 장전된 머스켓총이 무대 위에서 발사되어 객석에 있던 임신부가 사망한 사건이었는데 당시 무대에 오른 연극은 아마도 크리스토퍼 말로의 『탬벌린』이었을 것이다. 고디는 '사랑하는 형수에게' 보내는 1593년 12월 7일자 편지에서 그녀가 부탁했던 여러 패션 물품을 사 두었다고 말했다.

> 손잡이가 달린 부채… 칼, 최첨단 유행의 파딩게일(farthingale, 16~17세기에 스커트를 펴는 데 사용하던 버팀살-옮긴이), 금색 실, 머리그물, 구두 등 형수가 부탁한 물건은 모두 샀지만 단 한 가지 문조이 씨가 만든 물건은 사지 못했습니다. 그가 부당하게도 약속을 지키지 않았기 때문입니다. 하지만 곧 물건이 준비되리라 생각합니다.[82]

고디가 물품 목록을 매우 구체적으로 나열하다가 문조이 씨 혹은 마운트조이를 언급한 시점에 이르러 모호한 표현을 사용한 것이 안타깝다. 하지만 그가 주문했던 '물건'은 두말할 필요도 없이 머리장식이었다. 노퍽에 거주하는 탓에 첨단 유행에 굶주려 있는 형수의 부탁을 받고 구매한 부채, 파딩게일, 머리그물, 구두 등과 어울리게 착용할 만한 적당한 물건일 것이기 때문이다. 이 불만스러운 고객은 크리스토퍼 마운트조이에 대해 부정적으로 언급했던 많은 사람 가운데 최초의 인물이었다. 마운트조이는 나중에 딸과 사위에게 그랬듯이 젊은 신사에게 했던 약속을 지키지 않았다.

마운트조이 가족이 실버 스트리트에 거주했다는 사실을 말해 주는 최초의 실질적인 서류의 작성일은 1596년 초까지 거슬러 올라간다. 당시 그들에게 닥쳤던 상황은 신생아의 사망으로, 우울하기 짝이 없는 것이었다. 아기의 이름도 성도 표기되지 않았다. 아기는 사산이었거나 통상적으로 출생 이틀 후에 거행되는 세례를 받기도 전에 사망해서 1596년 2월 27일에 매장되었다. 성 올라브 교회의 등록부에는 '몬조이 부인의 자식(Mrs Monjoyes childe)'에 대한 간단한 매장 기록만이 남아 있다.[83] (삽화 14)

하지만 이 매장 기록에 사용된 표현이 읽는 사람의 호기심을 자극한다. 통상적으로 당시의 매장 기록에는 죽은 자녀의 아버지만 기재되고 아버지가 사망한 경우에만 어머니의 이름이 기재되기 때문이다. 1593년부터 1612년에 이르기까지 20년 동안, 다시 말해서 엘리자베스 여왕 시대의 마지막 10년과 제임스 국왕 시대의 첫 10년 동안 성 올라브 교회에는 172명의 아이들이 매장되었다. 어려서 사망한 아이들의 매장 기록에는 부모의 이름이 기재되었는데, 아버지의 사망 여부에 대한 아무런 설명 없이 어머니의 이름이 기재된 경우는 단 네 번으로, 마리 마운트조이의 자녀도 이에 속했다. 이 네 개의 기록 중에서 두 명은 사생아였음이 확실하고 세 번째 아이도 사생아였을 확률이 높다. 출생 기록을 보면 이런 경향이 더욱 분명하게 드러난다. 수백 명에 이르는 세례자 명단 중에서 어머니의 이름이 기재된 자녀는 사생아인 다섯 명뿐이었다.

성 올라브 교회의 등록부 기록 관습에 비춰 볼 때 세례도 받지 못하고 1596년 2월에 매장된 아이는 마리 마운트조이와 다른 남자 사이에 난 아이였다. 하지만 이를 실제 상황으로 해석하기는 쉽지 않다. 설사 크리스토퍼의 자식이 아니더라도 어째서 그런 사실을 세상에 드러냈을까? 마리 마운트조이에게 공공연하게 인정받는 애인이 있었다는 뜻일까? 이런 점을 확신할 수 있을 정도로 이 증거가 강력한 것은 아니라고 본다. 그저 오래된 교구 교적부의 색 바랜 종이에 기록된 추문일 뿐이다. 하지만 마운트조이 가족에게 있었던 성적 추문은 이것만이 아니었다.

12장

포먼 박사의 사례집

✠ ✠ ✠

우리는 역사적 증거가 갖는 무작위성의 희생자이다. 마리 마운트조이의 삶 전체에 대해서 알려진 것이 없기 때문에 자료의 조각 조각을 쑤석거리며 찾아내지만 정작 그녀에 대한 중요한 사실은 전혀 알지 못한다. 마리 마운트조이는 어릴 때 결혼했고, 재봉사 밑에서 일했으며, 자식 둘을 낳았으나 하나는 죽었다. 물론 이 또한 그녀에게 중요한 사실이지만 그렇다고 해서 그녀의 개인적인 모습을 드러내지는 않는다. 마리 마운트조이는 어떤 성향의 사람이었을까? 어떻게 생겼을까? 이렇듯 좀 더 개인적인 차원에서 생각할 때 그녀는 우리에게 세금 징수인이 기록한 '—— 몬기' 이상의 의미를 갖게 된다.

마리 마운트조이의 개인적인 모습을 살펴볼 기회를 잠깐이나마 가져 볼 수 있는데 그녀의 행적에 대한 기록이 보존돼 있기 때문이다. 1597년 늦여름의 어느 토요일 저녁이었다. 그녀는 초조한 표정으로 지갑을 찾고 있었다. '실버 스트리트에 사는 30세의 메리 마운트조이가 9월 10일 밤 7~8시 사이에 지갑에 있던 금반지 하나, 둥근 반지 하나, 프렌치 크라운(French Crown) 하나를 거리에서 잃어버렸다.' 두 달이 지나도 귀중품은 나타나지 않았다. 마리 마운트조이는 지금 현대인이 생각하기에는 이상한 것이지만 당시에 인기를 끌던 풍습을 따르기로 했다. 빌링스게이트의 필포트 레인(Philpot Lane)에 사는 '용한' 사이먼 포먼(Simon Forman)을 찾아가 도움을 청했던 것이다. 벤 존슨은 포먼을 가리켜 '현인 포먼(Oracle Forman)'이라 불렀는데 잃어버리거나 도둑맞은 물건을 찾는 일이 전문이었다. 위에 서술한 간략한 사건 개요의 출처 또한 포먼 박사의 사례집 1597년 11월 22일자 기록이다.[84] (삽화 15)

물건을 잃어버리고 나서 마리의 기분이 어땠을지 짐작할 만하다. 영국에서 널리 유통되었던 동전인 프렌치 크라운의 가치는 7실링 정도였는데 아마도 현재 시세로 70파운드가량일 것이다. 금반지 하나와 아마도 값비싼 보석으로 세팅했을 반지 하나를 합하면 요즘 시세로 환산해서 수백 파운드에 달했을 것이다. 게다가 포먼에게 수수료까지 지급해야 했다. 포먼은 수술을 하는 경우에는 대체적으로 진찰료로만 3실링 4펜스를 청구했다.[85]

둥근 반지는 주로 금이나 은으로 만든 한 줄짜리 반지로 안쪽에 낭만적인 기념 글귀를 새기는 경우가 많았다. 『베니스의 상인』에 등장하는 그라치아노(Graziano)가 현명하지 못하게도 떠나보냈던 그런 반지였다.

> 이것은 그녀〔네리사(Nerissa)〕가 내게 줬던
> 보잘것없는 둥근 금반지예요.

반지에 새겨진 글귀는 어느 모로 보나 칼에 새겨진
칼 만드는 이의 시와 같아요: '나를 떠나지 말고 사랑해 줘요.' (5막 1장 147~50)

존슨의 『십인십색(Every Man in his Humour)』(1598)에서 스티븐 씨는 '비록 잠을 자고 있는 것 같아도 내 사랑은 깊기만 해요.' 라는 글귀가 적힌, '메리 양이 내게 보내 준 흑옥 반지' 를 지갑에 넣고 다니면서 그녀에게는 다른 반지를 보답으로 보냈다. 하지만 이 반지에 새겨 보낸 글귀는 그다지 상황에 맞지 않는다. '깊을수록 더욱 유리하게 성 베드로의 심판을 받을 것입니다.' (2막 2장 33~39)

포먼 박사는 점성술을 근거로 예측을 하고 보수를 받았는데 이런 과정을 사례집에 기록했다. 그가 그려 놓은 도표는 쇠창살 모양의 사각형 12개로 이루어졌는데 각 사각형은 하늘의 일부인 '궁(宮, house)' 을 대표하고, 내담자가 조언을 의뢰한 정확한 시간에 운성(運星)이 자리한 위치를 바탕으로 했다. 이후 세대 점성술사인 윌리엄 릴리(William Lilly)는 포먼이 '시변 점성술(내담자가 질문하는 순간이나 사건이 발생한 순간의 천궁도를 그려 해당 사건이나 상황을 분석하는 방법-옮긴이)', 특히 도둑을 찾는 일에 뛰어난 판단력을 발휘했으며 좋은 결과를 냈다고 말했다. 따라서 마운트조이 부인은 상대를 잘 선택한 듯 보인다. 그녀는 포먼이 천문력과 천체력을 사용하고, 상담과 예측을 하고, 싸구려 야곱의 지팡이(Jacob's staff)를 사용해서 눈짓을 하거나 소리를 내곤 하는 모습을 목격할 수 있었다. '야곱의 지팡이' 는 내쉬가 불손하게 잘못 사용한 용어로, 점성술사가 사용하는 일종의 육분의(六分儀, 두 점 사이의 각도를 정밀하게 측정하는 광학기계로 육분의란 이름은 원의 6분의 1 즉 60도의 원호 모양을 한 프레임을 가지고 있는 데서 유래했다-옮긴이)이다.[86] 법학도였던 존 매닝엄의 1602년 6월 일기에는 마리처럼 지갑을 잃어버리고 용한 점성술사를 찾아가 지갑을 찾도록 도와 달라고 요청했던 한 남자의 일화가 적혀 있다. 이런 경우에 점성술사는 약간의 의식을 수행한다. '그는 종이를 그릇에 담긴 석탄 부스러기에 던졌다.' 그러고는 고객에게 '지갑을 가지고 있는 사람의 얼굴 생김새를 보기 위해 거울을 들여다봐야 한다고' 말했다. 이는 결국 장난으로 밝혀졌다. 점성술사는 변장을 한 친구였던 것이다. 하지만 그 과정은 사실이다. 과거에 배우로 활동했고 용하다고 소문이 자자했던 아브라함 세이보리(Abraham Savory)는 자신이 '밤에 무장해제한 군인의 모습으로 나타나는 친숙한 혼령의 도움을 받아' 분실했거나 도둑맞은 물건을 찾아 줄 수 있다고 주장했다.[87]

분실물을 찾는 또 다른 방법은 다음처럼 부적을 만드는 것이었다.

> 분실한 물건이 어디 있는지 알려면
> 순수한 밀랍에다가 재스퍼(Jasper)+멜키저(Melchiser)+발타자르(Balthasar)라고 쓴 후에 머리 밑에 놓고 자면 물건이 어디에 있는지 알게 된다.

이상하게도 이 내용은 로즈 극장 흥행주인 필립 헨슬로우의 일기에 기록돼 있다. 매표소의 판매 상황과 궁핍한 작가에게 가불해 준 내역이 잔뜩 적힌 사이에 이 부적에 대한 내용이 있었던 것이다. 언제 기록된 것인지는 날짜가 적혀 있지 않아 알 수 없지만 근방의 내용은 1596년 이후에 기록된 것이다. 이 같은 부적을 만드는 방법을 알려 준 사람이 포먼 박사였을 가능성이 있다. 1596년에 헨슬로우가 집에서 분실한 물건을 찾기 위해 포먼에게 의뢰한 적이 있었기 때문이다.[88] 이를 바탕으로 하여 우리는 마리가 포먼을 방문한 후 일어난 상황을 그려 볼 수 있다. 그녀는 순수한 밀랍에 글자를 새겨서 실버 스트리트 집 침실에 있는 자신의 베개 밑에 두었을 것이다.

포먼은 보수를 낼 수 없었던 가난한 사람을 제외하고는 엘리자베스 여왕 시대의 모든 계층 사람들로부터 의뢰를 받았다. 현존하는 그의 사례집에는 거의 6년에 걸쳐 8천 건 이상이 기록되어 있다.[89] 지금 시점에서는 그를 간단하게 돌팔이 점쟁이라 일컬을 수도 있겠지만 그는 많은 다른 사람들처럼 고의적인 사기꾼은 아니었고 자신의 신념을 진심으로 믿었다. 아마도 치유자로서의 진정한 자질을 갖추고 있었을 것이다. 독학을 했던 포먼은 왕립의과대학으로부터 무면허 개업의라는 비난을 받았다. 포먼은 왕립의과대학의 방법을 비난했고 소변검사로 진단을 내리는 방법을 경멸했으며 사혈의 적당한 사용을 주장했다. 또한 런던에 유행했던 전염병에 대한 자신의 치료 방법이 유효하다고 도전적으로 주장했다.

1603년에 전염병이 퍼졌다.
의사들은 모두 도망쳤다.
나는 남아서, 그렇지 않았으면 죽고 말았을
많은 생명을 구했다.[90]

포먼은 체구가 작고 외모가 추한 호전적인 사람으로 엄청난 성욕의 소유자였다. 사례집을 보면 마치 다른 사건과 마찬가지로 다양한 밀통과 유혹이 행성의 위치에 따라 결정되는 것처럼 조심스럽게 기록되어 있다. 그가 성교를 나타내기 위해 사용한 완곡한 표현은 '할렉(halek)' 이었는데 조나단 베이트(Jonathan Bate)에 따르면 이 단어는 '문지르다(to grind)', '고기 잡다(to fish)' 와 어원이 비슷하고 엘리자베스 여왕 시대의 속어로는 성행위를 한다는 뜻이었다. 하지만 존 보시(John Bossy)는 보다 노골적으로 그리스어 'alektur' 즉 음경이 그 어원이라고 주장했다.[91]

포먼 연구의 대표작은 뭐니뭐니 해도 A. L. 로우스의 『사이먼 포먼의 사례집(Casebooks of Simon Forman)』(1974)이다. 비록 이후에 이루어진 연구 결과에 따라 내용이 대체되고 수정되기는 했지만 당시에는 거의 알려져 있지 않던 풍부한 사회학의 실례를 보여 준 최초의 시도였다. 로우스는 포먼의 사례집에서 마운트조이 가족에 대한 내용을 발견하고 1973년 4월 23일자 『더 타임스(The Times)』에 '셰익스피어의 집주인에 얽힌 비밀' 이란 제목의 논문을 발표했다. 그러나 사례집에서 그가 주로 연구했던 대상은 이탈리아계 유태인 음악가의 딸 에밀리아 레이니어(Emilia Lanier)였다. 로우스는 겉으로 보기에 설득력 있는 이유로 레이니어를 셰익스피어의 소네트에 등장하는 '다크 레이디(Dark lady)' 라 추정했다. 하지만 로우스의 연구는 몇 가지 점을 간과했기 때문에 결함이 있었다. 실제로 포먼은 에밀리아 레이니어를 '피부가 검은' 여인이 아닌 '화려한(야하다는 느낌의 아름다운)' 여인으로 묘사했고, 에밀리아 남편의 이름은 윌리엄〔소네트에서 '윌(will)' 을 가지고 만든 재담과 잘 맞아 떨어진다.〕이 아닌 알폰소(Alfonso)라고 기록했다. 또한 마운트조이에 대해 제시한 정보에서도 몇 가지 해석이 잘못되었다. 사실 포먼의 필체는 알아보기가 매우 어려웠는데, 이러한 점에서 포먼은 현대 의사들과 무척 닮았다고 할 수 있다.

포먼은 분실물을 찾기 위해 별자리를 참고했지만 좀 더 세속적인 방법 또한 사용했다. 마치 경찰이나 탐정처럼 마운트조이 부인에게 사건 정황을 자세하게 물었을 것이다. 물건이 사라졌을 무렵에 본 사람이 있는가? 물건을 훔쳤으리라 의심 가는 사람은 없는가? 포먼은 점성술에서 사용하는 상징 밑에 세 사람의 이름을 기입했다.

> 헨리 우드(Henri Wood), 콜먼 스트리트(Colman Street)
> 헌츠딘(Hunstdean) 부인과 함께 왔던 앨리스 플로이드(Alis Floyd)
> 그녀의 하인이었던 마가렛 브라운(Margaret Browne)

콜먼 스트리트의 헨리 우드에 대해서는 앞으로 살펴보게 될 텐데, 포먼이 그를 마리의 삶에서 중요한 인물로 기록했던 이유 또한 알게 될 것이다. 그 다음으로는 로우스가 언급하지는 않았지만 나의 관심을 끄는 여성 두 명이 나와 있다. 먼저 마가렛 브라운에 대해 살펴보면, 포먼은 마가렛 브라운과 마운트조이 부인과의 관계를 설명하는 메모를 남겼는데 이에 따르면 마가렛 브라운은 한때 마운트조이 부인의 하녀였고, 1574년 2월 14일에 성 올라브 교회에서 세례를 받은 마저리 브라운(Margery Browne)인 것이 분명하다. 포먼은 그녀의 이름 밑에 '주근깨투성이 얼굴에 키가 큰 여성'이라고 적었다. 여기서 관심이 가는 부분은 포먼이 어떻게 이런 묘사를 할 수 있었는가이다. 포먼은 마리 마운트조이가 하는 말을 인용하거나 정리하고 있었다. 벨롯 대 마운트조이 사건에서는 마리 마운트조이의 목소리를 회고적으로만 어렴풋하게 들을 수 있을 뿐이다. 게다가 마리는 사건이 법정에 이르기 몇 해 전에 사망했다. 하지만 포먼의 사례집에 실린 표현은 마리의 입에서 직접 나온 것이다. 그녀는 으스스한 장식물로 둘러싸여 숨이 막힐 것 같은 포먼의 방에 앉아 있다. 그녀가 하는 말을 포먼이 받아 적는다. 당시에 마리가 어떤 기분이었을지 느껴 보기 위해 프랑스 억양으로 '주근깨투성이'라고 말하는 그녀의 모습을 상상해 본다.

마가렛 브라운의 출생일로 따져 보면 1597년 12월 27일에 포먼을 찾아왔던 24세의 메리 브라운일 가능성이 높다.〔동일 인물의 이름이 여러 개로 쓰이는 것은 매우 평범한 현상이었다. 존 헤밍스의 딸인 마가렛은 성 메리 울노스(St Mary Woolnorth)의 결혼 등록부에는 메리로 기재되었고, 포먼은 글을 쓰면서 자신의 할머니를 별 다른 생각 없이 마리안(Marian)이나 마저리(Margery)로 불렀다.〕 메리 브라운은 임신했다고 생각해서 포먼을 찾아왔다. 포먼은 '그녀는 신장에 돌이 많고 등에는 열이 많고 복통을 호소한다. 자신이 임신했다고 생각한다.'고 기록했다.

마가렛 브라운이 마운트조이 부인의 옛 하녀가 맞다면, 그녀는 혼전 성관계를 가진 것이 분명하다. 성 올라브 교회 소속의 마저리 브라운은 거의 3년 후인 1600년 11월까지도 미혼이었기 때문이다. 아마도 근방의 앨더스게이트에 살고 있던 미래의 남편과 이미 연인 사이였을 것이다. 아니면 스스로 원해서든 아니든 집주인인 마운트조이의 성적 관심을 받았을 가능성도 있다. 포먼의 사례집에는 주인의 아이를 가진 하녀를 상담한 다른 예가 기록되어 있다. 앞서 살펴보았듯이 마운트조이가 이런 일을 저질렀다면 프랑스 교회의 장로들에게 맹렬한 책망을 받았을 것이다. 이보다 훨씬 뒤에 그가 홀아비가 되고 나서 다른 하녀에게 저지른 일이기는 하지만, 하녀와의 간통으로 두 사생아를 낳았다는 이유로 교회 장로들의 책망을 받는 일이 실제 발생하게 된다. 따라서 이야기를 약간 각색해 보면 임신한 하녀 마가렛 브라운은 마운트조이가 벌인 연애 사건의 공범이거나 희생자일 가능성도 배제할 수 없다.

이는 그 전해에 태어나서 매장된 마리의 아기가 사생아였을지 모른다는 생각과 마찬가지로 입증되지 않은 풍문이다. 우리는 물론 사실을 추구하지만 속살거리는 소리에도 귀를 기울인다. 마가렛 브라운에 얽힌 얘기는 마운트조이 부부의 결혼 생활에 포함된 성적인 무절제를 암시해 주는 두 번째 속살거림이다. 프랑스 교회 장로들은 마운트조이가 '음란한 행동과 간통'으로 하급 판사 앞에 불려갔다고 주장했지만 날짜는 언급하지 않았다. '간통'이란 단어가 사용되었으므로 마리가 살아 있는 동안 일어난 일은 아닌지 궁금증이 있으나, 아마도 그렇지는 않고, 사별 이후 하녀와 관계를 맺어 사생아를 낳은 사실과 관계가 있을 것이다. 하지만 마운트조이 부부의 결혼 생활에 의혹의 눈길을 던질 만한 단서가 되는 것만은 확실하다.

포먼이 기록한 또 다른 여성인 '헌츠딘 부인과 함께 왔던 앨리스 플로이드'는 다른 방향으로 흥미를 불러일으킨다. '함께 왔던'이란 표현이 사용된 것으로 보아 앨리스 플로이드는 매우 높은 지위의 안주인을 따르는 하녀이다. 포먼은 사례집의 다른 곳에서 '의전장관인 나의 옛 헌츠딘 경'이라고 기록했지만 실제로 정확한 이름은 '헌스던(Hunsdon)'으로, 1596년에 사망할 때까지 의전장관 자리에 있었던 헌스던 경 헨리 캐리(Henry Carey)를 가리킨다. 포먼이 언급한 '헌츠딘' 부인은 헌스던 경 2세인 조지 캐리의 부인을 지칭한다. 그녀의 이름은 엘리자베스로 미혼 때 성은 스펜서(Spenser)였고 작가들을 후원한 것으로 유명했다. 그녀를 예찬했던 사람들 중에는 스스로 그녀의 친척이라고 주장했던 에드먼드 스펜서(Edmund Spenser)가 있었고, 토마스 내쉬는 1593년에 자신의 종교 팸플릿인 『예루살렘을 바라보는 그리스도의 눈물(Christ's Tears over Jerusalem)』을 그녀에게 헌정했다. 또한 음악가인 존 다울랜드(John Dowland)는 자신의 『노래와 에어 모음집 1권(First Book of Songs and Ayres)』을 1597년에 헌정하면서 그녀를 '내게 뛰어난 품위를 보여주는 분'이라 불렀다.[92]

포먼의 헌츠딘 부인 관련 기록은 찰나의 언급이기는 하지만 마리 마운트조이와 셰익스피어의 만남을 암시해 주는 최초의 단서이다. 헌스던 경 2세인 조지 캐리는 셰익스피어 극단인 로드 체임벌린스 멘의 후원자였다. 그의 아버지는 1594년에 극단이 설립되었을 당시 최초의 후원자였다. 조지는 극단을 유산으로 물려받았고 1597년 초에는 의전장관직을 승계했다. 이로써 연극인들은 한시름 놓게 되었다. 과도기의 의전장관이었던 코브햄(Cobham) 경은 극장에 전혀 호의적이지 않았기 때문이다. 1597년 3월에 극단은 셰익스피어의 희극인 『윈저의 명랑한 아낙네들(The Merry wives of Windsor)』을 무대에 올렸다. 헌스던 경이 가터 기사단(Knight of the Garter)의 기사로 임명될 것을 축하하기 위해 급하게 쓴 작품이었다. 이 희극은 화이트홀 궁(Whitehall Palace)에서 여왕이 관람하는 가운데 공연되었다. 헌스던은 앤 불린(Anne Boleyn, 엘리자베스 1세의 어머니-옮긴이)의 조카의 아들로 여왕의 친척이자 총애 받는 신하였다. 전해 오는 말에 따르면 '사랑에 빠진 팔스타프'라는 희곡의 기본 주제를 제안한 것이 여왕이었다고 한다.[93] 헌스던 부인은 이 특별 경축 공연의 주빈이었을 것이고 아마도 하녀인 앨리스 플로이드 또한 관객 사이 어딘가에 있었을 것이다.

앨리스의 존재는 안개 속에 가려 있다. 그녀는 헌스던의 유언장에도 등장하지 않았다. 유언장에서 헌스던 부인의 유일한 하녀로 언급된 사람은 '내 아내의 시녀인 티시 퍼듀(Teesye Purdue)'였다.[94] 앨리스 플로이드의 성은 웰시(Welsh)인데 로이드(Lloyd)로 표기되기도 했고 플러드(Fludd)나 플러드(Flood)로 표기되기도 했다. 마리는 그녀를 알고 있었을 것인데, 그녀가 마운트조이의 도제인 스티븐 벨롯의 계부 험프리 플러드의 친척이었기 때문이다. 엘리자베스 시대에 있었던 가문 중에는 켄트의 베어스테드(Bearstead)를 기반으로 하는 플러드 가가 있었다. 토마스 플러드 경은 부유한 공무원이었다. 그의 아들은 옥스퍼드 대학 출신으로 철학자이자 포먼처럼 점성술사이자 의사로 성공하는 로버트 플러드였다. 포먼의 사례집에 등장하는 제인 플러드는 로버트의 처제로 활달한 젊은 여성이었다. 앨리스가 토마스 플러드 경의 세 딸 가운데 하나는 아니더라도 플러드 집안과 친척 관계에 있었을 가능성이 있다.[95]

물론 마리가 1597년 당시에 헌스던 부인의 하녀인 앨리스 플로이드를 알고 있었다고 해서, 그해에 헌스던 경의 종복이었던 윌리엄 셰익스피어를 알고 있었다고는 할 수 없다. 하지만 간단하게 언급되었을 뿐인 무명의 앨리스는 이 책의 주요 인물들을 서로에게 접근시켜 그들이 궁정풍의 극장 환경에서 만났을지도 모른다는 가능성을 시사한다. 신분상으로는 그다지 차이가 나지 않는 머리 장식 제작자와 극작가의 만남을 말이다.

열흘 후인 1597년 12월 1일에 마운트조이 부인은 포먼 박사의 상담실을 다시 찾았다. 이번에는 다소 다른 문제를 들고서였다. 자신이 임신을 했을지 모른다고 생각했던 것이다. 포먼은 '그녀가 임신 10~11주 된 것 같다.' 고 기록했다. 포먼은 마리 마운트조이의 증상을 간략하게 적었다. '배 위쪽에 통증이 있고 … 머리에 현기증이 일고, 다리에 힘이 없다.' 포먼은 마리 마운트조이가 '7주 있다가' 유산을 할 것이고 사산된 태아가 '나올 것이라고' 생각했다.

마리는 역시 '임신한 것처럼 보이는' 엘렌 카렐(Ellen Carrel)과 동행했다. 기록에 사용된 표현 등을 살펴보면 두 여성은 포먼을 함께 만났다. 이는 아마도 의사가 호색한이란 평판을 들었기 때문에 경계하려는 뜻에서 그렇게 했을 것이다. 마리 마운트조이의 친구인 엘렌 카렐은 우리를 엘리자베스 여왕 시대 후기의 런던 문학계로 이끈다. 1597년에 'R. T.' 즉 로버트 토프테(Robert Tofte)는 『로라: 한 여행객의 장난감(Laura: The Toyes of a Traveller)』이란 제목으로 실연의 아픔을 노래한 소네트 모음집을 발표했다. 몇 년에 걸쳐 유럽 대륙을 여행했던 아마추어 시인이자 번역가인 토프테는 전형적인 페트라르카(Petrarch, 이탈리아 시인-옮긴이) 소네트 기법으로 사랑하는 여인의 잔인한 무관심을 몹시 슬퍼하면서 그녀의 정체를 밝히는 단서를 몇 군데 떨어뜨렸다. 시인은 서시에서 그녀를 '아름다운 여인 E. C.' 라고 불렀다. 아름다운 'E. C.' 는 연상의 유부녀로서 시인이 열정을 품고 노래했던 소네트 33번의 단어 놀이를 통해 정체가 좀 더 드러난다.

> 다정하고 편안하기보다는 내 의지와는 상관없이
> 나를 근심하게 하고 까다롭게 만드네.
> gainst all sense makes me of CARE and IL
> More than of good and ComforRT to have will.

대문자로 표기된 글자를 모아 보면 'Careil'이라는 성이 되고 저자의 이니셜인 'R. T.'가 된다. 여인의 이름은 로버트 토프테의 후속작인 『알바: 수심에 잠긴 연인의 욕구(Alba: The Months Mind of a Melancholy Lover)』(1598)에서 확인할 수 있다. 여기서도 예전과 유사한 수수께끼 같은 단서가 주어진다.

> 내가 갈구하는 것은 위안이 아니라 지속적인 관심이네
> 그리고 나는 L에게 관심을 쏟을 것이네
> Then constant CARE not comfort I do crave
> And (might I chuse) I CARE with L would have

여기서는 여인의 성을 '카렐(Carel)'이라 했다.

문학사가들은 로버트 토프테의 애인을 찾으려고 노력했지만 성공하지 못했다. W. C. 해즐릿(Hazlitt)은 애인의 이름이 '유피미아(Euphemia)'라고 했지만 그 이유는 밝히지 않았다. 토프테의 빅토리아 여왕 시대 편집자인 A. B. 그로스아트(Grosart)는 그녀가 서섹스(Sussex)의 베드스톤(Bedstone)에 거주하는 에드워드 카릴 경(Sir

Edward Caryll)과 관계가 있을지 모른다고 생각했지만 'E. C.'라는 이니셜에 적합한 여성은 찾을 수 없었다. 여기서 다시 살펴보건대, 그녀는 1597년 12월 마리 마운트조이와 동행해서 포먼 박사의 상담실을 찾았던 엘렌 카렐이 확실하다. 이름이 맞고 나이도 맞아떨어질 뿐만 아니라〔포먼에 따르면 그녀는 1597년에 42세로 그녀의 '봉사하는 기사(cavaliere servente)' 토프테보다 일곱 살 연상이었다.〕 그녀가 처했던 사회적 환경 또한 맞다. 토프테는 유럽에서 3년을 보냈고 그의 번역문을 보면 프랑스어와 이탈리아어에 능통했다. 즉 그는 엘리자베스 여왕 시대의 유행을 좇는 대륙적 인물이었으며 이러한 그와 그의 '연인'이 마운트조이 부부를 알았다 해도 전혀 놀랄 일이 아닐 것이다. 아마도 앨리스 플로이드와 헌스던 부인이 그랬을 가능성이 있는 것처럼 엘렌 카렐 또한 마운트조이 부부의 고객이었을 것이다. 하지만 1597년 12월에 그녀가 임신한 것이 토프테와 관련이 있는지는 알 수가 없다.

마리 마운트조이의 친구가 토프테의 연인이었다고 한다면, 다시 한 번 우리는 당시에 공연되었던 셰익스피어의 연극 무대를 떠올리게 된다. 토프테의 감정 토로가 오랫동안 독자들의 기억에 남는 주된 이유는 바로 『알바: 수심에 잠긴 연인의 욕구』에 실린 한 소네트가 『사랑의 헛수고』를 최초로 언급했다고 알려져 있기 때문이다.

> 사랑의 노고가 헛수고로 끝난다네. 나는 예전에 보았네.
> 고통스럽게도 그렇게 불리는 연극을
> 귀를 기울이는 것이 나의 작은 기쁨이었네.
> 다루기 힘든 내 여인의 비위를 맞추면서 말일세.

불안한 마음은 내가 상처 입을 것을 알려 왔네.

하지만 내 의지와 관계없이 그 연극을 볼 수밖에 없었네.

물론 토프테가 실제 일어났던 일을 노래했다고는 단정할 수 없다. 하지만 이것이 케어일(Care-ill)이든 카렐(Carrell)이든 자신의 다루기 힘든 애인에 대해 말하고 있는 또 다른 문학적 단서라고 추측해 볼 여지는 분명 있다. '셰익스피어가 쓴 유쾌하고 기발한 희극(『사랑의 헛수고』에 대한 1598년도 4절판의 묘사)'이 공연될 당시, 연극을 좋아했던 그녀의 모습은 극장 한곳에서 눈에 띄었을 것이다.[96]

사람의 정체를 수수께끼처럼 제시하기 좋아했던 토프테의 취향은 다른 글에서도 찾아볼 수 있지만 내 눈길을 끌었던 것은 문학상의 말장난이 아니라 토프테가 자신이 소장했던 1561년도 초서(Chaucer)의 2절판 책에 자필로 쓴 주석이었다. 토프테는 초서의 『사랑의 서약(Testament of Love)』 서문 바로 밑에 '고귀하고 아름다운 마리(Marie) M— 부인을 칭송하며'라고 썼다. 고귀하다는 표현은 사실 마리 마운트조이에게는 전혀 어울리지 않는 단어였다. 하지만 나는 로버트 토프테의 방황하는 눈에 우연히 엘렌 카렐의 친구인 마리 마운트조이의 모습이 들어왔을 가능성에 대해 생각하고픈 충동을 느꼈다. 정말 가정이기는 하지만 그랬다면 마리가 미인이었다는 사실을 처음으로 알 수 있는 장면이다.

1598년 3월 7일에 마리는 포먼을 다시 찾았다. 그녀의 세 번째이자 마지막 방문이었다. 포먼이 1597년 크리스마스에 이사를 했기 때문에 강을 건너 램버스(Lambeth)까지 가야 했을 것이다. 포먼은 1611년에 사망할 때까지 그곳에 살았다. 마리가 포먼을 찾아간 이유는 남편이 병에 걸릴 것인지 여부를 묻기 위해서였다.

점성술사의 도움을 구했던 마리의 열정이 남편 또한 움직였던 것 같다. '마운트조이 씨' 도 도제에 대해 묻기 위해 포먼을 두 번 찾았다는 기록이 사례집에 담겨 있기 때문이다. 당시 문제가 됐던 도제는 스티븐 벨롯이 아니라 우프란케 델 라 콜스(Ufranke de la Coles)란 젊은이였다. 3월 22일자 기록은 '마운트조이 씨가 종적을 감춘 도제에 대해 묻기 위해 왔다.' 였다. 일주일 후에 작성된 메모를 보면 좀 더 많은 정보를 알 수 있다. '마운트조이 씨가 도제인 우프란케 델 라 콜스의 문제로 1598년 3월 29일 방문했다. 도제는 성 캐서린 성당에 있었고 3월 29일에 마운트조이 집으로 다시 돌아왔다가 체포되어 투옥되었다.' 전후 상황은 분명하지 않다. 콜스가 도제살이 계약을 어기고 도망쳤기 때문에 체포되었을까? 아니면 다른 죄를 저질러서 체포되는 것을 피하기 위해 도망쳤던 것일까?

포먼의 사례집이 생생한 느낌을 주는 이유는 현장에서 기록되었기 때문이다. 그는 질문을 하고, 귀를 기울이고, 관찰하고, 기록했다. 그가 사용한 단어는 틀에 박힌 진부한 것이었는데, 예를 들어 여성이 '스스로 임신했다고 생각한다.' 는 표현은 여성의 말이 아니라 그가 자주 사용했던 흔한 표현이다. 그럼에도 불구하고 포먼의 사례집에 등장하는 이런 흔한 표현을 통해 마리 마운트조이의 물리적 존재를 느낄 수 있다. 마리는 잃어버린 반지, 주근깨투성이 여자, 머리의 현기증, 지속적인 임신 가능성 등 자기 삶과 신체에 일어나는 자질구레한 변화를 포먼에게 설명했기 때문이다.

더욱이 마리는 자신의 애정 생활을 포먼에게 털어놨다. 분실한 귀중품에 대한 포먼의 통명스러운 설명 밑에는 마리가 자발적으로 언급한 헨리 우드라는 이름이 적혀 있다. 그렇다면 지갑에서 귀중품을 잃어버렸던 9월 저녁에 마리가 우드를 방문했던 것일까? 가능한 일이다. 우드 또한 곧 포먼의 사례집에 등장하기 때문이다. 즉 우드가 포먼을 찾아갔다는 얘긴데, 이는 짜릿한 연애 사건의 가능성을 의심하게 한다.(삽화 17)

1598년 3월 20일에 포먼을 찾은 우드가 언급한 마리 M이 마리 마운트조이인 것은 확실하다. 우드는 '그녀의 사랑이 변할지 여부를' 물어보기 위해 포먼을 찾았다고 했다. 여기서 말하는 '그녀의 사랑'은 우드를 향한 사랑으로 추정된다. 이야기의 줄기를 좇아가 보면 단서를 포착할 수 있다. 1597년 12월에 마리는 자신이 임신했을까 봐 두려워했다. 포먼은 그녀가 임신 10~11주라고 확인했다. 또한 그녀가 유산하리라고 예언했는데 1598년에 마리가 출산한 증거가 전혀 남아 있지 않은 것으로 보아 포먼의 예언이 맞았을 수도 있다. 몇 달 후에 마리의 연인인 우드는 마리가 더 이상 자신을 좋아하지 않는다고 초조해 했다. 아마도 마리의 심경 변화는 혼외 임신이라는 개인적이고 실질적인 고통 때문에 더욱 불거졌을 것이다. 추측이기는 하지만 마리가 우드와 불륜을 저지른 것은 우드가 포먼에게 던진 질문의 표현으로 보아 상당히 사실에 가까운 듯 보인다.

포먼의 사례집에 따르면 헨리 우드는 '직물상(mercer)'이었다.(포먼 사례집의 다른 부분에는 사업상 일과 관련하여 포먼을 찾았던 우드에 대한 기록들이 나온다.) 포먼은 헨리 우드가 1566년 8월 18일에 출생했다고 기록했는데, 포먼이 주로 의뢰인의 나이만을 기록했던 점을 고려한다면 이는 상당히 상세한 정보로, 헨리 우드의 꼼꼼한 성격이 얼핏

비치는 부분이다. 이 정보에 따르면 우드는 마리와 거의 동갑이었다. 그가 유부남이었으므로 두 사람이 연애를 했다면 양쪽 모두 불륜을 저지른 셈이다. 우드 가족은 스완 앨리(Swan Alley)에 살았다. 스완 앨리는 콜먼 스트리트에서 갈라지는 작은 옆길에 위치했는데 그다지 중요한 길이 아니라서 아가스 지도나 스토우의 『런던 개관』에도 나타나지 않는다. 콜먼 스트리트 자체는 치프사이드에서 무어게이트까지 뻗은 길로 부유한 상인의 집이 늘어서 있는 중요한 거리였다. 마리의 집에서 이곳까지는 동쪽으로 애들 스트리트를 따라 걷다가 앨더맨베리를 가로질러 약 10분 정도면 도착할 수 있었다.

여기서 헨리 우드가 종사했던 수출입 업무에 대해 살펴보자. 1597년 12월 초에 마리가 임신했을까 봐 전전긍긍하는 동안 헨리 우드는 소형 상용 범선인 '파라다이스'와 '그리핀(Griffin)'을 이끌고 암스테르담으로 향했다. 몇 주 후에 우드는 포먼에게 프랑스에서 '마직'이 좋은 가격에 거래될 수 있을지, 위탁 판매 조건으로 천일염을 사야 할지 물었다. 1598년 여름에는 그가 종사하는 사업에 문제가 생겨서 '그의 상품이 압류된 것 같다.' 포먼은 '커다란 적이 그에게 우정을 제의해 오지만 배신이 따를 것이다.'라 예언했다. 헨리 우드는 세대주였고 사업가였지만 그다지 거물은 아니었다. 1599년 콜먼 스트리트의 특별 징수세 부과 명단을 보면 그에게는 동산에 대해 3파운드의 세금만이 부과되었다.[97]

우드 부인은 이따금씩 포먼을 찾아와서 해외여행 중인 헨리 우드의 안전을 염려했다. 하루는 남편이 영국 해협에 출몰하는 해적인 '됭케르커(Dunkirker)에게 납치되었을까 봐' 두려워했다. 포먼은 '그가 주의를 기울이고 잘 살펴서 사흘 안에 무사히 통과할 것이다.' 는 말로 그녀를 안심시켰다. 그러나 여기서 또 한 번 상황이 복잡해진다. 우드 부인이 포먼에게 마리 마운트조이와 함께 '가게를 운영할지' 물었기 때문이다. 포먼은 다음과 같은 의견을 기록했다. '그들은 동업할 수도 있지만, 자신들의 제품을 그다지 신뢰하지 않기 때문에 조심해야 한다. 아니면 손해를 볼 것이다.' 가게는 아마도 헨리 우드가 수입한 직물과 마운트조이 공방의 양재 기술을 결합하기 위한 것으로 추측할 수 있다. 헨리와 마리의 관계는 정욕적인 동시에 상업적이었다. 우드 부인이 마리와의 동업에 대해 포먼과 의논한 것을 보면 마리와 자신의 남편 사이에 벌어지고 있는 부정한 행위를 전혀 알지 못하고 있었던 것이 확실하다. 물론 그 무렵에 마리와 헨리 우드의 관계가 바뀌었을 수도 있지만 어쨌든 마리는 둘의 관계를 계속해서 숨겼다.

포먼의 1597년도 사례집의 마지막 장에도 마리 마운트조이에 대한 간단한 글이 등장한다.(삽화 18) 글의 내용은 점성술과는 거리가 멀고 세속적인 정보와 가십 거리 등 잡다한 것이었다. 글은 분명하게 다섯 문단으로 나뉘어 있는데 지면의 대부분을 차지하는 첫 두 문단은 1598년 1월 초에 기록되었다. 다른 문단은 글의 성격상 간략한 메모에 가까운데 반드시 앞 문단과 같은 시기에 작성되었다고 볼 수는 없고 여하튼 포먼이 새로운 사례집을 기록하기 시작했던 2월 20일 이전에 작성되었다.

마리에 대한 메모는 세 단어로 되어 있는데 두 단어는 그녀의 이름이었다. 로우스는 이 메모에 대해 이렇게 언급했다. '여백에 "Mary Mountjoy alained"라는 호기심을 자극하는 메모가 적혀 있다. alained는 비밀로 한다(concealed)로 읽힌다.'[98] 하지만 로우스의 이런 독법을 납득할 수 없다. 우선 'alain'은 내가 참고했던 어떤 사전에도 나와 있지 않은 단어로, 'alack(아아 슬프다)'가 퇴행한 형태인 'alaik'와 그리스어로 함성을 뜻하는 'alala' 사이에 존재하는 단어 같기 때문이다. 또한 정서법이 이러한 독법을 뒷받침하지 않는다. 단어는 이상하리만치 좁은 간격으로 찌그러져 적혀 있기 때문에 읽기가 쉽지 않고 철자 또한 구별하기가 거의 불가능하다. 내 견해로 'alained'는 사람의 호기심을 돋울 만한 내용이 아니라 사전에도 존재하지 않는 단어로 평범한 주소였을 확률이 있어 보인다. 추측 가능한 주소는 그녀가 속했던 성 올라브 교회 교구를 가리키는 'olaive'이다. 주소를 나타내는 단어는 그 페이지의 다른 곳에도 적혀 있다.

마리 마운트조이를 기록한 줄 바로 아래에는 동시에 기록한 것이 거의 틀림없는 간략한 메모가 있다.

> 마리 마운트조이/olaive/
> 마담 킷슨 노랑 머리카락/

'마담 킷슨(Madam Kitson)'은 부유한 가톨릭 신자인 토마스 킷슨 경(Sir Thomas Kitson)과 관계가 있을 수 있다. 만약 그렇다면 킷슨 부인은, 마리와 관계가 있으면서 포먼의 사례집에 등장하는 헌스던 부인의 친척이다. 헌스던 부인은 토마스 킷슨 경의 조카이기 때문이다. 토마스 킷슨 경과 그의 아내 엘리자베스는 서퍽(Suffolk)에 자리한 장엄한 저택 헨그레이브 홀(Hengrave Hall)에 거주했지만 런던에 자주 들렀다. 그들이 런던에 소유했던 집은 마리의 연인이자 사업상 동업자인 헨리 우드의 집에서 길 모퉁이를 돌면 만나게 되는 콜먼 스트리트에 있었다. 토마스 킷슨 경 부부의 모습은 조지 가워(George Gower)가 1573년에 의뢰를 받아 완성한 쌍둥이 초상화에서 찾아볼 수 있다. 토마스 킷슨 경은 검은 수염이 난 얼굴에 주름 옷깃이 달린 옷을 입었고, 그의 부인은 깃털이 달린 높은 모자를 쓰고 모피 옷깃이 달린 가운을 입었으며 외모가 출중하고 거만해 보인다. 부부는 음악가에 대한 후원자로 잘 알려져 있었고 마드리갈(madrigal, 16~17세기에 유럽에서 유행한 짧은 서정시-옮긴이) 가수인 존 윌바이(John Wilbye)를 서퍽과 런던에 있는 집에 체류 음악가로 두었다.[99]

그렇다면 킷슨 경의 부인 엘리자베스가 포먼의 메모에 기록된 '마담 킷슨'이었을까? 엘리자베스는 기사의 아내였기 때문에 레이디 킷슨으로 불리는 것이 타당했다. 따라서 포먼의 '마담'이라는 칭호는 '마이 레이디'라는 뜻으로 적절한 호칭이다. 하지만 어째서 '노랑 머리카락'이라고 적었을까? 가워가 그린 엘리자베스의 초상화가 정확하다면 레이디 킷슨의 머리카락은 황갈색 혹은 금빛이 도는 다갈색이고 50대 초반에 들어선 1598년 초에는 반백이었을 텐데 말이다.

하지만 포먼은 마담 킷슨의 머리카락이 반드시 노란색이라는 의미로 쓴 것은 아니다. 아마도 포먼이 사실을 기록하면서 음탕한 생각을 했으리라는 의심과 더불어 즉각적으로 한 가지 해석이 머릿속에 떠오른다. 노랑 머리카락은 그녀가 금발 가발이나 머리 장식을 원했다는 뜻일지도 모른다. 여왕이 에식스 백작부인으로부터 '노랑 머리카락과 검은색에 가까운 머리카락'을 새해 선물로 받았다는 글에서 알 수 있듯이 당시에는 '머리카락(hair 또는 hairs)'이 가발을 가리키는 경우가 많았다.[100] 데커의 『구두장이의 휴일(Shoemaker's Holiday)』(1600)에 등장하는 재치 넘치는 대화에서도 마찬가지였다.

> 마저리(Margery): 좋은 가발('a good hair')을 어디서 살 수 있는지 말해 줄 수 있어요?
>
> 호지(Hodge): 그럼요. 그레이셔스(Gracious, 우아한) 스트리트에 있는 새 장수에게 가면 정말 좋은 가발을 살 수 있어요.
>
> 마저리: 그런 가발은 전혀 그레이셔스하지 않아요. 내 말은 내가 쓸 가발로는 적당하지 않다고요. (3막 4장 47~50)

어째서 포먼이 마담 킷슨의 이름과 마리 마운트조이의 이름을 나란히 썼는지 이제 알 수 있을 것이다. 마운트조이 부부가 제작했던 머리 장식에는 인모가 재료로 들어갔고 제작 기술에는 가발 제작도 포함되었다. 당시에 금발이 특히나 인기가 있었던 것은 분명했다. 셰익스피어는 여성 가발에 대해 생각할 때면 늘 '금발'을 머릿속에 그렸다. 소네트 68번에서는 '두 번째 머리에서 두 번째 삶을 사는 금발'에 대해 썼고, 『베니스의 상인』에서는 '곱슬곱슬하고 구불구불하게 늘어뜨린 황금색 머리카락'이 '두 번째 머리라는 지참금'이 되었다고 썼다.(3막 2장 92~95) 토마스 미들턴은 나이 든 궁정 조신이 금발 '가발'을 쓴다고 언급하면서 '대머리가 되면 황금 곱슬머리를 이마 위에 쓰고 자랑스러워 한다.'고 했다.[101] 또 한 가지 적절한 예를 들자면, 비록 어느 정도 시간이 흐른 후이기는 하지만 1663년 한 광

고에서 어느 가발 제작자는 '긴 담황색 머리카락을 파는 사람에게 사례하겠다.' 고 했다.[102]

가발에 대한 이 같은 추측은 뜻밖일 수도 있으나 포먼의 수수께끼 같은 메모에 대한 그럴 듯한 해석이라 생각한다. 포먼의 메모는 사업과 관련 있는 것이었고, 여기에 나타난 마담 킷슨과 마리 마운트조이의 관계는 고객과 공급업자의 관계였을 것이며, 이들 사이에서 거론된 제품은 포먼이 연금술을 통해 추구하는 청춘의 영약이 아니라 보다 즉시 구할 수 있는 금발 가발이었다.

13장

마운트조이 가정

✠ ✠ ✠

포먼이 남긴 놀라운 자료를 통해 1590년대 후반의 마운트조이 부부 특히 마리 마운트조이의 삶을 엿볼 수 있었다. 즉 직물상과의 간통, 임신한 하녀, 소네트 시인의 연인, 도망간 도제, 카리스마 넘치는 마법 치료사 등 그녀의 삶에 얽힌 사람들에 대해 살펴보았다. 또 마리의 지인인 하녀 앨리스 플로이드가 섬기는 주인 헌스던 부인과, 자신을 젊어 보이게 해 줄 금발 가발을 찾고 있는 잠재 고객 킷슨 부인 등에 대해서도 살펴보았다. 이들은 마리와 같은 직업과 지위에 있는 사람이라면 틀림없이 열망했을 부와 우아한 궁정의 세계에 속한 인물들이었다.

그리고 마리가 몰고 온 작은 파문을 들여다보았다. 마리는 분실한 귀중품을 찾기 위해 포먼을 처음으로 방문한 자리에서 세 사람의 이름을 언급했다. 마리가 포먼을 찾아간 지 얼마 지나지 않아 그 세 명 중 두 명이 손님의 자격으로 포먼을 찾았다. 두 번째 방문에서 마리는 엘렌 카렐과 동행했고 그 얼마 후에는 남편인 크리스토퍼 마운트조이가 포먼을 두 번 찾았다. 마리는 포먼에게 매우 유용한 인물이었고 두 사람은 서로 호의를 주고받았다. 소위 '인맥 형성'의 좋은 예였다. 마리에게 '인맥'은 머리 장식에 사용되는, 실로 짠 얇게 비치는 재료처럼 필수적인 요소였다.

이것이 바로 5년 후에 셰익스피어가 하숙인으로 마운트조이의 집에 들어갈 때 진입하게 될 세계, 사람들 사이에 분주하게 접촉이 이루어지고 연애와 상업이 교차하던 세계였다.

포먼은 사례집을 통해 마운트조이 공방에 대한 정보 또한 제공해 주었다. 앞에서 1598년 3월 이전의 어느 시점에 고용되었던 마운트조이의 도제 우프란케 델 라 콜스에 대해 살펴보았다. 포먼의 기록이 아니었다면 파악하지 못했을 사실이다. 이런 사실을 스티븐 벨롯의 도제살이에 대해 알려진 사실과 연결시켜 볼 수 있다. 험프리 플러드는 소액청구재판소에 제출한 진술서에서 1594년경 벨롯의 어머니와 결혼한 직후에 벨롯을 마운트조이의 도제로 들여보냈다고 말했다. 이와는 달리 노엘 마운트조이는 벨롯이 '피고인 마운트조이의 도제가 되기 전에 피고의 집에서 일 년 동안 하숙했다.' 고 진술했다. 따라서 벨롯의 도제살이는 1596년 무렵에 시작된 것으로 추정할 수 있다.

그러므로 크리스토퍼 마운트조이는 1598년 초에 스티븐과 우프란케 등 최소한 두 명의 젊은 도제를 두었다. 또한 당시에 16세가량이던 동생 노엘이 세 번째 도제로 있었을 것인데, 노엘이 도제가 된 것은 실버 스트리트에 거주할 때가 확실하다. 노엘은 자기 진술서의 정확성을 입증하기 위해 '본인 또한 원고가 도제로 있을 당시에 피고의 도제로 일했기 때문에 사건의 경위를 알고 있다.' 고 진술했기 때문이다. 다시 말해서 노엘의 도제 기간과 스티븐 벨롯의 도제 기간은 한동안 겹쳤다. 우프란케에 대한 소식은 1598년 봄에 체포된 이후로 전혀 전해지지 않는다. 아마도 그가 투옥되면서 생긴 공석을 스티븐 벨롯의 동생인 진(Jean) 혹은 존(John)이 메웠을 것이다. 벨롯의 동생은 1612년 성 자일스 교구 교적부에 '존 벨롯, 머리 장식 제작자'로 기록되었는데 아마도 마운트조이 공방에서 형과 나란히 기술을 익힌 것으로 추정된다. 존은 나중에 네덜란드로 이민을 떠나 1642년경에 사망했다.

마운트조이 집에는 이름을 제외하고 알려진 것이 거의 없는 사람이 있었다. '크리스토퍼 마운트조이의 하인인 조셉 태턴(Joseph Tatton)'으로 1601년 1월 14일에 성 올라브 교회에 묻혔다. 물론 그 무렵의 가정이 일반적으로 남성 하인을 두었던 것은 사실이지만 이런 상황에서의 '하인'은 종종 도제를 뜻했으므로 아마 태턴도 도제였을 것이다. 그리고 1599년 여름에 성 올라브 교회에서 결혼식을 올렸던 조지 태턴(George Tatton)은 아마도 조셉 태턴의 친척이었을 것이다.

이렇듯 1590년대의 마운트조이 가정에서 아버지, 어머니와 딸, 도제 세 명, 하인 한 명, 하녀 한 명 등 모두 여덟 명의 인물을 가려낼 수 있다. 중간에 바뀌기는 했지만 언제나 하녀가 있었는데, 마가렛 브라운이 1597년경에 그만두거나 해고당하고 나서는 조앤 존슨이 하녀로 일했다. 조앤 존슨은 진술서에서 마운트조이를 8년 동안 알고 지냈다고 진술했으므로 그녀가 실버 스트리트의 마운트조이 집에서 일하기 시작한 때는 1604년경이 분명하다. 당시에 그녀의 이름은 조앤 랭포드(Joan Langforde)였다. 그녀는 소액청구재판소에서 '바구니 제작자인 토마스 존슨의 아내 조앤 존슨' 이라고 자신을 소개했지만 마운트조이의 집에 하녀로 들어갔을 당시와 하숙인인 '셰익스피어 나리라는 분' 의 활동을 관찰했을 당시에는 결혼 전이었다. 토마스 존슨과 조앤 랭포드는 1605년 9월 8일에 성 올라브 교회에서 결혼식을 올렸다.

이처럼 집에 상주하는 고용인들과 더불어 마운트조이 가정에는 가족 사업을 수행하는 경제적이고 부지런한 분위기가 형성되어 있었다. 이 같은 견실한 사업 운영의 흔적은 크리플게이트의 특별 징수세 부과 명단의 기재 사항으로 확인할 수 있다. 크리스토퍼 마운트조이는 1599년과 그 다음 해에 소유 동산을 근거로 5파운드의 세금을 부과 받았다.[103] 크리플게이트의 특별 징수세 부과 명단은 전체가 아닌 부분만 남아 있기 때문에 마운트조이의 이름은 그전부터 명단에 있었을지도 모른다. 어쨌거나 크리스토퍼 마운트조이는 16세기 말에 이르러 성 올라브 교회 교구에서 완전히 독립적인 세대주로 자리 잡았다.

마운트조이는 지리적으로는 여전히 성 마르탱 르 그랑에 가까운 곳에 살고 있었지만 다른 의미에서 그 북적이는 이민자 동네와 완전히 멀어져 있었다. 세금 징수를 목적으로 결합된 성 올라브와 성 알페지오(St Alphege) 교회 교구는 자그맣고 부유한 곳으로 외국인이 거의 거주하지 않았다. 1599년에 이 교구에 거주했던 외국인은 두 가구뿐이었는데 그중 하나가 마운트조이 가정이었다. 다른 한 가구는 아마도 네덜란드 인 제임스 무어 가정이었을 것이고 8펜스의 인두세를 납부했다. 1600년에 들어서면서부터는 마운트조이 가정이 해당 교구의 유일한 외국인 가정이었던 것으로 보인다.

지금까지 대략적으로 설명한 가정의 모습이 바로 셰익스피어가 1603년경에 하숙하게 된 마운트조이 집의 모습이다. 1603년은 영국에서 중대한 사건이 계속 터졌던 해였다. 엘리자베스 여왕이 사망했고, 흑사병으로 죽는 사람이 급증했고, 새로이 스코틀랜드 왕이 도착했으며, 스페인과의 평화협정이 체결되었다. 하지만 이 책에서 연구하려는 좀 더 좁은 영역에서 중심을 차지하는 것은 다른 작은 사건들이었다. 스티븐 벨롯이 도제살이를 끝마쳤고, 주인의 딸과 결혼 말이 오고 갔고, 위층 방에 새로운 하숙인이 들어왔다.

이것이 바로 역사이다. 역사는 시대가 아닌 날짜 단위로 진행된다. 1603년 4월 14일, 엘리자베스 여왕이 사망한 3월 17일과 제임스 왕이 도착한 5월 7일 사이, 다시 말해서 엘리자베스 여왕 시대와 제임스 1세 시대 사이의 역사적 전환기에 크리스토퍼 마운트조이는 스레드니들 스트리트에 있는 프랑스 교회로 향했다. 피에르 클린크쿼트(Pierre Clincquart)의 아들인 새뮤얼 클린크쿼트(Samuel Clincquart)의 세례식에 참석하기 위해서였다.[104] 마운트조이는 그곳에 대부의 자격으로 갔으므로 클린크쿼트 부부는 그의 친구이거나 사업 동료였을 것이다. 이민자 명단을 보면 프랑스 교회 소속의 루이스 '클린콜라드(Clinkolad)' 가 눈에 띈다. 외국인 이름은 잘못 알아듣기가 쉽기 때문에 클린크쿼트와는 같은 집안사람일 가능성이 크다. 클린크쿼트는 벨기에 투르네(Tournai) 출신으로 모자에 두르는 띠를 제작했다. 마운트조이는 이 모자 띠와 관련한 사업 거래를 했었는데 실제로 그는 블랙프라이어스의 띠 제작자로 전문 자수품을 공급했던 피터 쿠르투아(Peter Courtois)에게 2파운드 이상의 채무를 지고 있었다. 이 미지불 부채는 1603년에 쿠르투아의 사망으로 그 상속

인들에게 승계되었지만 그들이 돈을 받았는지 여부는 기록으로 남아 있지 않다.[105]

스티븐 벨롯은 도제살이를 끝마친 직후에 스페인 여행을 떠났다. 마운트조이는 벨롯이 '앞서 말한 6년 동안 본 피고의 밑에서 일하고 난 후에 스페인 여행을 가고 싶어 했기 때문에 본 피고는 여행경비로 6파운드의 돈과 기타 필수품을 제공했다.' 고 진술했다. 벨롯은 여행을 갔었다는 사실은 인정했지만 마운트조이로부터 아무런 재정적 도움을 받지 않았다고 진술했다. 여행을 했던 당시는 영국과 스페인 사이의 적개심은 완화되었지만 완전히 해소되지는 않았던 1603년경으로 이 여행의 성격을 판단할 단서는 찾을 수 없다. 아마도 무역박람회에 참석하러 갔거나 1604년 5월에 서머셋 하우스(Somerset House)에서 개최될 예정이었던 평화협정 체결식을 준비하기 위해 파견된 외교 수행단에 낮은 지위로 동행했을지도 모를 일이다.

좀 더 넓은 세계에 발을 디뎠던 벨롯은 곧 실버 스트리트로 돌아왔다. '그는 여행을 끝내고 본 피고에게 돌아와서 피고의 딸에게 구혼했다.'

이제 이 책의 출발점인 1604년의 사건에 다다랐다. 앞에서는 스티븐과 메리의 구애, 셰익스피어의 중재, 성 올라브 교회에서 거행된 결혼식, 약속한 재산이나 지참금의 미지급 등에 대해 언급했다. 이제 이런 사건들을 넘어 마운트조이 집안의 1604년 이후의 이야기를 간단하게 살펴보려고 한다. 이 책이 초점을 맞추고 있는 연대기적 범위에서 보면 이는 미래의 사건이면서도 마운트조이 집안과 더 나아가서는 셰익스피어의 모습까지도 간접적으로 조명한다.

슬픈 일이지만 마리 마운트조이에 대해서는 앞으로 할 말이 많지 않다. 마리는 1606년 가을에 사망하기 때문이다. 마리의 시신은 10월 30일 성 올라브 교회에 매장되었다.(삽화 34) 마리가 걸렸던 병명이나 당시 상황, 셰익스피어의 반응에 대해서는 알려진 것이 없다. 마리 자신이 포먼에게 말했던 나이가 대략적으로 맞는다면 사망 당시 그녀의 나이는 40세 정도였다.

마리가 사망한 후에 크리스토퍼 마운트조이가 보인 행동은 그다지 바람직하지 못하다. 그의 완고한 성격은 메리의 지참금을 둘러싼 소송에서도 드러났지만, 딸과의 관계가 완전히 어긋났음을 보여주는 증거가 전해진다.

우선 마운트조이의 귀화 문제가 있다. 이민자들은 귀화하면 특정 권리를 획득할 수 있었다. 특히 자유 토지를 살 수 있었고 이를 유산으로 증여할 수 있었다. 하지만 본토박이 시민과 완전히 동일한 지위를 획득할 수는 없어서 외국인에게 부과되는 이중 세율로 계속 세금을 납부해야 했다. 귀화할 때는 두 가지 방법 중 하나를 선택할 수 있었는데 두 방법 모두 비용이 많이 들었다. 하나는 귀화 허가서를 받는 것이고 다른 하나는 의회가 귀화를 인정하는 것이었다. 대부분의 외국인은 굳이 이런 절차를 밟지 않았다. 엘리자베스 여왕 시대를 통틀어 1,762건의 귀화가 허가되었는데 이는 대부분 초기에 이루어졌으며 1580년부터 여왕이 사망한 1603년까지는 연간 평균 12건 정도로 도합 293건에 불과했다. 제임스 1세 시대에 들어서서는 귀화 숫자가 증가했는데 당시에 귀화를 신청한 사람들은 대부분 스코틀랜드 인들이었다.

'크리스토퍼 마운트조이'가 1607년 5월 27일에 받은 귀화 허가서에는 '프랑스 왕의 국민으로 크레시(Cressey) 마을에서 출생했다.'고 기록되어 있다. 당시에 마운트조이와 함께 귀화 허가를 받은 이는 모두 31명이었다. 이들 중에는 나중에 셰익스피어와 관계를 맺게 되는, '브라반트(Brabant)에서 출생한 화가 마틴 드루샤우트'가 포함되어 있었다.[106]

이 무렵 마운트조이가 영국에 거주한 햇수는 25년이 넘었다. 사람들은 그가 어떤 이유로 25년 이상이나 지난 시점에서 귀화를 신청했는지 의아해 한다. 냉소적이기는 하지만 그럴듯한 대답은 마리의 죽음과 관계가 있다. 1606년 말에 마운트조이는 홀아비가 되었고 이는 재혼 자격을 갖췄다는 뜻이었다. 아내인 마리가 사망하고 몇 달 후에 마운트조이는 부동산을 구입할 권리를 포함한 영주권을 획득했다. 따라서 결혼 시장에서 그의 가치는 한층 올라갔다. 그런데 여기에는 유산과 관련된 또 다른 의미가 내포되어 있었다. 귀화민은 자신이 구입한 부동산을 유언으로 증여할 수 있었지만 한 가지 조건이 따랐다. 귀화한 후에 출생한 자녀에게만 유산을 증여할 수 있었던 것이다. 따라서 마운트조이의 귀화 동기는 딸인 메리에게 유산을 상속하지 않겠다는 의지의 표현이었다.

실제로 마운트조이가 재혼한 것은 귀화하고 8년이 지난 후였다. 재혼 전에 그는 프랑스 교회의 장부에 기록된 장로들의 분노에 찬 언급에서 알 수 있듯이 하녀와 죄를 짓는 생활을 했다. 마운트조이가 두 번째로 맞이한 아내는 이사벨 데스트(Isabel Dest)였다. 두 사람은 1615년 8월 21일 하트 스트리트에 있는 또 다른 성 올라브 교회—아마도 이사벨이 속한 교구의 교회—에서 결혼식을 올렸다.[107] 이사벨 데스트는 이름만으로는 프랑스계처럼 들리지만 그녀의 가족에 대해서는 알려진 사실이 없다. 마운트조이는 재혼 이후에 실버 스트리트를 떠난 것으로 보인다. 유언장을 쓸 당시에 그는 크리플게이트의 성 자일스 교회 교구에 속하면서 성벽 밖에 살고 있었다.

1620년 1월 26일자로 작성된 마운트조이의 유언장은 당대의 공인 유언장의 형태로 전해진다.(삽화 35) 유언 집행자에는 이사벨의 이름만이 올라 있다. 내용을 보면 자유 토지 재산에 대한 언급은 없고 다만 '일체의 동산' 만 언급되어 있으면서 구체적인 목록은 기재되어 있지 않다. 그런데 다음 내용이 특이하다.

> 내 소유의 일체의 동산을 3분의 1씩 네 개로 나누어서 세 개는 사랑하는 아내 이사벨에게 주고, 나머지 한 개는 스티븐 벨롯의 아내인 딸 메리 벨롯에게 준다.[108]

재산을 3분의 1씩 네 개로 나누는 비현실적인 산술은 딸과 사위에게 돌아가는 상속분을 줄이기 위한 고육지책이었다. 런던 시 관세국은 끊이지 않는 유산 다툼을 피할 목적으로 유언자가 최소한 재산의 3분의 1은 부인에게, 또 다른 3분의 1은 생존한 자녀에게 증여하고 나머지 3분의 1은 자신이 원하는 곳에 사용하도록 규정했다. 미운 사위가 자기 소유 동산의 3분의 1을 물려받게 될 것을 염려한 마운트조이와 그의 변호사는 3분의 1에 달하는 실질적인 몫을 원래보다 적게 만드는, 신기하다고 할 수도 반미치광이 같다고 할 수도 있는 방법을 생각해 낸 것이다. 3분의 1에 대한 마운트조이의 정의를 최대한 적절하게 정리하는 방법은 3분의 1이 네 개 있으므로 실질적으로는 4분의 1이라는 것뿐이다. 이는 다시 한 번 딸을 속이려는 크리스토퍼 마운트조이의 계략이었다. 딸의 결혼식을 치른 지 15년이 지나고 소송이 끝나고도 7년이 흘렀지만 마운트조이는 물러설 줄 몰랐던 것이다. 그의 이런 태도는 직물상 크리스토퍼 위버가 진술했던 대로였다. '그(스티븐 벨롯)에게 예전에 준 것 이외에 다른 것을 더 주느니 차라리 감옥에서 썩겠다.'

1612년 소송에서 원고와 증인들은 크리스토퍼 마운트조이가 지참금을 지불할 수도 있었지만 그렇게 하지 않은 것은 매정하고 비열하고 완고한 사람이기 때문이라고 진술했고, 이후에 작성된 유언장이 이를 사실로 입증하고 있다. 물론 마운트조이가 애당초 돈을 주지 않겠다고 작정하게 된 그들만의 불화가 존재할지 모른다. 그러나 딸에게 그토록 오랫동안 집요하게 돈을 주지 않은 것은 그가 무정하고 베풀 줄 모르는 사람이고, 딸을 향한 감정보다는 자신의 물질적인 안락을 우위에 두는 무심한 아버지라는 증거로 보인다.

지금까지 크리스토퍼 마운트조이에 대해 여러 사실들을 알아냈지만 어느 내용을 보아도 그에게 호감을 느낄 수가 없다. 그가 큰 격변을 겪었다는 사실을 동정할 수도 있고 성공한 이민자라는 사실에 찬사를 보낼 수도 있고 전혀 단서조차 찾아볼 수 없는 프랑스 인으로서의 매력을 덧붙일 수 있을지는 모르지만 현존하는 증거만으로는 호의적인 인물로 생각하기 어렵다. 하지만 이는 우리에게는 거의 무의미한 얘기로 오히려 셰익스피어가 마운트조이에 대해 어떻게 생각했는지를 떠올려 보는 것이 더 흥미로울 것이다. 하지만 셰익스피어는 대부분 안주인과 얘기를 나눴을 것이다. 통상 하숙인의 상황과 매일의 필요사항을 점검하는 것은 안주인의 몫이었기 때문이다. 셰익스피어가 좋아했을 가능성이 큰 인물도 아마 안주인이었을 것이다.

Streete
Long lane
S. Bartholome
Litle Britaine
Gray
Pryers
merket
shambles
Row

제4부

머리 장식 제작

Tiremaking

당신 머리를 장식하기 위한 어떤 장식이든
어떤 비단이든, 어떤 실이든 …

–「겨울 이야기」 4막 4장 319~20

14장

머리 장식과 가발

✠ ✠ ✠

마운트조이 집안의 생업이었던 머리 장식 제조업은 어떤 것이었을까? 벨롯 대 마운트조이 사건 문서에 크리스토퍼는 '런던의 크리스토퍼 마운트조이, 머리 장식 제작자(tiremaker)'로 기록되었고, 여왕의 장부에 마리는 '마리 마운트조이, 머리 장식 제작 여인(tyrewoman)'으로 기록되었다. 이는 부부의 국가적 정체성에 버금갈 만큼 중요한 직업상의 정체성이었다. 당대의 관점으로 두 정체성은 자연스럽게 맞물렸다. 그들은 프랑스 인으로 패션 사업에 종사했다.

머리 장식은 여러 모양과 크기로 제작되었다. '머리 장식(tire: tyre, tier, tyer로도 쓰였다.)'이라는 단어는 '옷차림새(attire)'의 약어로서 포괄적인 의미를 지녔는데 실질적인 모자나 두건이 아니더라도 머리를 꾸미는 것이면 무엇이든 머리 장식이라 불렀다. 이는 머리를 손질할 때 사용하는 것으로, 그 단어의 본래 의미를 고려할 때 '머리 장식 제작 여인'인 마리 마운트조이는 실제 제작자이기도 했지만 머리를 손질하여 꾸며 주는 미용사이기도 했다.(복수형인 'tires'

또한 좀 더 광범위한 의미의 옷차림새를 뜻했는데, 엘리자베스 여왕 시대에는 극장 분장실을 'tiring-house'로, 분장실 담당자를 'tireman'으로 불렀다. 대부분의 경우에는 어떤 의미로 사용되었는지 분명하게 드러나지만 애매모호할 때도 있었다. 예를 들어 셰익스피어의 소네트 53번에 나오는 '당신은 그리스 풍으로 새롭게 채색을 했구려.(You in Grecian tires are painted new.)'에서 tires는 옷을 가리킬 수도, 머리 장식을 가리킬 수도 있다.)

16세기 말까지 특정한 스타일의 머리 장식이 서서히 발달했는데, 이는 프랑스에서 들어온 것으로 발루아 왕조 시대 궁정에서 발레 댄서가 쓰던 반짝이는 머리 장식이었다.(삽화 20) 마운트조이 가족은 장식 제작에 있어 이 대륙적인 스타일을 구사했다. 한껏 부풀린 이 장식은 은이나 금박 입힌 철사를 뼈대로 하여 비단, 레이스, 얇은 천, 진주, 보석, 스팽글 등으로 장식하고, 금실로 수를 놓고, 종종 깃털 한두 개로 마무리해서 머리 위로 몇 센티미터까지 솟은 형태로 제작되었다. 이는 복잡한 제작 방식을 거치는 티아라(tiara, 보석을 박은 여성용 머리 관-옮긴이)처럼 묘사되긴 했지만 어원상으로 둘 사이에는 아무런 관계가 없다. 이렇게 제작된 머리 장식은 여왕과 귀족 여성, 여성 조신 등이 쓰는 호화스럽고 값비싼 물품이었으므로 사회적 지위를 나타내기 위한 모조품이 나돌았다. 1600년에는 유행에 민감한 두 명의 까다로운 여인이 무대 위에서 이런 현상에 대해 불만을 털어놓았다.

> 필라우티아(Philautia): 이게 뭐야? 머리 장식 바꿨어요?
>
> 판타스테(Phantaste): 예. 먼젓번 머리 장식은 특출한 세련미가 없고 너무나 평범했잖아요. … 게다가 오래 사용해서 해진 것 같아

견딜 수가 없었어요. …

필라우티아: 하지만 새롭고 특이한 궁정용 머리 장식을 가질 수는 없잖아요. 궁정의 신하들, 잘 꾸민 종자들, 한창 잘 나가는 조신들은 가질 수 있겠지만. 그들을 뭐라고 불러야 할지 모르겠네요.

판타스테: 그러게 말이에요. 한심하게도 그들은 대부분 모조품을 쓴답니다.

-벤 존슨, 『신시아의 술잔치(Cynthia's Revels)』 2막 4장 51~61

당시에 쓰인 여러 글에서는 '보석을 금이나 은으로 세팅해서 치장한 머리 장식', '그물 세공 머리 장식', '덮개를 드리우고 맑은 사파이어를 고정시키고 에메랄드를 박은 작은 배 두 척 모양의 머리 장식', '귀부인이 장례식 때 쓰는 상복용 머리 장식', '터키 풍의 높은 머리 장식', 우스꽝스럽게도 '다람쥐 네 마리의 꼬리를 사랑의 매듭(true-love knot, 변함없는 사랑을 나타내는 잘 풀리지 않는 나비매듭-옮긴이)으로 묶은 머리 장식' 등의 표현을 찾아볼 수 있다. 마운트조이 가족이 머리 장식을 꾸미는 보석까지 공급했다고는 볼 수 없다. 일반적으로 보석은 소비자가 직접 구매해서 착용했을 것이다. 크리스토퍼가 자신을 머리 장식 제작자라고 소개했을 때는 물론 언제라도 쓸 수 있는 완제품을 제작하기도 하지만 다양한 장식을 덧붙일 수 있도록 정교하게 짠 기본 틀을 제작한다는 뜻이었을 것이다.

작가인 조지 채프먼은 유행 때문에 혹사당하는 여성의 머리카락이 처한 운명을 탄식했다. '구불구불한 집게로 고문당하고, 밤마다 매듭으로 묶이고, 머리 장식으로 녹초가 된다.'[109] 좀 더 정교한 머리 장식일수록 쓰기에 무거웠을 것이 분명하다. 이를 뒤집어 생각하면 머리 장식의 무게를 줄이면서도 세밀한 솜씨를 발휘하는 것이 장식 제작자의 기술이었을 것이다. 앞에서 설명했듯이 '머리 장식 제작자'는 가발도 제작했다. 당시에는 '가발(wig)'이란 단어가 아직 없었기 때문에 '가발 제작자'라는 표현은 사용되지 않았다. 가발의 유행은 프랑스 인의 이민과 관계가 있다. '가발은 … 이탈리아에서 귀족이나 부자 등을 상대로 하는 고급 창녀들이 처음 고안해서 사용하기 시작했고, 그 후에 화려하게 장식한 최고의 가발 형태가 프랑스에 도입되었다가 파리 대학살 무렵에 영국으로 유입되었다.'[110] 가발에는 인모 또는 말 털이나 대마 등이 사용되었는데, 이는 머리 장식을 앉히기 위한 바탕을 만들고 머리 장식과 색깔을 맞춤으로써 장식 전체가 착용자의 머리카락이 연장된 것처럼 보이는 효과를 냈다. 머리를 완전히 덮는 가발은 머리 장식과는 달랐지만 가발을 사용하고 싶은 엘리자베스 여왕 시대 사람들은 머리 장식 제작자를 찾아갔다. '킷슨 부인'에 대한 포먼의 메모를 통해서 킷슨 부인이 노랑머리 가발 제작 때문에 성 올라브 교회 지역에 있는 마리 마운트조이의 가게를 찾아갔으리라고 예측해 볼 수 있다.

벤 존슨은 마운트조이가 종사했던 머리 장식 제작 사업에서 이루어졌던 가발 제작을 유머러스하게 언급했는데, 『에피코이네(Epicoene)』(1609)에서 그는 나이 들고 허영심이 강한 안주인 오터(Otter)를 인위적인 부분이 조합된 인물로 서술했다. '그녀의 치아는 블랙프라이어스에서, 눈썹은 퍼스트 스트랜드에서, 머리카락은 실버 스트리트에서 만들어졌다. 각 마을이 그녀의 한 부위씩을 담당한 셈이다!' (4막 2장 81~3) 이는 각 지명을 인용해서 그녀의 치아가 검고 눈썹은 외가닥으로 이루어졌으며 가발은 은빛이라는 의미를 전달하기 위한 표현이었다. 하지만 여기에는 존슨이 친구 셰익스피어를 통해 알고 지냈을 실버 스트리트의 실제 가발 제작자 크리스토퍼 마운트조이에 대한 암시가 있음이 분명하다. 존슨은 오터 부인을 '신발 끈의 재료인 대마 1파운드(450그램)만 한 가발'을 쓰고 있다고 묘사했다. 마운트조이의 입장에서는 자신이 만든 제품이 희극 무대에서 배우의 입에 오르내리는 것이 사업상 나쁠 리가 없었다.

마운트조이 가족이 활동했던 시기에 제작된 머리 장식이나 가발의 실물은 전혀 전해지지 않는다. 주범은 바로 물리적인 분해 현상이다. 머리에 닿았던 것은 무엇이든 인간의 머릿기름이 묻게 마련이고, 인체 분비물이 스며들어간 물질에는 나방, 딱정벌레, 미생물 등이 꼬이게 마련이다. 더군다나 인모나 말 털 자체로 제작된 가발은 그 안에 천연 기름이 포함돼 있기 때문에 보관에 취약할 수밖에 없다. 천연 기름은 시간이 지나면서 불쾌한 갈색으로 얼룩진다. 따라서 상자에 넣어 다락방에 보관한 옷이 긴 세월을 지나 후대에 전달되는 손쉬운 형태의 방치 원칙은 머리 장식과 속옷에는 적용되지 않을 가능성이 크다. 이외에도 머리 장식이 현존하지 않는 또 다른 이유는 값비싼 물질로 장식되기 때문에 분해되어 다른 물건으로 재생되는 경우가 많았다는 것이다.

엘리자베스 여왕 시대나 제임스 1세 시대에 제작된 머리 장식은 실물을 확인할 수는 없지만 여러 그림을 통해 관찰할 수 있다. 엘리자베스 여왕의 공식 초상화들에는 거의 빠짐없이 사치스런 머리 장식이 등장한다. 해트필드 하우스에 소장된 유명한 '흰담비 초상화

(1585)' 에서 여왕은 커다란 진주와 유색 보석이 일렬로 박힌 머리 장식을 쓰고 있다. '디츨리(Ditchley) 초상화(1592)' 에서는 세력을 과시하기 위해 진주와 다이아몬드가 박힌 높은 머리 장식을 쓰고 있다. 이들 장식의 출처는 분명하지 않지만 아마도 선물로 받았을 것이다. 재닛 아놀드(Janet Arnold)가 여왕의 의상을 매우 세심하게 분석한 후에 남긴 기록과 품목 목록에도 '머리 장식 제작자' 에 대한 언급은 없다. 여왕의 머리 장식은 여관(女官)의 임무였다. 아놀드의 기록에 따르면 여관 감독이었던 블랑슈 패리(Blanche Parry)가 '머리 장식에 사용될 갖가지 색깔의 공단을' 공급 받았다.[111] 또한 여왕의 머리 장식에는 '실크 제품 담당관' 도 참여했는데 그중에서 자주 언급되는 사람으로는 로저 몬태규(Roger Mountague)와 도로시 스펙카드(Dorothy Speckard)가 있다. 1586년 몬태규는 베네치아 은으로 장식된 흰색 그물 바탕의 머리 장식을 바꾸고 수선하는 작업과 은 레이스로 테두리를 두르는 작업으로 보수를 받았다.[112]

초상화에서는 엘리자베스 여왕이 쓴 정교한 가발 또한 볼 수 있다. 1580년대 중반에 이미 여왕의 머리카락은 반백이었지만 초상화에는 짙은 붉은색 혹은 불그스레한 금빛의 촘촘한 곱슬머리로 표현되었다. 프랑스 대사는 1597년에 여왕을 알현한 후에 다음과 같이 보고했다. '여왕은 머리쓰개 위에 진주관을 썼고, … 그 아래로는 무수히 많은 금과 은 스팽글이 달린 커다랗고 불그스레한 색깔의 가발을 썼다.' 머리의 양 측면에는 '커다란 곱슬머리 두 가닥이 거의 어깨까지 늘어져 있었다.'[113] 엘리자베스 여왕은 실크 제품 담당관으로부터도 가발을 공급받았는데 로저 몬태규에게 여러 차례 가발 대금을 지급한 기록이 남아 있다.[114] 스코틀랜드의 메리 여왕 또한 가발을 사용했다. 1587년 처형될 당시에 가발을 썼다가 사형 집행인이 절단된 머리를 들었을 때 가발이 떨어졌던 일화는 유명하다.

마운트조이 가족과 엘리자베스 여왕의 머리 장식을 연결할 만한 단서는 전혀 없다. 그러나 제임스 국왕의 덴마크 인 아내 앤 또는 애나 여왕의 등장으로 마운트조이 가족의 운은 상승세를 타기 시작했다. 앞에서 언급했듯이 '마리 마운트조이, 머리 장식 제작 여인'은 1604~5년에 앤 여왕에게서 대금을 지불받았다.(삽화 23) 마리 마운트조이는 '전하의 의상과 기타 장식품을 공급하는 기술자에게 지급된 돈'이라는 항목 아래 기재된 서른 남짓한 공급업자 중 한 사람이었다. 마리는 1604년 11월 17일에 18파운드 13실링 7펜스, 다음해 3월 11일에 21파운드 12실링 10펜스를 포함해서 품목이 표시되지 않은 다른 대금과 더불어 도합 59파운드를 지불 받았다. 같은 해에 대금을 지불 받은 사람으로는 마리의 이웃으로 나중에 벨롯 대 마운트조이 소송에 증인으로 출두하는 직물상 크리스토퍼 위버, 향료 상인으로 여동생 제인이 나중에 흥미로운 존재로 부상하는 토마스 셰파드(셰파드 가족에 대해서는 26장 참고)가 있었다.[115] 대금 수취인의 3분의 1가량은 여성이었기 때문에 장부에 남편의 이름이 아닌 마리의 이름이 기재된 것은 그다지 이상한 일은 아니었지만 이와 관련해서 몇 가지 추측을 해 볼 수 있다. 마리는 자신이 종사하는 업계에 잘 알려진 인물이었고, 의심할 여지없이 현장에서 직접 고객과 머리 장식에 대해 토론하고 이를 물리적으로 가봉하고 조절하면서 장식하는 일을 했다. 여기서 현장이라면 앤이 당시에 개인 궁전으로 삼고 덴마크 하우스라고 개명했던 스트랜드 소재 서머셋 하우스에 있는 여왕의 거처를 가리킨다.

앤 여왕의 장부에서 우리는 전문가로서 절정에 이른 마운트조이 부부의 모습을 발견하게 된다. 이들은 장부에 기록된 최상급의 장신구 판매인, 여성 모자 판매인, 거들 제작자, 양말 제작자, 포목 판매인, 자물쇠 판매인, 깃털 제작자, 파딩게일 제작자, 커피 상인 등과 더불어 왕의 명령으로 전문 공급업자로 대우 받았고, 같은 시기에 왕가의 문서에 기록된 왕의 연극배우들과도 관계를 유지했다.

마커스 기어레이츠 2세(Marcus Gheeraerts the younger)의 작품으로 현재 워번 수도원(Woburn Abbey)에 소장돼 있는 앤 여왕의 전신 초상화에도 머리 장식은 빠지지 않는다.(삽화 24) 초상화의 제작 시기는 1605~10년으로 여왕이 마리 마운트조이를 자신의 '머리 장식 제작자'로 고용했던 시기와 겹친다. 초상화에 보이는 머리 장식은 옆으로 약간 돌린 머리 위치 때문에 부분적으로 가려 있긴 하지만 비단이나 호박단으로 보이는 붉은 천을 바탕으로 화관과 같은 섬세한 틀에 진주가 박히고 하얀 깃털이 꽂혀 있다. 이 머리 장식은 앤 여왕의 머리 뒤편에 높게 꽂혀서 부분적으로는 가발로 보이는 금발 머리카락 위에 떠 있다. 당시 머리 장식의 모양을 일괄적으로 정의할 수는 없지만 엘리자베스 여왕이 선호했던 웅장한 모양과 비교해 볼 때 앤 여왕의 머리 장식에는 우아함과 절제의 성향이 엿보인다.

이후의 초상화에서도〔폴 반 소머(Paul van Somer), 1617〕 앤 여왕은 이와 유사한 머리 장식을 썼기 때문에 좀 더 일반적인 장식으로 생각할 수도 있으나 어쨌거나 기어레이츠가 묘사한 머리 장식은 실제로 마운트조이 공방에서 제작된 제품일 가능성이 크다. 적어도 이 머리 장식은 셰익스피어가 위층에 살던 무렵에 마운트조이 공방에서 생산하던 형태의 것이다.

머리 장식을 사용하는 유행에 민감한 여성들에 대한 놀랍도록 꼼꼼한 묘사가 1605년에 피터 에론델(Peter Erondell)이 펴낸『영국 숙녀와 부인들을 위한 프랑스 정원(The French Garden for English Ladyes and Gentlewomen)』이란 언어 교재에 실려 있다. 이 책의 첫 회화는 '아침에 일어나기'에 대한 것으로서 프랑스 귀족인 리믈렌 부인(Madame de Rimelaine)이 침실 하녀인 프뤼당스(Prudence)와 시녀 졸리(Jolye) 그리고 시동의 도움을 받아 하루를 준비하는 과정을 영어와 프랑스어로 써 놓았다.

'와서 내 머리를 손질해라.' 귀부인이 명령하면 먼저 두피를 닦아야 한다. '졸리, 이리 와서 내 머리를 잘 닦아. 비듬이 많거든.' 시동은 두피 닦는 도구를 미리 덥혀 놓도록 지시받았다. 두피를 닦은 다음에는 빗질을 한다. 하지만 '머리를 빗기기 전에 먼저 천을 줘. 아니면 머리카락 천지가 될 걸.' 빗은 상아와 회양목으로 만든 두 가지가 사용되었다. 빗질이 끝나면 시동은 '빗 청소용 솔'을 가지고 빗을 청소하면서 '빗에 묻은 때를 깃털로 털어냈다.'

리믈렌 부인은 '프렌치 후드(French hood, 16세기 서유럽에서 유행했던 것으로 크와프(coif)라는 흰색 두건 위에 고정시키고 뒤로 검은색 베일을 늘어뜨린다-옮긴이)'를 쓸 생각이었지만 날씨가 좋다는 졸리의 말을 듣고 '머리 장식'을 하기로 결정한다. 부인은 '머리 위에 쓸 보석'을 가져오라는 지시를 내린다. 보석은 옷장 속 '기다란 상자'에 들어 있다. 그녀는 이렇게 묻는다. '내 철사 틀에 무엇이 어울릴까?'

'머리 덮개는 어디 있지?' '매듭을 지을 리본은 있나?' '내 머리카락을 묶을 레이스는 어디 있는데?' 이 글을 읽어 보면 머리 장식은 언제라도 사용할 수 있도록 만들어진 완제품이 아니라 즉석에서 조립하는 것이란 사실을 다시 한 번 알 수 있다. 머리 덮개 또는 그물 모자를 머리 위에 쓰고, 철사 틀에는 보석을 앉히고 여러 리본과 레이스로 장식을 묶어 제자리에 고정시켜서 장식의 효과를 내고, 마지막으로 '보석으로 된 장식용 헤어밴드를 고정시켰다.'

이 회화를 통해 우리는 1605년에 통용되었던, 머리 장식과 관련된 프랑스어 단어들을 접할 수 있는데 이 단어들은 마운트조이의 공방에서도 자주 사용되었을 것이다.

이제 언어상으로나 분위기상으로 당시 마운트조이의 가정에 가까워졌다. 에론델은 제임스 1세 시대 런던 내 프랑스 공동체에서 마운트조이 부부를 알았을 것이고 이들을 통해 머리 장식에 대한 지식의 일부를 습득했을 것이다. 에론델에 대해서는 어떤 사실이 알려져 있을까? 에론델은 노르망디 출신으로 1580년대 중반까지 영국에 머물면서 위그노의 주장을 번역하고 프랑스어를 가르쳤다. 그 후부터 『영국 숙녀와 부인들을 위한 프랑스 정원』을 펴낼 때까지의 신상에 대해서는 전혀 밝혀진 바가 없다. 지금 우리가 알 수 있는 한 가지 사실은 에론델이 얼마 동안 토마스 버클리 경(Sir Thomas Berkeley)의 프랑스어 교사였다는 것이다. 그는 『영국 숙녀와 부인들을 위한 프랑스 정원』을 버클리의 아내인 엘리자베스에게 헌정했다.[116] 여기서 다시 한 번 캐리 부부 즉 헌스던 경 부부의 이름이 거론된다. 헌스던 경 부부의 무남독녀가 바로 엘리자베스 버클리이기 때문이다. 1595년 2월에 거행되었던 엘리자베스와 토마스 버클리 경의 결혼식이 셰익스피어의 결혼 판타지 『한여름 밤의 꿈』의 소재가 되었다는 유서 깊은 이론이 있다.

이 책의 앞에서 헌스던 경의 세력권 안에 있는 사람으로 마리가 한때 알고 지냈던 두 사람에 대해 언급했다. 헌스던 부인의 하녀였던 앨리스 플로이드와 헌스던 경의 극단 소속 시인인 윌리엄 셰익스피어가 그들이다. 따라서 마리는 헌스던 부부의 사위에게 프랑스어를 가르쳤던 피터 에론델을 알고 지냈을지도 모른다.

어쨌거나 에론델이 『영국 숙녀와 부인들을 위한 프랑스 정원』에서 묘사한 머리 손질과 마운트조이 부부가 제공했던 실제적인 머리 손질에는 유사점이 있다. 또한 이를 통해 그 무렵 마운트조이 부부의 신분을 알 수 있다. 마운트조이 부인은 리플렌 부인과 같은 사람이 아니라 지시를 듣는 졸리와 같은 부류에 속했다. 에론델의 책이 출간되었던 1605년에 킹스 멘은 첫 공연으로 벤 존슨의 희극 걸작 『볼폰(Volpone)』을 무대에 올렸다. 잘난 척하는 사이비 부인(Lady Would-be)은 전형적인 머리 장식 애호가로, 시중드는 두 여인에게 오만한 태도로 화를 낸다.

> 사이비 부인: 더 가까이 와. 이 곱슬머리가 제자리에 있는 거야? 이건? 어째서 이게 딴 장식보다 높은 거지? … 세상에, 이 머리 장식을 좀 봐! 장식들끼리 서로 어울리는 거야, 아닌 거야?
> 여인: 머리카락 한 올이 여기 약간 튀어나왔네요.
> 사이비 부인: 그렇지? … 이리 다가와서 제대로 고쳐 봐. (3막 2장 42~53)

이 희극에서 '여인' 이 부유한 고객의 머리 장식을 신경 써서 손질했던 것처럼 마리 마운트조이 또한 이런 일을 감내해야 했다.

머리 장식과 가발은 여왕, 공주, 관리, 리믈렌 부인과 사이비 부인처럼 높은 지위에 있는 부인들이 착용했다. 그런데 이는 다른 각도에서 생각해 보면 여성 패션의 죄 많은 허영과 사치의 전형적인 예였다. 선지자 이사야는 물질주의적인 '시온의 딸들이' 파멸을 맞이하리라 예언하면서 목소리를 높였다. '그들의 발에 딸랑거리는 장식과 머리의 망사와 반달 장식을 제하시리라.' (이사야서 3장 18절)

내쉬는 교훈적인 저서『예루살렘을 바라보는 그리스도의 눈물』에서 가시 돋친 언급을 했는데, 여성의 허영을 통렬하게 비난하면서 그 예로 머리 장식과 가발을 들었다.

> 그들은 머리 꼭대기에 한랭사(寒冷紗)로 만든 돛 모양의 작은 모자를 얹고 눈송이를 닮은 은빛 곱슬머리를 달아서 그야말로 꼭두각시가 무대에 선 것 같다. …
> 그들의 현란한 가발은 양쪽 볼에 늘어뜨린 머리와 함께 길게 늘어져 있다. …
> 교회 창문에 그려진 천사가 햇빛을 받아 얼굴이 황금빛으로 화려하게 빛나는 것처럼 그들의 이마 양쪽으로는 빌려온 덤불(bushes)이 현란하게 번쩍인다. …

'빌려온 현란한 덤불' 은 연장한 머리카락을 일컫는 표현이다. 내쉬는 머리 장식과 가발은 아름다움을 판매한다는 의미를 전달한다고 덧붙였다. 덤불('bush')이란 늘어뜨리는 것이 아니라 남자들더러 사라고 유인하는 표식이기 때문이다. 그는 와인 가게 밖에 걸어 놓는 담쟁이 덤불을 가리켜 말하고 있지만〔옛 영국에서는 담쟁이나 포도의 작은 가지들을 다발로 묶은 표식을 주점 간판으로 사용했는데 이를 '부시(bush)'라 했다-엮은이〕 여기에는 외설스런 분위기가 함축되어 있다. 이런 종류의 정교한 머리 장식은 아름다움을 파는 매춘을 연상시킨다는 주장인 것이다. 내쉬의 친구인 로버트 그린은 '유별스런 가발'을 쓴 여성을 가리켜 통명스런 어조로 매춘부라고 말했다.[117]

같은 해에 또 다른 작가는 '가발에 머리 장식을 꽂은 음탕한 제사벨(Jessabells)'에 대해 썼다. 그들은 '훌륭하고 고상한 여성'처럼 보이지만 실제로는 '육체의 욕정을 탐닉하는 쾌락에 묻혀 산다.'[118] 이와 비슷한 맥락에서 내쉬의 제자이자 셰익스피어의 미래 협력자인 토마스 미들턴은 허영 덩어리 여성의 전형인 '오만한 슈퍼비아(Superbia)'를 머리 장식과 가발을 쓴 여성으로 묘사했다.

> 하지만 스팽글이 주렁주렁 달린
> 은 틀로 만든 그녀의 작은 관
> 그녀의 사치스런 가발, 기묘한 곱슬머리…[119]

머리 장식을 속되고 음란한 것으로 묘사한 이 같은 예에 필적할 만한 시각적 표현으로는 미덕과 쾌락의 주제를 다룬 아이작 올리버(Isaac Oliver, 프랑스 태생의 영국 세밀화가-옮긴이)의 우화적인 수채화가 있다.(삽화 29) 이 그림에서 현란하게 차려입은 인물들은 음란한 쾌락 추구자들이고, 음탕한 여자들 사이에 탕자를 연상시키는 남성이 큰 대자로 드러누워 있다. 런던 최고의 이민자 출신 화가로 꼽혔던 아이작 올리버는 고급 창녀를 금으로 만든 옷을 입고 가슴을 노출시킨 채 서 있는 여성(그림 가운데)으로 생생하게 묘사했다. 그녀는 레이스와 얇은 천으로 만든 화려한 머리 장식을 하고 있는데 머리 장식의 가장자리에는 흑색 관옥이 박혀 있고 단단하게 여민 금발 머리카락은 가발이다.

이런 작가와 화가들은 사치스러운 머리 장식과 가발이 매춘부 또는 어쨌거나 석연치 않은 평판을 갖고 있는 여성의 상징이란 생각을 은연중에 표현했다. 극장에 들어선, 멋있지만 신분을 가늠할 수 없는 여인들 중에도 머리 장식을 한 여인들이 분명히 있었을 것이다. 베네치아 대사관의 의전 담당관이었던 오라지오 부시노(Orazio Busino) 신부는 1617년 포춘 극장에 갔을 때의 경험을 밝힌 바 있다. 그는 '젊은 여성들 무리'에 둘러싸이게 됐는데, 그들 중 한 '매우 우아한 여성'이 자신의 옆에 앉더니 '프랑스어와 영어로' 자신의 주소를 물었다. 신부는 그녀의 말을 '귀에 담지 않았지만' 눈마저 감을 수는 없었는지 그녀가 입은 의상을 열정적으로 묘사했다. 그녀는 장갑을 세 짝 끼고 있다가 하나씩 벗더니 마침내 '손가락에서 빛나는 멋진 다이아몬드를 보여 줬다.' 그녀는 노란색 공단 조끼를 입었고, 줄무늬의 금색 천으로 만든 속치마에 부드러운 보풀이 촘촘히 돌출된 벨벳 의상을 걸치고 마무리로 머리 장식을 했으며 '향수를 독하게' 뿌렸다.[120]

마운트조이 부부의 고객 중에는 앤 여왕이 있었고, 헌스던 부인과 킷슨 부인 등과 같은 귀족 부인과 궁정 귀부인이 있었지만, 패션에 몰두하는 젊은 슈퍼비아, 극장을 찾은 현란한 옷차림의 여성들,

고급 창녀와 매춘부처럼 미심쩍은 분위기의 여성들 또한 있었다. 마운트조이 부부는 셰익스피어와 그의 극단이 그랬던 것처럼, 제임스 1세 시대 런던에 흥청거리는 신흥 도시 분위기를 조성했던 여가와 쾌락의 거대 성장 산업에 일조했다.

15장

너울거리는 머리 장식

✠ ✠ ✠

당시에는 극장의 객석뿐 아니라 무대 위에서도 머리 장식과 가발을 볼 수 있었다. 이것이 바로 셰익스피어와 마운트조이 부부의 얘기가 교차하는 공통된 지점이다. 아마도 입증은 불가능하겠지만 셰익스피어와 마운트조이 부부가 무대 의상과 관련하여 서로 알게 되었을 가능성이 있다.

극단들은 무대 의상에 대해 왕성한 구매욕을 보였다. 17세기 초에 번성했던 극단에서는 의상비로 1천 파운드를 지출했다는 분석이 있을 정도였다. 로드 애드미럴스 멘이 공연했던 로즈 극장의 소유주 필립 헨슬로우는 의상 구입 명세서를 꼼꼼하게 작성했는데, 이에 따르면 1597~1603년까지 6년 동안 '의상과 소품'에 561파운드를 지출했다.[121] 이는 상당한 거액으로 아마도 로즈 극장의 분장실에 있는 의상들의 가격이 극장 자체 가격보다 높았을 것이다. 로즈 극장 소유의 이러한 의상들에는 말로의 작품에서 탬벌린 역을 맡았던 에드워드 알레인(Edward Alleyn)의 '적갈색 레이스가 달린 코트'와 '심홍색 벨벳 반바지', '헨리 5세의 더블릿(dublet, 르네상스기에 입었던 몸에 밀착하는 남성용 웃옷-옮긴이)과 벨벳 가운', 파우스터스 박사(Dr. Faustus, 말로의 대표적 비극의 주인공-옮긴이)의 가죽조끼와 망토, 앤서니 먼데이의 로빈 후드 희곡에 등장하는 왁자지껄한 남성들이 입었던 '초록색 코트' 등이 있었다.

하지만 당시 연극에 사용된 의상은 허구상의 시기와 배경에 완벽하게 들어맞지 못했다. 심지어 역사극에서도 의상들은 대부분 동시대 엘리자베스 여왕과 제임스 1세 시대 것이었다. 햄릿은 중세 초의 덴마크 왕자였지만 오필리아(Ophelia)의 햄릿 묘사에 따르면(2막 1장 79~81) 버베이지는 더블릿과 남성용 반바지를 입고 햄릿 역을 연기했다. 셰익스피어 연극에 대한 유일한 시각적 기록으로 『타이터스 안드로니커스』의 한 장면을 보여 주는 1594년경의 소묘(삽화 22)에서 7명의 등장인물 중 최소한 2명은 엘리자베스 여왕 시대 의복을 입고 있다.[122] 연극의 대사 자체가 그랬던 것처럼 장면 또한 고증에 충실하지 못해서 시간과 장소를 넘나들었는데, 의상은 사실주의보다는 장엄한 광경의 전통적 요소인 화려함과 휘황찬란함에 초점을 맞추었다. 1599년에 글로브 극장과 다른 극장에서 연극을 관람했던 스위스 여행객 토마스 플래터(Thomas Platter)는 '배우들은 매우 값비싸고 정교한 의상을 입었다.'고 설명했다.[123] 헨리 워튼 경(Sir Henry Wotton)은 셰익스피어와 플레처의 『헨리 8세』(1613)에 등장하는 '화려하고 위풍당당한' 의상에 감명을 받으면서도 약간의 염려를 나타냈다. '가터 훈장을 받은 기사단이 수를 놓은 코트 등의 의상을 갖춰 입었다.' 그는 의상의 효과가 '위대함을 우스꽝스럽게 만들지는 않더라도 매우 평범하게 만든다.'고 우려했다.[124]

이런 맥락에서 극장은 패션 산업과 상징적인 관계가 있었다. 극장은 구매자이자 전시장으로서 '대규모의 자본주의적 의류 유통 발달'에 참여했다. 제임스 1세 시대의 '도시 희극'은 동시대 의상의 명확한 사회학을 무대 위에 올려놓았다. 의도는 풍자적인 경우가 많았지만 최신 스타일과 디자인을 부유한 잠재 고객에게 보일 수 있는 기회였다.

의상과 더불어 머리 장식과 가발 또한 마찬가지였다. 가발은 극장용 의상의 주요 부분으로서 배우들은 가발을 사용해서 다른 인물로 변장하고 정체성을 재확립했다. 경우에 따라 짧은 머리의 소년 배우가 긴 머리의 여성으로 변장할 필요성도 있었을 것이다. 『타이터스 안드로니커스』에서 타모라 여왕(Queen Tamora)은 길고 멋진 머리카락을 자랑했는데 이 또한 가발이었을 것이다. 『햄릿』에는 가발을 쓴 구식 배우를 묘사하는 유명한 대사가 등장한다. '가발 쓴 시끄러운 녀석이 울화통을 고래고래 터뜨려 관객의 고막을 찢어 놓는 것을 듣고 있자니 뼛속까지 불쾌하다.(3막 2장 8~11)' '실패 위 아마처럼 늘어진' 머리카락으로 유명했던 『십이야』의 앤드류 애규치크 경(Sir Andrew Aguecheek) 역은 아마색(엷은 황갈색)이나 금발의 기다란 가발을 쓴 배우가 연기했을 것이다. 말로의 『파우스터스 박사』에서 악마가 쓴 무시무시한 가발은 특히나 인상적이다. 미들턴의 『블랙 북』에서 루시퍼는 해적 행위를 일삼는 늙은 군인 프리그비어드(Prigbeard)를 놓고 '파우스터스 박사에 나오는 내 악마 중 하나와 같은 머리카락을 가졌다.' 고 말했다.

1613년 글로브 극장의 화재를 안타까운 심정으로 노래했던 소네트—실제로는 발라드—에도 가발이 등장한다. 대화재가 분장실을 휩쓸면서 의상과 소품이 모두 파괴된 상황이었다.

> 가발과 마치 버터 통 같은
> 북 모양의 머리가 탔다.
> 비통한 화재가 일어났다
> 수많은 품질 좋은 가죽조끼에.
> 술고래 플레밍게스처럼 부은 눈으로
> 늙은 말더듬이 헤밍스가 비통에 휩싸여 서 있다.[125]

이 발라드 작가는 극단에 대해 어느 정도 알고 있는 것처럼 보인다. 그렇기 때문에 의상과 소품을 특별히 관리하는 임무를 맡고 있어서 화재로 인한 파괴에 특히나 비통해 했을 제작 관리자 헤밍스의 모습을 정확하게 묘사했을 것이다.

머리 장식 또한 극장용 의상의 일부로서 여러 지위나 패션에 맞춰 여성을 장식했고, 아마도 『한여름 밤의 꿈』에 등장하는 티타니아(Titania)처럼 좀 더 비현실적인 가공의 인물을 장식하는 데에도 사용되었을 것이다. 『명랑한 아낙네들』의 끝에 등장하는 '요정의 여왕'은 일종의 머리 장식으로 여겨지는 '머리 주위에 너울거리는 리본을 매단' 모습으로 묘사되었다. 햄릿은 한 배우의 의상을 머릿속에 그리며 깃털 단 머리 장식에 대해 언급한다. '이것 말고 무성한 깃털 … 내가 연기자의 외침을 함께할 수 있도록 해 주겠소?'(3막 2장 263~6) 이 같은 별난 머리 장식들은 17세기 초반에 유행했던 정교한 가면극 의상의 일부로 서서히 변모했다. 실제로 머리 장식은 동시대의 패션이나 치장의 산물이었기 때문에 사실주의 '도시 희극' 의 특징이었다. 『볼폰』에서 사이비 부인이 자신의 머리 장식 때문에 안달하는 장면은 아마도 우스꽝스럽게 분장한 소년 배우가 연기했을 것이다. 또한 존슨, 마스턴, 채프먼의 『동쪽을 향해!』(1605)에서 금세공인의 버릇없는 딸 거트루드(Gertrude)는 프랑스 풍 머리 장식을 하고 입장한다.(1막 2장)

애드미럴스 멘의 의상 목록에도 머리 장식이 포함되어 있다. 1598년에 작성된 의상 목록에는 'vj 머리 장식' 이, 1602년 목록에는 '보석이 박힌 머리 장식 2세트' 가 기재되어 있다. 후자는 아마도 헨슬로우의 기록에 두 번 등장하는 머리 장식 공급업자 고센(Gosen)이나 구센(Goossen) 부인의 작품일 것이다.

> 1601년 12월 22일 극단의 주문으로 고센 부인에게 머리 장식 비용 지불 … 12실링
>
> 1602년 2월 7일 극단의 주문으로 구센 부인에게 머리 장식 비용 지불 … 12실링

이를 통해 1602년 당시에 머리 장식의 통상 가격은 12실링이었음을 알 수 있다. '보석이 박힌 머리 장식 세트' 라면 여기에 사용된 보석은 공연용으로 사용하기에 적절할 정도의 품질을 가진 가짜였을 것이다. 고센 부인은 외국인일 가능성이 있는데, 적어도 결혼 후 이름은 네덜란드 계통이다. 런던에는 네덜란드 가구장이인 코넬리우스 고센(Cornelius Gossen)의 후손으로 캔터베리에 정착했던 흥미로운 고센 집안이 있었다. 이 집안에서 가장 유명한 사람은 저자이자 논쟁가였던 스티븐 고슨(Stephen Gosson, Gossen의 영국식 표기는

통상 Gosson이다.)이지만 그는 1601년에 비숍스게이트 성 보톨프 교회 교구 사제였기 때문에 그의 아내인 엘리자베스가 헨슬로우에게 보수를 받았을 가능성은 없다. 아마도 머리 장식 제작자인 고센 부인은 서더크의 특별 징수세 부과 명단에 기재되어 있고 따라서 헨슬로우 소유의 로즈 극장이 속한 지역 주민이었던 윌리엄 고슨의 부인일 것이다.[126]

또 다른 머리 장식 공급업자로 칼레 부인(Mrs Calle)이 있었다. 칼레 부인은 1603년 1월 1일에 '관 모양의 머리 장식'을 공급한 대가로 10실링을 받았다.[127] '관 모양의 머리 장식'이라고 명시되어 있는 것으로 보아 대중이 드나드는 극장보다는 궁정에서의 공연에 사용될 장식이었을 것이다.

애석하게도 앞서 설명했듯이 로즈 극장에서 공연했던 애드미럴스 멘과 비교했을 때 셰익스피어 극단에 대한 매일의 기록은 남아 있지 않다. 그러나 로드 체임벌린스 멘 혹은 킹스 멘의 의상 목록에도 머리 장식이 포함되었을 것이고 장부에는 머리 장식을 공급해 준 머리 장식 제작자에게 대금을 지불한 내역이 틀림없이 기재되어 있었을 것이다.

현존하는 문서는 부족하지만 극단에 소속되었던 주요 저자의 희곡 대본을 검토해 보면 머리 장식에 대한 여러 언급을 찾아볼 수 있다. 가장 초기의 언급은 1590년 혹은 그 이전 작품인 『베로나의 두 신사(Two Gentlemen of Verona)』에 나와 있는데, 줄리아(Julia)는 귀족인 실비아(Silvia)의 초상화를 응시하면서 생각에 잠긴 듯 이렇게 말한다.

내 생각에

내가 저런 머리 장식을 한다면

내 얼굴도 저 여인의 얼굴처럼 사랑스러울 거야. (4막 4장 182~4)

가장 마지막 언급은 1610년 작품인 『겨울 이야기(The Winter's Tale)』에서 볼 수 있는데, 행상인 아우톨리쿠스(Autolycus)는 머리에 꽂는 장식품을 이렇게 선전한다.

당신 머리를 장식하기 위한 어떤 장식이든

어떤 비단이든, 어떤 실이든 …

가장 새롭고 가장 좋은 제품을 팝니다. (4막 4장 319~21)

또한 『안토니와 클레오파트라』(1608년경)에도 머리 장식에 대한 언급이 나온다. 클레오파트라는 안토니와 서로 옷을 바꿔 입던 호색적인 장면을 회상하고 있다. 따라서 그녀가 말한 '머리 장식'은 사실 로브(robe, 보통 정장용의 우아한 여성복-옮긴이)를 뜻할 것이다.

나는 그를 취하게 해서 침대에 데려갔다.

그런 다음 내 머리 장식(tires)과 망토를 그에게 입혔고

나는 그의 칼인 필리판(Philippan)을 찼다. … (2막 5장 22~4)

머리 장식에 대한 가장 흥미롭고 지속적인 언급은 셰익스피어가 1597~8년에 썼던 두 희곡에서 찾아볼 수 있다. 첫 번째 작품은 『윈저의 명랑한 아낙네들』로 팔스타프는 망설이는 포드 부인에게 열정

적으로 구애한다.

팔스타프: 나는 그대를 부인으로 삼고야 말겠소!
포드 부인: 당신의 부인이라 하셨나요, 존 경? 세상에, 나는 비참한 사람이 되고 말겠군요.
팔스타프: 이런 사람은 프랑스 궁정에서나 찾아볼 수 있을 것이오! 그대의 눈은 다이아몬드와 같소. 그대의 눈썹은 아름다운 아치형이어서 배 모양의 머리 장식과 너울거리는 머리 장식과 베네치아에서도 인정할 만한 어떤 머리 장식과도 어울린다오.
포드 부인: 평범한 천 조각에 불과한 것인데요, 존 경. 게다가 제 눈썹은 아무것도 아니고 그렇게 아름답지도 않답니다. (3막 3장 45~54)

팔스타프가 언급한 첫 번째와 마지막 머리 장식은 쉽게 설명될 수 있다. '배 모양의 머리 장식'은 추측건대 배나 배의 돛 형태로 만들어진 머리 장식이다. 이는 호르헤 드 몬테마이오르(Jorge de Montemayor)의 전원 소설로 셰익스피어가 번역본을 통해 익히 알고 있던 『디아나(Diana)』(1559년경)에 묘사된 '에메랄드로 만들어진 작은 배 두 척 모양의 머리 장식'과 유사할 것이다. 아니면 내쉬가 '돛 모양 모자'라고 부른 높다란 머리 장식일 것이다. '베네치아에서도 인정할 만한'은 의상의 사치스러움을 나타내는 상투적인 표현으로, 그런 머리 장식이란 말은 그만큼 정교하다는 뜻이다.

알쏭달쏭한 장식품은 두 번째로 말한 'tire-valiant(너울거리는 머리 장식)'이다. H. R. 올리버(Oliver)는 셰익스피어 작품집 아든

(Arden)판에 실린 희곡에서 'valiant'를 호화스럽다는 뜻으로 생각했지만 이는 만족스럽지 못한 의견 같다. 1602년 4절판에 실린 희곡에는 'tire vellet'로 되어 있는데, 이는 '벨벳'의 변형으로 알려져 있지만 벨벳처럼 다소 무거운 재질은 특히 머리 장식과는 거리가 멀다. 18세기 편집자인 조지 스티븐스(George Steevens)는 이 단어가 '나는 모습의(flying)' 머리 장식을 뜻하는 'tire-volant('나는, 날쌘'의 의미를 지닌 단어이다-엮은이)'여야 한다고 생각했다. 이는 나름 괜찮은 의견으로 보인다. 특히 이 희곡의 뒷부분에 요정의 여왕으로 변장한 퀴클리 부인(Mistress Quickly)이 '머리 주위에 너울거리는(flaring) 리본' 장식을 썼다는 묘사가 나오기 때문이다. 'flaring'은 휘날리거나 날아가는 모양을 정확히 뜻한다. 또한 예전에 언급된 바는 없으나 'veiled(베일이 달린)'가 4절판에서 'vellet'으로 와전되었을 가능성도 있다.

그러나 이 특정한 머리 장식이 호화스럽든, 벨벳이든, 너울거리든, 베일이 달려 있든 어떻든 간에 이 짧은 대화에서 우리는 셰익스피어가 염두에 두었던 머리 장식을 파악할 수 있다. 그것은 여성의 눈썹이 지닌 '아치형 아름다움'을 더욱 돋보이게 하는 것으로 프랑스 궁정 부인들이 사용했던 머리 장식을 연상시키며, 포드 부인과 같은 영국의 지방 중산층 여성이 썼던 소박한 '천'과는 대조적인 것이었다.

앞서 살펴봤듯이 『윈저의 명랑한 아낙네들』은 체임벌린스 멘이 1597년 봄에 극단의 후원자인 헌스던 경의 가터 훈장 수여를 축하할 목적으로 무대에 올렸던 작품이다. 이 시기에 마리 마운트조이는 헌스던 경의 인맥에 속했던 것으로 알려져 있으므로 나는 마리가 헌스던 부인에게 머리 장식을 공급했고 이런 인연을 통해 셰익스피어를 알게 된 것은 아닌지 추측해 봤다. 이는 추측에 불과하지만 머리 장식과 이를 쓴 아름다운 프랑스 여성에 대한 팔스타프의 대사가 그 가능성에 힘을 실어 준다. 특히나 헌스던 부부에게 경의를 표하기 위한 궁정 공연에 적합한 대사였던 것이다.

셰익스피어는 일 년 후에 또 한 번 머리 장식에 대해 전문적인 언급을 했다. 『공연한 소동』에서 헤로(Hero)가 결혼할 때 쓴 새로운 머리 장식에 대해 그녀의 하녀인 마가렛이 비판적인 눈길을 던진다. '머리카락이 약간 더 갈색이었다면 더 어울렸을 것이다.(3막 4장 12~13)' 이는 머리 장식에 달린 가발 색깔이 약간 더 진했다면 좋았을 것이라는 뜻으로, 새로 치장한 머리 장식은 헤로의 짙은 머리카락과 색이 일치하지 않아 누가 보아도 가짜라는 것을 분명히 알 수 있었기 때문에 감쪽같이 들어맞는 머리 장식의 바람직한 효과를 기대할 수 없었을 것이다.

1604년 앤 여왕의 장부에 '마리 마운트조이, 머리 장식 제작자'라는 항목이 등장한 것은 마리가 킹스 멘의 주요 인물 두 사람과 접촉한 결과일 수 있다. 둘 중 한 명은 자신의 집에 하숙하고 있는 셰익스피어였고 다른 한 명은 근처에 거주하면서 의상 구입을 포함하여 극단 내에서 관리 역할을 맡았던 존 헤밍스였다.

앤 여왕이 프랑스의 궁정 발레 형태의 구경거리와 궁정 가면극의 애호가였다는 것은 잘 알려진 사실로 이런 행사에는 여왕과 여왕의 여성 총신들이 주로 참석했다. 아마도 마리는 궁정에서 열렸던 이런 여흥을 위해 머리 장식을 제공하도록 부름을 받았을 것이다. 궁정의 볼거리에 관여했던 여성 머리 장식 전문가의 모습은 당시의 기록 곳곳에서 엿볼 수 있다.

> 머리 장식을 위해 고용한 프랑스 여인과 그녀의 딸이 리치몬드에 가서 후니스(Hunnyes) 씨가 이끄는 '왕국 부속 교회의 아이들' 소속 배우들의 머리 장식을 도왔고 배우들은 여왕 폐하 앞에서 공연했다.[128]

이는 1573~4년까지의 칠드런 오브 더 레벌스(Children of the Revels)의 장부에 기입되어 있는 내용으로 한 세대 전의 기록이기는 하지만 흥미로운 정황을 보여 준다. 바로 '프랑스 여인과 그녀의 딸'이라는 언급인데 이를 통해 마리가 여왕 및 다른 높은 지위의 부인들을 시중들 때 딸인 메리가 동행해서 어머니를 돕는 모습이 자연스럽게 그려진다.

당대 최고의 기술을 자랑하는 호화로운 일련의 가면극은 앤 여왕과 관계가 있었고 가면극 중 첫 두 편은 마리가 왕실의 머리 장식 제작자로 활동했던 짧은 기간에 무대에 올랐다. 최초의 가면극은 벤 존슨과 이니고 존스(Inigo Jones)의 「암흑의 가면(Masque of Blacknesse)」으로 1605년에 앤 여왕의 의뢰로 제작되었으나 이에 대한 문서는 거의 남아 있지 않다. 그러나 1606년 1월 5일에 공연된 「하이머네이(Hymenaei)」에 대한 기록은 무척 사실적이고 생생하다. 이 연극은 추측건대 화이트홀의 방케팅 하우스(Banqueting House)에서 에식스 백작 3세와 프란시스 하워드(Francis Howard)의 불행한 결혼을 축하하기 위해 공연되었다.(둘의 결혼은 나중에 백작의 성적 무능을 이유로 무효화되었다.) 이는 존슨과 이니고 존스의 또 다른 합작품이었는데 존스는 '디자인과 연기'를 담당했고 음악은 알폰소 페라보스코 2세(Alfonso Ferrabosco the younger), 안무는 토마스 자일스(Thomas Giles)가 담당했다.[129]

'하이머네이'의 클라이맥스는 눈부시게 인상적인 장면을 연출했다. 앤 여왕이 직접 연기한 것으로 보이는 결혼의 여신 주노(Juno)가 좌우에 자신의 권력을 상징하는 각각 네 명의 여인을 대동하고 무대 위편의 구름 사이로 모습을 드러냈다. 이때 무대에 섰던 여인 중의 하나는 루트랜드 백작 부인(Countess Rutland)이자 필립 시드니 경의 딸인 엘리자베스였는데 이 시기에 그녀가 기록한 장부가 현존하는 것은 정말 행운이 아닐 수 없다. 이 장부에 따르면 그녀는 '하이머네이'에 출연하는 특권을 누리기 위해 100파운드 이상을 지불했다. 공연이 시작되기 며칠 전에 '가면극의 안내인인 베탈(Bethall) 씨에게' 80파운드를 지불했고 이런 일반적인 기부금에 덧붙여 의상비를 추가로 지불했는데 '머리 장식 제작자'에 대한 기록이 이때 나온다. '머리 장식 제작자'가 그녀에게 공급한 주요 물품은 6파운드에 달하는 호화스런 '관'이었지만 주름 옷깃, 비단 스타킹, 신발 등 의상을 갖추는 데 필요한 좀 더 일반적인 물품 또한 공급했다.[130] 공연자들은 의상을 준비하기 위해 왕실 공급업체에 연락을 취했을 것이다. 따라서 엘리자베스의 기록에 적혀 있는 무명의 머리 장식 제작자는 아마도 마리 마운트조이였을 것이다. 마리 마운트조이는 이 시기에 앤 여왕의 장부에 기록돼 있는 유일한 머리 장식 제작자였기 때문이다.

가면극 의상을 차려입고 무대에 섰던 부인들의 모습을 보여 주는 전신 초상화 세 점이 남아 있다. 그중 하나는 존 데 크리츠 1세(John de Critz the elder)의 작품으로 알려져 있고, 또 하나는 현재 워번 수도원에 소장되어 있는 초상화(삽화 21)로 주인공은 나중에 새겨진 이름을 통해 베드포드 백작 부인인 루시 해링턴(Lucy Harington)으로 밝혀졌다. 또 다른 초상화는 버클리 성(Berkeley Castle)에 소장되어 있는데 아마도 헌스던 경의 딸이자 버클리 부인으로 「하이머네이」의 공연자 중 하나였던 엘리자베스와 관계가 있을 것이다. 이러한 초상화들은 일괄적인 작업 과정을 거쳤기 때문에 주인공 개개인의 모습을 정확하게 묘사하지 않았을 수도 있다. 당시의 초상화는 행사를 기념하기 위한 목적으로 완성되었고 초상화가는 사교계에서 활동하는 초기 형태의 사진사였다. 이 세 초상화의 의상은 몇 가지 세부 사항에서 차이가 있기는 하지만 가면극의 마지막 장면에서의 존슨의 지시사항과 일치해서 '은색 줄무늬로 장식된 심홍색 주름치마를 두르고 그 밑으로는 은색 레이스가 달린 하늘색 의상을 입었다.'

존슨은 주노를 수행하는 여인들이 썼던 머리 장식을 매우 구체적으로 묘사했는데 이는 초상화의 모습과 일치한다. 초상화 주인공들의 머리는 '희귀하고 호화스러운 관 아래 부주의하게 묶여 있다.' 루트랜드 백작 부인의 장부에 기재된 내용으로 알 수 있듯이 가격이 6파운드에 달하는 관은 '온갖 종류의 보석으로 장식되어 있고 투명한 베일이 양 옆에 고정된 후에 꼭대기부터 바닥까지 드리웠으며 가장자리가 살짝 위로 말려 올라갔다.' 객석에서 이런 호화로운 머리 장식에 눈길을 빼앗겼던 존 포리(John Pory)는 1606년 1월 7일 로버트 코튼 경(Sir Robert Cotton)에게 보낸 편지에 이렇게 기록했다. '여성들은 호화로운 백로의 깃털로 장식을 했고 머리 장식에 꽂힌 보석은 눈부시게 아름다웠다.'[131] 초상화에서 볼 수 있는 화려한 머리 장식은 확실히 팔스타프로부터 '너울거리는 머리 장식(tires-valiant)'이라는 찬사를 들을 만했다. 이러한 장식을 통해 당시 극장에서 머리 장식 사업이 어떻게 이루어졌는지를 엿볼 수 있다.

16장

공방에서

✠ ✠ ✠

마운트조이 부부가 셰익스피어 극단에 머리 장식을 공급했으리라는 추측은 실현 가능성이 있는 이야기며, 이것이 마운트조이 부부와 셰익스피어를 이어 주는 첫 연결점이었을지도 모른다. 하지만 셰익스피어는 마운트조이의 공방 위에 위치한 하숙방에서 생활했고 공방에서는 매일 머리 장식을 제작했으므로 셰익스피어의 생활은 침해를 받았을 것이다.

전해지는 자료를 통해 마운트조이 공방에서 이뤄졌던 일상적인 작업을 부분적으로나마 파악할 수 있다. 마운트조이는 사위와의 소송이 진행되던 초기에 '공방에 사들였고 … 10여 파운드를 들여 작업에 필요한 은 철사와 기타 필수품을 구입했다.' 고 언급했다. 또한 벨롯과 동업했던 기간을 언급했다.(그는 벨롯이 일정 금액을 지불했어야 했음에도 그렇게 하지 않았다는 점을 밝히기 위해 이런 사실을 언급했다.) 두 사람의 동업은 1606~7년 사이에 약 6개월 동안 지속되었고, 머리 장식 제작을 위한 '필수품' 이나 재료 구입에는 연간 20파운드 정도가 계속해서 소요되었던 것으로 추정된다. 리플렌 부인이 머리 장식을 준비하면서 '내 철사 틀'을 언급했듯이 '은 철사'는 머리 장식의 틀을 만드는 데 사용되었을 것이고 금실과 은실도 필요했을 것이다.

재료의 매매에 대한 기록도 남아 있다. 피터 쿠르투아는 1603년에 남긴 유서에서 '문조이(Mungeoy)'가 자신에게 자수용 꼰 실 대금으로 2파운드 10실링 11펜스를 빚졌다고 기록했다. 쿠르투아는 블랙프라이어스에서 모자, 옷깃, 소맷부리 등에 부착하는 자수 띠를 제작했다. 그가 마운트조이에게 공급했던 '꼰 실'은 '금 철사나 은 철사를 꼬아 만든 실 또는 끈으로 가장자리를 표시하거나 수를 놓는 데 사용되었다.'[132]

마운트조이가 공방에 사들였던 또 다른 필수품은 사람의 머리카락이었다. 이는 전통적으로 시체에서 공급되었는데, 셰익스피어의 소네트 68번에 이에 대한 암시가 등장한다.

> 죽은 이의 황금색 머리카락
> 무덤의 재산은 빼앗기고
> 두 번째 머리에서 두 번째 삶을 살기 위해 …

『베니스의 상인』에서는 가발의 '황금색 타래'에 대해 '두 번째 머리라는 지참금/무덤에서 그것을 길러낸 두개골'이라 묘사했다. 모든 가발이 죽은 사람의 두개골에서 얻어진 것이라고 말하면 과장이겠지만 그렇게 연상해도 무리는 없었다. 이외에도 살아 있는 사람의 머리카락을 사용하기도 했는데 시체의 머리카락과 비교해서 불길한 분위기는 덜하지만 절망적인 분위기가 느껴진다. 말 털 또한 사용되었으나 일부에 그쳤고 대마의 사용 빈도는 훨씬 떨어졌다. 오늘날과 마찬가지로 사람의 머리카락은 경제적 여유가 있는 사람들이 선호했다. 빅토리아 베컴(Victoria Beckham)은 폴란드, 러시아, 인도 등에서 '진짜 머리카락'을 구해다가 자신의 머리에 붙이는 데 연간 6천 파운드 정도를 소비한다고 전속 미용사는 전한다.[133]

은 철사와 꼰 실을 사들인 기록이 있지만 이런 물품을 공방에서도 제작했다는 증거가 남아 있다. 머리 장식은 고도로 경쟁적인 시장을 형성했기 때문에 완성된 재료를 구입하면 가뜩이나 빡빡한 마진에 부담이 되었을 것이다. 따라서 가능하다면 손수 재료를 제작하는 편이 수익 면에서 더 나았을 것이다.

1605년에 마운트조이가 스티븐 벨롯과 메리에게 마지못해 줬던 변변찮은 살림살이에는 머리 장식 제작과 관련된 품목이 포함되어 있었다.

낡은 제도용 책상 하나
낡은 걸상 두 개
판자로 만든 찬장
실 꼬는 나무 물레 하나
작은 가위 두 개
낡은 트렁크 하나와 낡아 보이는 트렁크 하나
실패 상자 하나

찬장과 트렁크를 제외한 나머지는 머리 장식을 제작하는 데 필요한 도구이다.

'제도용 책상'은 언뜻 봐서는 머리 장식을 디자인하고 형을 뜨는 테이블처럼 보이지만, 금속을 늘여서 철사로 만드는 작업대일 가능성이 크다. 금박 입힌 은 막대를 잡아당기거나 가열하거나 연성을 얻기 위해 '담금질'해서 원하는 두께에 도달할 때까지 얇게 만드는 것이다.[134] 머리 장식 제작자는 대장장이의 전문 도구가 필요한 초기 작업 과정에는 관여하지 않았지만 미세한 두께의 철사를 만드는 섬세한 과정에는 참여했다. 머리 장식에 사용되는 철사에는 최소한 두 개의 등급이 있었다. 좀 더 뻣뻣한 철사는 장식을 배치하는 틀을 형성하고 미세한 철사는 머리 장식을 꾸미는 금실과 은실로 사용되었다. 이러한 철사 제작 작업을 공방에서 한 것으로 보아, 뻣뻣하게 풀을 먹였기 때문에 무게가 나가는 주름, 옷깃, 레이스 등을 받치기 위한 받침대처럼 패션 산업에 사용되는 철사 구조물 또한 공방에서 제작했으리라 여겨진다. 이런 구조물은 머리 장식과 같은 두께의 철사로 제작되었다.

마운트조이가 풋내기 머리 장식 제작자 벨롯에게 준 실 꼬는 나무 물레는 얇은 섬유를 꼬아 실을 만드는 소형 물레였다. 1688년의 안내서에서는 이를 가리켜 '비단실 두 가닥 이상을 꼬거나 합쳐서 하나의 실로 만드는 기계 장치'로 정의했다. 1593년도 피카르디 지역 출신 외국인 보고서에는 여러 명의 꼰 비단실 제작자가 기재되어 있었다. 꼰 비단실 제작은 피카르디 지역의 기술이거나 산업으로 여겨졌고 마운트조이는 그 기술을 젊었을 때 익혀서 나중에 머리 장식 제작이라는 좀 더 전문화된 영역에 적용했다.

물레는 가늘고 긴 금이나 은 조각을 가지고 금실이나 은실을 제작하는 데도 사용되었다.(여기서 '금'은 거의 예외 없이 도금된 은을 가리킨다.) 이 금실이나 은실을 엮으면 로프의 축소판처럼 생긴 꼰 실이 되었다. 마운트조이가 쿠르투아에게 구입했던 '꼰 실'이 바로 이런 종류의 실이었다. 오늘날 가장 잘 알려진 꼰 금실은 해군 장교와 항공기 조종사가 입는 제복의 소매 장식에 보이는 것이다. 실을 꼴 때는 장력이 적당해야 하는데 이 장력을 조절하는 역할을 담당하는 것이 물레였다. 장력이 지나치게 약하면 실이 만들어지지 않고 지나치게 팽팽하면 실이 비틀려 버린다.

실 꼬는 물레로 생산되는 세 종류의 제품, 즉 비단실, 금실과 은실, 꼰 금실과 꼰 은실은 머리 장식 제작에 그대로 사용되었다.

물레에서 없어서는 안 될 부속은 꼬아서 짠 실을 감는 실패였다. 마운트조이가 신혼부부에게 줬다는 '실패 상자'에는 추측건대 여러 크기의 실패 세트가 있었을 것이다. 당시에는 실패를 나무로 만들었지만 원래는 뼈로 제작하였다.

위에 제시한 살림살이 목록을 훑어보면 실버 스트리트 공방에서는 섬세한 철사 꼬기와 다양한 종류의 실 꼬기 작업이 이루어졌음을 알 수 있다. 이런 사실은 스티븐 벨롯과 관련된 이후의 문서를 통해 입증되었다. 벨롯은 1621년에 독점위원회(Monopolies Commission)의 활동에 대해 진정서를 제출한 바 있는데, 그 내용 가운데 하나는 독점위원회의 중개인이 자신의 유일한 생계 수단인 '공작 기계'를 몰수했다는 것이다. 공작 기계는 서로 다른 크기의 구멍이 뚫려 있는 철판에서 철사를 뽑아내는 도구이다. 또한 벨롯은 자신이 수년에 걸쳐 '금실과 은실을 제작해서 생계를 유지해 왔다고' 주장하면

서 '한때 금 철사 제작자'의 도제로 일한 적이 있다고 소개했다.[135]

크리스토퍼 마운트조이는 '베네치아 금실과 은실'을 제작하고 다루는 '비법'을 사용하는 사람으로 언급되기도 했다.[136] 베네치아 금은 베네치아 인이 중동에서 들여온 기술로 제작했기 때문에 '다마스크(Damask, Damascus) 금'이라 불렸지만 사실상 금실의 또 다른 이름이었다. 진정한 베네치아 금을 제작하기 위해서는 철사보다 가볍고 값싼 금박 입힌 벨럼(vellum, 송아지나 어린 양 등의 가죽-옮긴이) 조각을 이용하는 특별한 기술이 필요했지만 영국에서 사용되었던 용어는 그렇게까지는 특별하지 않았다. 셰익스피어는 『말괄량이 길들이기(The Taming of the Shrew)』에서 베네치아 금에 대해 언급했다. 베네치아 금은 그레미오(Gremio)의 화려한 가구를 갖춘 도회지 저택에 있는 세련되고 값비싼 물품 목록에 등장한다. '선명한 홍자색 태피스트리', '아라스 천으로 만든 태피스트리', '진주로 장식한 터키 쿠션', '베네치아 금으로 수놓은 커튼 장식'.(2막 1장 345~50) 베네치아 금은 주로 장식업자들이 사용했지만 여왕의 의상 품목과 장부에서도 자주 언급되었다.

마운트조이 공방에서 이루어졌던 매일의 활동을 대략적으로 그려 보자. 공방 한쪽에서는 도제가 책상이나 벤치에 앉아 금실에 적합한 미세한 철사를 만들기 위해 구멍을 통해 금박 입힌 은 철사를 뽑아내고 있다. 옆에는 철사를 조각조각 두드려서 실을 만들기 위한 망치와 밀대가 있다. 공방의 다른 한쪽에서는 가늘고 긴 생사 뭉치를 '명주실'로 분리하고 있다. 또 다른 도제는 물레로 명주실을 돌려 비단실을 만들고 이를 다시 금실과 꼬아 반짝거리는 베네치아 금으로 만든다. 또 다른 곳에서는 여성들이 바느질을 하고 연신 가위로 정리하면서 머리 장식의 철사 망에 색과 반짝이를 입혀 장식한다. 공방에는 얇고 비치는 한랭사(寒冷紗), 갖가지 색의 공단과 호박단 등 천 꾸러미가 쌓여 있다. 또한 리본, 레이스, 자수용 끈, 깃털, 반짝거리는 장식용 금속 조각, 망, 베일, 긴 머리핀, 작은 진주알, 흑색 관옥 등도 눈에 띈다. 노란색, 은색 등 여러 색깔의 머리카락이 담긴 어렴풋하게 불길한 분위기를 풍기는 바구니도 놓여 있다. 공방에 연결된 방에서는 유행을 좇는 여성이 머리 장식 제작자의 아내가 우아한 자태로 보여 주는 완성된 머리 장식을 받아든다.

이는 소규모 공방에서 매일 볼 수 있었던 장면이다. 공방에서의 작업은 겉으로 보기에도 힘든 노동이었다. 게다가 이민자들이 운영하는 가게는 '창문에 격자창'을 달아 가게의 상품이 거리에서 보이지 않게 해야 하는 법 규정을 지켜야 했기 때문에 더욱 어려움이 많았다. 금속 재료에서 뿜어 나오는 연기와 접착제와 염료에서 나는 냄새가 공방에 가득했다. 마리가 포먼에게 머리에 현기증이 일고 복통을 앓는다고 불평했던 것은 어쩌면 임신했기 때문이 아니라 공방의 탁한 공기 때문이었는지도 모른다.

그리고 공방의 분위기로 볼 때는 상인이거나 직물상일 것으로 추측되지만 실제로는 머리 장식 제작자의 하숙인으로 옷차림이 말쑥한 중년 신사 '셰익스피어'가 있었다. 셰익스피어는 그다지 남의 눈에 띄지 않을 시간에 거리를 오갔고 현관의 그림자로, 계단의 발자국으로 자신의 존재를 알렸다. 셰익스피어는 주위 환경을 관찰하고 이에 대해 질문을 던졌으며 자신이 보고 들은 것을 나중에 은유로 만들어 내기 위해 거대한 용량과 놀라운 수용성을 지닌 자신의 기억 속에 차곡차곡 쌓았다.

> 그대의 하찮은 풀솜 타래, 그대의 쓰린 눈을 위한 녹색 사스넷(sarcenet, 부드럽고 얇은 견직물-옮긴이), 탕자의 지갑을 장식한 술 …
> -『트로일러스와 크레시다(Troilus and Cressida)』 5막 1장 29~30

> 엉클어진(ravell'd) 근심의 명주실을 짜 주는 잠 …
> -『맥베스』 2막 2장 36

> 그녀가 우유처럼 하얗고 길고 자그마한 손가락으로
> 명주실을 짤 때 …
> -『페리클레스』 4막의 코러스 21~2

> 썩어 비틀어진 비단처럼
> 맹세와 결심을 어기고 …
> -『코리어레이너스(Coriolanus)』 5막 2장 96~7

『코리어레이너스』의 완성 날짜는 정확하게 알 수 없지만 위에서 인용한 작품은 대략적으로 시간 순서대로이다. 맨 처음 대사는 『트로일러스와 크레시다』에 등장하는 테르시테스(Thersites, 오디세우스에 등장하는 입이 험한 것으로 유명한 가상 인물을 빗댄 인물-옮긴이)의 교묘한 모욕이다. 『트로일러스와 크레시다』는 1603년 2월 7일자 출판업자 등록부에 기재된 희곡으로, 셰익스피어의 나중 회상에 따르면 그가 크리스토퍼 마운트조이를 처음 만났고 따라서 실버 스트리트에서 살기 시작한 가장 이른 날짜로 추정되는 1602년에 저술되었을 것이다. 인용한 대사는 머리 장식물 공방을 연상하게 한다. 작가는 가볍고 폭신폭신하기는 하지만 물레로 돌릴 수 있는 가는 섬유로 분리되기 전까지는 사용할 수 없어서 하찮아 보이는 풀솜 타래뿐만 아니라 부드러운 사스넷과 장식 술 또한 눈여겨보았다.

1606년경에 쓰인 『맥베스』에 등장하는 위의 유명한 대사는 잘못 이해되는 경우가 많다. 1623년에 발행된 초판에서(오늘날의 유명세와는 달리 『맥베스』는 당시에 독립적으로 출간되지 않다가 『제1이절판』에 포함되었다.) '명주실(sleave)'은 '소매(sleeve)'로 기록되었고 공연에서 대부분의 관객들도 특히 '짜다'는 표현과 관련 지어 이를 '소매'로 들었다. 그러므로 '해진 소맷부리'를 뜨개질로 고치는 것처럼 근심하는 마음을 잠으로 고친다는 뜻으로 이 대사를 받아들였다.[137] 이는 설득력 있는 해석이기는 하지만 대사 자체를 개성 없는 은유로 보이게 한다. 이 대사가 등장하는 장면은 주인공이 심리적으로 극한 상황에 처했을 때이다. 국왕 던컨(King Duncan)을 살해한 맥베스는 죄책감에서 비롯된 정신적 충격에 휩싸이고 그 때문에 환영과 공포에 짓눌려 밤잠을 이루지 못한다. '더 이상 자지 못할 것이다! 라는 목소리를 들었다.' 그의 정신 상태는 해진 것이 아니라 엉클어져 있고 혼란스럽다. 대부분의 현대 편집자들은 18세기에 조지 스티븐스가 처음 주장했던 대로 'sleave'가 옳다고 인정한다. 비단실 제작자의 손이 뒤엉킨 명주실 다발을 푸는 것처럼 잠은 뒤엉킨 감정 다발을 진정시켜 주기 때문이다.

이제 은유는 『페리클레스』에서 실종된 딸 마리나(Marina)의 간단하지만 생생한 이미지, 명주실을 짜는 가느다랗고 하얀 손가락과 시각적으로 연결된다. 셰익스피어는 『페리클레스』를 1607~8년경에 조지 윌킨스와 함께 썼다. 시기적으로는 아마도 실버 스트리트에서 이사 나온 후일 것이다. 그가 작품에서 구현한 이미지는 마운트조이 공방에 대한 회상이었을지도 모른다. 그렇다면 셰익스피어가 기억하고 있는 창백한 손은 누구의 손일지 궁금하다.

17장

옷깃 받침대

✠ ✠ ✠

마운트조이의 공방 위에 살면서 머리 장식 제작 작업을 자세하게 관찰하고 그것을 작품에 나타냈던 셰익스피어의 모습을 상상해 보자. 마음의 눈으로 셰익스피어를 보기 위해 그에 대한 다양한 이미지를 빌려온다면, 그중 중요한 것은 『제1이절판』에 실린 판화 초상화로 가장 신뢰할 만하면서도 문제점 또한 안고 있는 이미지다. 이 초상화에서 셰익스피어의 이마는 반구형이고 수염은 산발적으로 점점이 나 있으며 옷깃은 빳빳해서 마치 쟁반을 받쳐 놓은 것 같다. 음울하면서도 유행을 따르는 '챈도스' 초상화가 좀 더 매력적이고 극적이기는 하지만, 셰익스피어와 동시대 사람들의 인정을 받은 것은 『제1이절판』에 실린 초상화였다. 그를 수십 년 동안 알아 왔던 편집자들이 그의 실제 모습과 닮았다고 생각해서 실었기 때문이다. 셰익스피어의 이 작은 초상화는 그 자체만으로도 실버 스트리트의 공방과 관계가 있을 가능성이 있다.

초상화를 둘러싼 배경은 베일에 가려 있다. 다만 판화 주변 3밀리미터 정도의 여백에 깔끔한 필기체로 '마틴 드루샤우트(Martin Droeshout)가 런던에서 조각했다.' 고 적혀 있는 것이 눈에 띈다. 하지만 드루샤우트가 이를 조각했는지 새겼는지는(sculpted or engraved) 확실하지 않다. 드루샤우트 가문은 네덜란드에서 이민 온 화가 및 조각가 집안이다. 영국식 철자로는 '드루셋(Drussett)' 이었는데 이는 네덜란드식 발음을 정확하게 옮긴 것이었다. 기록에는 마틴이란 이름의 숙부와 조카가 있는데 이들이 각각 『제1이절판』에 게재된 초상화의 조각가라는 주장이 있다.[138] 진짜 조각가가 누구든지 간에 셰익스피어의 드루샤우트 초상화는 더 이른 시기의 초상화를 바탕으로 완성된 모사본이라는 것이 어느 정도 확실한 사실이다. 로이 스트롱(Roy Strong)에 따르면 원래 초상화는 '힐리아드(Hilliard, 영국 최초의 세밀 초상화가였던 니콜라스 힐리아드를 지칭-옮긴이) 방식' 을 사용한 세밀 초상화였다.[139] 하지만 이에 대한 구체적인 증거가 없다는 주장도 있다. 선화(線畵)이거나 '소형 패널화이거나 캔버스 유화' 일 가능성도 있다는 것이다.[140] 드루샤우트의 작품이 모사본이라는 사실을 염두에 두면 초상화의 일부 기술적인 결함 특히 머리와 몸의 불균형을 납득할 수 있다. 머리와 옷깃은 어울리지만 어깨는 전혀 자연스럽지 않다. 어깨가 너무나 좁고 이상한 각도로 비뚤어져 있어서 오른팔 윗부분이 비현실적이다. 원본 초상화로 추정되는 세밀 초상화에서는 주로 머리와 옷깃만을 그린다는 점을 고려하면 이해할 수 있을 것이다. 조각가가 세밀 초상화를 모사했고 나머지 부분은 자기 앞에 모델이 없었기 때문에 '서투르게 조작했던' 것이다.[141]

그렇다면 드루샤우트 초상화 속의 남자는 몇 살일까? 탈모가 상당히 진행되었고 특히 왼쪽 관자놀이 주위의 희끗희끗한 반백의 머리카락이 눈에 띄지만 얼굴은 그에 비해 젊고 기민해 보이며 이목구비가 수려하고 이마에는 주름살이 보이지 않는다. 눈 밑에 처진 살은 나이 때문이기보다는 촛불을 켜 놓고 오랫동안 집필한 탓에 피로가 누적되어 생긴 것 같다. 셰익스피어는 말년의 모습을 담은 스트래트퍼드 장례식 영정에 묘사된 살찐 남자보다는 확실히 젊어 보인다. 또한 통례상 1610년경 작품으로 40대 중반의 셰익스피어를 그렸다고 알려진 '챈도스' 초상화 속 세상살이에 찌든 남성보다도 젊어 보인다.

주관적인 인상이기는 하지만 이런 인상을 통해 끌어낸 결론은 합리적이다. 즉 드루샤우트 초상화는 중년 초기인 40세 무렵의 셰익스피어를 묘사한 것으로(당시에는 중년이 지금보다 일찍 찾아왔다.) 여전히 원기 왕성하지만 노화의 흔적을 찾아볼 수 있는 모습이다. 따라서 원본 초상화가 그려진 시기는 1604년경으로 셰익스피어로서는 킹스 멘의 일원으로 명성을 구축하던 괜찮은 시기였다.

이런 결론은 셰익스피어가 입고 있는 빳빳하게 풀을 먹인 넓은 리넨 옷깃이 유행했던 시기와도 맞아떨어진다. 셰익스피어의 옷깃은 이 판화에서 상당히 특이하게 새겨졌는데, 다트 모양 무늬는 장식 효과를 낼 뿐 아니라 '목에 꼭 맞도록 하기 위해 리넨 띠 안쪽에 넣은 좁은 다트'를 실감나게 드러내고 있다. 또한 안쪽에 잡힌 다트 주름이 그대로 비치는 것으로 보아 사용된 리넨 옷감이 양질의 것임을 알 수 있다. 만약 이 옷깃이 원본 초상화의 일부라면 이는 1604년경에 유행했던 스타일로 추정할 수 있다. 영국 국립초상화미술관의 타냐 쿠퍼(Tarnya Cooper)는 '삼각형으로 바느질 된 다트가 얼굴에서 부채처럼 펼쳐지는 이러한 옷깃 형태는 1604~13년 무렵의 작품으로 추정되는 초상화에 등장한다.' 고 주장했다.[142]

초상화 모델의 나이와 옷깃의 스타일은 시기적으로 옷깃이 새롭게 유행하고 셰익스피어가 40세에 이르렀던 때와 일치한다. 이런 증거를 가지고 결론을 내리자면 마틴 드루샤우트가 모사했던 셰익스피어의 잃어버린 초상화는 정확하게 셰익스피어가 실버 스트리트에 거주했던 1604년이나 그 직후에 그려졌을 것이다.

셰익스피어의 옷깃을 관찰하면 좀 더 많은 사실을 알 수 있다. 삼각형 다트가 목에서부터 부챗살처럼 퍼져나간 부분을 보면 옷깃의 바깥 가장자리와 거의 평행한 곡선이 직물 사이로 비쳐 보이는데 이는 철사로 된 옷깃 받침대의 일부이다. 의전용 주름과 띠는 풀을 빳빳하게 먹였기 때문에 목 부위에서 이를 유지시켜서 바람직하게 얼굴에 맞춰 고정시키려면 아래쪽에서 받쳐 주는 받침대가 추가로 필요했다. 청교도 팸플릿 작가였던 필립 스터브스(Philip Stubbes)는 저서 『악습의 해부(Anatomie of Abuses)』(1583)에서 동시대를 휩쓸었던 허영에 독설을 퍼부으며 당시에 유행했던 패션에 대한 견해를 피력했다. 그는 옷깃 받침대를 '철사로 만든 장치로 … 금실이나 은실 또는 비단으로 가장자리를 감쳤다.' 고 설명하면서 이는 목 주위에 '두르고' '주름의 틀과 몸체가 떨어지거나 아래로 처지지 않도록 지지하는 데 사용되었다.' 고 말했다.

옷깃 받침대는 엘리자베스 여왕의 의상 장부에서도 찾아볼 수 있다. 1588년에 엘리자베스 여왕의 비단 제품 담당관이었던 로저 몬태규가 '비단으로 가장자리를 감친 철사 옷깃 받침대' 를 공급했고, 1601년에 도로시 스펙카드는 '프랑스제 철사에 고정시킨 멋진 주름' 과 '레바타(rebata) 철사 두 개〔레바토(rebato)는 사람의 머리 뒤로 거의 수직으로 서는 옷깃이었다.〕'를 공급했다.[143] 에론델이 1605년에 발표한 『영국 숙녀와 부인들을 위한 프랑스 정원』에서 리플렌 부인은 '주름 띠와 레바토' 중에서 선택한다. 하지만 주름을 보더니 '받침대가 너무 더러워서' 입을 수가 없어서 '이건 저리 치우고 가장자리를 컷워크(바탕천을 오려내고 그곳에 별도로 만든 무늬를 붙이는 자수-옮긴이)처리한 레바토를 가져다 줘.' 라고 말한다. 하지만 그것 또한 너무 더러웠다.

이렇듯 금실이나 비단으로 감친 철사 장치는 마운트조이 공방에서도 당연히 제작되었을 것이다. 머리 장식과 같은 재료를 사용했을 뿐 아니라 똑같이 철사 제작 기술이 필요했고 패션에 민감한 고객층에 폭넓게 호감을 살 수 있는 제품이었기 때문이다. 그러므로 1604년 무렵에 셰익스피어가 초상화의 모델이 되었을 때는 아마도 자신이 하숙하던 방 밑에 있는 공방에서 제작한 옷깃 받침대를 착용했을 것이다.

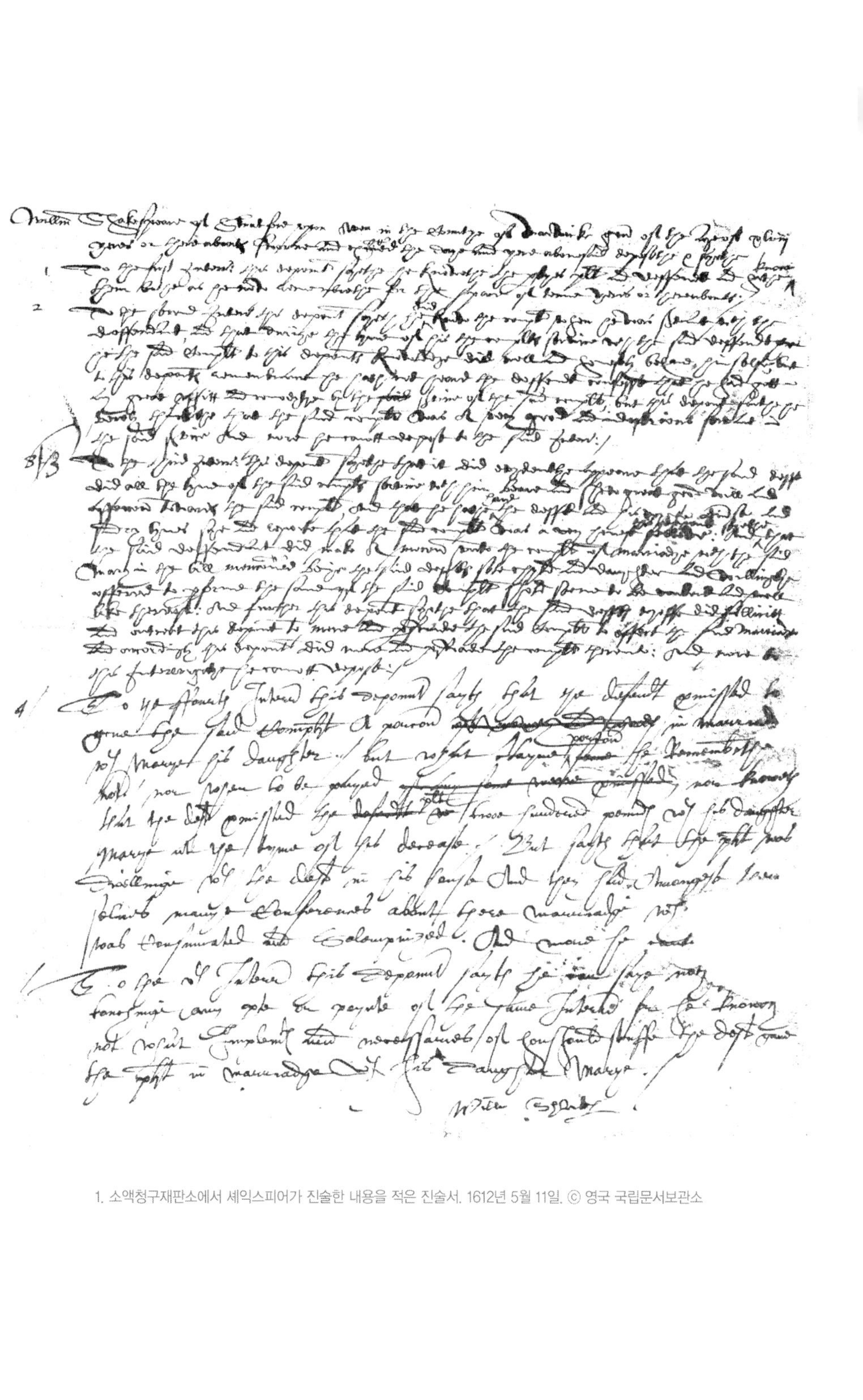

1. 소액청구재판소에서 셰익스피어가 진술한 내용을 적은 진술서. 1612년 5월 11일. ⓒ 영국 국립문서보관소

2. 제임스 1세 시대 법정에 선 원고와 피고. 17세기 목판화

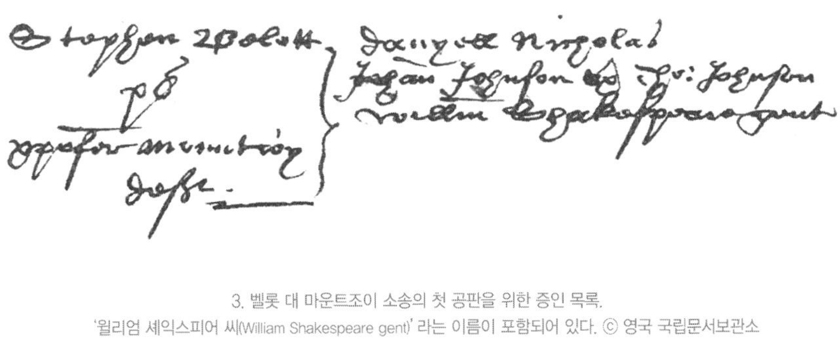

3. 벨롯 대 마운트조이 소송의 첫 공판을 위한 증인 목록.
'윌리엄 셰익스피어 씨(William Shakespeare gent)' 라는 이름이 포함되어 있다. ⓒ 영국 국립문서보관소

4. 위로부터
다니엘 니콜라스(Daniel Nicholas),
윌리엄 이턴(William Eaton),
노엘 마운트조이(Noel Mountjoy),
험프리 플러드(Humphrey Fludd)의 서명.
ⓒ 영국 국립문서보관소

5. 1909년경 런던 소재 공문서보관소에서 벨롯 대 마운트조이 사건과 관련한 서류를 발견한 훌다 월리스와 찰스 윌리엄 월리스의 모습. 캘리포니아 헌팅턴도서관 소장

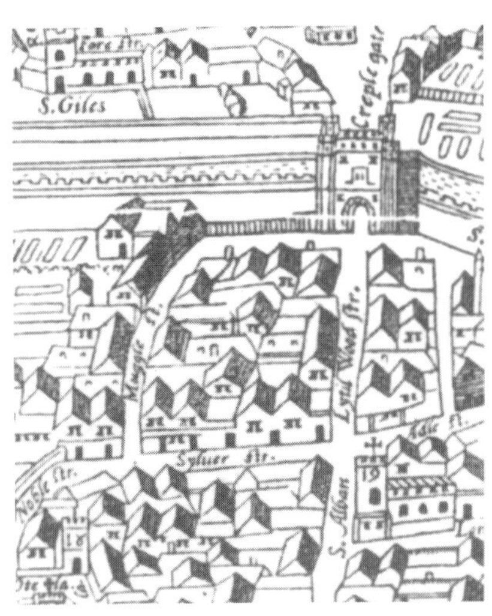

6. 모퉁이 집. 실버 스트리트와 머글 또는 몽크웰 스트리트를 보여 주는 '아가스' 지도 부분. © 런던 길드홀도서관

7. 마운트조이의 집터에 자리한 더 쿠퍼스 암스(The Coopers' Arms)의 1910년경 모습. 캘리포니아 헌팅턴도서관 소장

8. 크리플게이트의 성 자일스 교회. 앞부분은 폭격으로 파괴된 실버 스트리트의 건물들이다. 1941년 데니스 플랜더스 작품. © 데니스 플랜더스

9. 실버 스트리트의 성 올라브 교회 터에 남아 있는 기념비

10. 실버 스트리트의 외과 의사 존 배니스터가 이발사-외과 의사 회관에서 시체를 해부하고 있다.
1580년경 작품. 글래스고대학도서관 소장

11. 침대에 누워 있는 저자. 토마스 데커의 『데커의 꿈(Dekker his Dreame)』(1620)에 수록된 속표지 삽화

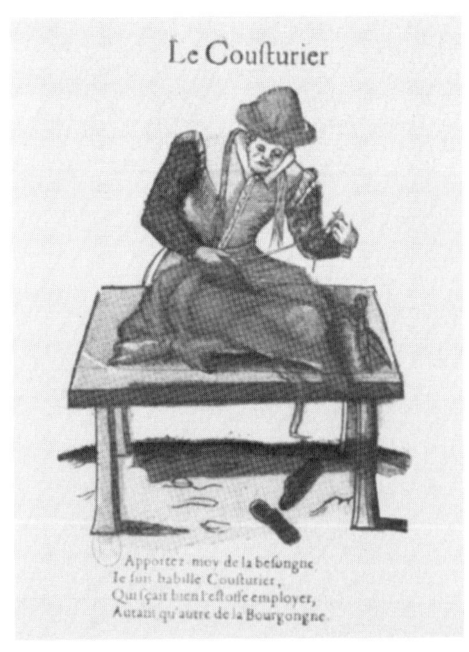

12. 일하고 있는 위그노 재봉사. 1600년경.
파리 국립도서관 소장

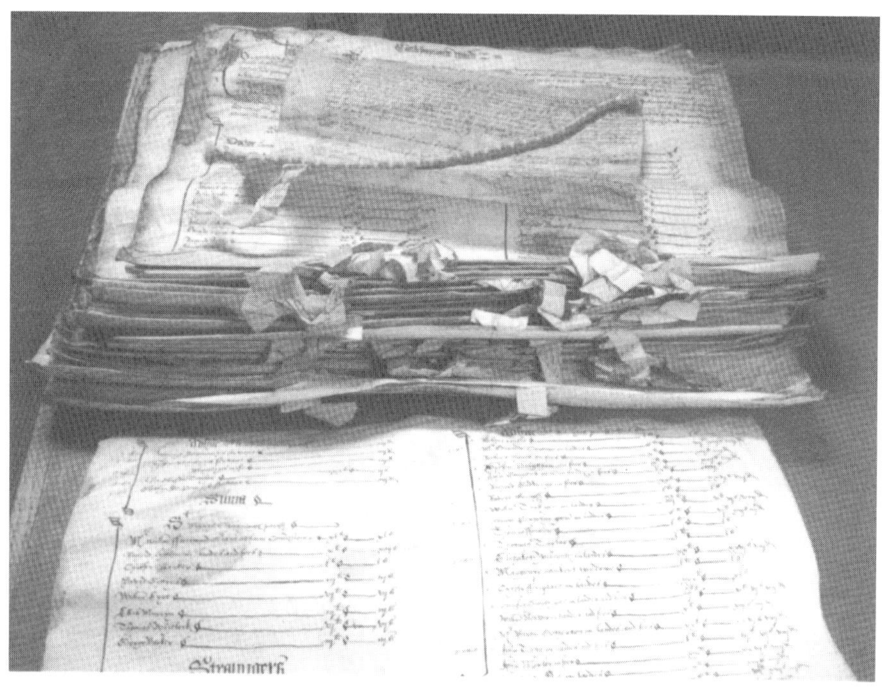

13. 앨더스게이트의 특별 징수세 부과 명단. 1582년.
크리스토퍼 '몬기(Mongey)'와 그의 아내가 납세자로 기록되어 있다. ⓒ 영국 국립문서보관소

14. 성 올라브 교회 등록부의 매장 기록에 나오는 '몬조이 부인의 자식'. 1596년 2월 27일. ⓒ 런던 길드홀도서관

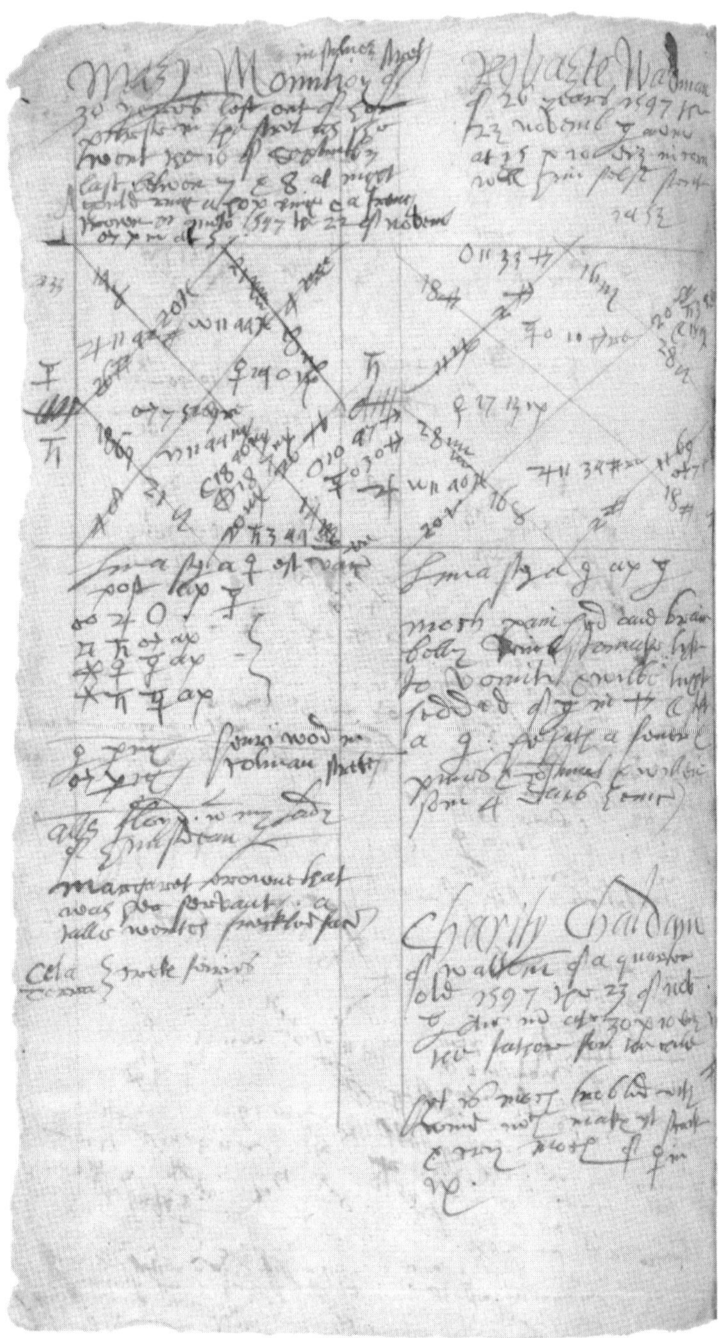

15. 마리 마운트조이는 잃어버린 귀중품의 행방에 대해 포먼 박사에게 도움을 청했다.
1597년 11월 22일. ⓒ 옥스퍼드대학 보들리언도서관

16. 점성술사이자 의사인 사이먼 포먼

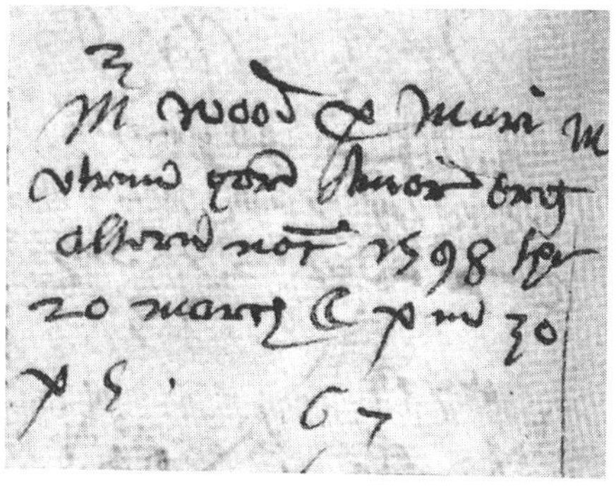

17. 헨리 우드가 포먼에게 '마리 마운트조이(Mari M)'에 대해 물었다. 1598년 3월 20일. © 옥스퍼드대학 보들리언도서관

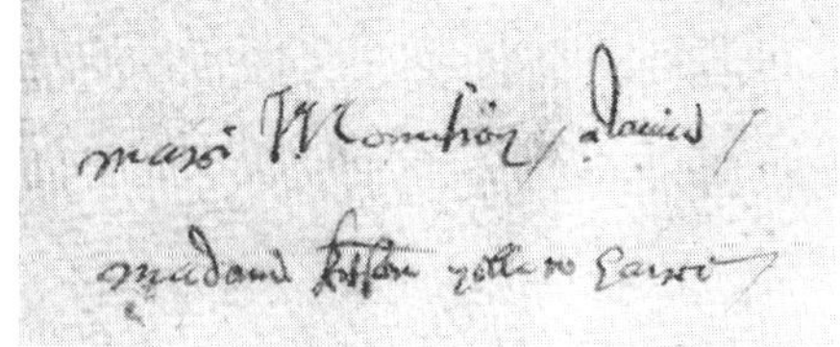

18. 포먼이 메모한 마리와 '마담 킷슨(Madam Kitson)'. 1598년 1월경. © 옥스퍼드대학 보들리언도서관

19. 점성술사를 방문하고 있는 한 여성. 17세기 목판화

20. 머리 장식을 쓰고 있는 프랑스 댄서. 1580년경. 사진 © RMN-Franck Raux

21. 가면극 「하이머네이」의 의상을 갖춰 입은 부인. 베드포드 백작 부인 루시 해링턴으로 추정된다. 1606년. 워번 수도원 소장

22. 『타이터스 안드로니커스』의 한 장면을 스케치한 작품. 연극용 머리 장식의 모습을 볼 수 있다. 헨리 피챔, 1594년경. 윌트셔 위민스터 롱릿하우스 소장

23. '마리 마운트조이, 머리 장식 제작 여인'에게 대금을 지불한 사실이 앤 여왕의 왕실 장부에 기록되어 있다. 1604~5년. ⓒ 영국 국립문서보관소

24. 앤 여왕의 초상화. 마커스 기어레이츠 2세 작품, 1605~10년경. 워번 수도원 소장

25. 조지 윌킨스의 서명. ⓒ 영국 국립문서보관소

THE
Miſeries of Inforſt
MARIAGE.

As it is now playd by his Maieſties Seruants.

Qui Alios, (ſeipſum) docet.

By George Wilkins.

LONDON
Printed for George Vincent, and are to be ſold at his ſhop in Woodſtreet. 1607.

26. 1606년경 킹스 멘이 공연했던 윌킨스의 『강제 결혼의 고통』 조판

27. '저녁 식사 후의 매춘부'. 제임스 1세 시대의 매음굴에서 식사를 하고 있는 손님들

28. 서더크 지역의 유명한 매음굴 홀랜드 리거(Holland's Leaguer), 1632년 목판화

29. 머리 장식을 한 고급 창녀. 아이작 올리버 작품, 1590~95년경. 코펜하겐 국립미술관 소장

30. 템스 강을 따라 런던 다리 근처를 지나가고 있는 나룻배. 1614년. 이런 수상 택시는 강 건너 글로브 극장으로 연극 관람객을 실어 나르고, 상류에 있는 브렌트포드까지 간통자들을 실어 날랐다. 에딘버러대학도서관 소장

31. 브렌트포드의 유명한 여관 '세 마리 비둘기'. 셰익스피어의 동료인 존 로윈의 소유였다. 19세기 판화

32. 게릿 반 혼트호스트의 「약혼 식사(Supper with Betrothal)」 부분. 1625년경. 피렌체 우피치미술관 소장

33. 성 올라브 교회에서 거행된 스티븐과 메리의 결혼식 기록. 1604년 11월 19일. © 런던 길드홀도서관

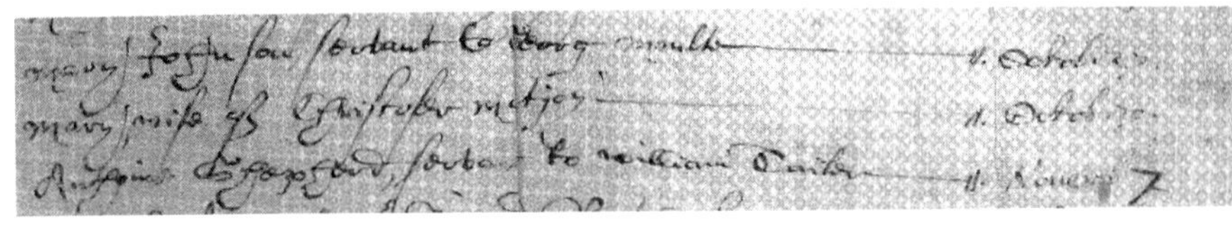

34. 마리 마운트조이의 성 올라브 교회 매장 기록. 1606년 10월 30일. © 런던 길드홀도서관

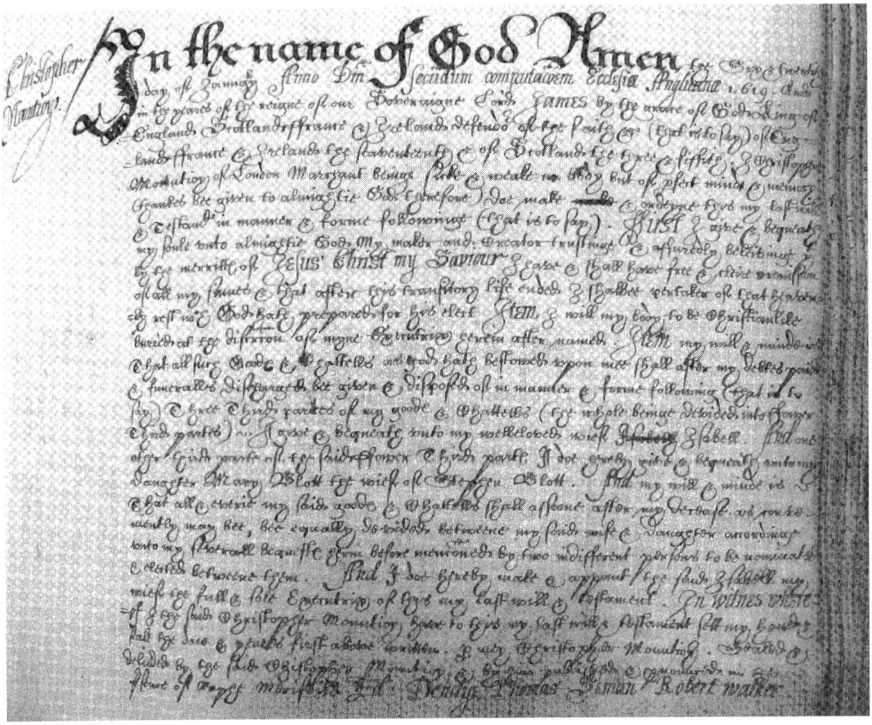

In the name of God Amen

35. 크리스토퍼 마운트조이의 유언 검증서. 1620년 1월 26일. © 런던 길드홀도서관

Christopher Mountioye Tyremaker 29

36. 크리스토퍼 마운트조이의 성 자일스 교회 매장 기록. 1620년 3월 29일. © 런던 길드홀도서관

제5부

이방인들 속으로

Among Strangers

들으시오: 손의, 손가락의, 손톱의, 팔의 …

-『헨리 5세』 3막 4장 26~7

18장

블랙프라이어스와 나바르

✠ ✠ ✠

셰익스피어는 1603년경에 마운트조이의 집에 하숙인으로 들어갔다. 동시대인이 보더라도 특이한 선택이었다. 외국인과 함께 살기로 결정했기 때문이다. 우연히 편의상 그러기로 결정한 것일까 아니면 다른 의도가 있었을까? 외국인들, 특히 프랑스 인과 셰익스피어의 관계는 어땠을까?

셰익스피어가 런던에서 알고 지낸 첫 외국인이라 할 수 있는 사람은 인쇄업자이자 출판인인 리처드 필드(Richard Field)의 프랑스인 아내 재클린 필드(Jacqueline Field)였다. 리처드 필드는 셰익스피어의 작품 중에서 처음으로 인쇄되어 나온 이야기시 『비너스와 아도니스(Venus and Adonis)』(1593)의 출판인이었으며 후속작 『루크리스(Lucrece)』(1594) 또한 출간하였다. 두 사람의 관계는 어린 시절까지 거슬러 올라간다. 필드는 스트래트퍼드 출신으로 셰익스피어보다 두 살 연상이었다. 아버지가 장갑 제조인으로, 제혁업자의 아들이었던 셰익스피어와 사회적인 계급이 매우 흡사했으며 한동안 두 사람은 스트래트퍼드 문법 학교에서 함께 공부하기도 했다. 필드는 18세 때 런던으로 떠나, 블랙프라이어스에서 인쇄소를 운영하는 위그노 인쇄업자 토마스 보트롤리에(Thomas Vautrollier) 밑에서 도제로 일했다. 셰익스피어가 런던에 도착했을 당시에 필드가 속했던 환경은 급격한 변화를 겪었다. 필드는 1587년 2월에 도제 생활을 마쳤는데 그해 7월에 스승인 보트롤리에가 사망했다. 1588년 들어 필드는 보트롤리에의 부인 재클린과 동업으로 첫 책을 출판했고, 1589년 1월 12일에는 재클린과 결혼함으로써 새로운 동업 체계를 다졌다. 셰익스피어가 필드 부부를 알게 된 것은 이즈음이었을 가능성이 크다. 필드를 자신의 출판인으로 삼았던 1593년에는 확실히 이들 부부를 알고 있었기 때문이다.[144]

재클린에 대해서는 어떤 사실이 알려져 있을까? 1590년에 리처드 필드의 아이를 출산한 것으로 보아 1550년보다 훨씬 이전에 태어났을 리는 없다. 결혼 전 이름은 더트와이트(Dutwite)였다. 아버지인 제임스는 1591년 사망 당시에 성 마르탱 르 그랑 교회 교구에 속한 이민자 지역에 살았으므로 1580년대에 그 지역에 살았던 마운트조이 부부를 알았을지도 모른다.

재클린의 첫 남편인 토마스 보트롤리에는 프랑스의 트루아(Troyes) 출신으로 재클린보다 나이가 많았을 것이다. 그는 1550년대 말에 영국으로 건너왔는데 처음에는 제본업자로 기록되었고 1562년에 귀화 시민권을 획득했다. 재클린과의 사이에는 최소한 네 명의 자녀가 있었다. 보트롤리에는 일류 인쇄업자로 그가 운영하는 사업은 번창하여 1570년대 중반에는 '프랑스 인 혹은 네덜란드 인 직공 6명'을 고용했다. 사업은 스코틀랜드까지 확장되었고 그가 외유

중일 때는 아내인 재클린이 일이 많은 블랙프라이어스 소재 인쇄소를 운영했다.[145] 1581년의 출판업자 조합 기록에 따르면 재클린은 '남편이 없는 동안' 키케로의 『서한문(Epistles)』을 인쇄했다. 남편이 집을 비운 동안 재클린이 도제와 애정 행각을 벌였는지 여부는 알려지지 않았지만 남편 사후에 필드와 결혼한 것은 사업상의 동업을 꾀한 정략결혼이었다. 1590년에 재클린과 필드 사이에 아들 리처드 주니어가 태어났다. '필드 씨의 아내', 추측건대 재클린은 1611년 3월 9일에 블랙프라이어스 소재 성 앤 교회에 묻혔다.

재클린과 마리 마운트조이는 직업적인 면에서 일부 비슷한 점이 있는 듯 보인다. 두 사람은 매력적인 프랑스 인으로 남편의 사업에 유능하고 열정적이면서 상당히 적극적으로 개입했다. 셰익스피어가 마운트조이 부부를 알게 된 것은 그들 부부의 동포인 재클린을 통해서라고 생각하는 사람들도 있다. 하지만 연극계에서 알게 되었을 가능성이 더 크다는 것이 내 생각이다. 재클린의 경우는 딸이 아닌 자신이었지만 어쨌거나 두 여성 모두 남편의 도제가 좋은 결혼 상대라고 생각했다는 점 또한 비슷하다.

셰익스피어는 필드 부부와 친분을 맺으면서 어느 정도 프랑스에 대한 소식과 의견을 접했다. 보트롤리에는 프랑스어로 쓰였거나 프랑스 정세와 관련된 책의 주요 출판자로서, 영국 군대가 위그노의 명분을 지지하던 시기에 프랑스 소식을 관리하면 선전상의 이익을 누릴 수 있으리라 생각했던 버흘리 경(Lord Burghley)의 지지를 받았다. 필드 또한 이런 버흘리 경의 기대를 저버리지 않았다. 셰익스피어는 블랙프라이어스 소재 인쇄소에서 프랑스 소식과 프랑스 철학에 대해 읽었고 좀 더 실용적으로는 클라우드 홀리밴드(Claude Hollyband)의 『프랑스 리틀턴(French Littleton)』(1591)과 G. 드 라 모드(de la Mothe)의 『프랑스 알파벳(French Alphabet)』(1592) 등 필드가 출간한 프랑스어 안내서를 읽었다.

필드의 아내, 필드가 출간한 서적과 그 저자들 등 필드와 관련된 프랑스적인 요소는 프랑스를 배경으로 하는 셰익스피어의 초기 희극 세 편 가운데 하나인 『사랑의 헛수고』에 반영되었을 가능성이 있다.(나머지 두 편은 『뜻대로 하세요』와 『끝이 좋으면 다 좋은 법』이다.) 희극의 배경은 프랑스 남부에 자리한 나바르(Navarre) 왕궁이다. 희극에는 실제 왕인 나바르의 앙리(Henri)를 연상시키는 페르디난드(Ferdinand) 왕이 등장한다. 그리고 앙리의 아내인 마르그리트 드 발루아(Marguerite de Valois)를 연상시키면서 나바르 왕궁을 방문 중인 프랑스 공주와 앙리의 실제 신하의 이름을 딴 왕의 세 친구 베론(Berowne), 롱거빌(Longaville), 듀메인(Dumain)이 등장한다. 1918년에 아벨 르프랑(Abel Lefranc)은 이 희극과 나바르에서 발생한 역사적 사건 사이의 현저한 유사점을 밝혀냈다. 희극에 등장하는 철학적 귀족들의 '리틀 아카데미'는 앙리가 만든 아카데미를 반영한 것으로 마르그리트는 1582년에 쓴 편지에서 아카데미를 해학적으로 언급한 바 있다. 또한 희극에서 프랑스 공주의 방문은 두 사람이 결혼하기 전에 마르그리트가 앙리에게 사절단을 파견했던 사실을 반영한다. 1578년에 쉴리 공(Duc de Sully)은 니락(Nirac)에서 '앞으로 우리는 쾌락과 파티, 구경거리에 몸을 맡기고 그저 웃고 춤추고 놀며 돌아다니기만 할 것이다.'라고 약속한 바 있다.[146] 이는 나바르 왕국을 희극화한 『사랑의 헛수고』의 목가적이고 축제적인 분위기와 연결되는 것이다. 아니면 이제 앙리가 프랑스 왕(앙리 4세)이 되었기 때문에 그가 이끌었던 '리틀 아카데미' 시절은 과거의 일이 되어 버린 나바르 왕국의 상황과 연결되는 것인지도 모른다.

셰익스피어가 나바르 궁정에 대해 알 수 있었던 출처가 분명히 있었을 것이다. 인쇄된 형태로 남아 있는 출처는 아직 밝혀지지 않았지만, 아마도 셰익스피어는 블랙프라이어스에 있는 필드의 집에서 프랑스 사람들 사이에 오고가는 얘기와 프랑스어 책에 대한 토론을 들었을 것이다. 당시 그곳 사람들이 읽었던 프랑스어 책에는 1590년에 필드가 출간한 『앙리 4세의 연설과 선언(Oration and Declaration of Henrie IV)』처럼 나바르의 앙리에 대한 새로운 팸플릿도 포함되어 있었다. 『사랑의 헛수고』는 대략 1593~5년 작품으로 필드가 『비너스와 아도니스』와 『루크리스』를 출판할 당시에 집필 중이었다. 『비너스와 아도니스』의 1593년도 4절판은 '특히 오자가 없었다.' 아마도 작가가 교정쇄를 가까이에 두고 교정했기 때문일 것이다.[147]

『비너스와 아도니스』는 1593년 6월 12일에 서점에 모습을 드러냈다. 리처드 스톤리(Richard Stonley)라는 한 나이 든 공무원은 '『프랑스 개관』과 셰익스피어가 쓴 『비너스와 아도니스』를 구입하느라 1실링을 썼다.' 고 기록했다.[148] 그가 셰익스피어의 책과 함께 구입한 것은 존 엘리엇(John Eliot)의 『프랑스 개관 또는 세밀한 기술(Survay or Topographical Description of France)』(1592)이었다. 이는 존 울페(John Wolfe)가 출판한 것으로 성 바울 교회의 경내에 위치했던 그의 출판사는 외국 관련 서적의 또 다른 중심지였다. 저자 엘리엇은 그러브 스트리트(Grub Street)에 거주하는 다채로운 인물로서 열정적인 친불주의자였고 셰익스피어나 필드와 마찬가지로 워릭셔 출신이었다. 또한 셰익스피어가 프랑스 정세에 관심을 갖게 된 또 다른 원천이기도 했다.[149]

『사랑의 헛수고』에 등장하는 수수께끼 같은 농담 중의 하나는 '프랑스 소동'에 대한 것으로(3막 1장 7), 희곡의 출간 일을 근거로 따져 보면 이는 1593년 4~5월에 런던에서 발생했던 이민 반대 폭동을 암시하는 것으로 추정된다. 셰익스피어가 재현했던 나바르의 축제 분위기는 1593년도 런던의 현실과는 정반대였다. 당시 런던에서는 도제 집단이 끔찍한 반 프랑스 구호를 외치면서 거리를 행진했다.

> 기도하는 너희들의 성전에서 너희들의 목을 베리라.
> 파리 대학살에서도 그렇게 많은 피를 흘리지는 않았다

소요가 발생한 시기는 리처드 필드의 블랙프라이어스 출판사가 『비너스와 아도니스』를 인쇄한 시기와 정확하게 일치한다. 프랑스 출신 재클린은 당시 소요로 적잖이 충격을 받았을 것이다.

『사랑의 헛수고』에서 프랑스는 철학적 귀족, 재치 넘치는 대화, 요염한 궁정 여인들, 상당히 복잡한 예절, 가면극, 사냥, 피크닉 등의 중심지로 등장하며, 이는 당시 영국에 팽배했던 반 프랑스주의에 대한 일종의 반격이었다. 그렇다고 셰익스피어가 반 프랑스주의를 공격할 목적으로 이 희곡을 썼다는 뜻은 아니다. 하지만 여기서 찾아볼 수 있는 프랑스에 대한 셰익스피어의 입장은 외국인을 혐오하는 군중들과는 매우 달랐고, 초기 희곡인 『헨리 6세』에서 프랑스

에 반대했던 호전적 애국주의와도 다른 것이었다. 셰익스피어는 역사적 요구에 따라 자신의 견해를 결정했겠지만 희곡에서만큼은 상상의 나래를 펴고 사랑과 철학이 다툼을 벌이는 장밋빛 프랑스 안에서 자유롭게 떠돌아다녔다.

'토마스 모어 경의 책(Booke of Sir Thomas More)'에는 이민 반대 폭동과 관련해서 셰익스피어가 쓴 것으로 추정되는 부분이 등장한다. 튜더 왕조 시대의 위대한 인도주의자이자 순교자인 토마스 모어를 노래한 이 희곡은 출간되지 못했고 아마도 무대에 올려지지도 못했을 것이다. 지금은 희귀본 원고의 형태로 영국 국립도서관에 소장되어 있다. 궁중 연회 책임자(Master of the Revels)인 에드워드 틸니(Edward Tilney)는 '폭동의 내용과 원인'에 대한 희곡 본문을 완전히 삭제하라고 요구하면서 원고 여백에 주석을 달았다. 원고는 여섯 사람의 서로 다른 필체로 적혀 있는데 그중 하나인 '핸드 디(Hand D)'가 셰익스피어의 필체라는 주장이 고문서학의 강력한 증거로 뒷받침되고 있다. 셰익스피어가 쓴 것으로 추정되는 부분은 1517년의 '사악한 오월제(Ill May Day)' 폭동을 일으킨 폭도들을 모어가 나서서 진정시키는 장면이다. 이 장면이 묘사한 사건은 1593년 폭동과 일치하므로 희곡이 쓰인 시기는 폭동 무렵이었을 것이고 따라서 검열관의 규제가 따랐을 것이다.[150]

이 장면에서, 불만 가득한 군중의 지도자 존 링컨(John Lincoln)은 '이방인'의 유입으로 물가가 상승되었다고 목청을 높인다. '은화 4펜스를 주고도 붉은 청어를 살 수 없고, 1파운드 11펜스를 주어도 버터를 살 수 없고, 9실링을 주어도 한 부셸(bushel, 곡물이나 과일 등의 중량 단위-옮긴이)의 식사거리를 살 수 없고, 노블 금화 네 개를 주어도 한 스톤(stone, 무게 단위로 14파운드에 해당한다-옮긴이)의 쇠고기를 살 수 없다.' 링컨은 또한 외국인의 식습관에 대해서도 불만을 터뜨린다. 그들은 '이상한 뿌리를 들여와서 불쌍한 도제들이 파멸하는 원인을 제공했다. 변변치 못한 파스닙(parsnip, 미나리과의 식물-옮긴이)이 대체 심장에 무슨 이익이 되겠는가?' 그러면서 이런 이국의 채소들은 '분뇨'에서 자라기 때문에 감염을 일으키고 눈을 아프게 한다고 주장했다. 이는 인종주의에서 비롯된 불만으로 풍자적인 동시에 사실적이기도 했다.

물론 관용을 호소하는 점잖은 목소리도 들린다. 폭도들은 난민을 '제거' 하고 싶어 하지만 모어는 난민의 추방에 따른 현실을 심사숙고하라고 폭도들에게 요청한다.

외국인들의 비참한 모습을 보고 있다고 상상해 보라
아기를 등에 업고 빈약한 짐을 들고
배를 타려고 항구로 해안으로 터덜터덜 걸어가고 있는 모습을 …

또한 모어는 '이방인' 이 되면 어떤 심정일지 생각해 보라고 말한다. 폭동으로 추방될 경우에 그 자신들이 처하게 될 상황이기 때문이다. 모어는 폭도를 설득해서 외국인에게 연민을 느끼고 공감을 느끼게 한다. '잔인하고 야만스런 나라에서 거절당하면 어떤 기분이 들겠는가? … 지구상에 자신이 거처할 곳이 없다면 어떤 기분이 들겠는가?' '증오로 가득한 칼을 그대 목에 들이대고 그대를 개처럼 경멸하는 사람들의 폭력적 행동에 굴복해야 한다면 어떤 기분이

들겠는가?'

> 어떤 생각이 들겠는가?
> 이런 취급을 당한다면. 이것이 이방인이 처한 상황이다.
> 그리고 이것이 그대들의 산같이 거대한 잔혹함이다.

'산같이 거대한(Mountainish)' 이란 표현은 셰익스피어의 작품 어느 곳에서도 찾아볼 수 없다. 하지만 코리오레이너스(Coriolanus)가 성난 군중들에게 연설하는 장면에서 셰익스피어가 사용했던 '산더미 같은(mountainous) 잘못' (2막 3장 119), 『리어 왕』에서 사용했던 '물밀 듯한' (1막 1장 258)이란 표현과 비교해 보라.

이렇듯 유일하게 현존하는 것으로 추정되는 셰익스피어의 자필 문학 원고에는 이민자를 위한 동정 어린 연설이 포함되어 있다. 유일하게 현존하는 셰익스피어의 말을 담은 기록이 런던의 한 이민자 가정에서 일어난 사건에 대한 회상이듯 말이다.

19장

셰익스피어가 묘사한 외국인

✠ ✠ ✠

'돼지와 프랑스 인은 같은 언어를 말한다. 꿀꿀!'

1590년대에는 극장 희극에도 거칠고 사나운 외국인 혐오 바람이 불었다. 스페인 인, 네덜란드 인, 이탈리아 인 등 가릴 것 없었겠지만 주요 표적은 프랑스 인이었다. 위의 문장이 실린 윌리엄 호프턴(William Haughton)의 『돈 대신에 영국인(Englishmen for My Money)』(1598)은 전형적인 희극으로, 런던에 거주하는 이민자 상인이 자신의 세 딸을 부자 외국인과 결혼시키려고 온갖 계략을 쓰나 결국 실패로 끝난다는 줄거리다.

셰익스피어는 희극적인 프랑스 인을 작품의 적재적소에 배치하길 즐겨했다. 르봉(Le Bon)은 『베니스의 상인』(1596년경)의 단역으로 포샤(Portia)의 구혼자 중 하나이다. 여기서 포샤는 프랑스 인의 과도한 우월감에 대한 자신의 생각을 토로한다.

그는 나폴레옹보다 좋은 말을 소유하기는 했지만 그의 못된 습관은 팔라틴 백작(Count Palatine, 옛 독일이나 영국에서 자기 영토 내에서의 일부 왕권 행사가 허가되었던 영주-옮긴이)보다 더 사람의 눈살을 찌푸리게 한다. 그는 남자도 아니다. 그는 개똥지빠귀가 노래할 때면 좋아서 까불며 뛰어다닐 것이다. 자신의 그림자로 자기 주변에 담을 쌓을 것이다. 내가 스무 명의 남편과 결혼해야 하더라도 절대 그와 결혼하는 일은 없을 것이다. (1막 2장 55~60)

『윈저의 명랑한 아낙네들』에서는 프랑스 인 카이우스 박사(Dr Caius)를 등장시켜 좀 더 풍요로운 즐거움을 제공했다. 카이우스 박사는 프랑스 인에 따라붙는 평판답게 허세가 많고, 성미가 급하고, 호전적인 인물이다. 젊고 아리따운 앤 페이지(Anne Page)를 쫓아다닐 때는 외설스럽거나 지나치게 흥분한다. 외설스런 언행 또한 프랑스 인 하면 연상되는 평판 중의 하나였다. 좀 더 사회적인 맥락에서 보면, 카이우스 박사는 의사로서 '명망 높은 프랑스 인 의사 카이우스 박사'를 찾아오는 고급 영국인 환자들에게 '배변약'으로 변통에 도움을 준다. 이는 프랑스 의사들에 대한 일반적인 관념이기도 했다. 내쉬는 『밤의 공포(Terrors of the Night)』(1594)에서 돌팔이 의사를 가리켜 '프랑스 의사처럼 엉터리 영어만을 말한다.'고 풍자적으로 묘사하기도 했다.

카이우스 박사의 희극적인 요소는 대부분 그가 사용하는 엉터리 영어에서 나온다. 그가 무대에 처음 등장하기 전에 가정부 퀴클리 부인은 다음과 같이 관객의 흥미를 자극한다. '여기 신의 인내를 저버리고 왕의 영어를 욕보이는 늙은이가 올 것이다.' 카이우스의 악센트로 인해 단어는 이중의 의미를 갖는다. 예를 들어 카이우스는 '맹세코(by my troth)'를 매춘부를 뜻하는 'trot'로 발음한다. 또한 무심결에 프랑스어를 사용하다가 허둥지둥 영어로 바꿔 자신이 구사하는 영어의 결점을 감추려 애를 쓰지만 실수만 연발할 뿐이다.

비록 고정관념에 따른 추론이기는 하지만 아마 마운트조이 가정에서도 이민자들의 이런 불완전한 영어가 사용되었을 것이다. 일반적으로 엘리자베스 시대의 연극에 등장하는 외국인들의 방언은 현실에서보다 더 희극적으로 표현되었다. 카이우스의 프랑스식 영어는 나중에 호프턴의 『돈 대신에 영국인』에 등장하는 델리온(Delion), 마스턴의 『잭 드럼의 기분전환(Jack Drum's Entertainment)』(1600)에 등장하는 존 포데킹(John Fotheking), 채프먼의 『자일스 구스캡 경(Sir Giles Goosecap)』(1601년경)에 등장하는 불라커(Bullaker) 등의 인물을 통해 재현된다.

카이우스 박사는 여왕 앞에서 공연하기 몇 주 전에 급조된 경망스러운 등장인물이었다. 이 미미한 역에는 서둘러 설정된 흔적이 역력한데, 연극의 개막 장면에서 인물의 특징을 보여 주었던 특색 있는 화법은 이내 흐지부지 사라지고 우스운 악센트만 귀에 남는다. 연극이 순회공연에 돌입하자 카이우스의 프랑스 풍 특징은 모호해진다. 순회공연을 위한 희곡 요약본을 바탕으로 만든 1602년도 4절판 『윈저의 명랑한 아낙네들』에서 카이우스는 프랑스 인뿐 아니라 독일인으로까지 둔갑한다. 이는 지방 관객들 앞에서 공연할 때는 국적에 상관없이 그저 오래된 외국어 악센트나 어휘면 충분했다는 뜻이다. 따라서 셰익스피어가 의도했던 카이우스는 프랑스 인이라기보다 평범한 외국인의 한 사람이었다.

내용이 역사적이고 애국적인 『헨리 5세』(1599)에도 프랑스에 대한 언급과 농담이 등장한다. 이 희곡에는 셰익스피어의 작품으로는 유일하게 대사가 모두 프랑스어로 된 장면이 포함되어 있고 다른 장면에서도 프랑스어가 많이 사용된다. 셰익스피어의 프랑스어 기본 구사 능력은 명쾌했으므로, 적어도 본문에서 눈에 띄는 몇몇 실수는 무능한 필경자나 식자공의 잘못임이 분명하다. 『헨리 5세』에 등장하는 프랑스어 대화에 대해서는 아마도 J. 도버 윌슨의 견해가 옳을 것이다. '셰익스피어의 필체, 식자공이 프랑스어에 무지했다는 점, 어린 배우를 돕기 위해 소리 나는 대로 철자를 썼으리라는 점, 사용한 프랑스어가 초기 근대 프랑스어 형태였으리라는 점 등을 고려한다면 셰익스피어가 구사한 프랑스어가 그리 틀리지 않았다고 생각된다.'[151] 셰익스피어는 대사에 프랑스어를 사용해야 하는 경우에 언어 교본을 참고했을 테지만 당연히 원어민의 도움도 받았을 것이고 그 원어민의 한 사람이 마리 마운트조이일 가능성은 배제할 수 없다. 셰익스피어는 '적절한' 프랑스어를 사용하기 위해 무대 관행을 버렸다. 이는 연극상의 위험을 감수한다는 계산된 선택이었다. 비록 관객의 많은 수가 프랑스어를 전혀 이해하지 못했지만 '프랑스라는 광대한 땅'을 배경으로 역사적 사건이 펼쳐지는 자신의 연극에 새로운 차원의 사실주의를 보탠 셈이었다.

셰익스피어는 존 플레처와 함께 집필한 후기 희곡 『헨리 8세(Henry Ⅷ)』에서 '이곳저곳을 여행한 한량'이 프랑스식으로 변한 고향으로 돌아와 '궁정을 다툼과 말과 재봉사로 가득 채운다는' 줄거리를 전달하면서 영어 대사 사이사이에 프랑스어를 재치 있게 끼워 넣었다. 희곡에서 의전장관과 토마스 로벨 경(Sir Thomas Lovell)은

'우리의 신사들(messieurs)' 이 '프랑스에서 들여온 어리석은 짓과 옷을 그대로 두기를' 원한다며 토론한다. 그리고 프랑스에서 들여온 유행의 예로 '싸움과 불꽃놀이', '테니스와 긴 스타킹', '짧은 반바지' 등을 열거한다.(1막 2장 19~31) 『헨리 8세』는 1613년에 글로브 극장에서 공연되었다. 따라서 프랑스 인의 경망스러운 행동에 대한 간결하고 재치 있는 표현은 셰익스피어가 소액청구재판소에서 한 프랑스 인을 위해 진술했던 무렵에 쓰였을지도 모른다. '다툼과 말과 재봉사' 는 벨롯 대 마운트조이 사건을 둘러싸고 지리멸렬하게 끌어온 논쟁에 대한 자신의 견해를 정리한 단어일 수도 있다.

이런 희곡에서 셰익스피어는 허영심이 강하고, 경망스럽고, 말다툼하기 좋아하고, 외설스럽다는 프랑스 인에 대한 익살스런 편견을 내비치기는 했지만 그런 편견에 그다지 열정적으로 매달렸던 것 같지는 않다. 셰익스피어는 역사극에서는 호전적 애국주의의 요소를 담고, 희극에서는 관객이 쉽게 웃을 수 있는 내용을 담았다. 더욱 흥미로운 사실은 셰익스피어가 이민 온 외국인에 대한 영국인의 편견에 도전하는 경향을 보였다는 것이다. 이런 경향은 '모어' 경에 대한 글에서도 엿볼 수 있고 유태인인 샤일록(Shylock)을 묘사할 때도 드러난다.

『베니스의 상인』은 반 유태인 정서가 대중 사이에 팽배했던 1596년경에 완성되었다. 1590년대 들어 유태인을 대상으로 한 악명 높은 사건이 발생했는데, 여왕의 독살 음모를 꾸몄다는 이유로 확실한 증거도 없이 포르투갈 계 유태인 로데리고 로페즈(Roderigo Lopez) 박사를 처형한 사건이었다. 박사에 대한 재판은 객관성을 잃고 반 유태인 정서를 반영하면서 사형 판결로 결론지어졌다. 이 무렵에 애드미럴스 멘이 말로의 비극적 소극(笑劇, 희극 중 가장 간단하고 저속한 종류-옮긴이) 『말타의 유태인(The Jew of Malta)』을 그토록 자주 무대에 올렸던 것도 우연이 아니었다. 이 희곡의 저변에는 말로의 아이러니가 가득 흐르고 있어서 반유태주의로 해석하는 것이 정당한지 의심을 품게 하지만 여하튼 반 유태인적인 작품으로 읽힐 수 있었다. 윌리엄 라울리(William Rowley)가 이후에 쓴 희곡 『돈의 추구(A Search for Money)』(1609)에서는 늙은 고리대금업자가 '말타의 유태인의 인조 코를 단 가면'을 쓰고 있는 것으로 묘사된다. 샤일록이 이와 비슷한 가면을 착용한 것이 아닌지 의심하는 사람들도 있지만 그럴 가능성은 희박해 보인다. 『베니스의 상인』은 유태인을 철두철미한 악당이 아닌 미덕과 결점이 뒤섞인 완성된 인물로 제시했다는 점에서 혁신적인 작품이다. 샤일록은 유명한 연설에서 유태인과 기독교인을 가르기보다는 훨씬 심오한 공통된 인간성에 호소한다.

> 유태인에게 눈이 없소? 손이 없소? 장기가 없소? 깊이가 없소? 감각과 애정과 열정이 없소? 유태인도 기독교인과 똑같은 음식을 먹고, 똑같은 무기에 상처를 입고, 똑같은 질병에 걸리고, 똑같은 방법으로 치유되고, 똑같은 겨울과 여름을 겪으면서 몸을 따뜻하게 하고 시원하게 하질 않소? 당신네들이 찌르면 피를 흘리지 않소? 당신네들이 간질이면 웃지 않소? 당신네들이 독을 먹이면 죽지 않겠소? 그러니 당신네들이 우리에게 잘못을 행하면 우리가 복수하지 않겠소? (3막 1장 52~60)

샤일록이 받았던 모욕적인 대우는 관객의 동정심을 불러일으키지만 희곡의 효과와 복수를 향한 그의 무자비한 갈증은 이런 동정심을 팽팽하게 긴장시킨다. 관객들이 어느 정도까지 동정심을 품을 수 있는지는 관객 각자에게 달려 있다.

엘리자베스 여왕 시대 사람들의 마음속에 자리한 아웃사이더의 전형은 자신들에게 친숙한 유태인이 아니라 아프리카 흑인이었다. 인종상의 아웃사이더를 다룬 셰익스피어의 전형적인 작품으로 『오셀로』를 들 수 있는데, 오셀로를 '무어인(moor)'으로 묘사한 것은 오셀로의 인종적 기원에 대한 불확실성을 내포한다. '무어인'은 당시에 모리태니아(Mauretania, 현재의 모로코와 알제리에 위치했고 로마 제국에 속했던 고대 지역-옮긴이)로 불렸고 현재는 마그레브(Maghreb, 북아프리카의 모로코, 알제리, 튀니지에 걸친 지역-옮긴이)로 불리는 지역에 거주했던 베르베르 아랍 인종을 정확하게 일컫는다. 그런데 엘리자베스 여왕 시대 사람들은 베르베르 아랍 인종을 '황갈색 무어인(tawny Moors, 『베니스의 상인』에서 모로코 왕자가 이렇게 불렸다.)'으로, 아프리카 흑인을 '검은 무어인(black Moors)'으로 불렀다. 최근에 앤서니 홉킨스(Anthony Hopkins)와 벤 킹슬리(Ben Kingsley)가 아랍인으로 오셀로를 연기했지만 대사에서 '두꺼운 입술'과 '거무스름한 가슴' 등 경멸적인 언어를 사용함으로써 오셀로가 아프리카 민족이라는 사실을 암암리에 나타냈다.〔이 희곡의 본문에서 자주 언급되는 '우연히 내 피부가 검기 때문에'로 시작하는 말은 실제로 아무런 인종적 단서가 되지 않는다. 당시에 사용되곤 했던 '검은(black)'이란 단어는 검거나 까무잡잡하다는 뜻이기 때문이다. 예를 들어 엘리자베스 여왕은 휘트기프트 대주교(Archbishop Whitgift)를 '작고 검은(black) 감독관'이라고 불렀다.〕

엘리자베스 여왕 시대에는 런던과 기타 항구 도시에 가면 아프리카 흑인을 볼 수 있었다. 그들은 대개 서아프리카 인으로 대서양을 넘나드는 노예무역의 대상이었다. '검은 무어인' 하인은 당시에 유행하던 진귀한 상품으로, 행정장관 폴 베이닝(Paul Bayning)은 집에 흑인 하녀 세 명을 두기도 했다. 런던 교구의 등록부에는 토마스 러브 선장의 하인 '존 컴퀵(John Come-quicke), 검은 무어인', 웨스트 스미스필드(West Smithfield)의 양조업자 밑에서 일하는 '이름이 프라운시스(Frauncis)로 추정되는 흑인' 등이 기재되어 있다. 매우 드물게는 '카산고에(Cassangoe)', '에아스파뇨(Easfanyyo)' 처럼 아프리카 이름이 기재된 경우도 있었다. 1596년에 여왕은 추밀원에 '최근에 이곳 영토에 검은 무어인이 많이 들어왔다. 그런 종류의 사람들이 이 땅에 이미 지나치게 많다.'[152]고 말했다. 그들을 일컫는 단어로는 '에티오피아 인(Ethiops)' 도 있었는데 이는 어원이 그리스어로 '탄 피부' 라는 뜻이었고, 아프리카 내륙을 포함하는 총칭적인 의미로 사용되었다.

오셀로는 셰익스피어 희곡에 등장하는 최초의 아프리카 인이 아니었다. 셰익스피어의 초기 희곡 중 하나로 1580년대 말에 완성된 것으로 추정되는 『타이터스 안드로니커스』에도 검은 무어인 아론(Aaron)이 등장한다. 아론은 흑인이고 악당이다. 피부가 '숯처럼 검고' '머리카락은 양모처럼 꼬불꼬불했다.' 이런 표현으로 미루어 아론은 분명히 피부가 검었으며 사악하기까지 했다. 상징적인 장면은 아론이 타이터스의 절단된 손을 들고 만족스러운 표정을 짓는 부분이다.

그런 생각을 내게 잔뜩 집어넣다니
얼마나 비열한 짓이었던가!
선한 일일랑 바보에게나 시키고 공정한 사람에게 자비를 베풀라 하라.
아론은 그 얼굴처럼 영혼도 검게 만들 것이다. (3막 1장 201~4)

'잔뜩 집어넣다'는 표현에는 성적인 자극의 의미가 함축되어 있다. 아론은 머리끝부터 발끝까지 강력한 호색적 에너지로 똘똘 뭉친 인물이다. 『타이터스 안드로니커스』는 피의 대학살 이야기와 뚜렷하게 드러나는 난폭함 등의 요소로 사실상 말로에게 경의를 표한 작품이고, 사악한 아론의 사람을 끄는 마력은 전형적인 말로 풍의 비틀기이다. 아론은 자기 꾀에 넘어가는 카리스마 넘치는 범죄자이다. 피챔이 『타이터스 안드로니커스』의 한 장면을 그린 소묘를 통해 무대 위에 선 아론의 모습을 볼 수 있다.(삽화 22) 이 소묘에서 아론은 잉크로 까맣게 칠해진 인물로서 보는 사람으로 하여금 시선을 돌리게 만든다.

『타이터스 안드로니커스』에서 흑인은 이국적이고 사악한 악당이지만 10여 년이 흐른 후에 『오셀로』를 구상하면서 셰익스피어가 사용한 접근법은 좀 더 복잡했다. 그는 인습을 파격적으로 타파해서 흑인을 영웅이자 '고귀한 무어인'으로 만들고 백인 부하를 악당으로 만들었다. 그가 이아고를 악당으로 등장시킨 숨은 목적은, 오셀로를 잔인한 인물로 끌어내려 다시 한 번 '검은 무어인'에 대한 고정관념으로 오셀로를 옭아매려는 것이었다. 이아고는 속임수와 계략을 사용해서 관객에게 그리고 자신에게 오셀로가 살인을 저지른

괴물이라 각인시킨다.

오셀로는 유럽 가정에 입양되어 명성과 지위를 얻었지만 그런 지위는 깨지기 쉽다. 이아고는 이민자의 성공으로 자신의 특권이 배제당했다는 적개심을 품은 계급 출신으로, 외국인인 오셀로가 이룬 통합의 과정에 역행해서 행동한다. 이아고의 목소리는 인종차별을 부르짖는 설득력 있는 목소리로서 그의 영향을 받은 사람들 즉 데스데모나의 아버지인 브라반티오(Brabantio)와 데스데모나에게 구혼했다가 거절당한 멋쟁이 로데리고(Roderigo)를 통해 메아리친다. 개막 장면에서 오셀로는 '두꺼운 입술', '늙고 검은 양,' '바르바리(Barbary, 이집트 서부에서 대서양에 이르는 옛날 바바리 지역을 포함한 아프리카 북부 지역-옮긴이)의 말', '마귀' 등으로 불리며 중상모략을 당한다. 이는 로데리고처럼 베네치아 출신의 '머리카락이 곱슬곱슬하고 부유한 멋쟁이'와 대조되는 표현이다. 희곡은 다른 인종과의 결혼에 내포된 '지위 불균형'을 말한다. 데스데모나는 '똑바로 보기 두려운 것과 사랑에 빠졌다.' 사람들은 결혼이라는 단순한 형식만으로는 이런 파격을 무마할 수 없다고 생각한다. '근본이 없는 야만인과 무척이나 섬세하고 신비스런 베네치아 인과의 깨지기 쉬운 맹세'이기 때문이다. 여기서 '근본이 없다는(erring)' 말은 정해진 거처가 없이 방랑하는 사람이란 뜻이다. 이아고는 '도가 지나치게 온갖 곳에서 제멋대로 행동하는 이방인(an extravagant and wheeling strange/Of here and everywhere)'이라며 오셀로를 넌지시 비꼰다. 여기서 'extravagant'는 라틴어에서 파생된 말로 한계를 벗어나 나쁜 길로 빠진다는 뜻이고 'wheeling'은 이아고의 바람대로 오셀로가 원시적이고 야만적인 상태로 돌아간다는 뜻이다. 이런 역행의 고리는 비극에서 오래 전부터 사용해 왔던 수사이다. 이런 수사는 고대의 비극적 영웅인 오이디푸스(Oedipus)의 이름에서도 찾아볼 수 있다. 오이디푸스라는 이름은 만곡족(彎曲足, 발목, 발뒤꿈치, 발가락 모양이 휘거나 뒤틀린 선천적인 발 기형-옮긴이)이란 뜻의 그리스어 'oedipod'가 어원으로, 오이디푸스가 행한 극악스러운 행위의 퇴행성을 육체적인 상징으로 나타낸 것이다.

셰익스피어는 마운트조이 집에서 살았던 1603~4년에 『오셀로』를 썼다. 크리플게이트의 프랑스 인 머리 장식 제작자와 베네치아의 아프리카 인 용병대장 사이에는 다른 점이 많지만 이민자나 '외국인'이라는 사회적 정체성은 동일했다. 그들의 지위는 당장은 높을지 모르지만 취약하기 그지없었다. 그들은 정착했다 하더라도 근본적으로 일시적일 수밖에 없는 존재였다. '온갖 곳에서 이방인'이었던 것이다. 호색적인 프랑스 인, 탐욕스러운 유태인, 야만적인 아프리카 인이라는 고정관념의 세계 속에 갇혀 있던 그들은 때때로 자신들이 사회의 요구에 따라 희극적이거나 소름끼치는 역할을 연기해야 하는 배우라고 느꼈다.

20장

다크 레이디

✠ ✠ ✠

'옛날에는 흑인을 미인으로 생각하지 않았다. …' 셰익스피어가 구사했던 외국 풍 소재 가운데 아직 살펴보지 않은 것이 있다. 바로 그의 소네트에 등장하는 '다크 레이디(Dark lady)'다. 다크 레이디가 셰익스피어와 실제로 불륜 관계를 맺었던 여인을 바탕으로 한 인물인지 아닌지는 불문하고라도 그녀가 신체적인 특징을 통해 정체성을 부여받은, 희곡의 한 등장인물임은 분명하다. 그녀의 눈은 칠흑같이 검고 가슴은 암갈색이고 머리카락은 '검은 철사'를 닮았으며 안색은 창백하다. 머릿속에 떠오르는 이미지는 이국적 외모의 여성, 아마도 지중해 인종일 것이다. 가슴을 '암갈색'이라 묘사한 것으로 보아 피부색은 갈색이거나 올리브색이지만 뻣뻣한 머리카락은 흑인 여성을 암시할 수도 있다. 그러나 셰익스피어가 그녀를 '검다고' 묘사했다 해서 반드시 흑인인 것은 아니다. 다만 영국인들이 아프리카의 '검은 무어인'에 대해 느끼는 위험한 이방인의 이미지를 지닌 인물인 것은 분명하다.

'다크 레이디'라는 명칭은 셰익스피어가 붙인 것이 아니라 현대인이 붙인 것이다. 그녀가 등장하는 28편의 소네트에서도 '다크 레이디'란 명칭은 사용되지 않고 '그대'로 불리거나 '나의 여인'이나 '나의 사랑'으로 불린다. '레이디'라는 단어가 그녀의 사회 계급에 대해 의도치 않은 의문을 품게 하는 면은 있지만, '다크 레이디'는 사실 그녀를 정확하게 요약한 표현이다.

셰익스피어는 다크 레이디에 대해 노래할 때 다시 한 번 상투적인 개념을 활용한다. 시 속의 '다크' 레이디는 분명히 피부가 검고 '페어(fair, 살결이 흰-옮긴이)'와 대치되며,〔따라서 대부분의 소네트에서 노래하는 '페어 유스(Fair Youth)'와 대치된다.〕 그녀를 향한 시인의 강렬한 성적 끌림은 소네트에서 미인을 묘사할 때 친숙하게 사용하는 미사여구와 대치되어 표현된다. 소네트 130번의 서두를 보자.

> 내 여인의 눈은 전혀 태양을 닮지 않았다
> 차라리 산호가 그녀의 빨간 입술보다 훨씬 더 빨갛다
> 눈은 흰데, 어째서 그녀의 가슴은 암갈색인가 …

필립 시드니 경이 노래한 스텔라(Stella)의 눈은 '하얀 눈에 내리쬐는 아침 태양' 같고, 셰익스피어의 루크리스는 '산호 입술'과 '눈처럼 하얗고 보조개가 들어간 뺨'을 가졌고, 또 비너스는 '달콤한 산호색 입술'을 가졌다. 이는 미를 찬양하는 상투적인 표현으로, 셰익스피어는 자신이 노래했던 이미지를 포함, 1590년대 초의 규범적인 이미지를 위의 소네트에서 되풀이한 후 이를 역전시켜 다크 레이디를 묘사했다. 즉 소네트의 여인은 상투적인 낭만적 이미지에

는 맞지 않지만 시인에게는 불가항력적으로 매력적이다. '그러나 맹세코 나의 사랑은 진귀한 것이다./어긋난 비교에 모순되는 만큼이나.'

'다크 레이디'를 노래하는 소네트의 집필 날짜는 확실하지 않지만 최소한 두 편(138번과 144번)은 재거드가 해적판 『열정적인 순례자』에 셰익스피어의 승인 없이 실었던 1599년에는 완성 상태였다. 해적판에 실린 다른 소네트 두 편은 『사랑의 헛수고』에서 통째로 인용한 것인데, 『사랑의 헛수고』에서 공주의 시중을 드는 프랑스 여인으로 요염한 다크 레이디 로잘린(Rosaline)을 등장시킨 것도 아마 우연이 아닐 것이다. 비론(Berowne)은 금욕하겠다고 맹세했지만 무기력하게도 로잘린에게 끌린다. 비론은 짐짓 태연한 척하면서 로잘린을 이렇게 묘사한다.

> 우단 같은 눈썹에 안색이 창백한(whitely) 바람기 있는 여인
> 얼굴에는 역청 같은 눈동자 두 개가 박혀 있다.
> 그녀는 영원히 맹세코 그렇게 행동할 사람이다.
> 아르고스(Argus, 백 개의 눈을 가진 거인-옮긴이)가 그녀의 심복이요 호위자일지라도 (3막 1장 191~4)

'whitely'는 창백하거나 혈색이 나쁘다는 뜻으로 피부색이 아닌 안색을 표현한 것이다. 그녀의 눈썹과 눈은 우단과 역청처럼 강렬한 검은색이며, '다크 레이디'답게 그녀에게서는 '그렇게 행동할 사람'이란 표현으로 감지할 수 있듯이 성욕과 감각적인 분위기가 풍긴다. 또한 그녀의 검은 피부는 '다크 레이디'답게 화장술이나

상투적인 미와는 구별되는 자연스러움으로 찬사를 받는다.

> 단정한 내 여인의 검은 눈썹은
> 거짓 용모를 맹목적으로 사랑하는 이가
> 염색되고 괴롭힘을 당한 머리카락에 황홀해하는 것을 한탄한다.
> 그러므로 그녀는 검은 것을 아름답게 만들도록 태어났다.
> 그녀의 매력이 시대의 패션을 바꿔 놓는다. … (4막 3장 253~7)

아름다움을 둘러싼 이런 논쟁은 소네트 127번의 분위기와 매우 비슷하다. '옛날에는 흑인을 미인으로 생각하지 않았다. …/하지만 지금은 피부 검은 미인이 대대로 이어진다.'

로잘린에게는 많은 찬사와 모욕이 뒤따랐다. 비론의 친구들은 로잘린을 '흑단처럼 검다'며 멸시했고 '굴뚝 청소부'와 '탄광 광부', 심지어는 '에티오피아 인'으로 취급했다. 하지만 로잘린 덕택에 왕은 '에티오피아 인이 자신들의 매력적인 얼굴빛을 자랑스러워한다.'고 말한다. 이는 희극적인 과장법이지만 어쨌든 '다크 레이디' 시리즈에서와 같이 검은 피부의 여성과 위험한 외국인인 검은 무어인 사이에는 은유적인 연결점이 있다. 흥미로운 점은, 프랑스 인인 카이우스 박사 또한 우습게도 '에티오피아 인'으로 불렸다는 것이다. 셰익스피어는 이렇게 해서 프랑스의 어둠(darkness)과 아프리카의 검음(blackness)을 장난스럽게 연결시켰다. 아마도 카이우스 박사 역을 맡았던 배우는 눈에 띄게 검은 가발과 수염을 달고 연기했을 것이다.

1590년대 중반의 『한여름 밤의 꿈』에서는 키가 크고 피부가 흰 헬레나(Helena)와 키가 작고 피부가 검은 헤르미아(Hermia)가 대조된다. 헤르미아는 '황갈색 타타르인', '갈까마귀', '에티오피아 인'으로 불린다. 두 소녀는 사랑의 묘약으로 한여름 밤의 혼란을 겪고 난 후에야 비로소 자기 짝을 차지한다. 이 희곡에는 『사랑의 헛수고』에서처럼 갈색 머리카락과 금발 머리카락의 상대적인 장점을 놓고 벌이는 농담조의 논쟁이 등장한다. 테세우스 공작(Duke Theseus)이 보기에는 검은 피부의 여성을 선호하는 것은 일종의 미친 짓이다.

> 연인과 광인의 뇌는 이렇듯 들끓는다. …
> 사람은 광대한 지옥에 있을 때보다 악마를 더 많이 본다.
> 그들은 미친 자들이다. 광란의 연인은
> 이집트의 눈썹에서 헬렌의 아름다움을 본다. … (5막 1장 4~11)

마지막 줄은 '피부가 흰 헬레나' 대 '집시('집시'는 이집트 인이다.) 같은 헤르미아', 또 트로이의 헬렌 대 클레오파트라라는 이중의 상반된 개념을 제시한다.

1590년대에 등장한 이 같은 온화한 희극들은 검은 눈썹의 관능적인 여인이 주는 즐거움을 노래하고 아름다움에 대한 인습적인 이상과의 흥미진진한 차이점을 노래한다. '다크 레이디' 시리즈는 이런 개념을 더욱 과도하고 극단적으로 표현했다. 그렇다면 셰익스피어는 진심으로 이런 개념을 전달하고자 했을까? 엄밀하게 말하자면 소네트의 '나'를 딱히 윌리엄 셰익스피어라고 볼 수 없고 시는 감정적인 일기의 연장도 아니다. 하지만 시에서 모든 사적인 의미를 벗겨 내면 감동이란 찾아볼 수 없는 문학적인 변주가 될 뿐이므로 이 또한 시인이 의도한 바는 아닐 것이다. 후기 비극인 『안토니와 클레오파트라』에서 클레오파트라는 '황갈색 피부', '집시', '호색적인' 여성으로 묘사된 관능의 상징으로, 지금으로 말하자면 나이 들었으나 여전히 호색적인 '마력'을 지닌 '다크 레이디'였다. 그리고 저자가 상상하기로는 『명랑한 아낙네들』의 나무랄 데 없는 영국인 앨리스 포드 또한 검은 머리카락의 소유자였을 것이다. 팔스타프가 앨리스 포드에게 구애하면서 다소 음탕하게 '엉덩이(scut)가 검은 내 하얀 암컷'이라 불렀기 때문이다. scut은 암사슴의 엉덩이로 여기서는 삼각형 모양의 은밀한 부분을 가리킨다.

셰익스피어가 검은 피부와 이국적인 외모를 지닌 여성에게 성적으로 매료되었다고도 볼 수 있고, 이국적인 것이 그에게 다른 방식으로 생동감과 흥미를 불러일으켰다고도 말할 수 있다.

'트리비얼 퍼수트(Trivial Pursuit)'라는 퀴즈 게임에 '셰익스피어 희곡에 가장 많이 등장하는 이름은 무엇일까?'라는 질문이 나왔다. 답은 '안토니오'로 모두 일곱 번 등장한다. 엘리자베스 여왕 시대와 제임스 1세 시대의 영국을 통틀어 가장 위대한 극작가가 쓴 37편의 정통 희곡 가운데 그 시대 영국을 배경으로 한 작품이 단 한 편도 없다는 사실은 무척 호기심을 끈다. 『리어 왕』과 『심벌린』은 고대 영국을 무대로 했고, 역사 희곡은 자신이 태어나기 한 세대 전인 중세와 초기 튜더 왕조 시대 영국을 배경으로 했다. 이외에는 엘리자베스 여왕 시대 사람들의 말대로 '바다 건너' 외국 즉 베로나가 두 번, 베네치아가 두 번, 시실리가 두 번, 아테네와 비엔나, 나바르와 루시용, 일리리아(Illyria), 보헤미아와 덴마크 등이 희곡의 배경이 되었다. 『뜻대로 하세요』는 부분적으로 아든 숲(Forest of Arden)을 배경으로 했는데 아든 숲은 셰익스피어의 어머니인 메리(처녀 때 이름이 아든) 가족의 출신지로 영국에 실제로 존재하는 지명이다. 하지만 셰익스피어와 동시대 작가였던 토마스 로지(Thomas Lodge)의 소설 『로잘린드(Rosalynde)』를 주요 출처로 한 『뜻대로 하세요』의 명목상 배경은 프랑스 북부이고, 르 보(Le Beau), 아미엥(Amiens), 우울한 자크(Jaques) 등의 프랑스식 이름이 등장하는 것으로 보아 이 희곡의 '아든'은 아르덴(Ardennes, 프랑스 북동부의 고원지대-옮긴이)을 뜻한다.

물론 또 다른 의미에서 이들 희곡은 모두 동시대 영국을 배경으로 한다고도 말할 수 있다. 등장인물들은 엘리자베스 여왕 시대 영어를 사용하고, 동시대의 태도와 결점을 보여 주고, 동시대의 영국 의상을 입고, 외국 이름만큼이나 영국 이름으로 불리는 경우도 많기 때문이다. 셰익스피어의 햄릿은 진짜 덴마크 인이 아니고 토비 벨치 경(Sir Toby Belch)은 일리리아 인이 아니다.

셰익스피어의 작품, 특히 희극에서는 관객이 경험했던 진정한 영국식 삶이 이국이라는 스펙트럼을 통해 미묘하게 왜곡되고 과장된 상태로 제시되었다. 이런 의미에서 셰익스피어에게 이국적인 것은 상상력을 불러일으키는 열쇠였다. 매일의 현실이 주는 친숙함으로 무미건조해진 사물과 사람을 이국적인 것을 통해 좀 더 신선하고 좀 더 자유롭게 보는 방법에 눈을 뜰 수 있었고 희극이라는 꿈속의 세계로 향하는 길을 찾을 수 있었다. 현재까지 알려진 어떤 사실로 판단해 보아도 셰익스피어는 평생 영국을 벗어난 적이 없다. 셰익스피어가 고안해 낸 이탈리아 배경이 직접적인 경험에 의한 지식의 산물인지 여부를 놓고 논쟁을 벌이려는 시도도 배경 설정이 모호하고 부주의하다는 사실에 부딪치면 무색해지고 만다. 셰익스피어는 상상 속에서 여행을 했던 것이다. 그에게 '베로나'는 장소의 이름이 아니라 '다름'이라는 자유로운 개념으로 향하는 마술적인 '주문'이었다. 셰익스피어의 마음속에서 외국은 극장 자체와 동의어로서 생기를 부여하는 과장과 변화의 장소였고, 서더크에 있는 극장 문으로 들어가면 불현듯 일리리아 해안에 앉아 있는 자신을 발견했을지도 모른다.

당시의 런던은 인종과 문화의 거대한 도가니였으며 반 시간만 부둣가를 거닐어도 유럽 전체 언어의 반을 들을 수 있었다. 하지만 활기찬 이국의 공기를 호흡하기 위해서라면 외국인이 가득한 집에서 사는 것이 가장 좋은 방법 아니었을까? 그들의 목소리는 얇은 벽을 뚫고 떠다니면서, 거리로부터 들리는 익숙한 소리에 낯설음을 더해줬을 것이다. '그때 내 머릿속에서 여행이 시작되었다. …'

제6부

섹스와 도시

Sex & the City

죄를 짓고 잘되는 사람도 있고
덕을 베풀고 망하는 사람도 있다.

–「법에는 법으로」 2막 1장 38

21장

조지 윌킨스

✠ ✠ ✠

1612년 초 여름에 스티븐 벨롯의 변호를 위해 소환된 증인 중에는 조지 윌킨스가 있었다. 그는 성 세펄커 교회 교구에 속한 '술집 주인'이었다. 나이는 36세였고 원고인 벨롯과 피고인 마운트조이를 7년간, 다시 말해 1605년부터 알고 지냈다고 했다. 그는 벨롯과 메리가 결혼식을 올리기까지의 과정에 대해서는 알지 못하기 때문에 그와 관련된 질문은 받지 않았다. 조지 윌킨스의 증언이 필요했던 것은 마운트조이가 신혼부부에게 준 살림살이의 질이 형편없었다는 사실을 확인하기 위해서였다. 윌킨스는 자신에게 주어진 역할을 충실하게 수행했다. 서기가 기록한 진술서의 내용은 이랬다.

> 원고는 피고의 딸인 메리와 결혼한 후에 증인 소유의 집에 있는 방 하나에서 살림을 시작했다. 원고는 피고인 메리의 아버지가 주었다는 살림살이 몇 점을 가져왔는데 증인이 똑같은 물건을 샀다고 가정하면 50파운드 이상은 주지 않았을 것이다.

이 증언으로 또 다른 사실을 파악할 수 있다. 스티븐과 메리는 결혼을 한 후에 실버 스트리트에 있는 집을 떠나 조지 윌킨스 집의 방 하나에 살림을 차렸다. 윌킨스는 이 날짜를 1605년이라고 증언했는데 이는 크리스토퍼 마운트조이의 진술과도 일치한다. 벨롯의 고소장에 대한 답변에서 마운트조이는 스티븐과 메리가 결혼한 후에 '본 피고의 집에서 반년 정도 살다가 떠났다고' 진술했다. 벨롯이 '더 이상 피고의 집에서 살기를 거절하고 보다 나은 대우를 받기 위해 다른 방법을 강구할 필요가 있다고 생각했던' 시점에 그들의 관계는 깨졌다. 그들은 일 년 남짓 떨어져 살았다. '고소인 부부는 1년 정도 본 피고의 집에서 떠나 살았고, 본 피고인의 아내가 죽자 다시 들어와 머리 장식 제조업의 동업자로 본 피고인과 함께 살았다.'

이런 진술을 종합해 볼 때 스티븐과 메리는 결혼식을 치르고 반년 후인 1605년 여름부터 마리 마운트조이가 사망했던 1606년 가을까지 실버 스트리트를 떠나 살았고 그동안 내내 또는 일부 기간 동안 조지 윌킨스 집에 세 들어 살았다. 윌킨스 편에서는 우정에서 우러난 호의를 베푼 행동이었을 수도 있지만 나는 그 점에 대해서는 의혹을 품고 있다. '술집 주인'이라는 단어가 암시하고 다른 증거가 확증하듯이 윌킨스는 술집을 겸비한 여관을 운영했다. 그는 카우 크로스 스트리트(Cow Cross Street)와 클러큰웰에 자리한 악평이 자자한 매음굴 언저리에 부동산을 소유했던 것으로 알려져 있고, 이에 대한 최초의 기록으로 남아 있는 것은 1610년의 교구 기록이다. 다른 증거에 따르면 윌킨스는 그 이전에 크리플게이트의 성 자일스 교회 교구에 살았다. 아마도 벨롯 부부가 1605년에 세 들어 살기 시작했던 곳은 이곳으로 일종의 하숙집이었을 것이다. 이곳은 마운트조이의 집에서 가까운데다가 벨롯의 계부인 험프리 플러드 또한 성 자일스 교회 교구에 거주했기 때문에 여러모로 편리한 곳이었다.

벨롯 대 마운트조이 사건과 관련한 이 같은 새로운 사실이 호기심을 부추긴다. 현대에 알려져 있듯이 '술집 주인' 조지 윌킨스는 작가였다. 그는 한동안 셰익스피어와 공동으로 작품을 썼다. 따라서 그가 소액청구재판소에 잠시 모습을 비춘 것은 셰익스피어의 희곡 한 편에 특정한 전기적 근거를 제공한다.

『페리클레스』가 바로 그 희곡으로 문학사가들이 폭넓게 인정하고 있는 사실은 윌킨스가 첫 2막을 쓰고 나머지는 셰익스피어가 거의 썼다는 것이다. 윌킨스와 공동으로 다른 희곡을 썼던 존 데이(John Day)가 셰익스피어의 공동 저술가라는 주장이 있기는 하지만 증거는 윌킨스에게 압도적으로 유리하다. 『페리클레스』는 1608년 초에 최초로 공연되고 다음 해에 출간된 것으로 보이는데 1664년에 이르러서 셰익스피어의 작품을 좀 더 많이 수록한 『제3이절판』에는 포함되었지만 1623년에 출간한 『제1이절판』에서는 배제되었다. 어쨌거나 셰익스피어의 후기 희곡에 큰 기여를 한 사람이 윌킨스와 같은 이류 작가였다는 사실은 실제로 다소 이상한 현상으로 받아들여지고 있다. 윌킨스의 최고 걸작의 수준은 대부분의 비평가들이 생각하는 것보다 낫다는 것이 내 생각이다. 하지만 특정 대사나 이미지, 특정 분위기의 강도, 특히 '낮은 계층의 삶'이 처했던 분위기를 생각해 볼 때 등장인물과 구조, 영감 등의 좀 더 광범위한 조건에서는 평범한 수준이었다. 윌킨스는 달변이기는 했으나 세련되지 못한 통속적 예술가라고 할 수 있다.

작가로서의 윌킨스의 경력은 매우 짧았다. 현존하는 작품은 전부 1606~8년까지 3년에 걸쳐 출간되거나 무대에 올랐다. 따라서 1605년에 벨롯 부부가 이사 왔을 당시에 윌킨스는 작가 지망생으로 출간된 작품은 아직 없는 상태였다. 윌킨스가 단독으로 쓴 것이 확실한 작품은 뚜렷한 특징이 없는 팸플릿 『바르바리의 세 가지 참사(Three Miseries of Barbary)』(1606년경), 희비극으로 분류되는 『강제 결혼의 고통(The Miseries of Enforced Marriage)』(1607), 『페리클레스』 소설본(1608) 등 세 편이다. 또한 윌킨스는 『유스티니아누스의 역사(The Historie of Justine)』(1606)를 번역한 'G. W.'일 가능성도 있다. 윌킨스가 번역을 할 수 있을 정도로 라틴어 실력을 갖추고 있었다고 생각하는 사람도 있지만 책 내용의 많은 부분은 아서 골딩(Arthur Golding)의 과거 번역문을 표절했다는 것이 좀 더 타당한 평가일 것이다. 윌킨스가 다른 작가와 공동으로 저술한 작품으로는 토마스 데커와 함께 쓴 유머집 『즐겁게 만드는 농담(Jests to Make you Merrie)』(1607), 존 데이, 윌리엄 라울리와 함께 쓴 그림 같은 희곡 『세 영국인 형제의 여행(The Travells of the Three English Brothers)』(1607), 셰익스피어와 함께 쓴 『페리클레스』 등이 있다.

『페리클레스』 본문의 서지학상의 상세한 내용은 이미 면밀하게 연구되어 왔고, 이 책의 관심은 본문을 만들어 낸 전기적 문맥 즉 흔적을 집요하게 찾아내는 것이다. 따라서 조지 윌킨스가 술집 주인이던 시절, 신혼부부인 스티븐 벨롯과 메리 벨롯의 집주인이었던 시절에 대해 살펴보고 이를 통해 셰익스피어와의 연결점을 찾아보고자 한다.

윌킨스는 소액청구재판소의 진술서에서 자신의 나이를 36세 정도라고 했다. 하지만 2년 후에 작성된 또 다른 진술서에는 40세가량으로 기록되어 있다. 이를 통해 내릴 수 있는 최상의 추측은 윌킨스가 1570년대 중반에 출생해서 셰익스피어보다 최소한 10년 정도 연하라는 것이다. 그는 월터 윌킨스의 아들로 1577년 3월 2일에 성 보톨프 교회에서 세례를 받았던 조지일 가능성이 있다. 하지만 좀 더 구미가 당기는 추측은 쇼어디치에 있는 홀리웰 스트리트(Holywell Street)에 살았고 1603년 8월 19일에 쇼어디치의 성 레오나르도 교회에 매장된 '시인 조지 윌킨스'의 아들이라는 것이다. 이런 추측은 자체로도 그럴 듯하고, 윌킨스가 자기 아들의 세례식에서 스스로를 '시인 조지 윌킨스'라고 묘사했던 것으로 더욱 신빙성을 갖는다. 윌킨스의 아버지로 추측되는 시인 조지 윌킨스의 작품이 출간된 기록은 전혀 없다. 그렇다면 그는 구송 전승 시인이었을까? 아니면 발라드 시인이거나 술집 예능인이었을까? 쇼어디치의 특별 징수세 명단에도 전혀 흔적이 남아 있지 않은 것으로 보아 그는 세대주가 아니었던 것이 분명하다.

윌킨스는 20대 중반인 1602년 초에 캐서린 파울러(Katherine Fowler)와 결혼했다. 최초로 법망에 걸린 시기도 이때였으며, '위협적인 행동'이라 할 만한 행위를 반성하고 피해자와 화해하라는 명령을 받았다. 이 사건은 그리 큰 문제는 아니었지만 나중에 그가 저지르게 될 여러 비행의 전조였다. 윌킨스는 다음 해에 아버지의 사망으로 재산을 획득했던 것으로 보인다. 1605년에 벨롯이 세 들어 살게 될 집의 소유자가 되었기 때문이다. 추측건대 이 집은 크리플게이트의 성 자일스 교회 교구에 있었다. 교구 등록부를 보면 윌킨스의 딸 메리는 1607년 12월에 세례를 받았고 1609년 9월 11일에 매장되었으며 아들인 토마스는 1610년 2월 11일에 세례를 받았다. 짧은 시간에 상대적으로 많은 작품을 썼던 윌킨스의 문학적 경력은 성 자일스 교회 교구에 거주했던 이 시기에 이루어졌다. 그는 이 시기에 자녀를 얻었고 열심히 저술에 매달렸다.

나중에 내가 추론한 내용을 소개하겠지만, 현대에 알려지지 않은 어떤 이유로 윌킨스의 문학적 경력이 갑자기 끝이 났다고 해서 그의 존재 자체가 당시 사람들의 시야에서 사라진 것은 아니었다. 특히나 하급 법정 출두 명단에 기록되어 있는 것이 대부분이기는 하지만 미들섹스 세션스(Middlesex Sessions)의 등록부와 거주자 명부에 이름이 오르는 등 그와 관련한 여러 에피소드가 전해져 내려오기 때문이다. 윌킨스는 주로 용의자 신분으로 피고석에 섰고 이따금씩 다른 용의자를 위한 증인이나 보증인으로 하급 법정을 자주 드나들었다.[153] 이러한 기록이 최초로 나타난 해는 1610년이지만 그렇다고 해서 문학적 경력이 중단된 이후에 범죄를 저지르기 시작했다는 주장은 타당하지 않다. 여러 이유로 해서 1608년 이전에 작성된 세션스 등록부의 상세한 기록이 전해지지 않고 있는데 여기에 윌킨스가 연루되었던 이전 사건에 대한 기록이 포함되었을 가능성이 있기 때문이다. 다만 윌킨스가 1605년 말에 쓴 『강제 결혼의 고통』을 검토해 보면 그가 경찰 기록에서와 마찬가지로 음울한 환경에 처했었다는 사실을 알 수 있다.

주로 클러큰웰의 하급 법원 기록에 남아 있고 때로는 올드 베일리(Old Bailey)의 하급 법원 기록에 남아 있는 적나라한 내용의 조지 윌킨스에 대한 기록을 살펴보자.

1610년 4월 4일 — 윌킨스는 앤 플레싱턴(Ann Plesington)과 화해하라는 명령을 받았다. 앤 플레싱턴은 '행실이 나쁜 여자' 혹은 '음란한 사람들의 은닉자'로 온 천지에 알려져 있다.(다시 말해서 매춘부)

1610년 4월 22일 — 윌킨스는 '그레이스 사빌(Grace Saville)이란 여성과의 불륜으로 아이를 낳은' 구두 제조인 존 피셔를 위해 10파운드의 보증금을 지불했다.

1610년 9월 23일 — 윌킨스는 '갈고리로 존 볼의 머리에 상처를 입힌' 푸줏간 주인 토마스 커츠(Thomas Cutts)의 보증을 섰다.

1611년 3월 3일 — 윌킨스는 '랜달 버크스(Randall Berkes)를 폭행하고 당시에 임신 중이던 한 여성의 배를 발로 찬' 혐의로 기소되었다. 이는 듣는 이의 눈살을 찌푸리게 만드는 잔인한 폭력 행위로 문학과 관련지어 눈여겨볼 만한 사건이었다. 윌킨스가 폭행했던 버크스는 서적 판매인이었으며, 윌킨스의 보석을 위해 보증을 섰던 사람 중 하나인 '성 로렌스 포울테니(St Lawrence Poulteney)에 거주하는 신사 헨리 고슨(Henry Gosson)'은 윌킨스의 『바르바리의 세 가지 참사』를 출간했고 1609년에는 셰익스피어와 윌킨스의 공저인 『페리클레스』를 출간했으며 1611년 사건 당시에는 『페리클레스』 재판을 출간한 이였다.

1611년 9월 2일 — 윌킨스는 '중죄를 저지른 모울린 사메스(Mawline Sames)'를 도주하게 한 혐의를 받았다. 매그달렌 사메스(Magdalen Sames) 또는 샘웨이스(Samways)는 '고리대금업자인 윌리엄'으로부터 50실링을 훔친 죄로 기소되었다. 그녀는 토마스 모리스라는 이름의 장갑 제조인과 결혼했지만 결혼 전 이름으로 언급되었다. 같은 해 좀 더 이른 시기에 다른 남성과 불륜을 저지른 죄로 투옥되었으며, 이후 소매치기와 매춘 행위로 기소 당한 바 있다. 한 가지 흥미로운 점은 그녀가 극장 흥행주인 필립 헨슬로우에게서 돈을 빌렸다는 사실이다.[154] 헨슬로우에게 부채를 상환해야 하는 기한은 그녀가 고리대금업자인 윌리엄에게서 돈을 훔친 혐의를 받은 이 무렵이다.

1611년 9월 20일 — 윌킨스가 공무 집행 중인 클러큰웰의 순경 바네스(Barnes)를 폭행했다. 이 폭행 사건은 샘웨이스 사건과 관계가 있을 것이다. 전에 윌킨스는 그녀의 도주를 도와주었고 아마도 이때는 그녀를 체포하려는 경관을 폭행했던 것 같다.

1612년 3월 26일 — 윌킨스가 또 다른 폭력 행위로 기소되었다. '그는 주디스 월턴(Judith Walton)을 난폭하게 때리고 발로 짓밟아서 들것에 실려 집에 가게 만들었다.' 이 여성은 다른 곳에 '매춘부'로 기록되어 있다.

1612년 7월 2일 — 윌킨스는 차터하우스 레인(Charterhouse Lane)의 순경 내지는 자치도시의 책임 순경인 마틴 페더바이(Martin Fetherbye)에게 '극단적인 분노' 즉 신체적인 공격을 가한 혐의로 기소되었다. 윌킨스가 면허를 상실한 것으로 보아 이 사건은 아마도 그가 운영하는 술집에서 발생했을 것이다. 영업권 상실은 일시적인 처벌이긴 했지만 어쨌든 그는 이 사건을 계기로 '생계 수단을 잃었다.' 1612년 6월 19일에 스티븐 벨롯을 위해 소액청구재판소에 모습을 드러낸 시기는 폭력 행위로 인해 법정에 두 번 출두한 사이의 기간이었다.

1614년 8월 25일 — 윌킨스의 아내 캐서린이 이웃인 조이스 패트릭(Joyce Patrick)을 명예훼손죄로 고발했다. 조이스는 캐서린이 버젓이 남편을 두고 바람을 피우는 '매춘부'라고 불렀다. 조이스가 분노에 차서 격렬하게 퍼부은 모욕적인 말에는 이런 것이 있었다. '당신은 과일 설탕 절임으로 남자를 꼬드기지. 다른 사람은 양초 한 파운드가 필요한 일도 당신은 양초 일 인치면 만사형통이지. 윌킨스의 여편네, 당신 말이야.' 캐서린 측 증인은 그녀가 '예전에 한 번도 매춘부라는 소리를 들어본 적도 그런 취급을 당한 적도 없다.'고 말했지만 다른 증인은 윌킨스의 집에 음란한 여성들이 자주 드나들었고 자신은 20실링을 지불하고 그곳에서 밤을 지낸 적도 있다고 말했다.

1614년 12월 3일 — 윌킨스는 또 다시 순경을 폭행한 죄로 기소되었다. 상대방은 클러큰웰의 순경인 존 셜리(John Sherley)였다.

1614년 12월 21일 — 윌킨스가 법원에서 증언했다. 고리대금업자인 토마스 해리스(Thomas Harris)는 방탕한 젊은 상속인이자 지금은 고인이 된 존 보너(John Bonner)를 속여 재산을 갈취한 죄로 기소되었다. 윌킨스가 법원에 출두한 이유는 혐의가 있기 때문이 아니라 아마도 자신이 운영하는 술집에서 두 사람의 거래를 목격했기 때문이겠지만 윌킨스 자신이 해리스와 공모했을 가능성도 배제할 수 없다. 윌킨스의 진술을 살펴보자. 윌킨스는 보너가 '늙은 말 또는 거세된 수컷 말을 해리스가 자신에게 13파운드 6실링 8펜스에 팔았는데' '원래 가격은 그 반도 되지 않았고', 두 사람 사이에 있었던 '여러 차례의 거래에서도 자기를 감쪽같이 속였다.'면서 해리스를 비난했다고 증언했다. 또한 해리스가 '상대방의 말을 거의 반박하지 않거나 전혀 반박하지 않으면서도 자주 웃으면서 자기가 한 일을 털어놓곤 했다.' 고 증언했다.

1616년 9월 5일 — 윌킨스는 사악한 동기를 가지고 존 파커(John Parker)에게서 망토와 모자를 빼앗은 혐의를 받았다. 망토의 가치는 30실링, '검은 중절모' 의 가치는 3실링 4펜스였다. 파커는 '엄청난 공포에 시달렸고 생명의 위협을 느꼈다.'

1618년 8월 6일 — 윌킨스는 앤 배드햄(Anne Badham)을 '맞아들여 숨겨 주고 위로하여' 나라의 평화와 국왕의 위엄을 손상시킨 혐의를 받았다. 윌킨스는 앤 배드햄이 중죄를 범했다는 사실을 알고도 그렇게 했다. 앤 배드햄은 한 남성의 주머니를 털어 55실링 4펜스 2분의 1페니를 훔쳤다. 그녀가 소매치기를 한 곳도, 윌킨스가 은닉해 준 곳도 모두 카우 크로스라고 적혀 있는 것으로 보아 아마도 윌킨스가 운영하는 술집을 뜻하는 것 같다. 이 사건은 매그달렌 샘웨이스가 연루되었던 과거 사건의 반복이다. 추측건대 앤은 술집에서 일하는 매춘부로서 술집 주인인 윌킨스의 묵인 아래 손님의 돈을 훔쳤을 것이다.

마지막 사건에 대한 재판은 느린 속도로 진행되었다. 윌킨스는 9월 3일에 법정에 출두했지만 사건은 반송되었다. 법정 서기는 한 달 후인 10월 2일에 윌킨스가 사망했기 때문에 보석금 지불 의무에서 벗어났다고 기록했다. 윌킨스는 40대 초반에 사망했다.

윌킨스에 대한 이 같은 기록을 보면 폭력과 매춘이 반복적으로 등장한다. 그는 포주라는 말을 듣기도 했고 매춘부로 추정되는 여성에게 폭력을 행사하기도 했다. 심지어는 아내인 캐서린조차 '매춘부' 로 손가락질을 받았다. 발로 차고 짓밟는 등 여성에 대한 잔인한 공격은 포주들이 자신의 권위를 주장할 때 사용하는 특징적인 방법이다. 이런 폭력적인 분위기는 그의 글에도 등장한다. 방탕하고 젊은 한량 프랭크 일포드 경(Sir Frank Ilford)은 속임수를 써서 결혼한 후에 보석을 내놓으라며 아내를 괴롭힌다.

> 일포드: 내게 보석을 당장 넘겨. 그렇지 않으면 발로 차 버리겠어.
> 아내: 알았어요, 여보.
> 일포드: 염병할 여자 같으니라고, 정말 역겹군. 빨리 보석을 내놔! 팔찌도.
> 아내: 정말 비참하군요!
> 일포드: 내 눈 앞에서 꺼져, 내 집 문에서 당장 나가. 이제 이 집에 있는 것은 모두 내 것이니까. (『강제 결혼의 고통』 2185~91)

발로 차겠다는 위협과 공격적인 말투 모두 법원 기록을 통해 엿볼 수 있는 실제 사건의 상황과 매우 흡사하다. 필적학자들이라면 그의 서명에 드러나는 부츠 모양의 특이한 글씨체로 이런 특성을 알아낼지도 모른다.(삽화 25)

소액청구재판소 기록은 물론 여러 기록에서 윌킨스는 '술집 주인'으로 적혀 있다. 그가 소유한 부동산으로 주로 언급되는 것은 카우 크로스 스트리트에 있는 술집과 턴밀 스트리트〔종종 턴불(Turnbull) 스트리트〕에 있는 술집이다. 또한 마운트조이처럼 거리 두 개가 만나는 모퉁이에 집을 소유했던 것으로 보인다. 턴밀 스트리트는 공공연하게 매음굴을 연상하게 하는 곳으로 셰익스피어의 『헨리 4세 2부』에 등장한다. 여기서 섈로우(Shallow)는 '젊은 시절의 격정과 턴불 스트리트에서 거뒀던 위업'을 실없이 늘어놓는다.(3막 2장 288~300) 서그덴(Sugden)은 『풍토기 사전(Topographical Dictionary)』에서 턴밀 스트리트를 '런던에서 가장 평판이 나쁘고 도둑과 헤픈 여성들이 출몰하는 지역'으로 간결하게 서술했다.

현존하는 모든 증거로 볼 때 윌킨스의 부동산은 일종의 매음굴이었던 것으로 판단된다. 하지만 매음굴이란 단어가 항상 정확한 표현은 아니어서, 좀 더 모호하기는 하지만 오히려 '외설스런 집'이란 표현이 더 나을 수도 있다. 창문으로 여성의 얼굴을 볼 수 있는 본격적인 매음굴이 있었던 것은 분명하지만 매춘은 주로 비공식적이고 좀 더 산발적으로 기회가 있을 때 즉각적으로 이뤄지는 경우가 많았기 때문이다. 윌킨스의 술집에는 음식과 와인, 노름용 도구, 담배는 물론 항상 여인이 있었고 위층이나 근처에서 얼마든지 방을 구할 수 있어 언제고 쾌락을 즐길 수 있었다. 극작가였다가 목사가 된 스티븐 고슨과 같은 논평자에게는 친숙한 환경이었다.

> 매춘부들은 창문을 가린 술집 등에 세 들어 살면서 사람을 꼬드겨서 음식을 먹게 하고 케케묵은 케이크를 비우게 한다. 그들은 술집 주인의 간청을 받고 우대를 받기 때문에 집의 뒷방은 항상 그녀들 차지였다.[155]

성과 먹을거리의 관계는 로버트 그린의 글에도 묘사된다. 그린의 『남성 토끼 포획자와 여성 토끼 포획자 사이의 논쟁(Disputation between a He-connycatcher and a She-connycatcher)』(1592)에서 낸(Nan)으로 불리는 매춘부는 매음굴에서 어떤 방식으로 손님에게 터

무니없이 높은 가격을 매긴 과일 설탕 절임을 먹도록 부추기는지 설명한다.

> 물론 우리 배가 결코 부른 적은 없지만 어쨌거나 가게의 이익을 위해 우선 배가 고픈 척한다. 솜씨 좋은 포주는 여지없이 침착하고 분별 있는 교도관처럼 나타나 과일 설탕 절임을 테이블 위에 잔뜩 차려놓는다. 그러면 나는 테이블에 코를 박고 더 이상 먹을 수 없을 때라도 과일 설탕 절임을 모조리 헤집어 놓는다. 그리고 모든 음식이 맛있다는 것을 확신시켜야 한다. 그래야 손님들이 시장에서 4펜스 하는 사과 파이 값으로 18펜스를 지불할 것이기 때문이다.

캐서린 윌킨스에게 멸시하는 말투로 '과일 설탕 절임으로 남자를 꼬드긴다.'고 한 것은 윌킨스의 매음굴에서 손님들에게 과일 설탕 절임을 내놓았던 상황을 언급한 것인지도 모른다.

법률 보고서를 통해서도 매음굴의 성격을 확인할 수 있다. 조각상 같은 체격 때문에 '기다란 메그(Long Meg)'로 알려졌던 웨스트민스터의 매춘부 마가렛 바네스(Margaret Barnes)는 매춘부들이 기승을 부리던 로더히드(Rotherhithe)에서 여관이나 '술집'을 운영했다. 1562년 어느 날 그곳에서 웨스트민스터 출신 대금업자와 홀본(Holborn) 출신 전당포 주인이 '저녁을 먹고 각자 방과 여자를 요청했다.' 재커리 마셜(Zachary Marshall)은 메그 밑에서 일하는 여인의 하나인 엘렌 렘논트(Ellen Remnaunt)와 사랑에 빠져서 그녀에게 결혼을 신청했다. 아이러니컬하게도 마셜은 매춘부와 부랑자를 교도

하는 기관으로 야만적인 처벌과 특유의 성적 타락으로 유명했던 브라이드웰(Bridewell)에 근무하는 여자 교도관의 아들이었다.[156] 이는 제임스 1세 시대의 '도시 희극' 작가가 구상하기에 최상의 줄거리였다.

이제 '술집 주인인 조지 윌킨스'가 종사했던 직업의 성격을 분명하게 파악했다. 윌킨스의 술집을 드나드는 손님들도 데커의 『정직한 매춘부』(1605)에 나오는 퍼스티고(Fustigo)처럼 지냈을지도 모른다. '마음이 내키는 한 6펜스를 내고 양념된 송아지 고기 요리와 튀긴 돼지 내장으로 식사를 하고 저녁 식사 후에는 구운 사과를 먹고 매춘부와 지낸다.' (3막 1장 12~13)

22장

강제 결혼의 고통

✠ ✠ ✠

이상은 스티븐과 메리가 1605년 여름에 보잘것없는 '살림살이'를 갖고 세 들어 살기 시작한 집의 주인인 조지 윌킨스의 행적이었다. 윌킨스가 1610년에 최초로 언급된 턴밀 소재 술집 겸 매음굴을 이미 그 전부터 운영하고 있었는지는 알 수가 없다. 어쨌거나 벨롯 부부가 턴밀 지역에 있는 집에 세 들었을 가능성은 희박하다. 앞에서 거론한 이유로 해서 벨롯 부부가 세 들었던 집이 자리한 곳으로 가장 가능성이 높은 지역은 클러큰웰에서 걸어서 10분 거리에 있는 성 자일스 교회 교구였다. 그러나 어디에 있었건 간에 윌킨스의 집은 매춘부들이 상주하는 풍기가 문란하고 미심쩍은 성격의 집이었을 것이라는 의혹이 강하다.

윌킨스의 집에 벨롯 부부가 살게 된 일은 윌킨스와 셰익스피어 사이의 연결점을 파악할 수 있는 첫 사건이다. 물론 두 사람은 서로를 그 전부터 알고 있었겠지만 실제로 확인 가능한 관계는 이때부터이다. 두 사람 사이의 관계는 간단하면서도 인간적이었다. 셰익스피어가 잘 알고 있는 두 젊은이 즉 집주인의 도제와 딸이 윌킨스와 함께 살게 되었기 때문이다. 하지만 상황이 간단하지만은 않았다. 벨롯 부부를 둘러싼 상황은 불행했다. 특히 메리 편에서 생각해 보자면 가족에게서 멀어졌고 아버지와 남편은 서로 끔찍한 적대감을 품었고 이제는 매춘부들이 거주하는 건전치 못한 집에서 생활해야 할 상황이었다.

여기 동시성이 존재한다. 윌킨스와 셰익스피어가 문학적으로 관계를 맺기 시작한 것은 1605년 여름으로 이 시기와 거의 맞아 떨어진다. 현존하는 증거로 판단해 볼 때 이 시점의 윌킨스는 세상에 알려지지도 않았고 작품도 발표한 적 없는 무명작가였지만, 1605년 6월 직후부터 셰익스피어가 소속된 킹스 멘 극단을 위해 희곡을 쓰기 시작했다.

윌킨스가 당시에 썼던 희곡은 그의 가장 특징적 작품인 『강제 결혼의 고통』이었다.(삽화 26) 이 희곡은 실제 사건을 바탕으로 했기 때문에 저술 날짜가 거의 확실한데, 소재가 된 사건은 요크셔의 좋은 집안 출신인 월터 캘벌리(Walter Calverley)가 빚과 방탕한 생활에 휘말려 결국 실성해서 어린 자녀 둘을 살해한 끔찍한 사건이었다. 캘벌리는 아내 필리파(Philippa)도 살해하려 했지만 실패했다. 이 사건은 1605년 4월에 발생했으며, 뉴스 팸플릿인 『잔혹한 살인(Unnatural Murthers)』에서 이를 상세하게 서술하면서 대중들의 관심이 증폭되었다. 이 팸플릿은 6월 12일에 서적출판업조합 사무소에 출판 신고를 하고 얼마 후 출간되었는데, 윌킨스는 『강제 결혼의 고통』을 쓰면서 그 무렵 출간된 이 팸플릿을 활용했던 것이 분명하다.

『잔혹한 살인』에서 밝힌 사실 중의 하나는, 캘벌리는 젊었을 때

한 여성과 결혼을 약속했지만 후견인의 강요로 다른 여성과 결혼할 수밖에 없었다는 것이다. 캘벌리의 추락이라는 암울한 사실의 이면에는 이렇듯 어렴풋한 사랑 얘기가 감춰져 있었다. 윌킨스 희곡의 최종판에서는 바로 이런 감춰진 사랑 얘기가 중심 소재가 되었다. 즉 윌킨스의 희곡은 불행한 강제 결혼의 '고통'을 견디지 못해 술에 취하고 비행에 빠진 한 남성을 노래했다.

윌킨스는 작품을 빨리 쓰는 작가였다. 『강제 결혼의 고통』이 글로브 극장의 무대에 오른 것은 아마도 1606년 초였을 것으로 추정된다. 그해 5월에 무대 위 연기자들의 욕설을 제한하는 법령이 발효되었기 때문이다. 『강제 결혼의 고통』에는 악담과 일상적으로 사용되는 모독적 언어가 곳곳에 등장하므로 대사에 욕설을 제한하는 법령이 발효되기 이전에 공연되었을 것이다. 『강제 결혼의 고통』은 다음 해에 출간된 후에도 많은 관객을 불러들였고 이후에 세 차례나 재출간되었으므로(1611, 1629, 1637) 지속적인 인기를 누렸다는 사실을 알 수 있다.

『강제 결혼의 고통』은 당시에 뜨거운 화젯거리가 되었던 희곡 시리즈 중의 하나였다. 킹스 멘 극단은 캘벌리 사건에 특별한 관심을 가졌거나 아니면 자신들의 연극을 보러 오는 관객들이 캘벌리 사건에 특별한 관심을 갖고 있는 것으로 생각한 듯하다. 이들은 또 다른 극적인 시도로 극단의 공연 작품 목록에 짧고 황량한 내용의 『요크셔 비극(Yorkshire Tragedy)』을 포함시켰다. 1608년에 출간된 『요크셔 비극』은 '셰익스피어 외전(外典)' 목록에 포함된 것으로 초판과 제2판의 속표지, 서적출판업조합 사무실의 등록부에 셰익스피어의 작품처럼 기록되어 있다. 하지만 『요크셔 비극』을 출판한 토마스

파비에(Thomas Pavier)가 유명한 해적판 출판업자였고 이 작품이 『이절판』에 포함되어 있지 않은 것으로 보아 셰익스피어 작품이라는 주장은 일반적으로 설득력이 없다. 물론 셰익스피어가 부분적으로 가필을 했을 수는 있지만 중심 작가는 아니었다. 토마스 헤이우드, 존 데이, 윌킨스 등이 작가 후보로 언급되고 있지만 현재로서는 1605년에 『아테네의 타이몬』을 셰익스피어와 함께 썼던 토마스 미들턴이 가장 유력하다.

『강제 결혼의 고통』은 『요크셔 비극』이 지닌 강렬함이 없다. 하지만 예술적 기교가 부족하다는 점이 다른 의미에서 작품의 가치를 부각시키기도 한다. 작품을 통해 윌킨스라는 인물과 그가 속한 세계를 들여다볼 수 있기 때문이다. 희곡의 중심인물은 캘벌리의 극중 인물인 윌리엄 스카보로(William Scarborrow)가 아니라 그에 기생하는 '한량' 프랜시스 일포드 경으로 나타난다. 또한 희곡에서는 잘못된 철자가 곳곳에 눈에 띄는데 이는 윌킨스의 '초벌 원고'를 바탕으로 희곡이 인쇄되었음을 나타내는 증거로, 윌킨스의 철자법을 보여 주는 것이라 하겠다. 희곡에 등장하는 브레드 스트리트의 마이터(Mitre) 소재 술집에서 벌어지는 장면은 21장에서 열거했던 사건 기록을 통해 짐작할 수 있는, 윌킨스가 운영했던 술집의 분위기를 그대로 드러내 주는 것이다.

술집 장면으로 판단해 볼 때 윌킨스는 팔스타프 희곡을 보았거나 읽었을 것으로 추정된다. 하지만 대부분의 경우에 있어서 윌킨스의 작품에는 문학적인 영향력이 개입될 필요가 없었다. 윌킨스 자체가 자신의 경험에서 우러나 스스로 가장 잘 아는 것을 썼기 때문이다. 젊은이들은 알코올이나 폭력과 관련된 거친 농담을 입에 담고 술에 취해 싸움을 벌이고 거리에 소변을 본다. 윌킨스는 이런 모습을 속속들이 알고 있었다. 스카보로의 대사에서는 신랄한 자기 성찰을 느낄 수 있다.

사람을 뒤흔들어 소진시키는 열병처럼
나는 나 자신을 소진시켰소.
나는 그들 무리를 알고 그들의 타락한 습관을 알고 있소.
증오, 선량한 사람에 대한 혐오, 하지만 아이처럼
악함과 선함을 구별하는 방법을 가르쳐 주는
이성의 규칙에 거슬러서 나는 더 나쁜 방향으로 가고 있소. …
(1118~23)

윌킨스는 『강제 결혼의 고통』 속표지에 희망적인 라틴어 인용문을 써 놓았다. 'Qui alios seipsum docet.(타인을 가르치는 사람이 자기 자신을 가르친다.)'

23장

매춘부와 연극배우

✠ ✠ ✠

신사 같은 셰익스피어와 부도덕한 윌킨스의 관계를 놓고 어떤 연상을 할 수 있을까? 이 질문에는 두 가지 대답이 가능하다. 하나는 일반적인 대답이고 다른 하나는 구체적인 대답이다.

윌킨스를 '포주이자 극작가'로 정의한다면 유별나고 독특한 인물이 만들어지겠지만 또 다른 측면에서 생각하자면 그의 이 두 가지 모습은 무척 쉽게 맞아 떨어진다. 그가 활동할 당시에는 매춘과 극단이 밀접한 관련을 맺고 있었기 때문이다. 셰익스피어 시절의 극단은 런던의 방대한 연예 산업의 일부였다. 극장은 투계장(鬪鷄場), 고리 게임장, 볼링장, 주사위 노름장, 선술집과 매음굴 등 여러 오락과 쾌락의 장소가 모여 있는 지역 한가운데에 우뚝 서 있었다. 이런 장소들은 도시 당국의 권한을 넘어서서 주로 도시의 옛 '특별 행정 구역'에 자리했다. 글로브 극장이 있던 서더크 지역의 더 리버티 오브 더 클링크(The Liberty of the Clink)는 먼 옛날부터 매음굴이 자리 잡았던 곳이다. 매춘부들은 윈체스터(Winchester) 주교로부터

자유를 부여받았기 때문에 '윈체스터의 거위' 라고 불렸다.[157]

글로브 극장에서 매우 가까운 곳에 엘리자베스 홀랜드(Elizabeth Holland)가 운영하는 유명한 매음굴, 홀랜드 리거(Holland's Leaguer)가 있었다. 17세기의 한 목판화(삽화 28)에서 해자에 둘러싸인 채 강둑에 당당하게 서 있는 작은 성채를 볼 수 있는데, 나무 선창을 지나면 장식 못이 박힌 커다란 문에 도달하고 문 옆에는 기다란 창으로 무장한 경비원이 서 있다. 문에 나 있는 작은 사각형 창은 방문객의 신분을 조사하기 위한 것으로 이는 매음굴에 공통적으로 갖춰져 있는 특징이었다. 매음굴의 또 다른 건축학상의 특징은 격자창이었다. 격자창은 매음굴의 보안을 유지하고 남성들을 유혹하기 위한 목적으로 사용되었다. 격자창 너머로 어렴풋이 비치는 반라의 여인들은 밖에서 보기에 상당히 유혹적이기 때문이다. '창살을 통해 보이는 유방이 남자의 눈길을 끌어당긴다.'(『아테네의 타이몬』 4막 3장 117~18)

도덕적인 사람들은 믿기 어렵겠지만 당시의 극장은 자체로 매음굴의 별채에 해당했고 성행위는 연극만큼이나 커다란 오락거리였다. 앤서니 먼데이에 따르면 '사탄의 성전 즉 극장' 에서는 '매춘부가 수치스러운 것도 모르고 무대의 정면까지 밀고 들어와 … 뭇 남성들의 노리개가 되려 한다.'[158] 토마스 데커는 매춘부들이 극장에 워낙 자주 드나드는 바람에 연극 대사를 줄줄 외웠다고 기록했다. '모든 매춘부와 그들의 손님은 자신들이 들었던 대사를 외워서 마치 해설자와 그 인형처럼 큰소리로 읊을 수 있었다.'[159] 한 세대 후인 1630년대에 이르러 윌리엄 프린(William Prynne)은 극장과 매음굴의 근접성에 대해 언급했다. '콕 핏(Cock-pit)과 드루리 레인(Drury

Lane), 블랙프라이어스 극장과 듀크 험프리스(Duke Humfries), 레드 불(Red Bull)과 턴불 스트리트, 글로브 극장과 뱅크사이드 매음굴' 등이 그 예였다.[160] '연극이 끝나고 나면 헤픈 매춘부들과 간통하는 여자들이 극장 안이나 극장 근처에서 자주 매춘 행위를 했다.'[161]

매춘부는 곳곳에 있었지만 직업적인 매춘은 일부에 불과했다. 위에서 언급한 작가들에 따르면 극장은 자유롭게 밀회를 즐기고, 일시적인 연애 대상자를 물색하고, 거리낌 없이 희롱하고, '가볍고 외설스러운 성향의 사람들이' 한데 모여 '음란한 행동을 즐기고 이를 거래하는' 곳이었다. 앞서 머리 장식을 하고 진하게 향수를 뿌린 채 유혹적인 몸짓을 보여 부시노 신부의 가슴을 떨게 만들었던 여성을 살펴본 바 있다. 이들은 매춘부는 아니었지만 재미와 섹스를 찾아 나선 여인들이었다.

> 시민의 아내들은 구경거리를 찾아 나섰다가 도덕적 타락을 맛보고 정숙한 생각을 거둬 품행이 가벼운 부인네가 되었다. … 결혼한 부인들을 남편에게서 등을 돌리도록 부추기고 모임을 주선하는 모략이 있었다.

1600년에 글을 남겼던 한 무명 시인은 이런 종류의 난잡한 성행위를 글로브 극장과 연결시켰다. 글로브 극장은 '가벼운 가정주부(huswives)들이' '공공장소에서 자신을 내보이고 뽐내고 싶어서' 찾는 곳이었다. 엘리자베스 여왕 시대에 'huswife'라는 단어는 오늘날 말하는 가정주부를 뜻하기도 했지만 최소한 어원상으로 '닳아빠진 헤픈 여성(hussy)'이라는 의미도 포함했다.[162]

또한 극장은 남성들이 아내보다는 정부를 데려오는 곳이었다. 데커가 『풍자시인 공격(Satiromastix)』(1601년경)에서 묘사한 '값싼 극장에 앉아 있는 시민이 나무 열매를 까먹는 다람쥐를 옆에 둔' 사랑스런 이미지도 이와 관계가 있었다.

극장의 도덕성 감시자였던 극작가 스티븐 고슨은 극장에서 연예 대상자를 물색하는 과정을 이렇게 묘사했다.

> 런던의 극장에서는 젊은이들이 뜰로 먼저 들어가 관객들을 훑어보다가 아름다운 여인을 보면 마치 썩은 고기를 발견한 갈까마귀처럼 그리로 날아가는 것이 일반적인 풍습이었다. … 그들은 여인들에게 좋은 물건을 주고 여인들의 옷을 만지작거리고 희롱하며 이런저런 이야기를 했고 약간 안면을 익히면 연극이 끝난 후에 집으로 데려가거나 여관을 찾았다.[163]

따라서 연극인이었고 극작가인 동시에 연극 구경을 자주 했던 윌킨스는 아마 영리를 목적으로 성 매매업에 직접 종사했을 것이다. 그가 운영하던 술집은 관객들이 '연극이 끝난 후에 찾아가는' 곳이었으며, 주 고객은 북부에 자리한 클러큰웰의 레드 불 극장(1604년경부터 영업을 시작했다.) 관객들이었을 것이다.

극장과 매춘의 연결 관계가 계속되는 가운데 1604~5년에 이르자 무대 위에서의 매춘에 대한 관심이 더욱 각별해졌다. 이 짧은 시기에 매춘부가 주인공으로 등장하는 연극이 세 편 공연된다. 존 마스턴의 『네덜란드 매춘부(The Dutch Courtesan)』('칠드런 오브 더 레벌스(Children of the Revels)가 블랙프라이어스에서' 1604년경에 공연했고 1605년에 책으로 출간되었다.〕, 토마스 데커의 2부작 『정직한 매춘부』〔1부는 토마스 미들턴이 함께 쓰고 1604년에 프린스 헨리스 멘(Prince Henry's Men, 애드미럴스 멘의 전신)이 공연했으며, 1605년에 동일한 극단이 속편을 공연했다.〕가 그것이다.

마스턴의 『네덜란드 매춘부』에서 젊은 한량 프리빌(Freevill)은 결혼을 할 계획이었고 그러려면 오랫동안 관계를 유지해 왔던 프란체스치나(Franceschina)와 헤어져야 했다. 연인에게 버림받은 매춘부는 불같이 분노하는데 공교롭게도 프리빌의 기품 있는 친구 말뢰뢰(Malheureux)가 우연히 이 매춘부에 대한 열정에 사로잡히게 된다. '매춘부를 사랑하게 되다니! 나처럼 냉철한 사람이!' 프란체스치나는 프리빌을 죽여 준다면 동침하겠노라고 말뢰뢰에게 약속한다. 프리빌과 말뢰뢰는 함께 계략을 꾸며서 프리빌은 몸을 숨기고 말뢰뢰는 친구를 죽인 것처럼 가장한다. 하지만 계략이 너무 성공적으로 수행되어 마치 실제 상황처럼 보였기 때문에 말뢰뢰는 살인죄로 체포되고 만다. 프리빌은 친구를 구하기 위해 때맞춰 나타나서 매춘부에 대한 당치도 않은 말뢰뢰의 열정을 치유하기 위해 계략을 꾸몄다고 주장한다. 프리빌의 진술 때문에 프란체스치나는 채찍질을 당하고 감옥에 갇히고 만다.

희곡의 결말 부분에서 프란체스치나에게 징벌이 가해지기는 하지만 희곡은 프란체스치나의 성적 매력에서 많은 에너지를 끌어낸다. 그녀는 '아름답고 영리한 눈매를 가진 네덜란드 여자', '부드럽고 풍만하고 둥근 뺨을 가진 여자', '조신(朝臣)의 혀보다 부드러운 유방에 엉덩이가 풍만한 매춘부', '깨끗한 발등, 매끈한 다리,

부드러운 허벅지, 영리하고 정열적인 엉덩이를 가진 정직한 매춘부' 등 여러 모습으로 묘사된다. 프란체스치나는 고급 매춘부의 전형이었다. 프리빌은 그녀를 창녀라고 부르는 말뢰뢰를 질책한다. '창녀(whore)라고? 이런 참, 창녀라니! 코티즌(courtesan, 귀족이나 부자를 상대하는 고급 창녀-옮긴이)이라 부르게.' 프란체스치나는 류트와 시턴(cithern, 기타 비슷한 현악기-옮긴이)을 연주하고, '가시' 옆에서 잠자는 나이팅게일에 대한 암시적인 서정시를 노래한다. 또 제대로 된 것은 아니지만 매력적인 외국 억양으로 말한다. '내 사랑, 내 가슴에 묻혀 오늘밤을 지새우지 않을래요?' 하지만 프란체스치나에게는 단순히 네덜란드적인 성향보다는 '대륙적' 요소가 혼재되어 있다. 그녀의 이름은 이탈리아어이고 그녀가 사용하는 말에는 프랑스 억양이 섞여 있다. 고객 또한 세계적이어서 '스페인 인, 이탈리아 인, 아일랜드 인, 네덜란드 인, 프랑스 인'을 상대한다. 고객의 일부는 '부유한 기사이기도 하고 대부분은 보기 드물게 인심이 후한 귀족들이고' 그중에는 고결한 시민, 즉 '허풍 떠는 아일랜드 선장도 아니고 싸구려 여관에 묵는 법정 관리도 아닌, 정직하고 부유한 런던 상인'들이 있었다.

이와 유사한 일류 매춘부의 특징은 1604년에 출간된 미들턴의 팸플릿에서도 찾아볼 수 있다.

> 그는 일 년에 3백 파운드를 들여 어떤 사치스러운 신사의 딸인 매우 우아한 매춘부를 곁에 두었다. … 그녀는 류트를 잘 연주한다. 다른 여성이라면 이런 모습이 정숙해 보이겠지만 그녀는 도발적으로 보인다. … 또한 그녀는 매우 달콤하게 노래하는 재능을 지

> 녀서 듣는 사람을 매혹시킨다. 그녀는 젊은 도련님들을 황홀하게 유혹해서 일곱 명의 악사를 고용하는 데 드는 돈보다 훨씬 더 많은 돈을 쓰게 만든다. … 그녀는 아부하는 요부처럼 코맹맹이 소리로 말하거나 목사의 딸처럼 순진하게 말하는 재주를 지녔다. … 그녀의 입에서는 달콤한 말만 나오고 그녀의 숨결에서 나는 향긋한 냄새가 그의 하얀 공단 저고리에 밴다.[164]

명목상으로는 이탈리아가 배경이지만 많은 부분이 런던을 배경으로 집필된 데커의 『정직한 매춘부』에는 벨라프런트(Bellafront, '예쁜 얼굴')라는 이름의 매춘부가 등장한다. 1부에서 벨라프런트는 히폴리토(Hippolito) 백작으로 인해 정직한 사람으로 변모하고 백작을 사랑하게 되지만 백작은 벨라프런트의 사랑을 거절하고 밀라노 공작의 딸과 결혼한다. 사랑을 거절당한 벨라프런트는 저급한 인간인 마테오(Matheo)와 결혼해서 불행하게 살아간다. 연극이 크게 성공했기 때문에 데커는 급하게 속편을 써야 했다. 속편에서 벨라프런트의 결혼 생활은 비참하기 그지없고 남편인 마테오는 방탕한 생활로 빚을 지게 되자 벨라프런트에게 매춘부 생활로 돌아가라고 강요한다. 벨라프런트는 아내가 죽고 혼자 살아가는 히폴리토를 다시 만나게 된다. 이번에는 히폴리토가 벨라프런트를 사랑해서 그녀를 유혹하지만 벨라프런트는 정숙하게 히폴리토의 사랑을 거절한다. 연극은 이렇듯 쓸쓸하고 아이러니컬한 결말로 끝을 맺는데 희곡의 속표지에는 '이탈리아의 브라이드웰이 출처인 희극적 내용의 희곡'이라 적혀 있다. 여기서 브라이드웰은 여러 매춘부들이 노동에 동원되거나 채찍질을 당하기 전에 잠시 갇혀 있던 교정원이었다.

이곳 출신으로 등장하는 카타리나 바운틴올(Katarina Bountinall)은 매춘부가 정직해질 수 있다는 말에 아이러니컬하게 반응한다. '맙소사! 정직해진다고! 열네 살에 처녀성을 잃고, 일곱 번 채찍질을 당하고, 여섯 번 끌려 나가고, 아홉 번 도망 다니고, 수많은 순경들을 피해 쫓겨 다니고 나서도 당신 같으면 정직해질 수 있겠소? 정직한 호스리치(Horseleech, 말거머리라는 뜻으로 탐욕스런 사람을 지칭-옮긴이) 부인, 이런 세상이 매춘부를 정직하게 만들 수 있겠소?' (2778~81)

셰익스피어의 작품 중에 이 시기에 속했고 매춘부에 대한 이런 선입견을 반영한 희곡으로 『법에는 법으로』가 있다. 최초의 공연은 1604년 12월에 궁정에서 열린 것으로 기록에 나타난다. 아마도 그 전에 단기간 동안 글로브 극장에서 공연되었을 가능성이 있다. 『법에는 법으로』는 여러 가지 서로 다른 사회적 문제를 다룬 연극이지만 중심적인 관심사 중 하나는 매춘의 통제였고 어떤 면에서는 매춘 통제의 불가능성이었다. '당신의 명예라는 것이 도시의 모든 젊은이를 거세해서 일그러지게 만드는 것이오?' 희곡에는 매춘 사업에 종사하는 희극적인 2인조 즉 매춘부 오버던 부인(Mistress Overdone)과 포주 폼피 범(Pompey Bum)이 등장한다. 희곡의 배경은 비엔나지만 이름을 제외하고는 모든 면에서 1604년의 런던이다.

도시의 총독 안젤로(Angelo)는 정숙하고 청순한 풋내기 수녀 이사벨라(Isabella)를 유혹한다. 이사벨라의 오빠가 안젤로 자신이 제정한 냉혹한 새 법에 따라 '음탕한 행위'를 했다는 죄목으로 사형선고를 받자 안젤로는 오빠의 생명을 구해 주겠다면서 이사벨라에게 접근한다. 여기에 나오는 새 법에 해당하는 법이 실제로 존재했었다. 1603년 9월 16일에 '방탕하고 나태한 사람들이' 자주 드나드는 교외의 집과 방을 파괴하라는 칙령이 내려졌던 것이다. 표면적으로는 전염병 확산 예방이 목적이었지만 본질적으로는 교외 지역의 매음굴을 소탕하기 위한 법이었다. 희곡의 서두에서 오버던 부인은 포주로부터 칙령에 얽힌 긴급한 뉴스를 전해 듣는다.

> 폼피: 칙령에 대해 못 들었지?
>
> 오버던 부인: 무슨 칙령 말인가요?
>
> 폼피: 비엔나 교외에 있는 집을 모두 부숴 버린다는군.
>
> 오버던 부인: 도시에 있는 사람들은 어떻게 되는데요?
>
> 폼피: 그들은 살아남겠지 (They shall stand for seed). 그들 집도 한때 파괴되었지만 한 약삭빠른 시민이 사들였다더군.
>
> 오버던 부인: 하지만 교외에 있는 우리 유흥가는 모두 파괴되겠죠?
>
> 폼피: 가루가 되겠지.
>
> 오버던 부인: 이 나라가 대체 어떻게 돌아가는 건지! 나는 어떻게 되는 거지? (1막 2장 85~97)

도시 매음굴에 대한 폼피의 언급은 저변에 외설스러운 뜻을 내포한 희곡 대사의 전형이다. 'stand for seed'는 표면적으로는 종자용 옥수수처럼 남아 있으리라는 뜻이지만 매음굴과 관련된 내용에서 'stand'와 'seed'는 발기와 사정을 뜻한다. 높은 자리에서 폭리를 취하는 '약삭빠른 시민'을 지켜보면서 내뱉는 염세적인 언급 또한 특징적이다. 여기서 '약삭빠른 시민'은 전후 사정에 밝은 사람으로 파괴된 부동산을 헐값에 사들인다.

오버던에게 이런 칙령은 엎친 데 덮친 격의 재앙이었다. 그렇지 않아도 '전쟁 때문에, 병 때문에, 교수대 때문에, 가난 때문에' 손님이 부쩍 줄었기 때문이다. 희곡의 편집자는 이런 언급이 1603년에 발생한 사건을 반영한다는 주석을 달았다. 당시에는 스페인과의 전쟁이 계속되었고 전염병이 돌았으며 제임스 왕에 반대해 예수회가 음모에 가담한 사실이 밝혀지면서 처형이 줄을 이었고 황폐한 도시에는 불경기가 계속되었다. 1604년 3월에 출판업자 등록부에 기재된 미들턴의 『블랙 북』에서 포주인 프리그비어드는 '지난여름에 전염병 때문에 입은 엄청난 손실'에 대해 비슷한 불평을 털어놓는다.

오버던은 예전에 매춘부였다가 11년째 매음굴의 안주인 역할을 맡고 있다. '일을 하다가 눈이 녹초가 되었다.'는 대사는 아마도 매독이 상당히 진행되어 시력 쇠퇴로 고통을 겪고 있다는 뜻일 것이다. 그녀는 교외에 있던 자신의 매음굴이 파괴되자 도시 안에 '핫 하우스(hot-house)'라는 이름의 매음굴을 열었다. '핫 하우스'는 원래는 온실이나 건조실을 뜻했지만 당시에는 매음굴의 동의어로 사용되었다. 매음굴을 뜻하는 또 다른 단어로 '스튜 하우스(stew-house)'가 있었는데 제임스 1세 시대에 사용된 '스튜스(the stews)'라는 용어는 붉은 등이 켜진 지역을 뜻했다. 『법에는 법으로』에서 공작은 '매음굴(the stews)을 파괴할 때까지는 성적 타락이 부글부글 끓어 넘쳤다.'고 말했다.

폼피와 그의 손님인 마스터 프로스(Master Froth)가 주고받는 대사를 통해 매음굴의 모습을 엿볼 수 있다. 매음굴은 겉보기에는 술집이다. 폼피는 바텐더이거나 급사이면서 포주이다. 술집에서 음식과 술을 팔기는 하지만 실제로 유일한 메뉴는 '뭉근하게 끓인 자두'로 수다스런 폼피가 '3펜스짜리 요리'라고 떠벌리는 '과일 요리'다. 자두는 매음굴을 연상시키는 경우가 많았고 성욕을 자극하는 최음제로 생각되었을 가능성이 있다. 매음굴의 단골손님 피스톨(Pistol)은 '곰팡내 나는 끓인 자두와 말린 케이크를 입에 달고 살았다.'(『헨리 4세 2부』 2막 4장 155) 폼피의 매음굴에는 '포도송이(Bunch of Grapes)'라는 이름의 '탁 트인 방'이 있었다. 탁 트인 방은 대중적인 술집 같은 곳으로 벽난로에 불이 이글거려서 겨울에 제격이었다. 그 외에는 사적인 방과 칸막이 친 곳, 자그마한 방이 있었다. 이곳에서는 '일 년에 48파운드를 쓰고, 할로우마스(Hallowmas, 성인의 날 대축일-옮긴이)에 아버지가 사망한' 마스터 프로스가 낮은 의자에 앉아 있는 장면을 목격할 수 있다. 또한 앞서 케이트 킵다운(Kate Keepdown)을 임신시켰던 수다쟁이 한량 루치오(Lucio)와 폼피의 손님 명단에 올라 있는 사람들을 보게 된다. 이 손님들은 모두 큰손들로 오버던 부인이 도시에서 경영하는 술집이자 매음굴을 드나드는 한량들이었다.

셰익스피어의 『법에는 법으로』는 시사 문제, 매춘에 대한 관심, 의심스런 도덕성, 조롱거리 한량 루치오와 그의 친구 등을 다루었다는 측면에서 마스턴, 미들턴, 데커 등이 활동했던 도시 희극의 영역에 속한다. 하지만 셰익스피어의 이 희극은 마스턴 등의 희극과는 매우 달랐다. 『법에는 법으로』는 바바라 에버렛(Barbara Everett)

이 '농도 짙은 어색한 재치'[165]라 언급한 미숙한 수수께끼와 혼란스러운 운문 형식으로 되어 있어서 데커의 『정직한 매춘부』가 사용했던 방식에 익숙해 있는 대중을 만족시키지 못했다. 결국 대중의 관심이나 호기심을 충족시킬 만한 속편도 제작되지 않았고 출간조차 되지 않다가 『제1이절판』을 통해 처음 출간되었다.

따라서 1605년 초 무렵에 킹스 멘에 투자했던 '지분 참가자' 사이에는 이런 의문이 떠돌았을지도 모른다. 킹스 멘의 주요 극작가인 셰익스피어가 과연 도시 희극이라는 새롭고 노골적인 유행을 얼마나 노련하게 따라잡을 수 있을까? 대중이 뜨겁게 요구하는 성과 풍자, 도시에 대한 날카로운 글을 쓸 수 있을까? 『법에는 법으로』가 그런 시도를 목적으로 집필되었다면 실패작으로 판정 받았을지 모른다. 『법에는 법으로』는 대단히 치밀하고 지적인 힘이 깃든 작품이지만 정작 극장의 좌석을 채우는 관객들의 반응은 어땠을까? 글로브 극장에서든 다른 극장에서든 아마도 상황은 부정적이었을 것이다.

이런 맥락에서 보면 셰익스피어와 1605년 초여름의 시류에 편승하며 살았던 윌킨스와의 관계를 파악할 수 있는 보다 구체적인 정황을 발견할 수 있을지 모른다. 셰익스피어는 윌킨스의 문학적 재능을 감지했고 무명작가로서의 초조한 야심을 보았을 뿐만 아니라 다른 작가들은 단지 바라볼 수밖에 없는 음란한 매음굴에 살면서 그 세계를 속속들이 알고 있는 그의 상황을 떠올렸다. 즉 조지 윌킨스는 극작가이자 포주라는 이중 경력의 소유자였고, 셰익스피어는 그의 이런 점이 마음에 들었다. 만약 극단이 '섹스와 도시(Sex and the City)'를 연극 무대에 올리고 싶어 극작가를 물색한다면 윌킨스가 적격자였을 것이다.

이제 당시 상황을 그려 보기 위한 자료 일부를 갖췄다. 장소는 크리플게이트 외곽에 자리한 평판이 그다지 좋지 않은 하숙집이고, 등장인물은 행실이 미심쩍은 집주인 윌킨스와 최근에 세 들어 살기 시작한 스티븐과 메리, 또 이 부부의 친구로 극장가의 유명인사인 셰익스피어이다. 윌킨스는 시인이 되고 싶다는 실현 가능성이 없을 것 같은 야심을 품었다. 반면에 셰익스피어는 재능을 소유한 새로운 인물을 찾고 있다. 테이블 위에는 와인 몇 잔과 파리가 들끓는 피핀 파이가 놓여 있고, 그 옆에는 최근에 출간된 팸플릿 『잔혹한 살인』이 놓여 있다. 『잔혹한 살인』은 무절제와 퇴폐, 몰지각한 폭력 등을 포함한 이야기로 누군가의 손으로 각색되어 무대에 올려지기를 간절히 기다리는 중이다. 셰익스피어는 초라하고 더러운 응접실을 돌아본다. 위층 방에서는 환성과 날카로운 웃음소리가 들린다.

상황이 어떻게 돌아갔건 간에 윌킨스는 『잔혹한 살인』을 희곡으로 썼고 1606년에 킹스 멘이 무대에 올렸다. 희곡은 캘벌리 얘기를 기본으로 사용했지만 해피엔딩으로 급하게 바꿔서 다시 쓴 것이었다. 해피엔딩은 당시 연극계에서 요구했던 유행이었으므로 연극의 성공을 보장 받기 위해 그러한 성격을 띤 희비극으로 각색한 것이다.

이런 골격을 갖추고 부분적으로 사색을 거쳐 완성한 『강제 결혼의 고통』은 『페리클레스』의 탄생을 예고하는 일종의 서곡이었다. 윌킨스가 셰익스피어와 공동으로 『페리클레스』를 쓰게 된 것도 1607년까지 계속 공연되었던 『강제 결혼의 고통』의 성공 때문임이 확실하다. 『페리클레스』는 존 가워(John Gower)가 쓴 중세 시 『연인의 고백(Confessio Amantis)』과 좀 더 나중에 로렌스 트와인(Lawrence Twine)이 쓴 『고통스런 모험의 유형(Patterne of Painefull Adventures)』(1576)과 마찬가지로 타이어(Tyre, 고대 페니키아의 도시-옮긴이)의 아폴로니우스(Apollonius) 얘기를 바탕으로 했다. 셰익스피어와 윌킨스는 1608년 5월 20일 이전에 희곡을 완성하고 서적출판업조합에 등록했다.

『페리클레스』에 대해서는 윌킨스가 첫 2막을 쓰고 셰익스피어가 나머지 대부분을 썼다는 것이 정설이다. 윌킨스가 희곡 전체를 쓰고 셰익스피어가 부분적으로 개작한 것인지 아니면 셰익스피어가 자신이 흥미를 느끼는 지점에서 각본을 넘겨받아 이어 쓰기 시작한 것인지는 알려지지 않았다. 셰익스피어가 쓴 부분은 페리클레스가 탄 배가 타이어로 향하는 도중에 폭풍우에 흔들리는 장면, 아내인 타이사(Thaisa)가 출산 중에 사망하는 장면, 그리고 아내의 수장 장면 등 강렬한 드라마에서 중추적인 역할을 담당하는 부분이다.

사랑하는 사람이여, 지독한 해산을 겪었소.
빛도 없고 불도 없구려. 냉혹한 요소가
당신을 완전히 잊었소. 나 또한
그대의 무덤을 거룩하게 만들 시간이 없고
겨우 관에 넣어 늪지에 던져야만 하오.
그대의 시신에 찬사를 보내기 위해
계속 비추는 빛, 물을 내뿜는 고래
웅얼웅얼 흐르는 물이

수수한 조개껍질과 함께 누워 있는 그대의 시신을

삼켜 버려야 하오. (3막 1장 56~64)

단조롭지만 기본 구조로는 효과적이었던 윌킨스의 대본이 끝나면 셰익스피어 풍의 풍부한 멜로디가 더해진다.

전체적인 내용은 일반적으로 불리듯 '로맨스'이고 벤 존슨의 말처럼 '케케묵은 이야기'다. 타이사는 실제로 죽지 않고 나중에 페리클레스와 재회하며, '바다에서 태어났기 때문에 마리나(Marina)라는 이름이 붙은' 딸은 수없는 인생의 부침을 겪지만 다시 찾아온 아버지와 만나게 된다. 마리나는 온갖 시련을 겪는 중에 해적에게 붙잡혀 미텔라인(Myteline)에 있는 매음굴에 팔려 가는데, 셰익스피어는 이때의 에피소드를 여러 출처를 근거로 상당히 확대시켜 썼다. 『법에는 법으로』에 등장하는 매음굴은 관객에게 대사를 통해 전달되었을 뿐이지만 『페리클레스』에서는 4막에 설정된 배경의 일부가 셰익스피어 작품으로는 특이하게도 매음굴이다. 매음굴이 배경인 장면에서는 이름을 밝히지 않은 포주, 매음굴 주인, 그의 하인인 볼트(Boult)가 등장한다. 매음굴이 활발하면서도 사업적 측면이 강조되어 묘사된 것으로 보아 매음굴에 대한 전문적 지식을 지닌 윌킨스의 덕을 보았으리라 짐작할 수 있다. 희곡에 등장하는 매음굴은 전성기가 한참 지나간 매춘부 세 명이 있는 저급한 장소이다.

포주: 이렇게 여자가 적은 적이 없었어요. 가련한 여자 세 명뿐이라니… 게다가 일하는 것도 영 시원치 않고.

매음굴 주인: 그러면 비싼 값을 치르더라도 싱싱한 여자를 데려옵

시다.

볼트: 시장을 찾아볼까요?

포주: 달리 방법이 없지 않소? 우리가 가지고 있는 것이라야 강한 바람 한 번 불면 산산조각 날 텐데. 그 여자들은 참담할 정도로 기력이 없다니까.

매음굴 주인: 맞아요. 두 명은 정말 건강이 좋질 못해요. 게다가 조그만 매춘부와 동침했던 불쌍한 트란실바니아(Transylvania, 루마니아 북서부 지방을 총칭하는 역사적 지명-옮긴이) 인은 죽었다고요. (4막 2장 6~21)

이들은 해적들에게서 산 아름답고 순결한 마리나가 자신들이 겪고 있는 문제를 해결해 주기를 바란다. 하지만 이 얘기는 로맨스이기 때문에 결국 마리나의 미덕이 고객의 욕망을 누르고 승리한다. '그녀라면 정말 지긋지긋해! 프리아포스(Priapus, 유난히 큰 성기를 지닌 기형적인 모습으로 그리스 신화에 나오는 번식과 다산(多産)의 신-옮긴이) 신조차도 얼어붙게 만들어서 전 인류를 파멸시키고 말걸. … 품위를 떨어뜨리고 키스라도 한다면 엄격한 청교도조차도 악마라 하겠지.'

우리는 여기서 『법에는 법으로』가 그렸던 가공의 매음굴과 도시 희극의 세계로 다시 돌아가는 듯하다. 그 세계는 셰익스피어의 공동 저자인 윌킨스가 몸담았던 실제 세계이기도 하다. 그러나 로맨스 공주인 마리나라는 상처 입기 쉽고 정숙한 존재는 여기에 또 다른 빛을 조명한다. 나는 미텔라인의 매음굴에 있는 마리나가 실제 상황 속 실존 인물의 흔적을 지니고 있는 것은 아닐까 하는 생각이

들었다. 윌킨스 집에 사는 메리 벨롯은 아니었을까? 메리 벨롯이 윌킨스 집에 이사 오게 되면서 셰익스피어와 윌킨스의 관계가 가시화되었고, 매음굴에서의 메리의 존재는 성적으로 취약해서 늑대 사이에 던져진 순진한 인물로 비칠 가능성이 있었다. 어쨌거나 메리에 대해 염려하고 그녀가 처해 있는 흥청거리고 문란한 환경을 안타깝게 여겼던 셰익스피어가 자신의 심정을 그런 방식으로 작품에 반영했을지도 모를 일이다.

윌킨스와 셰익스피어가 동업자의 관계에 있을 때 스티븐 벨롯과 메리의 삶이 어떠했는지 잠시 살펴보자. 아마도 두 사람은 『페리클레스』가 집필되고 있던 1607~8년에는 윌킨스의 집을 떠나 같은 성 자일스 교회 교구의 이웃으로 살았을 것이다. 앞서 살펴보았듯이 벨롯 부부는 마리 마운트조이가 사망한 후인 1606년 말에 실버 스트리트로 돌아왔고 스티븐은 동업자의 신분으로 장인과 함께 머리 장식을 제작했다. 그러나 이런 화해는 오래가지 못했다. 동업을 시작하고 6개월 정도 지나 벨롯 부부는 다시 한 번 짐을 싸서 떠났다. 이들은 자신들만의 사업을 차리고 윌리엄 이턴을 도제로 받아들였다. 1607년부터 벨롯을 알고 지냈던 이턴은 나중에 소액청구재판소에서 증언하게 된다. 이후부터 1620년대까지의 부부에 대한 기록을 살펴보면 두 사람은 성 자일스에 거주했는데 아마도 벨롯의 계부인 험프리 플러드와 함께 살았을 가능성이 크다.

이후 기록 중에서 시기적으로 가장 빠른 것은 행복한 행사에 대한 것으로, 1608년 10월 23일에 두 사람의 딸인 앤이 성 자일스 교회에서 세례를 받았다. 현재까지 알려진 바에 따르면 앤은 부부의 첫 아이로 결혼 후 거의 4년이 지나 얻은 딸이었다. 둘째 딸 제인은 이로부터 1년이 조금 넘은 1609년 12월 17일에 세례를 받았다. 몇 주 후에는 조지 윌킨스와 캐서린 윌킨스의 아들 토마스가 같은 교회에서 세례를 받았다. 스티븐의 동생인 존 또한 성 자일스 교회 교구에 거주하여 1612년 등록부에 '머리 장식 제작자'로 기재되어 있는 것으로 보아 형 스티븐과 동업 관계에 있었던 것으로 보인다.

벨롯 부부는 성 자일스 교회 교구의 좁은 거리에 거주하는 장인 가족이라는 익명의 존재로 정착했다. 하지만 머리 장식 제작자, 포주, 극작가의 일상을 둘러싼, 성적인 추문으로 아련하게 물든 분위기는 벨롯 부부의 삶에도 영향을 미쳤다. 성 자일스 교회의 등록부를 훑어보다가 메리 빌렛(Mary Byllett)이란 이름을 발견한 나는 호기심이 이는 동시에 깜짝 놀랐다. 호기심이 인 이유는 '빌렛'이 벨롯의 변형된 이름일 가능성이 크기 때문이고 깜짝 놀란 것은 메리 빌렛이 사생아를 낳은 것으로 기록돼 있었기 때문이다.〔'에드워드 스케미시(Edward Skemish)와 메리 빌렛의 딸 앤 빌렛이 1610년 5월 16일에 세례를 받았다.'〕 그렇다면 메리 빌렛이 메리 벨롯일 수 있을까? 그렇지 않다는 사실은 곧 알 수 있었다. 메리 빌렛의 딸과 메리 벨롯의 둘째 딸 제인의 나이 차이가 5개월에 불과하기 때문이다. 또한 메리 빌렛은 몇 개월 후인 1611년 1월 30일에 성 자일스 교회의 제단에서 결혼식을 올렸기 때문에 당시에는 미혼이었음이 틀림없다. 그러므로 메리 빌렛은 스티븐 벨롯의 아내가 아니라 여동생일 가능성이 있다. 그녀의 남편인 리처드 이턴이 '여성용 조끼 제작자'로 기록돼 있어 스티븐 벨롯의 도제인 윌리엄 이턴과 친족 관계일 확률이 높다는 사실이 이런 가능성을 뒷받침한다.[166] 이런 정황을 가지고 각본을 짜 본다면 다음과 같다. 스티븐 벨롯이 사생아를 낳은 타락한 여동생을 자기 밑에서 일하는 도제의 형제와 결혼시킴으로써 제임스 1세 시대 런던에서 많은 젊은 여성들이 '불쌍한 사생아를 키우며' 겪는 고통에서 구해 준 것이다.

현대인들은 『페리클레스』가 윌킨스의 최고 걸작은 아니더라도 대중적으로 가장 유명한 작품으로서 그의 문학적 경력의 절정에서 이루어진 것이라고 말할지도 모른다. 무대에 오른 『페리클레스』는 엄청난 인기를 끌었지만 인기에 대한 윌킨스의 대응은 그답게도 별스러웠다. 윌킨스는 이 이야기를 소설화한 『페리클레스의 고통스런 모험(The Painfull Adventures of Pericles)』을 1608년에 출간하면서 속표지에 '최근에 선보였던 연극 페리클레스의 진정한 역사'라고 선전했다. 책 내용의 일부는 출처가 된 책 중의 하나였던 트와인의 『고통스런 모험의 유형』을 그대로 인용했고 일부는 희곡을 바탕으로 했다. 윌킨스가 어떤 출처를 사용했든지 간에 책의 내용은 다음 해에 인쇄된 희곡의 초판과는 표현 면에서 다소 달랐다. 이때의 희곡은 추측건대 작가의 승인을 받지 않은 상태로 인쇄되었고, 원문의 날조와 개악이 넘쳐났다. 이 원고 또한 '악한 4절판(bad quarto)'이지만 『이절판』에 포함되지 않았기 때문에 『페리클레스』 원고로는 유일하게 현존한다.

이제 결코 들어가고 싶지 않은 서지학상의 지뢰밭 가장자리에 서게 되었다. 세부적인 것은 알 수 없지만 은밀하고 음흉한 거래의 징조가 있었다는 것은 부정할 수 없는 사실이다. 희곡 각본은 원래 공연했던 극단의 소유였다. 따라서 법적인 측면에서 볼 때 승인받지 않고 『페리클레스』 원고를 사용한 것은 킹스 멘 소유 재산에 대한 절도 행위이거나 횡령에 속했다. 윌킨스가 희곡을 소설화한 것은 위법의 소지가 있었다. 완전한 표절 행위라고 볼 수는 없겠지만 공동 저자에 대한 표절 행위가 성립되기 때문이다. 또한 희곡 『페리클레스』의 승인받지 않은 출간에는 윌킨스가 어느 정도 개입했을 가능성이 크다. 출간인인 헨리 고슨은 전에 윌킨스의 『바르바리의 세 가지 참사』를 출간했고 『페리클레스』가 출간되고 2년 후인 1611년 윌킨스가 법망에 걸려 곤경에 처했을 때에는 보증금을 제공한 사람이다. 간추려 말하자면 『페리클레스의 고통스런 모험』과 1609년의 『페리클레스』에는 윌킨스의 지문이 잔뜩 묻은 도난당한 문학 상품들이 포함되어 있었다.

『이절판』 편집자들이 '도난당해 비밀스럽게 유통된 모사본'이라 언급한 이 같은 작품들이 몰래 출간되었을 때 셰익스피어가 분노를 터뜨리는 장면을 앞에서 살펴본 바 있다. 『페리클레스의 고통스런 모험』은 윌킨스의 마지막 작품으로 알려져 있다. 윌킨스가 작가로서 짧은 기간 동안 왁자지껄하게 누렸던 문학적 성공은 이내 식어버렸다. 이후 윌킨스에 대한 소식은 클러큰웰의 미들섹스 세션스에 남아 있는 기록에서 찾을 수 있는데 매춘부 앤 플레싱턴에게 폭력을 행사했다는 것이다. 이로써 경찰 기록에 헌정된 어둡고 폭력적인 윌킨스의 희비극은 시작되었다.

24장

고객 만족

✠ ✠ ✠

뒷골목의 '6펜스짜리 싸구려 매춘부'와 새로 유행하는 사륜마차를 타고 고객을 찾아 돌아다니는 일류 '코티즌' 사이에는 사람들이 '우아한 매춘'이라 부를 만한 성격상의 틈새가 있었다. '우아한 매춘'은 단정한 외모의 젊은(그렇다고 많이 젊지는 않은) 여성이 돈이나 물건을 얻기 위해 몸을 허락하는 행위를 뜻한다.

앞서 살펴보았듯이 극장에 가면 '치프사이드 부인들', '가벼운 가정주부'와 같은 부류의 여성들을 목격할 수 있었다. 그들은 성적 밀회를 갖기 위해 배회했는데 그 목적은 상업적인 것일 수도 그렇지 않은 것일 수도 있었다. 1604~5년의 희곡과 팸플릿에서도 이런 여성들을 찾아볼 수 있는데, 미들턴은 1604년도를 살았던 분별력 있는 젊은 한량들은 자신의 '매춘부'가 기품 있는 세련된 여성이기를 원했다고 적었다. '그들은 흔한 매춘부여서는 안 되고, 불만을 품은 불행한 숙녀여야 한다. … 그들은 가진 돈이 적어서 들어오는 돈이 없으면 오래 버틸 수 없이 가난하지만 머리 장식을 원하기보다는 대담하게도 처녀성을 내걸 것이다.('머리 장식'은 값비싸고 불필요한 패션 액세서리를 총칭하는 말로 자주 쓰였다.)'[167] 마스턴의 『네덜란드 매춘부』에서 관대한 프리빌은 경제적인 궁핍에 대한 해결책으로 성매매를 하려는 아내들에 대해 동정적으로 말한다.

> 가난하고 쇠퇴한 소극적인 남성의 아내들, 실직한 남편이 유일하게 상승할 수 있는 길이 그 아내들의 추락이라면 굴욕을 정당화시킬 수는 없는 걸까? 남편이 외국에 나가 있는 선장의 아내가 돈이 필요하다면 집에서 뭇 남성의 팔을 베고 누우면 안 되는 걸까? 자신이 섬기는 숙녀에게 좋은 옷감을 가져다주던 시녀가 뜻을 이루지 못하고, 법원의 결정으로 불행까지 덮친다면 도시의 관용으로 그녀를 받아들여야 하지 않을까? 하지만 어떤 행정 장관도 이런 여성을 동정하지 않으리라는 사실을 그대는 아는가? (1막 1장 102~9)

전문 매춘부들은 이런 아마추어들을 비난의 눈초리로 바라본다. 데커의 『정직한 매춘부』 2편에 등장하는 페넬로페 호하운드(Penelope Whorehound)는 '값비싼 가운을 걸치고' 품위 있는 척하며 이렇게 말한다. '일반 시민의 아내들이 있는 곳에 가면 그들이 나를 조롱한다. 반대로 헐렁한 가운을 걸친 여성들(즉 매춘부들)이 있는 곳에 가면 그들 또한 내가 단정하게 옷을 입었다고 욕을 하면서 예전에는 수입이 좋았는데 내가 일거리를 가로챘다고 비난한다.' (2729~32) 존슨 작품인 『바르톨로뮤 장날(Bartholomew Fair)』(1614)에서 매춘부인 앨리스(Alice)는 판사의 아내인 경박한 오버두 부인

(Mrs Overdo)에게 불평한다. '당신이 불행해지기를 바라요. 당신네들 같은 사람들이 우리를 파멸시키고 그 엄청난 궁둥이로 우리 일을 가로채고 … 가난하고 평범한 매춘부들은 은밀하고 부유한 사람을 상대할 길이 없지. 당신의 벨벳 모자와 두건이 우리 손님들을 끌어내서 우리의 기름기를 핥고 있잖아요.' (4막 3장 283~9)

여기서 특이한 점은 상인과 장인의 아내들이 남편의 손님에게 성행위를 제공하거나 그들을 유혹한다는 것이다. 이런 사실은 마스턴의 『네덜란드 매춘부』에 등장하는 포도주 양조업자의 아내 멀리그럽(Mulligrub) 부인과 금세공인의 아내 버니시(Burnish) 부인의 경우에서 확인할 수 있다. 멀리그럽 부인은 버니시 부인에 대해 이렇게 말한다.

> 나는 그녀를 매우 잘 알아요. 그녀의 속에(inward) 들어가 봤기 때문이죠. 그 외에도 많은 것을 알고 있어요. … 그녀는 치프사이드에 있는 여느 여성만큼 고상하죠. 화장을 곱게 하고 남편의 오래된 손님을 여전히 남편에게 붙어 있게 만들어요. 나는 장담할 수 있어요. 나무를 깎아 만든 의자에 앉아 있는 훌륭한 외모의 아내는 장인의 가게에는 없어서는 안 될 가치 있고 매력적인 장식물이죠. 그녀의 남편은 자기 제품을 사는 손님에게서 이런 사실을 깨닫게 될 거예요. 내가 확실하게 말해 주려고요.

여기서 '속에(들어가 봤다)'라는 말은 이중의 의미로 사용되었다. 광범위하게는 '나는 사회적으로 그녀와 친밀하고 다른 사람은 그녀와 성적으로 친밀하다.'는 뜻이다. 뒤이어 나오는 '고상하다'는 단어 또한 겉과 속이 다른 의미로 사용되었다. 버니시 부인은 언뜻 보기에는 전혀 젊지 않지만 자신의 신체적인 매력을 이용해서 남편의 남성 손님에게 계속 '매력적인' 여성으로 보인다. 다음과 같이 말한 것으로 보아 멀리그럽 부인 또한 같은 일을 하는 것 같다. '나는 런던에서 그녀처럼 애인도 되어 주고 좋은 친구도 되어 주죠. 유지들과 신사와 기사들이 내 식탁에서 식사를 해요.' 그녀는 뭇 남성들에게 외상을 주고 아마 그 이외의 것도 제공했을 것이다. '많은 괜찮은 남성들이 빚을 받아들이고 내게 약속의 말을 하고 때가 되면 살점을 줘요. … 내 어리석은 남편은 아무것도 모르죠. 이것이 내가 견디는(bear) 거예요.' (3막 3장 2~13, 17~27) 이 대사에는 마스턴 식 암시가 포함되어 있다. 그녀의 호의를 받은 손님들이 그녀에게 주는 '살점'은 표면상으로는 크리스마스와 같은 축제일에 주는 '고기'다. 그러나 여기에는 외설스런 의미가 포함되어 있다. 그리고 '이것이 내가 견디는 것'이라는 표현은 일종의 말장난으로 '견디다=위에 있는 남자의 무게를 감당하다'는 뜻이고 아마도 '벌거벗은(Bare)'이란 뜻이기도 할 것이다.

미들턴의 풍자 희곡『사랑의 가족』(1602~4년경)은 이런 개념을 다른 각도에서 표현했다. 이 작품에서 약제사 퍼지(Purge)는 장사에 도움이 되기 때문에 아내의 부정에 만족한다.

> 그는 가게를 잘 운영하고, 자신에게 부족한 것을 가진 우아하고 매력적인 아내가 있기 때문에 확실히 처신을 잘하고 있을 것이다. 좋은 처신이란 부정한 아내를 그렇게나 많은 사람들에게 허락하는 것이다. … 나는 기사와 한량들이 어떻게 시민들을 속이는지

> 말하는 것을 들으며 속으로 웃음을 금치 못한다. 사실은 우리가 그들을 속이거나 그들이 자신을 속이는 것인데도 말이다. 그들은 가끔씩 찾아와서 방을 빌리고 아마도 우리의 아내들에게 키스를 할 것이다. 그렇다고 내가 잃는 것이 무엇이겠는가? 아내를 최대한 활용할 수 있는 것은 신이 내린 축복이다. 그들은 워낙 비호감이라서 우리 말고는 그 마음에서 사랑을 발견할 수 있는 사람이 없다. … 질투는 지옥이고 번창하려면 최대한 자신이 가진 상품을 선전해야 하고 작은 실수는 눈감아 줘야 한다. (2막 1장 2~10)

마지막 문장이 암시하는 것은 아내 또한 약제사 자신이 판매하는 '상품'의 하나라는 것이다.

윌킨스 작 『강제 결혼의 고통』에서 버틀러(Butler)는 웬틀로(Wentloe)와 바틀리(Bartley)에게 밀회를 주선하면서 '나에게 물어보지 말고 그저 이리저리 걸어 다니고 가게 주인의 아내와 얘기를 나누면 의심을 받지 않을 겁니다. 가게 주인의 아내들은 이런 친숙한 오락을 위해 따로 자리를 만들어 두고 있습니다.' 라고 지시한다. 이는 '나무를 깎아 만든 의자에 앉아 있는 훌륭한 외모의 아내는 장인의 가게에는 없어서는 안 될 가치 있고 매력적인 장식물' 이라는 마스턴의 언급과 같은 맥락이다.

여성이 가게에서 상품을 구매할 가능성이 있는 남성 손님을 유혹하는 현상은 작가 미상의 풍자시 『파스퀸스 팰리노디아(Pasquin's Palinodia)』(1619)에도 언급되었다. 작가는 제임스 1세 시대의 뉴 익스체인지(New Exchange)라는 고급 쇼핑몰에서 장사하는 상인에 대해 이렇게 노래한다.

당신의 가게는 아리따운 여자로 넘쳐 나고
그것이 당신을 찾아오는 손님에게는 일종의 매력이네.

이 시에서 언급한 여성들은 가게 주인이라기보다는 손님이겠지만, 어쨌거나 이런 현상은 제임스 1세 시대 도시 희극인의 영역인 성과 돈에 연결되는 것이었고 도시 희극인들은 이를 동시대의 사회적 불안정의 한 양상으로 정의했다. 런던은 소매 활동의 중심지로서 헤픈 소비의 대명사였고 점차 여성이 장악해 가던 지역이었다. 이안 아처(Ian Archer)는 런던의 남성들 편에 서서 '쇼핑은 불안의 중심 요소가 되었다. … 가게에서 여성을 취할 수 있는 세태와 소비 상품에 대한 도시 여성들의 갈구가 시민 남편의 권위에 기반을 둔 가부장적 질서를 위협했다.'고 주장했다.[168] 극장에서 교제 상대를 찾는 치프사이드 부인들, 뉴 익스체인지에 쇼핑 나온 아리따운 아가씨들, 나무를 깎아 만든 의자에서 아늑한 수다 대상이 되어 주는 훌륭한 외모의 상인 아내들, 이들은 스스로 판매자도 될 수 있고, 구매자도 될 수 있고, 상품 자체도 될 수 있는, 자유 시장 경제에 열정적으로 참여한 여성들이다.

성적 밀회의 장소로서의 가게의 개념은 실버 스트리트에 자리했던 마운트조이 가게에는 어느 정도나 적용되었을까? 마운트조이 가게의 분위기를 짐작해 볼 수 있는 단서가 있다. 앞서 사이먼 포먼의 사례집을 통해 마리 마운트조이와 직물상 헨리 우드의 관계가 사업과 성적인 연결이 혼합된 성격의 것임을 유추해 낼 수 있었다. 또한 아버지의 이름이 거론되지 않은 죽은 아이가 있었고, 임신한 하녀 마가렛 브라운이 있었고, 이후 다른 하녀를 통해 낳은 크리스토퍼의 두 사생아가 있었고, 크리스토퍼가 '음란한 행동과 간통을' 저질렀다는 죄목으로 법정에 불려갔었다는 기록이 있었다.

또한 머리 장식과 가발은 매춘부의 특징적인 장식품의 하나였음을 살펴보았다. '아름다움을 판매한다는 뜻'의 '빌려온 현란한 덤불', 매춘부들이 쓰던 '유별스런 가발', '가발에 머리 장식을 꽂은 음탕한 제사벨' 등이 그 예였다. 쾌락을 우화적으로 표현했던 아이작 올리버의 그림도 보았는데, 그는 금과 얇은 천으로 만든 반짝이는 머리 장식을 한 고급 매춘부를 묘사했다. 비록 십여 년 전에 그려진 그림이기는 하지만 여기에 묘사된 인물은 제임스 1세 시대 런던의 프란체스치나와 벨라프런트와 같은 여성의 모습을 나타낸다. 그림 속 여성과 연극 무대 위 고급 매춘부는 물론 허구의 인물이지만 당시 상황이나 상업에서 활동했던 실제 여성들을 정확하게 묘사했다. 이런 여성들은 '스팽글이 주렁주렁 달린' 특별한 머리 장식을 사기 위해 마운트조이 가게에 이따금씩 모습을 드러냈다. 인심 좋은 귀족이나 부유한 한량과의 밀회를 기약하기 위해서였다.

마운트조이 가게에는 이렇듯 수상쩍은 성적 자극이 존재했고, 셰익스피어는 가게 위에 자리한 방에 앉아 성에 집착하고 성으로 퇴폐한 도시를 그린 음울한 희극을 쓰고 있었던 것이다. 셰익스피어는 그 도시를 '비엔나'로 설정했지만 실제로는 런던이었다.

25장

브레인포드를 향해

✠ ✠ ✠

벨롯 대 마운트조이 사건의 진술서에 담긴 상세한 내용 가운데 일반적으로 간과되고 있는 부분은 크리스토퍼 마운트조이가 실버 스트리트뿐만 아니라 '브레인포드'에서도 부동산을 임차했다는 사실이다. 이를 언급한 사람은 마운트조이의 재정 상태에 대해 대부분 알고 있었던 두 증인 즉 노엘 마운트조이와 크리스토퍼 위버였다. 부동산에서 거둬들인 수입에 대한 두 사람의 진술을 종합해 보면 크리스토퍼 마운트조이가 1612년에 브레인포드에 있는 집을 전대했음을 유추해 낼 수 있다.

증인들이 언급한 '브레인포드'는 현재 런던 서부의 쾌적한 교외 지역인 브렌트포드(Brentford)를 말한다. 제임스 1세 시대의 브렌트포드는 두 마을 사이에 흩어져 존재했는데, 올드 브렌트포드는 일링 교구의 일부였고, 뉴 브렌트포드 또는 서 브렌트포드는 한웰(Hanwell) 교구의 일부였다. 어퍼 사이드(Upper Side)와 로어 사이드(Lower Side)로도 알려진 두 마을은 1828년까지도 자력으로 하나의 교구로 통일하지 못했다. 템스 강의 북쪽 제방에 가깝고 런던에서 8마일(약 13킬로미터)가량 위쪽에 위치한 이곳은 벌판과 습한 목초지 가운데 놓여 있는 소박한 장소로 매년 7월에는 유명한 가축 축제가 열렸으며 서쪽으로는 노섬벌랜드(Northumberland) 백작 소유지인 사이언 하우스(Syon House)의 거대한 영지에 접해 있었다. 이렇게 소개하니 앞서 살펴봤던 포주와 고급 매춘부와 성적인 약탈의 세계에서 벗어나 있는 쾌적하고 아련한 전원의 장소처럼 들린다. 하지만 당시에는 전혀 그렇지 않았다.

지금의 깔끔한 거리를 걸으면 그런 생각이 결코 들지 않겠지만 셰익스피어 시대에 브렌트포드의 평판은 그야말로 지독했다. 이곳은 런던 사람들에게는 소위 '휴식 장소'로서 엄청나게 많은 매춘부들이 살았다. 당시에 발표되었던 여러 희곡과 팸플릿에는 브렌트포드가 음란한 밤과 주말로 악명 높았던 장소라는 사실이 암암리에 드러나 있다. 1605~6년에 완성된 데커와 웹스터의 『서쪽을 향해!』에서 세 명의 한량은 세 명의 시민 아내들과 '즐거운 한여름 밤'을 어떻게 흥청망청 보낼 수 있을지 계획을 짠다.

> 월풀(Whirlpool): 사륜마차를 타고 햄(Ham)이든 어디든 가자.
>
> 텐터후크(Tenterhook): 그건 싫어. 마차를 타자고? 흔들거리는 건 딱 질색이야.
>
> 마벨(Mabel): 하지만 시민의 아내들은 대부분 흔들거리는 것을 좋아해!
>
> 고즐린(Gozlin): 블랙월(Blackwall)이나 라임하우스(Limehouse)는 어때?

주디스(Judith): 어느 방이고 할 것 없이 담배 냄새가 너무 심하게 나.

린스톡(Linstock): 그러면 브레인포드에 있는 도그볼트(Dogbolt)로 가자. 사람들 눈에서 멀어지면 소문도 들리지 않는 법이거든. 개인용 방이 있고, 상쾌한 침대보가 깔려 있고, 조용한 서비스, 그리고 기분 좋게 해 주는 것은 무엇이든 갖춰져 있거든!

모두: 좋아! 브레인포드로 가자!

마벨: 알았어, 그럼 물 위로 가지. (2막 2장 322~30)

이는 브렌트포드에 대한 전형적인 평판이었다. 브렌트포드는 부정한 쾌락 속으로 도피할 수 있는 호색적인 분위기의 장소였고, 모두 같은 목적으로 찾기 때문에 아무 질문도 받지 않는 곳이었다. 아울러 개인용 방, 향내 나는 침대보, 조용한(못 본 체하는) 서비스 등 편안한 숙박 시설이 준비되어 손님을 기다리는 곳이었다. 따라서 사람들은 '즐기기 위해' 브레인포드로 갔다.

다음은 미들턴과 데커의 『활발한 소녀(Roaring Girl)』(1612)에 나오는 내용이다.

랙스턴(Laxton): 제발, 사랑스럽고 풍만한 몰(Moll)이여, 언제쯤 나와 함께 도시 밖으로 놀러갈 수 있겠소?

몰: 어디로요?

랙스턴: 브레인포드나 스테인스(Staines)나 웨어(Ware)는 어떻소?

몰: 거기서 뭘 할 건데요?

랙스턴: 그저 함께 즐겁게 지내는 거지. (3막 1장 181~6)

이렇듯 선택 가능한 여러 장소 중에 브렌트포드가 포함되어 있었고 결국 그들은 브렌트포드로 간다. 랙스턴은 이를 '호색적인 여행'이라 부른다.

『서쪽을 향해!』에서 간통을 저지르는 커플들은 런던을 떠나 브렌트포드로 여행을 한다. 그들은 아침 여덟 시에 블랙프라이어스의 그레이하운드에서 만난다. '개인용 방이 있으면서 물가에 있는 여관'이라는 두 가지 기준을 충족시키는 '탁월한' 선택이었다. 그들은 다른 사람 눈에 띄지 않기 위해 마차를 타고 가다가 매우 은밀하게 브라이드웰 선착장에서 배로 갈아탄다. 미들턴의 『치프사이드의 정숙한 숙녀(Chaste Maid in Cheapside)』에서는 또 다른 출발지가 언급된다.

> 퀸하이브(Qeenhive)의 체커(Checker)로 가서
> 밀물 때까지 양의 허리 고기를 굽고
> 아이를 브랜포드(Branford)로 보내자. (2막 2장)

사람들은 조류가 강으로 밀려 올라오는 밀물 때까지 기다렸다. 여행은 즐거웠을 테고 나룻배나 수상 택시를 타고 강을 거슬러 올라갔을 것이다.(삽화 30) 아니면 풀햄(Fulham)과 해머스미스(Hammersmith)를 경유해서 육로로 갈 수도 있었다. 하지만 당시에는 도로 상태가 열악했고 브렌트포드로 나들이를 가는 목적이 재미를 추구하는 것이었으므로 대부분 강을 이용했다.[169]

『서쪽을 향해!』의 한 등장인물은 브렌트포드가 '불쾌한 도시'임을 알게 된다. 그곳에 도착하자마자 한 무리의 바이올린 연주자들

이 '매춘부들이 보이는 우스꽝스러운 창문' 밑에 나타난다. 그들은 유흥비 명목으로 1크라운(5실링)을 요구하는데 여기에 여관주인이 청구하는 금액이 더해진다. 고즐린 경(Sir Gozlin)은 "맙소사! 죄악이 한번에 자네들 숙소에서 이뤄질 수는 없는가? 반드시 바이올린 소리까지 있어야 하는가? … 바이올린 소리가 들리지 않으면 이불도 들썩일 수 없는가?"라고 투덜거렸다.

행락 시설로 바뀐 강가의 집과 별장에서 게으른 한량들은 '카드 노름으로 밤을 새우든지', '진한 와인을 마시고 계란을 먹든지', '담배를 피우든지', '매음굴을 찾아갔다.' 그러나 이렇듯 비싼 값을 치른 쾌락은 쉽게 불쾌해질 가능성이 있었다. '나는 불법으로 가득한 이 도시에서 돈을 다 탕진해 버렸다. 이곳에 좋은 것이라고는 전혀 없다. 이 도시는 강가에 있다는 이유로 이렇듯 곰팡내 나는 땅 위에 세워졌다. 연약한 여성이 이런 곳에서 어떻게 버텨낼 수 있을지 모르겠다.'

존슨의 『연금술사(The Alchemist)』(1610)에도 밀회를 위한 도피의 내용이 나오고 브렌트포드가 등장한다. 마지막 막에서 주인공은 공범자인 페이스(Face)를 버리고 여자 친구인 돌 코먼(Doll Common)과 함께 달아나려 한다.

> 우리는 길을 돌릴 것이오.
> 브레인포드를 향해서 서쪽으로. 굳이 말한다면
> 이 우쭐대는 악한에게 작별 인사를 고하고 말이오.
> …

나의 멋진 박쥐,

밤의 새여, '비둘기(Pigeons)'에서 기쁘게 해 줄 것이오.

우리가 모든 것을 갖게 될 때 … (5막 2장 85~99)

끝부분의 '비둘기'는 올드 브렌트포드에 있던 유명한 여관 '세 마리 비둘기(Three Pigeons)'를 말하는 것이다. 이 여관은 킹스 멘에서 셰익스피어의 동료였던 존 로윈(John Lowin)의 소유였다. 로윈은 1603년에 존슨 작 『세야누스』에서 셰익스피어와 함께 연기했고 1604년에는 극단 지분 공유자가 되었다. 그는 셰익스피어 희곡의 '주요 배우' 중 하나로 『제1이절판』에 기재되어 있다. 18세기 초의 설명에 따르면 로윈은 셰익스피어와 플레처의 공동 작품인 『헨리 8세』(1613)에서 주연을 맡았었다. '토마스 베터턴(Thomas Betterton)이 왕의 역할을 매우 정확하게 연기했다. 그는 로웬 씨의 사사를 받은 윌리엄 대브넌트 경에게 사사 받았고, 로웬 씨는 셰익스피어에게 직접 가르침을 받았다.' 이는 이탈리아 르네상스 그림의 계보가 화실을 중심으로 이어진 것과 유사한 전통이었다. 후에 로윈은 서더크에 거주했고 '1642년에 극장이 문을 닫을 때까지 셰익스피어에 대한 기억을 전달했다.'[170]

로윈이 언제 '세 마리 비둘기'의 주인이 되었는지는 알려지지 않았다. 셰익스피어의 또 다른 동료였던 오거스틴 필립스(Augustine Phillips)는 바로 강 건너 모트레이크(Mortlake) 근처에 집을 갖고 있었다. 그 집은 전염병이 도시에서 한창 기승을 부리던 1603년 여름에 극단의 근거지로 사용되었던 것 같다. 셰익스피어가 '세 마리 비둘기'를 알고 있었을 가능성은 높지만 브렌트포드에 있는 마운트조이의 집을 알 수는 없었을 것이다. '세 마리 비둘기'는 극작가인 조지 필과 관련이 있거나 최소한 『조지 필의 재미있고 기발한 농담(The Merrie Conceited Jests of George Peele)』(1605년경)에 등장하는 그의 모습과 관련이 있다. '소박한 조지…는 백포도주와 설탕, 넉넉한 적포도주, 음악가의 연주, 주인의 음주와 여주인의 가무로 브레인포드의 세 마리 비둘기에서 즐겁게 지낸다.' 이 여관은 수세기에 걸쳐 유명세를 떨치기도 했고 악평을 떨치기도 했다. 또한 올리버 골드스미스(Oliver Goldsmith)의 『굴욕을 무릅쓰고 목적을 달성하다(She Stoops to Conquer)』(1773)에서 일부 장면의 배경이 되기도 했다. 19세기 목판화에는 높다란 굴뚝이 솟아 있고 바깥에 곧 무너질 듯한 마구간이 있는 '세 마리 비둘기'의 오래된 건물 모습이 담겨 있다.(삽화 31) 이 여관은 1911년에 헐렸다.[171]

런던 극작가들의 사랑을 받아 한때 좋은 시절을 누렸던 작은 도시 브렌트포드의 실제 모습을 법원 기록을 통해 알 수 있다. 법원 기록에는 법적인 문제로 곤란에 처했던 여성들이 '전 런던 거주 미혼 여성'으로 기재돼 있다. 아마도 일시적으로 브렌트포드에 정착한 이런저런 매춘부들일 것이다. 1571년 11월 8일 '브레인포드'에서 '전 런던 거주 미혼 여성' 이사벨 콘월(Isabell Cornewall)이 미망인 조앤 파커(Joan Parker)의 집에 침입해서 은반지와 3실링 8펜스가 들어 있는 지갑을 훔쳤다. 그녀는 유죄판결을 받았으나 임신 중이었기 때문에 법원에 관용을 요청했다. 또 한 명의 미혼모인 셈이다. 다음과 같은 음울한 얘기도 전해진다. 1598년 12월 12일 이른 오후에 '브레인포드에 위치한 제임스 러브그로브(James Lovegrove)의 집에서 전 런던 거주 미혼 여성인 아그네스 찰치(Agnes Charche)

가 사내아이를 출산했다. 출생 당시 아이는 살아 있었으나 산모가 바로 신생아의 목을 비틀어 부러뜨렸다.'

매춘부와 더불어 도둑에 대한 기록도 남아 있다. '전 런던 거주' 리처드 헤이워드(Richard Heyward)는 1601년에 브레인포드에 거주하는 마이클 굿이어(Michael Goodyeare)에게서 40실링에 달하는 깃털 30파운드를 훔친 죄목으로 기소되었고, '전 런던 거주 자작농'이었던 존 앤더턴(John Anderton)은 뉴 브렌트포드에서 온 한 여성에게서 '담배 색 모직 망토'와 '금과 비단으로 장식된' 리넨 모자를 훔쳤다. 또한 벨롯 대 마운트조이 사건에 대한 진술서가 작성되고 몇 주 후인 1612년 7월에 뉴 브렌트포드 출신 에드워드 플러드(Edward Flood)는 앨드게이트 외곽의 켈리그웨이 부인(Lady Keligway)의 집에서 망토를 훔쳐 소지한 혐의로 기소되었다. 그의 보석 보증인 중 하나는 '런던 시 성 올리브(St Olive) 교회 교구의' 나이너스 레인(Ninus Layne)이란 사람으로 아마도 크리스토퍼 마운트조이의 이웃이었을 것이다.[172]

대략적으로 말해서 크리스토퍼 마운트조이는 임차한 집을 전대해서 돈을 벌고자 브렌트포드에 집을 빌렸다. 노엘 마운트조이는 이렇게 말했다. '그는 집 두 채를 임차했다. 하나는 자신이 사는 집으로 임차 후에 두 부분으로 나눴고, 다른 한 채는 브레인포드에 있는 집이었다. 이렇게 해서 자신이 투자한 돈보다 많은 돈을 임대료로 받았다.' 마운트조이가 임대 사업을 통해 어느 정도의 수익을 올렸는지는 밝혀지지 않았지만 두 집에서 받은 임대료는 연간 35파운드 가량이었다. 35파운드의 대략 반은 두 집의 관리비로 쓰였고 나머지 반이 순수익이었다.

마운트조이가 빌린 집이 어떤 종류의 집이었는지, 어떤 용도로 사용되었는지는 알 수 없다. 하지만 전반적으로 말쑥하게 차려 입은 런던 사람들이 다른 남자의 아내나 실버 스트리트의 가게에서 '유별스런 가발'과 머리 장식을 사곤 하는 직업적인 여성과 함께 '부주의하게 시간을 보낼 수 있는' 향내 나는 침대보가 깔린 방으로 제공되었다고 하더라도 놀랄 일이 아닐 것이다. 또 다른 가능성이 있다. 1612년에 작성된 진술서에서 마운트조이의 예전 하녀인 조앤 존슨은 자신의 주소가 '미들섹스 카운티의 일링 교구'라고 진술했다. 올드 브렌트포드는 일링 교구의 일부이므로 조앤과 그녀의 남편인 바구니 제작자 토마스가 브렌트포드에 있는 마운트조이 집의 세입자였을 가능성도 있다.

이런 가능성들은 상호 배타적이지 않으며 바구니 제작자의 아내라고 해서 '행락 장소'를 운영하지 못할 이유는 없다. 조앤 존슨은 마운트조이 집의 하녀로 있으면서 그곳의 밀회와 간통의 분위기에 영향을 받았을 것이다. 하지만 이 또한 직관이라 불리는 하나의 연구 방법에 따른 것으로 물음표로 끝을 맺고 있다.

26장

향락을 즐기다

* * *

극장을 찾은 나긋나긋한 부인들, 교외에 흩어져 있는 매춘부들, 나무로 깎은 의자에 앉아 있는 '훌륭한 외모를 갖춘' 가게 안주인들, 그리고 브렌트포드에 위치한 환락가를 찾아 강을 거슬러 올라가는 여행 등을 통해 문란함과 혼란이 서서히 끓어오르던 당시의 분위기를 살펴보았다. 또한 이런 분위기가 셰익스피어에게 어떤 영향을 미쳤는지도 살펴보았다. 『법에는 법으로』와 『페리클레스』에 등장하는 창작상의 매음굴과 포주는 부분적으로는 경쟁적인 극장 문화에서 비롯된 문학적 필요성의 산물이었지만 조지 윌킨스가 속했던 현실 속 매음굴 세계와도 관계가 있었다. 조지 윌킨스는 술집 주인이자 포주로서 벨롯의 집주인이었고 킹스 멘 극단 소속 극작가였다. 윌킨스에게서는 폭력과 비열함의 요소를 접하게 된다. 그는 매춘부들을 구타하고 그들이 손님에게서 훔친 물건을 갖는다. 사람들은 그의 아내를 매춘부라고 부른다. 이는 셰익스피어가 윌킨스의 삶에 연루된 후에 발생한 사건들이다. 어쨌거나 여성을 발로 차는 사람과 『강제 결혼의 고통』을 쓴 사람은 명백하게 동일 인물이다.

셰익스피어와 윌킨스의 관계는 문학적인 것이었고, 셰익스피어의 입장에서는 장래가 촉망되기는 하나 극도로 불안정한 젊은 작가와의 짧으면서도 궁극적으로는 불만족스러운 협력 관계였다. 그러나 사람들이 궁금해 하는 것은 좀 더 개인적인 측면이다. 셰익스피어는 윌킨스에 대해 어떻게 생각했을까? 실제로는 이런 구체적인 질문에 대한 해답을 찾을 수 없을 것이다. 따라서 좀 더 광범위한 관점에서, 저급한 여관과 매춘부로 이루어진 윌킨스의 세계가 셰익스피어와는 어떤 관계에 있었을까? 또는 외국어 억양을 구사하는 고급 매춘부가 영위하는 은밀한 화류계의 삶과 셰익스피어는 어떤 관계에 있었을까? 또는 절망적인 가정주부, 아내를 이용하는 경박스런 가게 주인의 호색적인 환경과는 어떤 관계에 있었을까? 셰익스피어는 아내와 멀리 떨어져 런던에 오래 체류했던 탓에 부부 간의 동침 기회가 드물었을 뿐 아니라 흔히들 그렇듯이 오래전에 아내와의 관계가 소원해졌을 터인데, 그의 애정 생활은 어땠을까?

미들 템플(Middle Temple)의 젊은 법학도였던 존 매닝엄은 이런 질문에 대해 한 가지 대답을 제시했다. 그가 1602년 3월 13일자 일기에 기록한 내용을 보자.

> 옛날에 버비지(Burbidge)가 리처드 3세를 연기할 때 한 시민이 그를 좋아하게 되었다. 그래서 연극을 보고 돌아가면서 그에게 리처드 3세라는 이름으로 그날 밤 자신에게 와 달라고 요청했다. 그들의 말을 엿들은 셰익스피어가 먼저 가서 향응을 즐겼는데 그런 와중에 버비지가 도착했다. 리처드 3세가 문에 와 있다는 전갈을 들

> 은 셰익스피어는 정복왕 윌리엄(William the Conquerour)이 리처드 3세보다 앞서 왔다고 대답했다.

매닝엄은 이 밑에 유용하게도 '셰익스피어의 이름 윌리엄'이라 적어 넣고, 미들 템플의 동료 학생인 에드워드 컬에게서 얘기를 들었다는 뜻으로 '컬(Mr Curle)'이라 덧붙였다.

이는 놀라운 이야기이자 물론 입증할 수 없는 얘기다. 하지만 교묘하게 웃음을 유발하는 문장이 그 사실성에 반대로 작용하는 경향이 있다 해도 그 얘기를 말한 사람에게는 또 다른 의미에서 분명 진실이었을 것이다. 이 얘기는 실존 인물에 대한 가공의 내용을 엮어낸 만담집에 일화 수준의 얘기로 남았다.

연기자들이 극장에서 성적인 기회를 얻은 것은 거의 틀림없는 사실이었다. 매닝엄 일화는 여성 관객이 연기자에게 성적으로 끌린다는 통념과도 부합한다. 당시 여성들은 전성기 시절 비틀스의 열렬한 팬이었던 여성들처럼 소리를 지르지도 정신을 잃지도 속옷을 벗어 무대 위에 던지지도 않았다. 하지만 무대가 주는 카리스마는 시대를 초월해서 강력한 영향력을 행사하기 마련이다. 미들턴의 『미친 세상』에서 프랭크 굴맨(Frank Gullman)은 잘생긴 폴리위트(Follywit)가 '더 슬립(The Slip)'이란 제목의 연극 속의 연극에서 프롤로그를 말하는 장면을 보고 이렇게 소리 지른다.

> 내가 결혼만 하지 않았더라도 저 배우를 당장 저녁 식사에 초대하고 사랑에 빠졌을 텐데. 도시에서 그렇게 행동하는 사람을 몇 알고 있지. 그들은 배우 역할을 좋게 평가하고 배우를 2펜스짜리 방

으로 데려가지. 그러면 배우들은 아침에 무대가 아닌 자그마한 방에서 잠을 깬다니까. … (5막 2장 33~9)

배우이자 작가였던 존 얼(John Earle) 또한 배우가 풍기는 카리스마에 대해 썼다. '대기 중인 여성 관객은 지나치다 싶게 배우를 좋아하고, 부인들은 배우들을 집으로 불러들여 자신의 방에서 연기해 달라고 한다.'[173] 아가일 백작 부인(Countess Argyll)과 연기자이자 시인이었던 네이선 필드(Nathan Field)가 실제로 불륜 관계를 맺었음을 알 수 있는 단서가 남아 있다. 세간에 떠도는 소문을 적은 1619년 편지에는 '아가일 백작이 자신의 부인과 배우인 필드 사이에 태어난 자식이라고 소문난 딸의 양육비로 은밀하게 15~16파운드를 지불했다.'는 내용이 나온다.[174] 윌리엄 드러먼드(William Drummond)가 기록한 벤 존슨의 회고담에도 이와 유사한 관계를 언급한 내용이 있다. '어느 날 벤이 루트랜드 부인과 식사를 하고 있는데 그녀의 남편이 들어와서 자기 아내가 시인들을 불러들여 식사를 한다고 책망했다.'[175](이는 아마도 백작 부인이 마운트조이가 제작했을지도 모르는 머리 장식을 쓰고 존슨의 가면극 「하이머네이」에서 공연했던 1606년경의 일일지도 모른다.)

매닝엄이 소개한 일화로 볼 때 셰익스피어와 버베이지가 속했던 배우와 연극광 '무리'의 세계는 여성들이 일종의 전리품이 되는 동성 사회 경쟁의 장이었다. 매닝엄이 전하는 일화에서 셰익스피어는 다소 객기를 부린다. 그는 버베이지가 도착하기 전에 향락을 즐기는데, 얘기만으로는 상대 여인이 집 문 밖에 도착한 셰익스피어를 즐거운 마음으로 받아들였는지, 그래서 자신의 침대로 이끌었는지,

아니면 방문객이 버베이지라고 착각했는지가 분명하지 않다. 만약 셰익스피어의 여러 희곡에서 사용된 '침대 속임수'에서처럼 그녀가 셰익스피어를 버베이지로 착각했다면 셰익스피어의 체격은 대략 버베이지와 비슷해서 키가 매우 작았을 것이다.

셰익스피어와 좀 더 구체적으로 관계가 있는 여성은 제인 또는 제넷 대브넌트[Jane(Jennet) Davenant]이다. 그녀는 옥스퍼드에 거주하는 포도주 도매상 존 대브넌트의 아내였고, 미래의 계관시인 윌리엄 대브넌트 경의 어머니였다. 비록 이 얘기를 전한 사람이 반드시 필요한 존재이긴 하나 신뢰할 수 없는 존 오브리이기는 하지만 여하튼 셰익스피어와 대브넌트 부인에 대한 정보를 오브리에게 제공한 사람은 결과적으로는 윌리엄 대브넌트 경이었다. 존 오브리는 이렇게 기록했다.

> 윌리엄 대브넌트 경은 가장 절친한 친구들과 와인을 마시며 기분이 유쾌할 때면 자신이 셰익스피어의 정신으로 글을 쓰는 것 같고 그의 아들로 생각될 정도로 흡족한 기분이 든다고 말했다. …

이 글에 대한 한 가지 해석은 대브넌트가 자신이 셰익스피어의 대자(代子)이거나, 단지 시적인 유산의 은유적인 의미 차원에서 그의 아들이라고 말했다는 것이다. 하지만 오브리는 그 뒤에 '그래서 어머니가 불명예스러운 소문에 휩싸여 창녀로 불렸다.'고 덧붙여 놓았고, 무슨 까닭에선지 이 덧붙인 문장을 줄로 그어 지워 놓았다. 그 후 17세기에 윤색된 얘기에 따르면 셰익스피어가 옥스퍼드에 올

때마다 윌리엄 대브넌트는 그를 만나기 위해 달려갔고 '헛되이 신의 이름을 부르지 말라'는 말을 들었다고 한다.

오브리에 따르면 제인 대브넌트는 '매우 아름다운 여성이었고 재치가 뛰어나고 더할 나위 없이 유쾌한 대화 상대였다.'[176] 오브리는 옥스퍼드에 많은 인맥을 갖고 있었고 그녀에 대한 생생한 기억을 바탕으로 썼기 때문에 제인 대브넌트에 대한 오브리의 평은 사실인 것이 확실하다. 그녀는 제인 셰파드(Jane Sheppard)라는 이름으로 출생했고, 1568년 11월 1일 웨스트민스터의 성 마가렛 교회에서 세례를 받았다. 그녀의 아버지인 로버트는 나중에 아들들이 그랬듯이 법원의 말단직에 종사했을 것으로 추정된다. 그녀의 숙부인 윌리엄의 유언을 통해 그녀가 가족 사이에서는 '제넷'으로 불렸다는 사실이 밝혀졌다. 제인 대브넌트는 1593년 무렵인 20대 중반에 존 대브넌트와 결혼했다. 대브넌트 가족은 성공한 와인상 집안으로 와인을 보르도(Bordeaux)와 가스코뉴(Gascony)에서 직접 수입했다. 제인은 자녀가 여럿 죽고 난 후인 1598년 1월에 포먼 박사를 찾아갔다. 포먼은 한 달 전에 찾아왔던 마리 마운트조이 때와 마찬가지로 '그녀는 자신이 임신했다고 생각한다.'고 기록했다. 하지만 실제로는 '임신하지 않았다.' 1600년 무렵에 대브넌트는 옥스퍼드로 이사해서 커다란 4층짜리 와인 술집을 운영했다. 이 술집은 이후 17세기에 '크라운'이란 명칭으로 알려졌는데 지금도 일부가 콘마켓(Cornmarket)에 서 있다. 대브넌트 부부는 이 술집을 20년 동안 운영하였고 일곱 명의 건강한 자녀를 낳았으며 1622년 봄에 몇 주 간격으로 사망했다. 대브넌트는 자신의 도제가 딸과 결혼하기를 희망한다는 유언을 남겼다.[177]

셰익스피어가 대브넌트 부부를 알고 지냈다는 정황이 많은데, 마운트조이 부부를 통해 알게 되었을 가능성이 있다. 대브넌트 부부에게는 프랑스 인 인맥이 있었다. 와인 산업에 종사했기 때문에 프랑스 수출업자들과 거래를 했고 고국에서 와인을 즐겼던 마운트조이와 같은 프랑스 인 손님을 확보하고 있었을 것이다. 또한 셰익스피어는 제인의 남자 형제로 장갑 및 향수 상인이자 궁정에 고용되어 일했던 토마스 셰파드와도 안면을 익혔을 것이다. 토마스 셰파드는 1604년 대관식 순행 명단 중 '장인' 이란 분류에 속해서 셰익스피어와 마찬가지로 의대관의 직위를 부여받았다. 또한 1604~5년 앤 여왕의 가계부에 '머리 장식 제작자' 마리 마운트조이와 함께 향수 공급자로 기재되어 있다. 물론 다른 경로도 있을 수 있지만 셰익스피어와 제넛 대브넌트는 이런 인맥을 통해 만났을 것이다.

윌리엄 대브넌트 경은 셰익스피어의 이름을 딴 대자일 가능성이 있고 본인은 셰익스피어의 사생아 아들로 생각되는 것에 흡족해했다. 그는 1606년 3월에 출생했으므로, 곧이곧대로 생각한다면 셰익스피어와 제넛은 1605년 여름에 성관계를 가졌을 것이다. 이 시기는 셰익스피어가 스트래트퍼드에 있는 가족을 만나러 간 때와 일치한다. 당시 제넛은 30대 후반으로 여덟 명의 자녀를 출산한 후였다.

1604년에 공연된 마스턴의 『네덜란드 매춘부』에 불륜의 연애에 대한 은근한 단서가 포함되어 있지 않았다면, 이런 얘기를 윌리엄 대브넌트의 과장으로 흘려보내고 싶은 충동을 느낄 것이다. 앞에서 살펴보았듯이 이 희곡에는 포도주 도매상의 바람난 아내 멀리그럽 부인이 등장한다. 그녀는 '바보스런 남편은 아무것도 모르는' 상황에서 신사들을 '식탁' 에 끌어들이고 때로는 그들로부터 '살점' 을 받는다. 나는 이런 줄거리가 실제 포도주 도매상의 아내인 대브넌트 부인과 마스턴의 문학적 적수 셰익스피어와의 간통을 암시하는 내용일 가능성이 있다고 생각한다. 부정한 아내를 둔 남편의 귀에 '옛날 박자로 춤을 추는' '제넷(=새끼 말)'에 대한 다소 부자연스러운 억지 농담을 들려주는 이유를 알 수 있을 것이다. 남편은 농담이 매우 재미있다며 되풀이한다. '하, 하, 하… 옛날 박자로 춤을 추는 제넷 … 나를 당나귀로 생각한 것일까?' 하지만 그는 정말 당나귀(바보)였다. 이발사로 가장해서 그를 면도해 주며 농담을 들려주는 사람은 바로 그에게서 돈을 뺏으려는 사기꾼이기 때문이다. 포도주 도매상을 속이는 사람은 '뚱뚱하고(thick) 나이 들고(elderly) 수염이 짤막하게 난 사람'으로 묘사되고 있는데 이는 1604년 당시 셰익스피어의 모습을 비우호적으로 묘사한 표현일 수 있다. thick은 몸집이 뚱뚱하다는 뜻이고, elderly는 셰익스피어의 대머리를 가리키는 단어이고, 짤막하게 난 수염은 그 무렵에 그려진 초상화 원본을 바탕으로 완성된 드루샤우트 초상화에서 볼 수 있는 셰익스피어의 정확한 모습이다. 이런 식으로 무대 위에서 특정 개인에 대해 언급하는 것은 '극장 전쟁' 초기에 논쟁에 참여했던 마스턴의 특징이었다.

매닝엄의 일화에 등장하는 무명의 '시민' 여인과 포도주 도매상의 아내 제넷 대브넌트(동일 인물일 수도 있다.)는 셰익스피어와 간통을 했다는 말이 돌고 있는 여성들로, 『오셀로』에 등장하며 혼외 연애에 대해 훤히 알고 있는 에밀리아(Emilia)의 원형일 것이다.

데스데모나: 그대가 설마 그런 행동을 할까?

에밀리아: 세상은 커요. 자지레한 부도덕은 저질러 봤자 티도 않나요.

데스데모나: 나는 그대가 그러지 않으리라고 진심으로 생각해요.

에밀리아: 진심으로 내가 그래야 한다고 생각해요. 그리고 다 끝나고도 아무 일 없을 걸요.

에밀리아는 부정(不貞)의 책임이 누구에게 있는지 말한다. '아내가 그토록 타락한 것은 우선 남편의 잘못이라고 생각해요.' 남편이 먼저 성적인 관심을 잃었기 때문이라는 것이다.

우리에게 남성을 맞이하게 한 것이 한두 해가 아니죠.
그들은 위장이고 우리는 음식에 불과해요.
그들은 우리를 허겁지겁 먹고 배가 차면
뱉어 내죠. (3막 4장 100~103)

그 다음으로는 남편 자신의 탈선이 있다. '그들은 자신의 의무를 게을리 하고,/ 우리의 재산을 외국인의 무릎에 쏟아 놓죠.' 또한 가정 폭력이 있다. 그들은 '괴팍하고 질투심에 불타서' '우리를 때리고', '용돈을 줄여요.' 따라서 여성들은 남자들과 동등하게 부정을 저지를 권리를 가졌을 뿐만 아니라 성적인 모험에 대한 취향 또한 같이 누릴 수 있다.

대체 남편들이 하는 일이 무엇일까

우리에서 다른 사람으로 갈아타는 일일까? 그것이 놀이일까?
그렇다고 생각한다. 그렇다면 애정 때문에 그렇게 하는 것일까?
그렇다고 생각한다. 그렇다면 유혹에 넘어가는 것이 잘못일까?
그 또한 그렇다. 그렇다면 우리는 남자와 같은 애정이 없는 걸까?
놀이에 대한 욕망이 없고 유혹에 넘어가지 않는 걸까?
남편들로 하여금 우리를 제대로 대우하게 해야 해. 그렇지 않으면
그들에게 알려 주어야 해.
우리가 못되게 행동하더라도 그것은 자기들이 못된 행동으로 우리에게 가르친 것이라고 말이야. (4막 3장 87~103)

이 대사는 여성 친구끼리 은밀하게 주고받은 말로 인습적인 윤리가 아내에게 부과하는 종속적인 태도를 벗어던지라고 강조한다. 또한 이는 도덕성이 어느 정도 무너져 있고 호색적인 '놀이와 유혹에 빠지는 것'이 무대 안팎으로 인기 있는 오락거리였던 극장에서 오고간 말이다. 고결한 시민—사실상 멸종 위기에 처했지만 여전히 말이 많은 것으로 도시 희극에서 그려지는—은 에밀리아를 '헤프거나' '가볍다'고 비난하겠지만 1604년도의 연극 관람객들은 현대인과 마찬가지로 에밀리아의 느긋한 실용주의를 즐겼다.

에밀리아의 말을 이해할 수 있는 사람은 마리 마운트조이였다. 괴팍스럽고 인색한 남편과 마리는 관계가 나빴을 가능성이 있다. 크리스토퍼 마운트조이는 마리가 죽은 후에도, 심지어 자신이 죽을 때까지도 두 사람 사이에 난 유일한 혈육인 딸과 소원한 관계를 유지했을 만큼 결코 가족을 사랑하는 사람의 모습이 아니었다. 유일하게 기록된 부부 사이의 대화에서 마리는 남편에게 딸을 좀 더 관대하게

대해 달라고 간청하지만 매정하게 거절당한다. '그는 자신에게 무엇이 필요하게 될지 모르기 때문에 딸 부부에게 절대 아무것도 약속하지 않을 것이다.' (크리스토퍼 위버의 증언) 크리스토퍼 마운트조이는 아마도 아내를 두고 바람을 피웠을 것이고 포먼 사례집에 기록된 증거에 따르면 마리 또한 남편을 두고 바람을 피운 것 같다.

이 책을 쓰는 동안 내내 한 가지 의문이 머릿속을 맴돌았다. 진정한 해답은 없지만 이런저런 증거를 놓고 추론해 볼수록 거듭 떠오르는 의문이었다. 바람기 있고 간통을 저지른 것이 분명한 이 프랑스 여성은 셰익스피어에게 어떤 존재였고, 반대로 셰익스피어는 그녀에게 어떤 존재였을까?

지금까지 확실하게 알려져 있는 정보는 마리 마운트조이가 셰익스피어의 집주인이었다는 사실이다. 집주인과 세입자라는 표현만을 놓고 보면 두 사람의 관계는 평범하면서도 어렴풋하게 희극적인 의미를 함축한다. 그런데 마리 마운트조이의 부탁을 받았다는 셰익스피어의 진술로 미루어 마리는 셰익스피어에게 자신의 딸과 결혼하도록 스티븐 벨롯을 설득해 달라는 부탁을 했었음을 알 수 있다. 또 셰익스피어가 설득에 성공하자 이번에는 젊은 커플의 공식적인 약혼을 주관해 달라는 부탁도 하게 된다. 물론 개인적으로 깊은 관계에 있어야 이 두 가지 역할을 맡기게 되는 것은 아니지만 적어도 마리는 셰익스피어를 신뢰했었다는 사실을 알 수 있다.

그렇다면 그 밖에 어떤 상황이 있을 수 있었을까? 유명한 연기자이면서 시인인 사람과 활달한 프랑스 인 머리 장식 제작자 사이의 연결은 소설적인 관점에서 상당히 좋아 보인다. 마리가 풍기는 매력에 '검은 눈동자'까지 더한다면 적절하겠지만 현재로서는 마리의 생김새를 전혀 알 수가 없다. 셰익스피어는 프랑스 여인은 피부가 까무잡잡하고, 까무잡잡한 여성이 섹시하다고 생각했다. 마리가 검은 눈동자와 까무잡잡한 피부 모두를 지녔을 수도 있고 물론 그렇지 않았을 수도 있다.

사람들은 증거가 없는 상황에서는 개연성을 따지게 마련이다. 남편의 집에 거주하면서 그 부인과 연애를 하는 것은 복잡하고 피곤한 일처럼 들린다. 하지만 도시 희극의 세계에서는 이런 종류의 일이 시시각각으로 일어난다. '그들은 가끔씩 찾아와서 방을 빌리고 아마도 우리의 아내들에게 키스를 할 것이다. 그렇다고 내가 잃는 것이 무엇이겠는가?' 미들턴의 『사랑의 가족』에서 약제사인 퍼지는 이렇게 말했다. 당시 마운트조이 가정 또한 성적으로 좀 더 자유로운 장소였으리라 추측해 볼 수 있다.

앞에서 한 번은 하룻밤의 정사, 다른 한 번은 멀리 떨어져 있는 옥스퍼드 여성과의 만남 등 셰익스피어의 두 번에 걸친 혼외의 만남에 대해 살펴보았다. 이 두 만남, 특히 첫 번째 만남은 일화에 불과하긴 하지만, 같은 시대의 일화는 정확하지는 않더라도 가능성이 있거나 신빙성 있는 정보를 전달해 주는 것도 사실이다. 첫 번째 만남이 우발적으로 성관계를 맺은 경우이고 두 번째가 정기적으로 이따금씩 성관계를 맺은 경우라면 세 번째 범주는 증거는 없으나 전후 상황으로 확실하게 파악할 수 있는 매춘의 경우이다. 이러한 세 가지 경우는 '연인'과의 장기간에 걸친 성적인 교제라기보다는 런던 시절 셰익스피어의 성생활에 대한 궁금증을 풀어 주는 정도의 것이라 할 수 있다. 셰익스피어가 실제로 자신의 연인으로 묘사했던 유일한 사람은 소네트에 등장하는 수수께끼의 '다크 레이디'고

시에는 그녀와의 얽힌 관계를 회피하려는 욕망이 가득하다. 셰익스피어는 '그대의 강철 가슴 감옥에 내 심장이 갇히고', '나는 그대 속에 갇혀서/그대의 것이 되고 말았네.'(133번)처럼 관계를 감금이나 새장으로, 때로는 사람을 쇠약하게 만드는 성 중독의 일종으로 묘사했다.

> 내 사랑은 열병 같아서
> 병이 더욱 오래 끌어지기를 갈망하고
> 병을 보존시키는 것을 먹이며
> 불확실하고 병적인 식욕을 만족시키려 하고 있소. (147번)

소네트는 자전적인 작품이 아니다. 하지만 소네트에서 말하는 '나'는 불륜의 연애 관계를 끝내고 싶어 하는 지칠 대로 지친 연인이다.

실버 스트리트의 은유상의 창문을 통해 하숙집 안주인과 '연애'를 하는 중년의 셰익스피어를 볼 수 있을까? 이 질문에 대한 대답은 부정적이어야 한다. 그런 일이 절대로 일어나지 않았기 때문이 아니라 그런 일이 일어났는지 알 수 없기 때문이다.

성적인 밀통의 분위기가 집 전체를 감싸고 있었다. 사생아, 헨리 우드와의 불륜 관계, 고급 창녀 고객들, 브렌트포드의 집 등 여러 단서를 통해 전해지는 떨림이 셰익스피어가 함께 살았던 사람들에게 내재되어 있었다. 이런 단서를 통해 당시에 셰익스피어가 처했던 환경과 그가 선택했던 환경에 대해 알 수 있지만 셰익스피어가 그런 환경에 어떻게 개입했는지는 알 수 없다. 『리어 왕』에 등장하는 미친 톰은 '신발을 끄는 소리에도 비단의 사각거리는 소리에도 그대의 마음을 여인에게 주지 말라' 고 경고한다. 이 대사는 셰익스피어가 1605년 무렵에 쓴 것으로 아마도 이런 유혹의 위험성이 너무나 충만해 보이는 마운트조이의 집에서 썼을 것이다.

나는 상당히 오랫동안 주변을 기웃거렸지만 부정(不貞)의 증거를 전혀 찾을 수 없었다. 만약 셰익스피어와 마리 마운트조이의 관계를 한마디로 정리해야 한다면, 밋밋하면서도 뭔가 깊이 울려 퍼지는 표현인 친구 사이 정도로 말해야 할 것이다. 친구 이상의 무엇이 있었다면 그것은 둘만의 비밀로 남을 것이다.

Long lane
S. Bartholome
Litle Britaine
Gray
Fryers
Newgat
merket
Row

제7부

다짐하다

Making Sure

맹세는 기껏해야 호흡이고 호흡은 증기다 …

—『사랑의 헛수고』 4막 3장 65

27장

약혼

✠ ✠ ✠

앞서 국립문서보관소에서 발견한 옛 문서를 통해 실버 스트리트에 거주했던 셰익스피어의 물리적이고 개인적인 환경— 하숙집의 근면하면서도 다투기 좋아하고 다소 흥청거리는 이민자 가족, 철사 제조기와 실 꼬는 기구가 들어 찬 공방, 매춘부와 연기자뿐 아니라 왕족과 귀족을 포함한 고객 등— 을 살펴보았다. 또한 마운트조이 가족에 대해 새로운 사실을 발견했고 그런 사실을 새롭게 고찰했다. 하지만 셰익스피어와 기타 증인의 진술을 바탕으로 확실하게 파악한 것은, 1604년에 셰익스피어가 메리 마운트조이와의 결혼을 스티븐 벨롯에게 설득했다는 사실이다. 이제 결론을 도출할 목적으로 벨롯 대 마운트조이 사건의 진술서에 나타난 벨롯 부부의 결혼 생활의 부침과 셰익스피어의 개입에 대해 다시 한 번 고찰해 보고자 한다.

벨롯 부부가 결혼하기까지 셰익스피어가 한 일은 무엇일까? 사건에 대해 셰익스피어가 진술한 내용을 정리해 보면 다음과 같다.

마운트조이는 스티븐 벨롯에게 자신의 딸인 메리를 '기꺼이 주어' 결혼하게 했고 이로 인해 만족해 하는 것처럼 보였다.

마운트조이 부인은 '앞서 언급한 결혼을 하도록' 스티븐을 설득해 달라고 셰익스피어에게 간청했고 셰익스피어는 그녀의 말에 따랐다.

마운트조이는 '자신의 딸인 메리와 결혼하면' 지참금을 주겠다고 스티븐에게 '약속했다.' 하지만 셰익스피어는 약속한 금액이 얼마인지 '기억하지 못했다.'

스티븐은 마운트조이와 함께 '마운트조이의 집'에서 살았고 '그들 사이에는 결혼에 대한 많은 의논이 오갔다.'

'그 후에' 결혼이 '완성되었고 결혼식을 치렀다.'

이 사건에 연루된 기타 증인들의 진술 또한 셰익스피어의 진술과 매우 흡사했다. 벨롯의 도제인 윌리엄 이턴은 셰익스피어가 '메리와 결혼을 하도록 원고의 마음을 움직여 달라는' 간청을 받았고 피고는 '자신이 약속한 일정 금액을 제공하겠다는 뜻을 셰익스피어가 전달해 주기를 바랐다.'고 진술했다. 노엘 마운트조이는 '피고가 그 일에 있어서 셰익스피어를 필요로 했고' 셰익스피어에게 '벨롯을 결혼하게 해 달라고' 부탁했다고 말했다. 그러나 노엘은 애석하게도 셰익스피어가 그 일을 '어떻게 했는지'는 알지 못했다.

이 사건에서 셰익스피어는 이상한 대리 역할을 맡았다. 예전 도제에게 가서 그의 마음을 움직이고 일정 금액의 돈을 제의해 달라는 부탁을 받았는데 '그 일에 있어서 그가 필요했다.' 이처럼 셰익스피어는 결혼 주선인이자 중매인의 지위에 있었다. 셰익스피어는 스티븐 벨롯을 설득하기에 이상적인 사람으로 여겨졌을 것이다. 그는 부모이자 신사이자 왕의 종복으로서 결혼 중매인에게 필요한 자격을 갖췄다. 물론 좀 더 개인적인 요소도 있었다. 셰익스피어가 벨롯을 '정직한 사람'이라 생각했다고 말한 점으로 미루어 셰익스피어는 벨롯을 좋아했고 벨롯도 셰익스피어를 좋아하고 존경했으리라 추측해 볼 수 있다. 여기서 생각을 약간 더 확장한다면 셰익스피어는 마음이 관계된 문제에 있어서는 누구도 따라올 수 없는 달변가였다. 자신의 딸과 결혼해 달라고 누군가를 설득해야 하는 경우에 유용한 사람이었다.

셰익스피어의 행동을 가장 충실하게 설명한 사람은 관대한 시장인 암브로스 니콜라스(Ambrose Nicholas)의 아들이자 벨롯의 친구로 셰익스피어와 함께 유일하게 '신사'로 묘사되었던 증인 다니엘 니콜라스였다. 1612년 5월 11일의 첫 진술서에서 니콜라스는 다른 증인과 마찬가지로 셰익스피어가 설득해 달라는 요청을 받고 벨롯에게 갔다고 말했다. 그런데 6월 19일에 작성한 두 번째 진술서에서는 셰익스피어의 역할에 대해 다른 설명을 덧붙였다.

> 셰익스피어 씨는 그들에게 아버지로부터 일정 금액의 지참금을 받을 것이라고 말했고, 그들은 그것을 받아들여 셰익스피어 씨 앞에서 다짐했고, 결혼에 동의했고, 〔'서로에게 손을 주었고(giving each other's hand to the hand),' —삭제됨〕 결혼했다.

원본에서 삭제된 표현이 특정 단서가 된다. 이 표현은 증거로 인정될 수 없다는 이유로 삭제되었다. 아마도 니콜라스가 실제로 목격하지 않은 것을 진술했기 때문이거나 결혼 자체가 쟁점이 아니었기 때문일 것이다. 이 책에서 니콜라스의 말을 삭제 이전의 상태로 복귀시킨 것은 그가 우리보다 훨씬 당시 사건에 가깝기 때문이고 그가 사용한 표현을 통해 1604년 바로 그날 셰익스피어가 어떤 일을 했는지 매우 정확하게 알 수 있기 때문이다.

니콜라스가 서술한 삭제 부분은 엘리자베스 여왕 시대와 제임스 1세 시대 사람들이 '약혼' 또는 '가결혼(handfasting)'이라 불렀고 법률적으로는 '구두 약혼'이라 불렀던 절차였다. 니콜라스는 커플이 셰익스피어 앞에서 다짐했다고 말하면서 약혼을 연상시키는 구체적인 용어를 사용했다. '결혼하기 전에 약정이나 다짐의 과정이 있었고, 쌍방의 결합이나 약혼(가결혼)이 있고 나서 마침내 결혼에 이르게 되었다.'

이런 약혼은 진지하게 받아들여졌고 구속력 있는 세약으로 간주되었다. 약혼에는 현재 약혼(de praesenti)과 미래 약혼(de futuro)의 두 가지 종류가 있었다. 현재 약혼은 현재 시점으로 남편과 아내가 되기로 합의하는 것이었다. 폴록(Pollock)과 메이틀랜드(Maitland) 저 『영국 법의 역사(History of English Law)』(1923)에 따르면 현재 약혼은 '예외적인 상황인 경우를 제외하고는 소멸될 수 없는 관계를 확립하는 것이었다.' 미래 약혼은 미래에 결혼하겠다는 약속으로 현대의 약혼 개념과 대략적으로 같다. 미래 약혼은 '음탕한 관계'가 발생하지 않은 경우에는 어느 한쪽에 의해 깨질 수 있었는데 만약 '음탕한 관계가 발생했을 경우에는 약혼이 법률에 따라 자동적으로 결혼으로 전환되었다.'

니콜라스의 표현으로 판단해 볼 때 스티븐과 메리의 약혼은 현재 약혼으로 보인다. 스티븐과 메리는 '결혼에 동의했고, 서로에게 손을 주었고, 결혼했기' 때문이다. 마지막 구절은 나중에 치러졌던 교회에서의 결혼식을 언급한 것일 수도 있고, 두 사람의 구속력 있는 '합의'를 통해 그 자리에서 결혼했다는 뜻일 수도 있다. 서로에게 손을 주는 것으로 표현되는 가결혼 자체가 결혼을 구성한다는 것은, 엘리자베스 여왕 시대 사람으로 이 주제에 대한 전문가였던 헨리 스윈번(Henry Swinburne)에 의해 명확하게 드러난다. 헨리 스윈번이 1600년경에 썼던 『결혼에 대한 논문(Treatise of Spousals)』은 요크 지방의 교회 재판소 판사로 오랫동안 재직했던 경험의 산물이었다. 그의 글에 따르면 '현재 약혼'을 맺은 사람들은 '남편과 아내로 간주되었고 … 현재 약혼에 따른 결혼은 불완전하기는 하지만 실제적으로 결혼 자체이다.' 존 웹스터는 『말피 공작부인(The Duchess of Malfi)』(1612년경)에서 동일한 개념을 좀 더 시적으로 표현했다.

> 변호사가 방에서 약혼에 대해 말하는 것을 들었어요.
> 구두로 하는 현재 약혼이 절대적으로 결혼으로 성립된다는군요.
> 하늘이여 축복을, 이 신성한 결혼에
> 폭력이 끼어들지 않게 하소서! …
> 어떻게 하면 교회가 더 빨리 지어질 수 있을까요?
> 우리는 이제 남편과 아내이고
> 이 사실을 울려 퍼지게 하는 것이 교회거든요. (1막 2장 18~35)

셰익스피어가 맡았던 역할 중의 하나는 커플에게 약혼의 구속력을 상기시키는 것이었다. 1610년에 런던 교회 법정에 제기된 사건에서 비슷한 상황에 있었던 윌리엄 애디슨(William Addison)이 맡았던 역할과 같았다. 윌리엄 애디슨은 조앤 워터스(Joan Waters)에게 '행동을 조심하십시오. … 하루나 한 달만 유효한 것이 아니라 평생에 걸쳐 유효한 약정이기 때문입니다.' 라고 경고했고, 조앤은 '어떻게 행동해야 할지 잘 알고 있다고 대답했다.'[178]

'결혼 집행 소송'으로 알려진 결혼 분쟁 사건에는 약혼 사건이 많이 포함되어 있었는데 이를 검토해 본다면 실버 스트리트에서 행해졌던 약혼의 대체적인 정황을 알 수 있다. 약혼이 이루어지는 장소는 여관이나 술집도 인기가 있었지만(삽화 32) 대부분 어느 한쪽 배우자와 관계가 있는 집의 방이었고 날씨가 괜찮으면 때때로 정원이나 과수원 등 야외가 되기도 했고 심지어는 '말을 타면서' 약혼을 하기도 했다. 수전 피드젯(Susan Fidgett)이란 한 젊은 여성은 '옷을 말리려고 들에 나갔다가' 약혼을 하고 돌아왔다.[179] 하지만 이런 경우는 예외이고 스티븐과 메리의 약혼은 실버 스트리트의 집에서 이루어졌을 것이다.

약혼을 하면서 반드시 읊어야 하는 엄격한 구두 문구는 없었지만 1662년 성공회 기도서의 결혼식 편에 수록된 귀에 익은 구절인 '이 반지로 나는 그대와 맺어지니'와 '죽음이 우리를 갈라놓을 때까지' 등이 사용되었다. 1598년에 존 그리핀(John Griffin)은 미래의 남편이 읊는 정확한 표현에 대해 썼다. '나 존은 죽음이 우리를 갈라놓을 때까지 그대 제인을 아내로 맞이하고, 이에 약혼을 서약한다. 그러면 여성이 같은 말을 반복한다.' 그리핀은 이런 말이 '부부를 결합시켜 준다'고 강조했다. 여기 다른 내용의 서약이 있다.

> 토마스는 그레이스의 오른손을 잡고 말한다. 나 토마스는 그대 그레이스를 아내로 맞이하고 그대만을 아내로 삼을 것이다. 이에 나는 그대에게 약혼을 서약한다. 그러고 나서 두 사람은 손을 풀고 그레이스가 토마스의 오른손을 잡고 말한다. 나 그레이스는 그대 토마스를 남편으로 맞이하고….[180]

약혼의 정표로 종종 선물을 주고받았는데 선물은 오늘날처럼 대부분 반지였다. 어떤 경우에는 남자가 반지를 가져오지 않자 증인이 '몸을 구부려 골풀로 반지를 만들어 커플에게 주었다.' '귀가 은으로 된 하얀 개 인장이 새겨진 반지' 등 때로 반지에 대한 구체적인 설명이 따르기도 했다. 마리가 지갑에서 잃어버렸던 것과 같은 둥근 가락지 또한 언급되었고, 붙잡은 손을 상징하는 쌍가락지가 인기를 끌었다. 현재 런던박물관에 소장되어 있는 1600년도 금 쌍가락지에는 다음과 같은 약혼의 모토가 새겨져 있다.

> 손을 오므리듯
> 마음도 하나가 되리

반지와 비슷하게 인기를 끌었던 약혼의 정표로 금 조각이나 동전을 반으로 쪼갠 것을 나눠 갖기도 했다. 기타 약혼 선물로는 '2실링 6펜스'짜리 장갑, 속치마, 애거트(aggat)라는 보석, 기도서, 페티코트, '진정한 사랑의 매듭으로 불리는 옭매듭으로 만든 심홍색 리

본', '프랑스 풍 관과 은으로 만든 이쑤시개' 등이 있었다.[181]

엘리자베스 여왕 시대와 제임스 1세 시대 런던에서 행해졌던 약혼에 대한 이 같은 기록들을 검토해 보면 실버 스트리트에서 펼쳐졌던 장면을 가늠해 볼 수 있다. 약혼은 오래전부터 전해 온 간소한 의식으로 격의 없는 방식에 약간의 격식이 가미되어 균형을 이뤘다. 즉 이는 격식에 크게 얽매이지 않는 사람들 속에 뿌리 내린 의식으로 공식적이기보다는 사적인 것이었기 때문에 정확하게 표현하자면 셰익스피어가 '방에서 이루어진 약혼'을 집전한 것은 아니었다. 셰익스피어는 법률상으로는 구두 약혼의 증인에 불과했다. 하지만 이런 경우에 종종 의식을 이끌어 가는 사람이 있게 마련인데, '그들은 셰익스피어 앞에서 다짐했다'는 다니엘 니콜라스의 진술로 보아 셰익스피어가 그런 역할을 담당했음을 짐작할 수 있다. 셰익스피어의 역할은 한마디로 '연출가'였다. 그는 전달해야 하는 대사가 있고 적절하게 표현해야 하는 몸짓이 있는 약혼식 장면을 연출했다. 등장인물은 두 주인공과 증인 한 사람이면 충분했지만 틀림없이 메리의 부모가 참석했을 것이고 아마도 하녀인 조앤 랭포드, 벨롯의 어머니와 계부도 참석했을 것이다. 이렇게 해서 잠시 동안 마운트조이 집의 그늘진 거실은 작은 극장이 되었다.

셰익스피어가 젊은 커플의 마음을 이렇게 결합시켜 준 것은 언제였을까? 실질적인 결혼식은 1604년 11월 19일 성 올라브 교회에서 거행되었다.(삽화 33) 약혼은 아마도 몇 주 전에 치렀을 것이다. 교회의 규정에는 약혼을 하고 나서 연속으로 일요일이 세 번 지난 후에 교회에서 결혼식을 올릴 수 있다고 명시돼 있었다. 이런 조항이

지켜졌다면 스티븐과 메리의 약혼일로 가장 늦은 날짜는 11월 3일 토요일이나 4일 일요일이었을 것이다.

물론 결혼식을 서둘러 치를 필요는 없었지만 공백 기간이 길었을 것 같지는 않다. 셰익스피어 시대 영국의 결혼에 대해 연구한 앤 제널리 쿡(Ann Jennalie Cook)은 '약혼은 통상적으로 한 달 정도 지속되었다.' 고 밝혔다. 공식적인 교회의 입장은 혼전 섹스의 유혹을 피하기 위해 약혼을 한 후에 신속하게 결혼식을 올려야 한다는 것이었다. 영국에서 설교로 큰 인기를 누렸던 위대한 칼뱅주의 목사 하인리히 불링거(Heinrich Bullinger)는 '약혼하고 약정을 한 후에 교회에서 올리는 결혼을 너무 오래 지연시켜서는 안 된다. 사악한 자들이 음흉한 시기에 달갑지 않은 씨를 뿌리지 않게 하기 위해서이다.' 라고 역설했다.[182]

셰익스피어의 결혼식 참석 여부에 대해서도 의문이 존재한다. 아마도 그는 여름 동안에 런던에 거주하지 않고 외유를 했을 것이다. 런던의 여름은 법정이 문을 닫고 왕의 측근들이 뿔뿔이 흩어지고 극단은 순회공연을 떠나고 없는 '지루하고 죽은 듯이 고요한 휴가의 계절' 이었기 때문이다. 셰익스피어의 경우에는 스트래트퍼드의 뉴 플레이스에 있는 가족과 정원에게로 돌아갔다. 긴 여름휴가의 끝을 알리는 것은 9월 29일 마가엘 축일이었다. 도시는 10월 초에 다시 웅성거리기 시작했다. 새로운 법정 개정기가 시작되고 극장들이 다시 문을 열었다.

마리 마운트조이가 셰익스피어에게 결혼을 망설이거나 꺼려 하는 스티븐 벨롯과 조용히 이야기를 나눠 보라고 부탁을 했던 시기는 아마도 런던이 죽은 듯이 고요한 여름을 맞이했던 무렵이었을 것이다. 셰익스피어는 마리의 부탁을 수락해서 벨롯의 동의를 얻어냈고 그 후에 약혼을 주관했다. 초기 고소장에서 벨롯은 마운트조이의 '제안'과 '설득'으로 인해 이내 메리와 결혼했다고 진술했다. 여기서 '결혼(entermarry)'이 약혼을 가리키는지 결혼을 가리키는지는 확실하지 않지만 상황이 매우 빠르게 진척되었던 것만은 사실이다.

어느 교회 법정 기록에는 약혼하고 2년이 지난 후에 결혼식이 이루어진 경우가 나와 있어 벨롯과 메리의 결혼에 대한 이 같은 추측이 완전하게 옳다고 볼 수는 없다. 하지만 약혼 후 빠른 결혼은 관습이었고 법률 소송 서류에서 복구해 낸 단서가 여기에 잘 들어맞는 것 같다. 실버 스트리트에서 이루어진 약혼의 개연성 있는 날짜는 1604년 10월이다.

28장

‘그들이 나를 강제로 결혼시켰소!’

✠ ✠ ✠

약혼식은 자연스럽게 연극적인 요소를 포함했고, 극작가이자 중매쟁이인 셰익스피어는 10월 그날에 분명 영향을 받았을 것이다. 스티븐과 메리의 약혼이 성립되고 얼마 지나지 않아 글로브 극장에서 약혼식 장면이 공연되었다.

> 스카보로: 이 손이 그대를 사랑하는 아내로 맞이하오.
> 클레어(Clare): 기쁘거나, 슬프거나.
> 스카보로: 죽음이 우리를 갈라놓을 때까지 항상 사랑할 것이오.
> 클레어: 당신에게 감사해요. 이제 내가 오랫동안 찾아 왔던 남편을 만났으니까요.

조지 윌킨스의 『강제 결혼의 고통』에 나오는 장면이다. 이 희곡은 정확하게 스티븐과 메리가 성 자일스 교회 교구에 있는 윌킨스 집에 세 들어 살았던 1605년 후반부에 쓰였다. 약혼할 때 쓰이는 서

약 문구는 보편화된 것이기에 위의 장면과 벨롯 부부 사이의 어떤 직접적인 연관성이나 의도적인 관련성에 대해 의문을 제기할 수는 없지만 유사성이 호기심을 북돋우는 것은 사실이다.

희곡의 후반부에서 스카보로가 뒤이어 다른 여성과 결혼했다는 소식을 듣게 된 클레어는 '나처럼 약혼한 처녀에게 잘못을 저질렀다' 며 신랄하게 비난한다.

> 거짓 서약이었어, 그대의 서약이
> 뭇 남성의 마음에 새겨졌건만 …
> 그는 나와 약혼했지만 정의롭지 못하게도
> 다른 여성과 결혼했어. 그렇다면 내게 남는 것은 뭐지?
> 어떤 남자에게도 적합하지 않은 불행한 여자
> 약혼 서약으로 그와 하나가 된 탓에
> 나에게 구혼하는 사람은 죄를 범하는 법.
> … 누가 나와 결혼하려 하겠어?
> 나는 그의 매춘부에 지나지 않고 간통을 하고 있는 걸. (800~822)

첫 문장에는 셰익스피어의 문장처럼 들리게 하려는 윌킨스의 의도가 나타나지만 어쨌거나 이 인용문은 벨롯 부부의 상황을 반영하는 내용이 아니다. 클레어가 처한 상황 즉 결혼했으나 미혼이고 처녀로 남아야 하거나 그렇지 않으면 매춘부가 되어야 하는 불행한 역설은 셰익스피어 문제극의 분위기를 풍긴다. 이 역설은 결함투성이다. 약혼을 깬 것은 스카보로이므로 클레어는 더 이상 약혼에 묶여 있을 필요가 없다. 그러나 윌킨스는 세부 사항을 놓고 고민하는 작가가 아니었다.

타락한 등장인물 프랭크 일포드 경이 묘사한 내용처럼 이 희곡은 약혼의 좀 더 유머러스하고 좀 더 윌킨스다운 요소를 포함한다. 아버지는 딸에게 배필을 찾아주고 싶어 하고, 적격인 젊은이와 그 가능성에 대해 의논한 다음에 딸의 매력이 젊은이에게 통할 수 있도록 조치를 취한다.

> 그대와 젊은 아가씨를 밀폐된 방에 함께 넣을 것이오. … 미리 늙은 여우(그녀의 아버지)한테 교육을 받은 젊은 아가씨가 그대에게 뜨거운 키스를 퍼붓겠지. 그러면 그녀 아버지가 그전에 한 맹세로 마음이 움직인 그대는 '세상에, 아가씨, 난 당신을 사랑하오.' 라고 말할 테지. 그러면 그녀는 기지를 발휘해서 '하면 나와 결혼하시겠어요?' 라고 물을 것이오. 그러면 그대는 '그럼요, 신에게 맹세합니다.' 라고 말하겠지. 그때 말이 떨어지기가 무섭게 그녀의 아버지가 방으로 뛰어들어 와 그 말을 즉시 받아들이면서 이런 장면을 보게 되어 기쁘다고 말하고 약혼을 주선할 테지. 필요하다면 스스로 사제 노릇도 서슴지 않을 걸. (101~13)

이는 대사가 단호하고 빠르고 거의 문법적이지 않은 전성기 시절 윌킨스의 작품으로서, 어리석게도 결혼을 강요당한 젊은이의 얘기다. 술집에서 친구들과 매춘부들을 모아 놓고 술을 마시면서 말하는 것 그대로를 적은 듯한 이 작품에서 독자들은 마운트조이 부부와 셰익스피어의 설득에 넘어가 결혼을 했던 스티븐 벨롯의 이야기가 엎치락뒤치락하는 희극적 형태로 굴절되어 나타난 것을 느낄 수 있다.

모든 접촉은 흔적을 남기게 마련이다. 따라서 『강제 결혼의 고통』에 나오는 이 같은 구절들은 윌킨스와 벨롯 부부와 셰익스피어 사이에 있었던 접촉의 흔적처럼 보인다. 이는 일반적인 얘기나 특정 그룹에서만 통용되는 재담이 아니라 1605년에 크리플게이트에서 직접 오고간 얘기다. 여기서 저자가 속한 세계와 희곡이 가리키는 세계는 글로 기록되지 않은 하숙인과 이웃, 아내, 장인과 장모의 세계와 일치한다.

'약혼한 처녀' 클레어는 당시 시대 상황을 놓고 '좀 더 진정한 질문' 즉 약혼한 커플이 성관계를 가져도 무방할까? 하는 질문을 던진다. 목사인 불링거가 '달갑지 않은 씨' 를 뿌리는 것 다시 말해서 혼전 성관계를 격렬하게 비난한 것은, 약혼한 커플은 교회에서 결혼식을 치를 때까지 금욕해야 한다는 독실한 신교도적 견해를 피력한 것이다. 하지만 이런 견해는 '위반 속에서 지켜지는' 교훈인 경우가 많았다. 이 주제에 대한 연구에 따르면 '결혼하게 된 커플의 성관계에 대해서는 각양각색의 의견이 존재했다.' 한 예로 이에 대한 의견이 계급과 성에 따라 달라서 상류층과 여성은 혼전 성관계에 대해 좀 더 저항적인 태도를 보이는 반면에 젊은 남성과 좀 더 낮은 계급은 호의적인 반응을 보이는 경향이 강했다.[183] 그런데 이 주제의 중심에는 모순이 내재한다. 만약 약혼이 구속력 있는 결혼 계약이라면 어째서 약혼하고 즉각적으로 부부 관계를 즐기지 못하게 한 것일까? 불링거는 혼전 성행위에 대해 관대한 경향을 목격한 후에 '사악한 관습과 습관' 이 팽배해 있다고 하면서 '약혼을 할 때는 커다랗게 잔치를 벌이고 불필요한 진수성찬이 따른다. 심지어 그날 밤에 약혼한 사람들이 교회에 가기 몇 주 전에 이미 동침한다.' 고 비난했다.

셰익스피어의 경우, 후기 로맨스 『겨울 이야기』(1610년경)에 등장하는 대사가 암시적이기는 하지만 혼전 성관계에 대한 그의 견해를 파악하기는 어렵다. 레온테스(Leontes)는 아내의 부정을 의심하면서 외친다.

> 내 아내는 흔들 목마다.
> 약혼 전에 성관계를 갖는
> 아마 일꾼(flex-wench)처럼 천하기에 그렇게 불릴 만하다. (1막 2장 276~8)

아마 일꾼은 아마포를 만들기 위해 아마를 빗질하고 방적하는 사람으로 미천하고 단정치 못한 여성을 경멸하여 일컫는 단어이다. 레온테스의 아내는 약혼 전에 성관계를 가졌기 때문에 평판이 나쁘다. 이 구절의 논리대로라면 약혼 '후의' 성관계는 허용될 수도 있다. 많은 사람들이 그렇게 알고 있었고 우리가 이해하는 범위에서는 마운트조이 가족 또한 까다롭게 금욕 생활을 하지는 않았을 것이다.

셰익스피어의 진술서에 기록된 특정 구절이 이를 반영할지도 모른다. 셰익스피어는 '그 후에(약혼 후에)' 스티븐과 메리의 결혼이 '완성되었고(consummated, 신방에 들어 결혼을 완성시킨다는 의미를 지닌다-옮긴이) 결혼식을 치렀다.' 고 말했는데, 단어의 나열 순서로 볼 때 교회에서 결혼식을 올리기에 앞서 벨롯 부부는 성관계를 가졌다. 아마도 그날 밤 실버 스트리트에서는 마운트조이의 인색한 지갑이 허락하는 한에서 연회가 열렸을 것이고 그 후에 스티븐과 메리는 위층 방으로 올라가 나중에 초라한 살림살이의 일부가 되었던 '낡은 깃털 침대'에서 동침을 했을 것이다.

셰익스피어의 희곡 중에서 정확하게 혼전 성관계 문제를 반영한 작품으로는 『법에는 법으로』가 있다. 셰익스피어는 이 희곡을 1604년에 쓰고 1604년 12월 26일에 궁정에서 처음으로 공연했다. 성 올라브 교회에서 스티븐과 메리가 결혼식을 올리고 몇 주 지나서였다. 『법에는 법으로』에는 두 번의 약혼이 등장한다. 둘 다 연극의 장면이 시작되기 전에 이미 일어난 일이지만 모두 줄거리를 뒷받침하는 중요한 역할을 하고 연극에서 서로 균형을 맞춘다. 첫째는 클로디오(Claudio)와 줄리에타(Julietta)의 약혼이다. 클로디오는 비엔나의 새로운 윤리법을 어겼다는 이유로 끌려가면서 부당하다고 불평한다. 약혼녀를 범하는 '음탕한 행동'을 한 죄를 지었다고 했기 때문이다.

진정한 약혼에 따라
나는 줄리에타의 침대를 소유했다.
그녀는 곧 내 아내가 될 사람
외부 명령을 지키지 않았다는
비난을 제외하고는 말이다.
그녀 친구들의 금고에 남아 있는
지참금의 증식만을 위한 법이다. (1막 2장 134~140)

정확하게 말해서 클로디오의 죄는 교회에서 결혼식을 올리기 전 약혼 상태에서 약혼녀와 동침한 것이다. 셰익스피어가 출처로 삼았던 희곡에서는 약혼하지 않은 상태에서 성관계를 갖지만 셰익스피어는 의도적으로 줄거리를 한 번 비틀었다. 이렇게 하면 클로디오는 기술적으로는 유죄지만 도의상으로는 유죄가 성립되지 않기 때문에 셰익스피어 자신이 의도한 목적을 달성하기에는 이상적인 방법이었다. 관객들은 먼저 교회에서 결혼식을 올려야 한다는 '외부 명령'을 지키지 않은 것을 제외하고는 이미 줄리에타와 결혼한 것이고 따라서 자유롭게 그녀의 침대를 소유할 수 있다는 클로디오의 견해에 공감했을 것이다.

두번 째는 안젤로와 마리아나(Mariana)의 약혼이다. 오빠를 사면해 주는 대가로 이사벨라에게 성관계를 강요했던 위선적인 안젤로는 끝 부분에 가서 속임수에 넘어가 자신의 전 약혼녀인 마리아나와 침대에 들어간다. 공작은 안젤로가 '과거의 약혼에 따라' 마리아나의 남편이라고 설명하고 마리아나 또한 '나는 이 남자의 아내로 서약에 따라 확실하게 약혼했다.'며 안젤로에게 말한다. '그것은 서약한 약혼이었고 이 손은 당신의 손에 꼭 쥐여 있던 손이다.' 안젤로는 자신이 알지 못하고 성관계를 갖게 되었더라도 두 사람의 미래 약혼이 파기되지는 않는다는 규정을 근거로 마리아나와 강제로 결혼한다.

'약혼', '결혼하다', '손을 잡고', '서약' 등 희곡의 장면에서 사용되었던 언어는 정확하게 셰익스피어가 실버 스트리트에서 결혼과 약혼 중매인의 역할을 담당할 때 사용했던 언어였다. 어떤 이는 '금고에 남아 있는 지참금'이 스티븐과 메리가 결혼하고 나서도 해결이 보류되었던 지참금 문제를 어렴풋하게 암시한 것이라고 주장한다.

『끝이 좋으면 다 좋은 법』은 주제와 어조 면에서 『법에는 법으로』와 연결되고 집필 시기는 아마도 『법에는 법으로』를 집필하고 난 직후인 1604~5년으로 추정된다. 이 희곡은 미묘하고 모호한 분위기를 풍기면서 초로의 시기를 생각나게 하는 등 여러 면에서 전형적으로 실버 스트리트 시기의 작품이다. 희곡의 배경은 남부 프랑스이고 줄거리는 루시용의 젊은 백작 버트람(Bertram)과 신분이 낮은 인물인 의사의 딸 헬레나의 관계를 중심으로 펼쳐진다. 헬레나는 버트람을 남몰래 사랑한다. 그러던 중 그녀의 아버지가 사경을 헤매는 왕을 옛날 '처방'으로 치유시킨다. 헬레나에게는 보상으로 궁정의 멋진 젊은이를 남편으로 맞이할 수 있는 선택권이 주어진다. 그녀는 버트람을 선택하는데 버트람에게는 끔찍한 일이 아닐 수 없다. 버트람이 결혼을 주저했지만 두 사람은 왕의 명령으로 즉시 약혼한다. 이 약혼은 단지 줄거리를 뒷받침할 목적으로 사용된 것이 아니다. 오히려 이 희곡 전체가 약혼에 관한 것으로, 속임수를 통해 복잡하게 얽히고설킨 희비극의 '창작상의 매듭'이 어떻게 진정한 사랑을 맺어 주는지를 내보인다.

한 프랑스 젊은이가 어떤 방식으로 결혼을 강요당하는지를 보여 준 이 희곡은, 작가 스스로 한 프랑스 젊은이를 설득해서 결혼하게 만들었던 시기에 완성되었다. 이는 창작과 전기의 연결점을 시사한다. 희곡에서 결혼하라고 버트람을 설득하고 젊은 커플의 약혼을 주관한 사람은 왕이었다. 어느 동시대 인물이 셰익스피어가 '왕의 역할'을 연기했다고 언급했던 것으로 보아 셰익스피어가 실제로 『끝이 좋으면 다 좋은 법』에서 왕의 역할을 맡았을 가능성도 배제할 수 없다.[184] 왕의 대사는 1604년 늦여름에 셰익스피어가 실제로 했던 말을 시적으로 축약시켜 놓은 것이다.

여기, 그녀의 손을 잡게.
거만하고 냉소적이어서 이 좋은 선물을 받을 가치가 없는 남자여.
그대는 비열한 경멸로
내 사랑과 그녀의 장점을 속박하고 있네. …
그대가 보이는 경멸을 돌아보게.
그대에게 좋은 일을 하려는 우리의 뜻을 따르게.
…
그녀의 손을 잡게.
그리고 그녀에게 그대라고 말하게.

그러자 냉소적인 남자는 마지못해 왕의 말에 따른다. '나는 그녀의 손을 잡는다.' 이렇게 커플은 약혼했다.

멋진 행운과 왕의 은혜가
이 약혼에 미소를 보낸다.
의식은 새로 제정된 서약문에 적절해 보이고
오늘 치러질 것이다. … (2막 3장 150~82)

나중에 버트람은 의문투성이 측근인 패롤레스(Parolles)에게 '오,

패롤레스. 그들이 나를 강제로 결혼시켰소!' 라고 호소한다.

이렇듯 약혼이 희곡에서 중심적인 자리를 차지하는 가운데 매우 무서운 존재인 패롤레스는 결혼에 대해 의도가 의심스런 조언을 헬레나에게 한다. 젊을 때 그리고 처녀성이 여전히 '팔릴 수 있을 때' 남편을 얻는 것이 낫다는 비열하지만 전적으로 비현실적이지는 않은 조언이다.

> 지키지 마시오. 어차피 그것은 잃어버릴 수밖에 없으니까. 없애버리시오! 이 해가 가기 전에 그것은 둘이 될 것이오. 엄청나게 수지맞는 일인데다가 나빠질 것도 없질 않소. … 상품은 그대로 놔두면 광채를 잃고 마오. 그러니 오래 간직할수록 가치가 더욱 떨어질 것은 불을 보듯 명백한 노릇. 팔릴 수 있을 때 없애 버리시오. 요청이 있으면 즉시 그러마고 대답하시오. 처녀성은 유행에 뒤떨어진 모자를 쓰고 요란하게 차려 입었으나 결코 어울리지 않는 모습을 보이는 조신과 같다오. … 그대의 케케묵은 처녀성은 시든 프랑스 산 배와 같아서 값어치 없어 보이고 맛도 무미건조하다오. 그러니 결혼하시오. 처녀성은 시든 배와 같으니까. 시간이 지날수록 나빠지기만 한다오. (1막 1장 143~58)

도시 희극의 전형적인 공식과 마찬가지로 처녀성을 상품으로 보고 성관계를 생산적인 투자로 보는 희극적 은유는 서서히 여성의 건조한 생식기의 이미지로 변화한다. 패롤레스는 퉁명스럽게 자신의 말을 맺는다. '좋은 남편을 잡아서 그가 당신을 이용하듯 그를 이용하시오.'

하지만 패롤레스는 버트람에게는 결혼에 대해 옛 속담을 들먹이며 부정적인 조언을 한다. '결혼한 젊은 남성은 결함 있는 사람이오.' 또한 음탕한 생식기의 이미지를 떠올리며 남성다운 군인이 되라고 부추긴다.

> 패롤레스: 남성은 보이지 않는 생식기에 갇혀 자신의 명예를 닳게 하오.
> 집에서 여편네를 껴안고 있을 때
> 자신의 남성다운 활력을 여편네의 품 안에서 탕진해 버리는 것이오.
> …
> 다른 곳으로 가시오!
> 프랑스가 안전하오. 그곳에서는 닳고 닳은 여자 없이 살아갈 수 있소.
> 그러니 전쟁터로 나가시오!
> 버트람: 그렇지만 …
> 전쟁은 음울한 집과 혐오스런 아내로부터의
> 피난처가 아니오. (2막 3장 275~88)

나중에 패롤레스는 버트람이 다이애나에게 행한 거짓 결혼 신청의 중개자이자 증인이 된다. '내가 두 사람 사이를 오가며 중매를 섰다. … 당시에 그들은 나를 신뢰했고, 그가 그녀에게 결혼을 약속하고 나서 두 사람이 동침한 것과 다른 행동에 대해서도 알고 있다.' (5막 3장 253~9)

중매자의 역할을 맡았으면서도 결혼에 대한 찬반 의견을 냉소적인 열변으로 토해 냈던 패롤레스는 마운트조이 가정의 결혼 상담자였던 셰익스피어의 역할을 반영하는 또 하나의 인물이다.

패롤레스는 어떤 출처에서도 찾아볼 수 없는 순전히 셰익스피어가 창작해 낸 인물이다. 존슨 박사가 지적했듯이 패롤레스는 '팔스타프의 특징을 많이 보이면서 셰익스피어가 미덕보다는 재치가 더 많은 인물로 유쾌하게 그려 낸 인물인 것 같다.'[185] 패롤레스는 옛날 로마 희극에 등장하는 허풍선이를 갈고 다듬어 만들어 낸 인물이다. 『법에는 법으로』에는 무위도식하는 사기꾼이자 쓸데없이 남의 일에 참견하는 냉소적인 건달 루치오가 등장한다. 이런 건달에게는 주인공에 의해 의도적으로 지적당하는 매력이 존재한다. 패롤레스의 모습은 헬레나의 다음 대사를 통해 드러난다.

> 나는 그가 악명 높은 거짓말쟁이라는 사실을 안다.
> 그가 상당한 바보이고 겁쟁이에 불과하다고 생각한다.
> 이렇듯 확고한 악행이 안에 너무나 견고하게 자리 잡아서
> 미덕의 강력한 뼈대가
> 차가운 바람을 맞고 황량해 보인다. (1막 1장 98~102)

패롤레스는 거짓말쟁이고 바보이고 겁쟁이로 표현되어 있다. 이렇듯 그에게 불명예를 안기는 장면은 그 자신에게 당장 고통스럽지만 결국 그는 시비조의 독백으로 이를 즉시 반박한다.

> 내 심장이 크다 하더라도

이 말에 터지고 말 것이다. 나는 더 이상 대장이 아닐 것이다.
하지만 대장처럼 기분 좋게
먹고 마시고 잠잘 것이다. 나를 살아 있게 만드는
그런 일을 할 것이다. … (4막 4장 319~23)

패롤레스는 큰 목소리로 자기주장을 하고 몸짓이 요란스런 사람이지만 알맹이는 없다. 희곡에서 라퓨는 패롤레스에 대해 이렇게 말한다. '이 가벼운 괴짜에게는 든 것이 없다. 그의 영혼은 옷에 있다. 그러므로 그를 믿으면 안 된다.' 패롤레스는 셰익스피어가 속이 텅 빈 배우인 자신을 조롱해서 묘사한 자화상이라는 것이 가끔 드는 내 생각이다.

29장
딸을 잃다

✠ ✠ ✠

가을이 찾아왔다. 11월 1일에 킹스 멘은 화이트홀의 방케팅 하우스에서 『오셀로』를 공연했다. 11월 17일에는 마리 마운트조이가 여왕의 회계사로부터 18프랑 13실링 7펜스를 지불받았다. 11월 19일에는 셰익스피어에게 설득당한 젊은 커플이, 스토우가 '눈에 띄는 기념물이라고는 찾아볼 수 없는 작은' 교구 교회라고 서술했던 성 올라브 교회에서 결혼식을 올렸다. 셰익스피어도 그 자리에 참석했을 것이다. 별 특별한 일 없는 11월의 월요일이기는 했지만 교회종이 울려퍼졌을 것이다.

> 멋진 행운과 왕의 은혜가
> 이 약혼에 미소를 보낸다.

하지만 멋진 행운은 오래 지속되지 않았다. 모든 일의 끝이 다 좋을 수는 없는 법이다. 몇 달이 채 지나지 않아 가족 간의 관계는 깨졌다. 장인과 사위가 싸움을 벌였고 그 사이에는 딸이 끼어 있었다. 다투는 소리가 공기를 타고 퍼져 셰익스피어가 글을 쓰고 있는 방까지 들렸다. 셰익스피어는 『리어 왕』을 집필 중이었다. 애정의 진정한 의미를 알지 못하고 망상에 사로잡힌 아버지는 딸인 코델리아(Cordelia)에게 불같이 화를 낸다. '나를 더 기쁘게 하지 못한다면 차라리 태어나지 않는 것이 나았다.' 아버지는 딸에게 약속했던 지참금을 주지 않음으로써 자신의 불쾌감을 분출한다. 또 코델리아의 구혼자인 버건디 공작에게 그녀의 '가치가 떨어졌다' 고 말한다. 그녀는 이제 '저주만을 받고' 더 이상은 아무것도 받지 못하게 되었다. '지참금이 없는 딸' 을 받아들인 것은 버건디 공작이 아니라 다른 구혼자인 프랑스 왕이다. 프랑스 왕은 '그녀 자체가 지참금' 이라고 말한다.(1막 1장 187~241) 이런 대사를 통해 다시 한 번 실버 스트리트에서 벌어졌던 사건의 메아리를 듣는다. 공작이 리어 왕에게 '당신께서 주겠다고 약속하신 지참금을 제게 주십시오.' 라고 했던 애처로운 간청의 목소리는 실제로 1605년 초에 마운트조이 집 아래층에서 들렸다.

셰익스피어는 스트래트퍼드에 딸들을 두었다. 큰딸 수잔나는 메리 또래로 1583년에 출생했고 죽은 아들 햄넷과 쌍둥이인 주디스는 1584년에 출생했다. 큰딸이 명목상으로나 법적으로 성년인 21세에 이르렀을 때 셰익스피어는 딸의 결혼을 놓고 고민했다. 아들이 없고 생활 기반이 약한 극장에서 일하기 때문에 겉보기에 사회적 지위와 재산이 탄탄하지 않았던 그로서는 걱정이 앞섰다. 수잔나가 21세가 되었던 것은 1604년 5월 말이었다. 아버지인 셰익스피어가 런던에서 스티븐과 메리의 결혼 문제를 놓고 스티븐을 설득하고 있던 무렵이었다. 이때쯤에 수잔나가 미래의 남편인 존 홀 박사(Dr John Hall)를 이미 만났는지 여부는 확실하지 않다. 두 사람은 1607년 6월 5일에 결혼식을 올렸다.

아마도 메리 마운트조이의 약혼을 지켜보면서, 과년함에도 아직 미혼인 딸을 둔 셰익스피어는 심리적인 부담을 느꼈을 것이다. 여기에 소원 충족의 측면이 개입되었다. 실버 스트리트에서 열렸던 간단한 약혼 의식은 작은 극장 무대가 되었고, 거기서 딸이 장래가 촉망되는 '정직한 사람'과 약혼했으며, 셰익스피어는 모든 것을 다 짐받았다.(아이러니컬하게도 이는 셰익스피어가 그 무렵 실제로 쓰고 있던 희곡과는 대조적이었다. 당시에는 모든 사람이 상황을 확신하지 못하는 몽테뉴식 설정을 따랐기 때문이다.)

후기 희곡에서 셰익스피어는 딸의 주제 즉 잃어버리거나 행방불명됐으나 끈질기게 찾아내는 딸에 대한 얘기로 다시 돌아갔다. 분열과 화해의 리듬은 후기 희곡 또는 '로맨스'의 언어인 마법적이고 신비스런 수사로 표현되었다. 『끝이 좋으면 다 좋은 법』에서 헬레나는 이런 경향에 대한 일종의 서곡이었다. 그녀는 왕의 딸은 아니지만 왕을 치유해 주고 '암울한' 어려움에 꿋꿋하게 맞서는 재생의 이미지로 등장하며, 리어와 코델리아, 페리클레스와 마리나, 심벌린과 이모젠, 레온테스와 퍼디타(Perdita), 프로스페로와 미란다(Miranda) 등 셰익스피어의 이후 희곡에 등장하는 부녀 관계를 예시한다.

나는 셰익스피어와 매력적인 마운트조이 부인 사이에 관계가 있었을지 모른다는 가능성을 놓고 고심했지만 아마도 얘기의 핵심에 있는 인물은 벨롯 대 마운트조이 소송으로 세상의 이목을 끌기 전까지는 거의 아무것도 알려지지 않았던 마운트조이 부인의 딸 메리일 것이다. 메리의 삶은 여러 상황 속에서 셰익스피어의 삶에 영향을 미치고 셰익스피어의 상상력에 기여한 것으로 보인다. 그녀는 『끝이 좋으면 다 좋은 법』의 헬레나와 마찬가지로 결혼을 망설이는 남편과 결혼했고, 『리어 왕』의 코델리아처럼 아버지에게 지참금을 받지 못하고 쫓겨났다. 또한 『페리클레스』의 마리나처럼 포주의 집에 살았다. 메리는 스티븐이 고집불통 신랑 버트람의 모델이 아닌 것처럼 이런 등장인물의 원형이 아니다. 하지만 등장인물들 속에는 메리의 흔적이 남아 있다. 그녀는 셰익스피어가 작품을 썼던 집에 살았고 셰익스피어의 공동 작가인 윌킨스의 집에 세 들어 살았다. 『페리클레스』에서 '우유처럼 하얗고 길고 자그마한 손가락으로' 명주실을 짜고 있는 소녀라는 표현을 썼을 당시에 셰익스피어는 마음속으로 메리의 손을 보았을까?

셰익스피어는 온갖 인용과 암시, 연상을 끌어들여 극적인 순간을 창출해 내는 뛰어난 능력의 소유자였다. 그중에는 즉시 인식할 수 있는 의미도 있고 학자의 해석이 있어야 이해가 가능한 의미도 있다. 하지만 대부분은 안개 속에 싸여 있어 잡힐 듯 말 듯 종잡을 수 없고 벨롯 대 마운트조이 사건과 관련된 서류에서 부분적으로 복구해 낼 수는 있더라도 작가의 개인적인 면을 너무나 많이 담고 있기 때문에 파악하기 힘들다.

1612년 소액청구재판소에 제출된 진술서를 다시 한 번 들여다보았을 때 내 눈길이 머문 곳은 셰익스피어의 퉁명스런 진술이 아니라 사건이 법정에서 다뤄지기 얼마 전인 1610년경에 다니엘 니콜라스가 셰익스피어를 방문한 일에 대한 설명이었다. 다시 한 번 니콜라스의 증언을 인용해 보자.

> 원고는 본 증인에게 아내와 함께 셰익스피어를 찾아가서 피고가 원고 본인과 결혼하는 딸에게 무엇을 얼마나 주기로 약속했는지 사실대로 알아보라고 부탁했다. 그래서 증인은 셰익스피어에게 물었고 그는 마운트조이가 무남독녀인 딸과 원고가 결혼한다면 50파운드의 돈과 일정 살림살이를 주겠다고 약속했다고 말했다.

윌리스의 사본에서 인용한 위의 구절을 보면 '원고는 본 증인에게 아내와 함께 셰익스피어를 찾아가라고 말했다.(The plaintiff did request him this deponent to go with his wife to Shakespeare….)'로 되어 있어, 다니엘 니콜라스가 셰익스피어를 방문할 때 자기 아내와 같이 간 것처럼 생각될 수도 있다. 하지만 서기가 맨 처음 썼던 원문에는 '원고가 본 증인에게 그와 함께 셰익스피어를 찾아가라고 말했다.(The plaintiff did requeste him this deponent to goe with him to Shakespeare….)'로 되어 있고 '그(원고)와 함께'가 '그 아내와 함께'로 고쳐져 있다. 이는 니콜라스가 바로잡은 부분일 것이며 따라서 셰익스피어를 찾아갈 때 다니엘 니콜라스와 동행했던 사람은 '그(원고)'의 아내 메리 벨롯이었던 것이 분명하다. 셰익스피어가 과거에 잘 알고 있었고 약혼식을 주관했고 지금은 자신의 도움을 필요로 하는 메리와 만나는 이 장면에서 니콜라스는 보조적인 역할을 했다.

그런데 책의 서두에서 언급했듯이 신경을 거스르는 모순점이 여기에 보인다. 다니엘 니콜라스(또는 메리 벨롯)는 마운트조이가 커플에게 약속한 지참금이 얼마냐고 물었고 셰익스피어는 50파운드 가량이라고 대답했다. 하지만 법정에서 동일한 질문을 받았을 때 셰익스피어는 금액을 기억할 수 없다고 대답했다. 당시에 어떤 계산이 이루어지긴 했지만 정확하게 얼마의 지참금 얘기가 오고 갔는지는 알 수 없다는 것이었다. 자신이 금액을 기억할 수 없는 이유에 대해 셰익스피어는 당시 재정적인 얘기가 오갈 때 거기에 관여하지 않았기 때문이라고 밝혔다. 그는 '원고가 피고의 집에서 피고와 함께 살았고 그들 사이에는 결혼에 대한 많은 의논이 오갔다.'고 진술했는데 이는 셰익스피어 자신은 거기에 참여하지 않았다는 뜻이 된다. 하지만 여전히 그의 말이 일치하지 않는 데 대한 의문은 남는다.

이 같은 불일치에는 사건에 개입되기를 거부하는 배신의 의미가 포함되어 있다. 아마도 셰익스피어는 법정의 결정에 영향을 미칠 수 있는 유일한 사람이었을 것이다. 그는 신사였고 대체적으로 공정했으며 개인적으로 결혼 협상 과정에 개입했기 때문이다. 셰익스피어가 예전에 메리와 다니엘 니콜라스에게 했던 말, 즉 마운트조이가 50파운드를 주기로 약속했다는 말을 법정에서 했다면 메리가 얼마나 기뻐했을까?

하지만 셰익스피어는 그렇게 말하지 않았다. 법정에서는 조심해서 말해야 하기 때문이다. 약속한 지참금 액수를 기억하지 못하고 결혼에 대한 의논에 개입하지 않았다고 발뺌한 것은 인색한 아버지의 편에 서서 그 딸에게 등을 돌린 행위였다. 따라서 셰익스피어의 진술서에는 불쾌한 침묵의 분위기가 어렴풋하게 흐른다. 셰익스피어는 자신의 모습을 투영하며 실버 스트리트에서 밤을 지새우며 만들었던 등장인물 패롤레스의 예를 따랐다. 패롤레스는 마지막으로 이렇게 말한다. '나는 내가 아는 것을 말하지 않을 것이다.'

셰익스피어는 진술서에 서둘러서 형식적으로 서명했다. 서명은 'Willm Shaks' 로 k에서 잉크가 뭉치고 끝부분은 흐지부지되었다. 이 정도 서명이면 무방할 것이었다. 이것으로도 법정에서 빠져나갈 수 있고 모든 질문과 다툼에서 벗어나고 언제 그칠지 모르는 타인의 문제에서 멀어질 수 있을 것이었다. 진술서의 서명은 당시의 그의 존재를 입증하는 것이지만 그의 마음은 이미 떠났다. 마지막으로 몇 가지 형식적인 절차를 마치고 그는 마운트조이 부부와 벨롯 부부에게 작별을 고했다. 그러고는 강 하류로 가는 배를 타기 위해 법정을 뚜벅뚜벅 걸어 나와 웨스트민스터 계단을 내려갔다. 셰익스피어는 그들을 다시 보게 될지 말지 알지 못했고 설사 다시 보았다 하더라도 지금은 확인할 도리가 없다.

* * *

한때 셰익스피어 삶의 한 모퉁이를 차지했던 인물들이 벨롯 대 마운트조이 사건을 통해 어렴풋이 모습을 드러냈다.

크리스토퍼 마운트조이에 대한 기록은 1615년 여름 이사벨 데스트와 결혼을 한 이후로 전혀 남아 있지 않다. 1620년 1월 26일에 유언장을 작성할 당시 그는 크리플게이트의 성 자일스 교회 교구에 살고 있었다.(삽화 35) 유언장이 딸과 사위와 화해하는 방향으로 작성되었다면 좋았겠지만 실제로는 그렇지 못했던 것 같다. 유언장은 마운트조이의 과거 하숙인과 어렴풋하게 관계가 있다. 유언장 감독 중 한 명은 토마스 시맨(Thomas Seaman)으로, 나중에 셰익스피어의 오랜 동료인 헨리 콘델의 부인 엘리자베스 콘델의 유언장 또한 그가 감독했다. 엘리자베스 콘델은 유언장에서 시맨에게 10파운드와 '자신의 책 전부'를 증여했다. 그녀가 증여한 책 중에는 콘델이 공동 편집자였던 셰익스피어의 『제1이절판』 사본도 포함되어 있었을 것이다.[186]

성 자일스 교회의 매장 기록부에는 1620년 3월 29일에 '머리 장식 제작자 크리스토퍼 마운트조이'의 장례식이 있었다는 기록이 있다.(삽화 36) 그의 유산으로 증여된 동산이 4월 5일에 이사벨에게 주어졌다. 하지만 이사벨은 그리 오랫동안 과부로 남아 있지 않고 7월 17일에 윌리엄 브록슨(William Broxon)과 성 자일스 교회에서 결혼식을 올렸다. 윌리엄 브록슨은 다른 출처에서는 '스미스'로 불리기도 했는데 상처한 지 얼마 되지 않은 사람이었다. 브록슨 또한 결혼식을 올리고 몇 년 지나지 않아 사망했기 때문에 이사벨이 나이 든 남성을 좋아하는 경향이 있었다고 생각할지도 모르겠다. 그녀는 스텝니에 있는 성 던스턴 교회에서 1627년 5월 1일에 존 피셔(John Fisher)와 세 번째 결혼식을 올렸다.

벨롯 부부는 최소한 1620년대 초까지 성 자일스 교회 교구에 거주했다. 그들은 모두 여섯 명의 딸을 낳았고 그중 둘은 유아기에 사망했다. 나중에 맏딸 앤은 철사 제작자 윌리엄 헤이어(William Hayer)와 결혼했고, 둘째 딸 제인은 장갑 제조인 프랜시스 오버링(Francis Overing)과 결혼했고, 넷째 딸 헤스터(Hester)는 크리스토퍼 베이츠(Christopher Bates)와 결혼했다. 벨롯 부부의 사위들은 영국인으로 추정되는데 철사 제작자 사위는 아마도 머리 장식 사업의 동업자였을지도 모른다. 벨롯 부부의 막내딸 엘리자베스에 대해서는 1621년에 태어났다는 것 이상의 기록은 남아 있지 않고 벨롯의 유언장에서도 언급되지 않았다. 따라서 어릴 때 사망했을 수도 있고 역사는 반복된다는 진리에 맞춰 아버지에게 외면당한 딸일 수도 있다.

1619년에 벨롯은 금실과 은실의 새로운 독점가를 둘러싸고 벌어진 분쟁에 휩싸였다. 당시 실 제작자들은 생산량을 엄격하게 할당

받았고 수입의 60퍼센트에 육박하는 금액을 세금으로 지불해야 했는데, 왕의 비호를 받은 이런 약탈의 정점에는 자일스 몸페슨 경(Sir Giles Mompesson)이 있었다. 그는 막대한 이익을 챙기다가 결국 대중의 빗발치는 항의로 조사를 받고 탄핵을 당하고 말았다. 그는 필립 매신저(Philip Massinger) 작 『오랜 빚을 갚는 새로운 방법(New Way to Pay Old Debts)』(1621년경)에서 탐욕스런 모략가 자일스 오버리치 경(Sir Giles Overreach)으로 그려졌다. 벨롯은 독점가들의 가혹한 착취로 고통을 겪었던 많은 사람들 중 하나였다. 앞서 살펴보았듯이 벨롯은 위반 행위를 조용히 묻어 둘 성격이 아니었다. 구제책을 강구해 달라는 1621년 3월 20일자 벨롯의 청원서가 소액청구재판소의 옛날 터에서 매우 가까운 곳에 자리한 공문서보관박물관에 남아 있다. 청원서에서 벨롯은 이렇게 항의했다. '그로부터 2년여 동안 아일랜드라는 이름의 관리가 강제로 집에 들어왔다.'

> 그 관리는 위층 방으로 올라갔고, 방문이 잠겨 있자 문을 부수고 탄원인의 유일한 생계 수단인 기계를 꺼내 갔다. … 그 때문에 탄원인의 아내와 아이들은 완전히 망하게 되었다.

관리가 방을 샅샅이 뒤지며 약탈하는 동안 위층 다른 방에서 무서워 벌벌 떠는 아이들을 막고 서 있는 메리의 모습이 어렴풋이 보인다. 벨롯이 약탈 행위에 대해 배상을 받았는지 여부는 알 수가 없다.

메리 벨롯에 대한 마지막 기록은 1621년 9월 21일에 거행된 딸 엘리자베스의 세례식 기록이다. 메리의 장례 기록은 찾을 수가 없다. 스티븐 벨롯이 유언장을 작성했던 1646년 7월에 메리는 이미 사망한 후였다. 당시에 스티븐 벨롯에게는 토마신(Thomasine)이란 두 번째 아내가 있었고 그녀와의 사이에 자녀는 없었으며 주소는 '롱 레인(Long Lane) 근처 보울링 앨리(Bowling Alley)' 였다. 보울링 앨리는 앨더스게이트에서 스미스필드까지 나 있는 길로 스토우는 보울링 앨리 양 옆으로 '거간꾼과 술꾼들이 거처하는 집이 있다.' 고 기록했고 물 시인(water-poet) 존 테일러(John Talor)는 이 길에 전당포가 많았다고 했다.[187] 상당히 누추한 동네였던 것으로 보인다.

벨롯은 결혼한 세 딸과 토마신에게 돈을 남겼지만 불편하게도 그 돈은 바다 건너 네덜란드에 있었다. 할렘(Haarlem)에서 사망한 동생 존이 벨롯에게 남겨준 돈이었기 때문이다. 스티븐 벨롯은 1647년 초에 추측건대 60대 중반의 나이로 사망했다.

그렇다면 셰익스피어는 어떻게 됐을까? 셰익스피어는 이들보다 먼저 세상을 떠났다. 1612년 초여름에 법정을 걸어 나간 지 4년 만에 사망했던 것이다. 문학 면에서 그는 이미 내리막길을 걸었다. 그가 법정에 선 이후에 발표한 유일한 희곡은 존 플레처와 공동으로 집필한 작품 세 편이었다. 킹스 멘은 이들 희곡 중에서 『헨리 8세』와 유실된 『카르데니오』를 1613년에 무대에 올렸고 마지막 작품인 『두 귀족 친척』은 추측건대 1614년에 공연했다.

셰익스피어는 이따금씩 런던에 모습을 드러냈다. 그는 처음으로 런던에 부동산을 소유하게 되었는데 1613년에 사들였던 블랙프라이어스 게이트하우스는 강가에 방만하게 펼쳐져 있는 오래된 주택으로 '여러 개의 뒷문과 뒷길이 나 있었고' 아마도 투자 목적뿐 아니라 임시 거처로 사용할 목적으로 구매했을 것이다. 하지만 우리가 셰익스피어의 말년에 대해 알고 있는 대부분은 스트래트퍼드에서의 삶이다. 체면 때문에 생기는 작은 골칫거리들은 있었지만 자신의 노력으로 재산을 일구어 부유하게 은퇴 생활을 즐기는 신사였던 셰익스피어는 뉴 플레이스에서 가족과 과일 나무에 둘러싸여 여생을 보냈다. 한번은 곤혹스러운 고발 사건을 겪기도 했는데, 큰딸 수잔나 홀이 자신을 '라페 스미스(Rafe Smith)와 성관계를 가져서 임질에 걸렸다고' 비방한 남자를 고소한 사건이었다. 그리고 셰익스피어가 토지를 소유했던 웰콤(Welcombe) 지역을 사유지화〔enclosure, 목양(牧羊)을 위해 공유지 등을 울타리로 둘러싸서 사유지로 하는 것-옮긴이〕 하겠다는 위협이 있었다. 도시 서기인 토마스 그린(Thomas Greene)은 자신의 일기에 이렇게 기록했다. '내 사촌인 셰익스피어는, 그들이 고스펠 부시(Gospell Bushe)까지 그리고 위로는 클롭턴 헤지(Clopton Hedge)까지 사유지화 하겠다고 말했다고 했다.'[188]

또한 1615년에 30세가 된 둘째 딸 주디스의 문제가 있었다. 주디스는 1616년 2월 10일에 성 삼위일체 교회에서 결혼했는데, 남편은 최근 사생아를 낳은 토마스 퀴니(Thomas Quiney)라는 무능한 젊은이였다. 그가 벌인 사업은 실패했고 주디스와의 사이에서 출생한 아이들은 어릴 때 사망하고 만다. 그는 그다지 정직한 사람은 아니었던 것으로 보이고 주디스와의 결혼은 하늘의 뜻에 따른 것이라기보다는 성급하게 이루어진 것으로 보인다. 이미 병석에 있던 셰익스피어는 6주 후에 유언장을 작성하고 1616년 4월 23일에 숨을 거뒀다.

반세기가 흐른 후에 스트래트퍼드 교구 성직자는 셰익스피어의 사망 원인을 발표했다. 셰익스피어가 동료 시인인 드레이턴 및 존슨과 '즐거운 모임'에 지나치게 빠져들었다는 것이었다. '셰익스피어가 발열로 사망한 것으로 보아 그들이 술을 지나치게 많이 마셨던 것 같다.'[189] 진탕 마시고 떠드는 주연을 셰익스피어의 사망 원인으로 보기에는 무리가 있다. 셰익스피어도 드레이턴도 술을 마시고 흥청거렸다는 평판을 들은 적이 없고 존슨이 스트래트퍼드를 방문했다는 기록 또한 없기 때문이다. 이보다는 셰익스피어가 장티푸스 발열로 사망했다고 보는 것이 좀 더 합리적인 추론일 것이다. 1616년의 봄은 예외적으로 따뜻하고 습해서 수인성 전염병이 발생하기에 좋은 조건을 갖췄다. 그해에 스트래트퍼드의 사망률은 근래보다 거의 50퍼센트 높았다.[190] 셰익스피어는 동료 시인들이 아닌 친근한 동네 사람들에 둘러싸여 그 사람들 중 하나로 숨을 거뒀던 것이다.

셰익스피어가 단독으로 집필한 마지막 희곡인 『폭풍우』(1611)에서 프로스페로의 위대한 철회 연설은 무대를 떠나는 셰익스피어의 송별 연설로 대부분 받아들여지고 있다. '나는 여기서 이 험난한 마술을 그만둔다. …' '이제 우리의 축제는 끝이 났다. …' 그리고 프로스페로는 에필로그에서 매우 통렬하게 이렇게 말한다.

> 이제 내 마력은 허물어졌다.
> 그리고 나 자신의 힘은
> 너무나 약하다.

그러나 이런 대사가 부분적으로는 셰익스피어의 백조의 노래(마지막 작품을 뜻한다-옮긴이)일지 모르지만 무대에서의 마지막 대사는 아니었다. 셰익스피어의 마지막 대사는 독자들에게 거의 읽히지 않았고 무대에도 거의 오르지 않았던 『두 귀족 친척』에 포함되어 있다. 이 희곡은 고대 아테네를 배경으로 하는 우아한 희비극으로 『헨리 8세』와 비교해 볼 때 셰익스피어의 요소보다 플레처의 요소가 더 많고 '이절판'에도 포함되어 있지 않지만 마지막 막은 셰익스피어의 작품인 것이 확실하다.

희곡은 셰익스피어가 맡곤 했던 '왕의 역할' 중 하나인 테세우스(Theseus)의 연설로 막을 내린다. '신들'에게 호소하는 마지막 대사는 떠들썩하지 않고 조용하고 차분하게 구술된 수수께끼 같아 셰익스피어의 마지막 말에 가장 가깝다.

> 그대 천상의 마법사들이여
> 그대들이 우리를 무엇으로 만들었던가! 우리는 부족한 것으로 인해
> 웃는다. 그리고 가진 것 때문에 딱하다.
> 우리의 아이들도 그렇다. 있는 그대로로 인해
> 감사하게 해 다오. 그리고 의심의 여지가 없는 논쟁은
> 그대에게 남겨 두게 해 다오.
> 그리고 이제 떠나 시간처럼 우리를 데려가 다오. (5막 6장 131~7)

무대감독이 지시를 내리자 음악이 울려 퍼졌고 배우는 무대에서 걸어 나갔다.

작가 노트

이 책은 17세기 초 몇 년 동안 런던에서 생활했던 셰익스피어의 삶의 일부를 고찰한 것이다. 본격적인 해석의 문제는 본문에서 다루었고, 여기서는 몇 가지 방법상의 문제를 밝히고 도와준 사람들에게 진심 어린 감사를 전하고자 한다.

제임스 1세 시대에 기록된 많은 문서들은 3월 25일 '레이디 데이(Lady Day, 대천사 가브리엘이 성모마리아에게 그리스도의 잉태를 알린 날을 기념하는 축제. 성모영보대축일–옮긴이)'로 시작하는 '구식' 연도를 사용했으므로 당시 문서를 읽을 때 참고하면 유용할 것이다. 예를 들어 1605년 1월 1일에 발생한 것으로 기록된 사건은 실제로는 1605년 12월 1일의 한 달 후의 일이다. 하지만 당시 문서의 내용을 인용할 때 혼동이 발생하기 쉽기 때문에 필요한 경우에는 현대식 연도로 고쳐서 인용했다. 즉 앞의 예에서 말한 1605년 1월 1일의 경우 1606년 1월 1일로 고쳐 인용했다.

원래의 철자를 그대로 살릴 것인지를 놓고 신빙성과 해독 용이성 사이에서 고민이 컸다. 모든 내용을 현대 언어로 표기한다면 내용의 풍부함을 잃게 되고, 고어식 철자로 인용하면 독자들이 이해하기가 힘들 것이기 때문이다. 결국 어느 한쪽 방식을 취하기보다는 상황에 따라 두 가지 방식을 혼용하는 것이 더 나으리라 판단했다. 그리하여 문서, 편지, 일기 등은 원래의 철자를 인용했고 문학작품의 본문은 현대어를 사용해서 인용했다.

본문에서 언급된 돈의 가치는 오늘날의 가치와 정확하게 연결되지는 않는다. 소매가격을 기준으로 판단해 보면 1604년의 1파운드는 2006년에는 144파운드의 구매력을 갖는 것으로 추정된다. 하지만 이는 일반적인 환산 기준으로, 언제나 그랬던 것은 아니다. 1604년에는 일 년에 20파운드면 런던에서 커다란 주택을 빌릴 수 있었고, 6펜스면 제본되지 않은『햄릿』한 부를 살 수 있었고, 0.5페니면 맥주 0.5리터를 마실 수 있었다. 당시의 노동자들은 주당 5실링의 낮은 임금을 받았다. 특정한 환산법이 의미를 갖기에는 예외가 지나치게 많지만 나는 대략적으로 1:200의 환산율을 사용했다. 즉 초기 제임스 1세 시대에 사용했던 1파운드는 오늘날의 200파운드에 해당되고 1실링은 약 10파운드이고 1페니는 1파운드 미만이다.

이 책을 집필하기 위한 연구 과정에서 영국 국립문서보관소, 영국 국립도서관, 길드홀도서관(Guildhall Library), 런던도서관, 빅토리아앤드앨버트박물관(Victoria and Albert Museum), 프랑스 프로테스탄트교회, 런던 소재 일링지역역사센터(Ealing Local History Centre), 옥스퍼드 소재 보들리언도서관(Bodleian Library), 아미앵 소재 시립도서관 등의 도움을 받았다. 특히 일부 파악하기 힘든 문서를 추적하는 데 도움을 주었던 제임스 트레버스(James Travers)에게 감사를 전한다. 또한 초기 제임스 1세 시대 의상에 대해 자문을 해 주었던 수전 노스(Susan North)와 제니 티라마니(Jenny Tiramani), 전문적인 지식을 제공하고 도움을 아끼지 않았던 매트 스테글(Matt Steggle) 등의 조력자들에게도 감사의 마음을 전한다. 그리고 나의 어머니와 아내와 아이들에게 진심으로 감사한다.

옮긴이의 글

셰익스피어는 영문학사는 물론 세계 문학사에 커다란 획을 그은 위대한 작가이다. 많은 작품이 후세에 전해지고 있지만 정작 그의 삶은 베일에 가려 있어서 실존 인물이 아닐지 모른다는 의혹이 제기되고 있는 것도 사실이다. 뒤집어 생각하면 감동적인 줄거리, 우아한 화법, 다방면에 걸친 전문적인 지식, 개성이 뚜렷한 등장인물 등 시대를 초월한 작가로서의 우수성이 그런 의혹을 부추겼다고도 볼 수 있다.

이 책의 저자는 베일에 가린 셰익스피어의 자취를, 런던에서 활동했던 40세 전후의 전성기를 중심으로 고찰했다. 대부분의 평전이 출생을 시작으로 시간 순서에 따라 전개되는 것을 생각해 본다면 읽는 사람에게는 상당히 경제적인 동시에 흥미로운 접근 방법이다.

저자는 자신의 작업을 과학 수사 연구에 빗댔다. 수사의 단서는 1612년 셰익스피어가 웨스트민스터 소재 소액청구재판소에 증인으로 출석하여 진술한 내용을 담은 진술서이다. 셰익스피어가 하숙했던 프랑스 이민자 마운트조이 가정에서 불거진 결혼 지참금 미지불 사건이 그 발단이었다. 저자는 이 '벨롯 대 마운트조이 사건'에 대한 상세한 설명과 함께 셰익스피어가 하숙했던 실버 스트리트의 마운트조이 집 구조, 근처 거리 모습, 마운트조이 가족의 생활상, 16~17세기 영국의 시대 상황과 극단의 움직임, 셰익스피어에 대한 동시대인들의 증언, 당대 작가들의 생활 등을 고찰하며 점차 수사망을 좁혀 가는 방식을 통해 최종적으로 셰익스피어라는 인물과 그의 작품을 파악해 나간다. 저자의 이런 현미경적인 조사 방법을 거치면서 셰익스피어는 막연하고 추상적인 인물에서 점차 구체적인 인물로 다가온다.

동시대인이 증언한 셰익스피어는 매력적이고 교양 있는 품행을 갖춘 신사였고 잘생기고 풍채가 좋고 인간성이 좋으면서 상당히 민첩하고 유쾌하고 부드러운 재치의 소유자였다. 반면에 냉혹한 모습이 있었다는 주장도 있다. 또한 타인과의 교제를 즐기지 않고 방탕한 생활을 하지 않았기 때문에 존경을 받았다. 저자는 셰익스피어가 연기하고 연극을 감독하고 극장 운영에 전반적으로 관여하면서 최소한 37편의 희곡과 두 권 길이의 이야기체 시와 154편의 소네트를 쓰는 등 왕성한 저술 활동을 펼쳤던 것을 상기시키면서, 일과 저술에 대한 압박감과 열정 때문에 사람들과의 불필요한 교제도 멀리하고 마운트조이 집 이층 자기 방에 앉아 도시가 정적에 잠긴 한밤중에 촛불을 밝혀 놓고 저술에 몰두하는 셰익스피어의 모습을 재현해 낸다.

이렇게 전기적 흔적을 하나씩 좇아가다 보면 어느새 셰익스피어는 베일에 가려 정체가 모호한 400년 전 인물이 아니라 희로애락이 존재하는 평범한 집에 하숙하면서 성으로 퇴폐한 도시 한가운데를 걸어 다니며 온갖 인간사를 보고 듣고 느낀 후에, 삐거덕거리는 층계를 올라가 이층 자기 방에서 아까 기억 속에 담아 놓았던 장면들에 상상력을 불어넣으며 생동감 있는 인물과 줄거리를 만들어 냈던 평범하면서도 비범했던 천재로 다가온다.

이렇듯 저자는 셰익스피어가 활동하던 시기의 물리적이고 문화적인 환경의 재창조를 통해 그의 작품을 이해하고자 했다. 셰익스피어가 당시에 썼던 희곡이 그런 환경의 일부를 반영한다고 생각했기 때문이다. 셰익스피어는 주변 환경과 인물을 관찰했고 자신이 보고 들은 것을 기억해 두었다가 작품 속 등장인물과 은유로 승화시켰다. 이 책을 읽어 나가면서 셰익스피어가 겪었던 당시의 경험이 『오셀로』, 『법에는 법으로』, 『리어 왕』, 『끝이 좋으면 다 좋은 법』, 『페리클레스』, 『한여름 밤의 꿈』 등의 주옥같은 작품 속에 마치 퍼즐조각처럼 끼어들어 갔다는 사실을 자연스럽게 깨닫게 되는 것도 이 때문이다.

무엇보다도 지금까지의 셰익스피어 연구에서 이상하리만치 소외되어 온 자료들을 이토록 집요하게 포괄적으로 추적해 나가는 저자의 노력과 식견이 놀랍다. 진술서에 적힌 셰익스피어의 자필 서명에 대한 저자의 설명을 들으면, 법정에서의 형식적인 과정을 빨리 끝내고 싶은 마음에 펜을 들어 대충 서명하는 셰익스피어의 모습을 바로 옆에서 지켜보는 듯하다. 진술서가 발견될 당시의 상황 설명을 읽으면, 진술서를 발견한 사람의 바로 옆에 서서 그들과 똑같은 긴장감과 설렘으로 손을 벌벌 떨며 진술서를 펼쳐드는 것처럼 느껴진다. 저자가 영국의 공문서보관소를 찾아가 그곳에 보관되어 있는 400년 전 서류를 직접 손으로 만지며 셰익스피어의 서명을 눈으로 확인하는 부분에 이르러서는 저자가 느끼는 흥분과 감격이 손끝으로 고스란히 전해진다.

이렇듯 셰익스피어가 살아 숨 쉬던 400여 년 전을 직접 피부로 느낄 수 있다는 점이 이 책에서 얻을 수 있는 커다란 즐거움이다. 당시의 임대차 관습, 런던 하수구의 상태, 분뇨 수거 작업, 선술집과 여관의 풍경, 교도소에서의 생활, 셰익스피어의 방에 꽂혀 있었을 책, 당시 프랑스 이민자들의 런던 생활상, 이민자와 본토인의 갈등, 유명한 점성술사 포먼과 그의 사례집, 당시 여자들의 머리 장식과 무대 의상, 머리 장식을 제작하는 공방의 모습, 매음굴, 극장과 매춘의 관계, 성적으로 문란했던 런던의 분위기, 약혼 풍습 등에 대한 이야기를 읽다 보면 세계적인 대문호 셰익스피어가 어느 사이에 평범하고 인간적인 환경에서 살았던 이웃의 한 사람으로 느껴진다. 책에 기록된 그의 흔적을 따라 법정에 서고 실버 스트리트를 오가고 런던을 누비다 보면 어느새 당시 런던의 법이 보이고 사회와 지리가 보이고 역사와 풍습이 보이고 사람이 보이고 그의 작품이 보인다.

2009년 4월

안기순

미 주

1_ 나머지 서명은 블랙프라이어스 게이트하우스(Blackfriars Gatehouse) 구매와 관련된 증서에 남긴 두 개(1613년)와 유언장에 남긴 세 개의 서명(1616년)이다.

2_ 새뮤얼 쇤바움(Samuel Schoenbaum), 『셰익스피어의 삶(Shakespeare's Lives)』, 1970

3_ 찰스 윌리엄 월리스(Charles William Wallace), 「셰익스피어 재발견(New Shakespeare Discoveries)」, 『하퍼스 먼슬리(Harper's Monthly)』 22, no.718, 1910

4_ 쇤바움, 위의 책

5_ 존 스토우(John Stow), C. L. 킹스포드(Kingsford) 엮음, 『런던 개관(The Survay of London, 1598)』, 1908

6_ 런던 소재 프랑스 프로테스탄트 교회, MS 4

7_ 쇤바움, 『윌리엄 셰익스피어: 삶의 기록(William Shakespeare: A Documentary Life)』, 1975

8_ R. A. 포우크스(Foakes) 엮음, 『헨슬로우 페이퍼(The Henslowe Papers)』 vol. 2, no. 49, 1977

9_ 전통적인 견해에 따른 셰익스피어의 40번째 생일은 1604년 4월 23일이지만 실제 생일은 알려져 있지 않다. 1564년 4월 25일에 세례를 받은 것으로 보아 4월 20일에서 24일 사이에 출생했을 것이다. 성 조지의 날(St George's Day)인 23일을 셰익스피어의 생일로 선택한 것은 18세기 초에 일기 시작한 애국주의의 산물이었다. 토마스 디 퀸시(Thomas De Quincey)는 셰익스피어의 손녀 엘리자베스의 결혼식이 1627년 셰익스피어의 생일인 4월 22일에 거행되었다고 주장했다.

10_ 존 데이비스(John Davies), 「영국의 테런스, 윌 셰익스피어 씨에게(To our English Terence, Mr Will. Shake-speare)」, 『어리석음에 대한 징벌(The Scourge of Folly, 1610년경)』, 풍자시 159

11_ E. K. 체임버스(Chambers), 『윌리엄 셰익스피어: 사실과 문제(William

Shakespeare: Facts and Problems)』, 1930; 쇤바움, 위의 책; 파크 호난(Park Honan), 『셰익스피어: 삶(Shakespeare: A Life)』, 1998

12_ 햄넷은 그의 대부인 햄넷 또는 햄릿 새들러(Hamlet Sadler)의 이름을 땄다. 새들러는 스트래트퍼드의 빵 제조업자이자 평생에 걸친 셰익스피어의 친구였다. 햄넷 또는 햄릿이란 이름은 노르만 이름인 하몬(Hamon)에서 나온 것으로 스트래트퍼드의 거주민 명부에도 기록되어 있다. 어원상으로 허구의 햄릿과 관계는 없지만 특히 셰익스피어가 햄릿의 아버지 역을 맡아 연기했다면 분명히 감정적인 공감대가 존재했을 것이다.

13_ 『다정한 마음의 꿈(Kind Harts Dreame)』, 1592

14_ '건방진 까마귀'는 셰익스피어가 배우처럼 흉내 내는 사람이라는 뜻으로 사용되었지만 표절에 대한 비난을 포함하기도 한다. 호레이스(Horace)는 『서간문(Epistles)』에서 표절하는 시인을 '훔친 색깔'로 치장한 '작은 까마귀'로 묘사했다. 셰익스피어는 체틀의 공격으로 자신의 '예술'은 물론 '정직성'까지 의심 받았다고 느꼈을 것이다.

15_ 『마이크로코스모스(microcosmos)』, 1603. 'generous'는 신사 계급을 위한 표현인 라틴어 'generosus'의 의미를 함축한다.

16_ An(thony?) Sc(oloker?), 「서간체 시문」, 『사랑의 열정(The Passions of Love)』, 1604. 'An. Sc.'라는 이름은 도서목록 상의 편의를 위한 것일 뿐이다. 과거에는 이 시가 이민자 출신 화가이자 번역가인 앤서니 스콜로커나 '스콜리커스(Skolykers)'의 작품으로 알려졌으나 그의 사망 연도가 1593년으로 밝혀졌기 때문에 그의 작품일 가능성은 없는 것으로 판명되었다. 또한 같은 이름의 아들 앤서니는 그보다 먼저 사망했다. 따라서 실제로 'An. Sc.'를 스콜로커 가족과 연관시킬 근거는 전혀 없다.

17_ 존 오브리(John Aubrey), 올리버 로손 딕(Oliver Lawson Dick) 엮음, 『짧은 생애(Brief Lives)』, 1949; 메리 에드먼드(Mary Edmond), 「챈도스 초상화(The Chandos Portrait: A Suggested Painter)」, 『벌링턴 매거진(Burlington Magazine)』 123, 1982

18_ 조지 버나드 쇼(George Bernard Shaw), 『유쾌한 극과 유쾌하지 않은 극(Plays Pleasant and unpleasant)』 서문

19_ J. 도버 윌슨(Dover Wilson), 『셰익스피어의 본질(The Essential Shakespeare)』, 1932; A. P. 로시터(Rossiter), 『뿔 달린 천사(Angel with Horns: Fifteen Lectures on Shakespeare)』, 1961. 로시터 또한 이런 신경에 거슬리는 재치를 '점잖지 못한 소네트'에서 발견했다. 1609년에 처음 출간된 이 소네트의 일부는 셰익스피어가 실버 스트리트에 거주하던 시절에 집필한 것으로 보인다. 시작 기법을 분석해 보면 104~126번까지는 17세기 초의 작품에 속하고 이 그룹에 속하는 두 편의 소네트는 제임스 1세의 왕위 계승과 대관식(1603~4)을 암시한다.

20_ 와일리 사이퍼(Wylie Sypher), 『르네상스 스타일의 네 단계(Four Stages of Renaissance Style)』, 1955. 사이퍼는 파노브스키(Panowski)가 정의한 매너리즘의 특징을 『법에는 법으로』에서 구별해 냈다. 파노브스키는 매너리즘의 특징으로 '긴장', '융통성', '클라이맥스가 없는 투사'를 들었다. 엘리자베스 이얼링(Elizabeth Yearling)은 제임스 1세 시대 희비극의 도구로 '어조의 대조, 다역 등장인물, 애매한 언어, 자의식 과잉의 연기'를 들었다.

21_ 마스턴과 셰익스피어는 지속적으로 유사성을 보여 주었다. 마스턴의 『안토니오의 복수(Antonio's Revenge)』는 『햄릿』과 유사하고 『원하는 대로(What You Will)』는 『십이야(Twelfth Night)』와 유사하다. 『십이야』는 '원하는 대로(What You Will)'라는 부제로 마스턴이 회원으로 있던 미들 템플(Middle Temple)에서 1601년 2월에 공연되었다.

22_ E. M. W. 틸야드(Tillyard), 『셰익스피어의 문제극(Shakespeare's Problem Plays)』, 1965

23_ 벤 존슨(Ben Johnson), '내가 사랑하는 작가 윌리엄 셰익스피어를 추모하며'(1623) 중에서

24_ 존 오브리, 위의 책

25_ '행적불명의 세월'에 대해서는 쇤바움, 위의 책과 에릭 샘스(Eric Sams), 『진정한 셰익스피어(The Real Shakespeare: Retrieving the Early Years, 1564~94)』, 1995에 요약돼 있다.

26_ 토마스 그린(Thomas Greene, 스트래드퍼드의 서기)의 일기, 1614년 11월 17일

27_ 옥스퍼드대 보들리언(Bodleian)도서관에 소장된 오브리의 원고 8, fol. 45v

28_ 법학도였던 존 매닝엄(John Manningham)은 자신의 일기에 '기부금과 세금에 대한 공통된 속담이 있다: 돈 많은 사람은 내려 하지 않고 돈이 적은 사람은 낼 수가 없기 때문에 중산층이 모두 부담해야 한다.'고 썼다.

29_ 토마스 내쉬(Thomas Nashe), 『작품집(Works)』, 1958

30_ 마이클 우드(Michael Wood), 『셰익스피어를 찾아서(In Search of Shakespeare)』, 2003. 대화재 이후에 수행한 건물터에 대한 조사에 따르면 실버 스트리트에 전면의 길이가 18피트(약 5.5미터)인 모퉁이 집이 있었다. 하지만 이 집은 우드 스트리트에 접한 모퉁이 집이었다. 조사상의 수치는 대화재가 나기 이전에 설정되었던 부동산 경계를 나타내는 것으로 반드시 별개의 집을 가리키는 것은 아니다. 길이가 63피트(약 19.2미터)에 이르는 집은 상당히 큰 집으로 근처에 있던 더들리 코트(Dudley Court)의 크기와 비슷했다. 우드 스트리트와 몽크웰 스트리트 사이에 뻗어 있는 실버 스트리트의 길이는 약 73미터였다.

31_ 레나 코웬 올린(Lena Cowen Orlin), 「근대 초기 런던의 경계 논쟁(Boundary Disputes in Early Modern London)」, 『머테리얼 런던(Material London)』, 1600

32_ 옥스퍼드 길드홀도서관(Guildhall Library), MS 12805, 증거서 7

33_ 스토우, 위의 책

34_ 성 올라브는 중세 시대부터 은세공사 조합이 다니던 길드 교회였다.

35_ 존 매닝엄의 일기 fol.15~15v, 1601년 2월; 로버트 파커 소를리언(Robert Parker Sorlien) 엮음, 『미들 템플의 존 매닝엄의 일기(The Diary of John Manningham of the Middle Temple)』, 1976

36_ 이아고가 노래한 쐐기풀과 상추, 히솝풀, 사향초의 병렬은 서로 궁합이 맞는 '마른' 식물과 '습한' 식물에 대한 현대의 생각과 일치한다. 셰익스피어는 약초의 치료 능력에 대해 자주 썼다.

37_ 체임버스, 위의 책. 에드먼드는 1607년 27세의 나이로 사망하였다.

38_ 또한 성 메리 앨더맨베리 교회 교구에는 디게스 가족이 살았다. 수학자인 토마스 디게스(Thomas Digges)는 1595년에 사망했지만 셰익스피어는 그의 아들인 레오나르도와 친분이 있었다. 레오나르도 디게스는 『제1이절판』에 서시인 '작고한 작가 셰익스피어를 기리며'를 썼다.

39_ 옥스퍼드 영국 인명사전(2004)에 따르면, 지파드와 팔머는 물개곽향으로 왕자를 치료했다. 이 식물은 '한때 해독제로 알려졌고 소독제와 구충제로도 사용되었다.' (http://www.pfaf.org)

40_ 존 스코필드(John Schofield) 엮음, 『랄프 트레스웰의 런던 측량(The London Surveys of Ralph Treswell)』, 1987

41_ 존 제임스 배들리 경(Sir John James Baddeley), 『크리플게이트(Cripplegate)』, 1921. 마지막 우편 마차가 '목 두 개 달린 백조'를 떠나 도버로 향한 때는 1844년이었다. 여관은 1856년에 파괴되어 철도 화물용 창고로 바뀌었다.

42_ 존 테일러(John Taylor), 『캐리어 코스모그래피(The Carriers Cosmographie)』. 셰익스피어의 고향인 스트래트퍼드는 여기에 언급되지 않았다.

43_ 체임버스, 위의 책. 리처드 퀴니(Richard Quiney)가 에이브러햄 스털리(Abraham Sturley)에게 보낸 편지에 대한 답장(1598년 11월 4일) 내용이다.

44_ 제임스 샤피로(James Shapiro), 『1599: 윌리엄 셰익스피어가 살았던 어느 해(1599: A Year in the Life of William Shakespeare)』, 2005

45_ 스토우, 위의 책

46_ 스토우, 위의 책. 스토우는 포울트리 감옥의 시설을 이렇게 서술했다. '마스터 감방에서는 새털 침대… 나이트 감방에서는 털 부스러기 침대… 홀에서는 지푸라기 침대에서 잤다.'

47_ 구스타프 밀른(Gustav Milne), 나탈리 코헨(Nathalie Cohen), 『중세 런던의 크리플게이트 발굴(Excavations at Medieval Cripplegate, London)』, 2001; 엘리자베스 하우(Elizabeth Howe), 데이비드 라킨(David Lakin), 『로마 및 중세 시대의 크리플게이트: 고고학 발굴 1992-8(Roman and Medieval Cripplegate: Archaeological Excavations 1992-8)』, 2004

48_ 하우와 라킨, 위의 책

49_ 논쟁의 대상이 되었던 '물리 화학적 방법'의 초기 주창자 중 한 명은 바로 실버 스트리트의 외과 의사 존 배니스터였다.

50_ 존 돈(John Donne), 『시(Poems)』, 1912

51_ 오브리, 위의 책

52_ 체임버스, 위의 책

53_ T. W. 볼드윈(Baldwin), 『윌리엄 셰익스피어의 서툰 라틴어와 그리스어(William Shakespeare's Small Latine & Lesse Greeke)』, 1944

54_ 로버트 그린의 『메나폰(Menaphon, 1589)』에 쓴 내쉬의 서문

55_ 토마스 헤이우드(Thomas Heywood), 『배우를 위한 변명(Apologie for Actors)』, 1612; 체임버스, 위의 책

56_ 1619년 4월 14일, 윌리엄 드러먼드(William Drummond)에게 보내는 편지(옥스퍼드 영국 인명사전, 2004)

57_ 공문서보관소, C66/1750

58_ 아미앵 시립도서관, MS HH 749

59_ T. 와일리(Wylie), 『헨리 5세의 통치(The Reign of Henry Ⅴ)』, 1914~29

60_ 옥스퍼드대 보들리언도서관, MS 226, fols 254v, 263v. 12장 참조

61_ 셰익스피어 희곡에 등장하는 줄리엣은 14세였고 그 아버지는 '여름을 두 번 더 보내야' '신부가 될 수 있을 정도로 성숙해진다'고 생각했다.(『로미오와 줄리엣』 1막 2장 9~11) 레베카 에드워즈(Rebecca Edwards)는 14세에 배우인 윌리엄 넬(William Knell)과 결혼했고 15세에 과부가 되었으며, 그 후에 셰익스피어와 오래 알고 지냈던 존 헤밍스와 결혼했다. 물론 당시의 평균 결혼 연령은 훨씬 높았다. 랄프 하울브룩(Ralph Houlbrooke)은 『영국의 가족 1450~1700(The English Family 1450~1700, 1984)』에서 엘리자베스 여왕 시대의 평균 결혼 연령이 여성의 경우 26세, 남성의 경우 28세였으며 이런 숫자는 서유럽 전체에 걸쳐 비슷했다고 주장했다.

62_ 학살 당시 영국대사관에 피신했던 사람 중에는 필립 시드니 경(Sir Philip Sidney)과 티모시 브라이트(Timothy Bright)가 있었다. 티모시 브라이트는 1584년 시드니에게 보내는 편지에서 당시의 경험을 '회상만 해도 슬퍼서 몸서리가 쳐진다.'는 말로 표현했다.

63_ 내쉬, 위의 책

64_ 아이린 스쿨루디(Irene Scouloudi), 『런던의 외국인 신고서 1593, 1627, 1635, 1639(Returns of Strangers in the Metropolis 1593, 1627, 1635, 1639)』, 1985

65_ 스토우, 위의 책

66_ 공문서보관소, E179/251/16, fols 23~4

67_ R. E. G. 커크(Kirk)와 E. F. 커크, 『헨리 8세부터 제임스 1세까지, 런던 시와 근교의 외국인 거주 리스트(Lists of Aliens Dwelling in the City and Suburbs of London, Henry Ⅷ to James Ⅰ)』, 1910; 스쿨루디, 위의 책

68_ 해트필드 하우스(Hatfield House), 세실(Cecil) MS 208/8; 커크, 위의 책

69_ R. G. 랭(Lang) 엮음, 『튜더 왕조 시기의 런던 특별 징수세 명부, 1541년과 1582년(Two Tudor subsidy Rolls for the City of London, 1541 and 1582)』, 1993

70_ 조셉 포스터(Joseph Foster), 『런던 결혼 허가 명단 1521~1869(London Marriage Licenses 1521~1869)』, 1887

71_ 길드홀도서관, MS 4515/1; 공문서보관소 E179/147/494

72_ G. 보몬트 비맨(Beaumont Beeman), 『런던 위그노 사회의 전개(Proceedings of the Huguenot Society of London 8)』, 1905; J. 린블룸(Linbloom), 『오스틴 프라이어스: 런던 내 네덜란드 신교 교회의 역사(Austin Friars: History of the Dutch Reformed Church in London)』, 1950

73_ 리자 피카르드(Liza Picard), 『엘리자베스 여왕 시대의 런던(Elizabethan London)』, 2003

74_ 스쿨루디, 위의 책

75_ 공문서보관소, SP12/81/29; R. H. 토니(Tawney), 에일린 파워(Eileen Power) 엮음, 『튜더 왕조 시기의 경제 기록(Tudor Economic Documents)』, 1924

76_ 스쿨루디, 위의 책

77_ 리처드 버스티건(Richard Verstegan)이 로버트 퍼슨스(Robert Persons)에게 1593년 5월 27일에 보낸 편지; 앤서니 페티(Anthony Petti) 엮음, 『리처드 버스티건의 편지와 급보(The Letters and Dispatches of Richard Verstegan)』, 1959

78_ 존 스트라이프(John Strype), 『종교개혁 연보(Annals of the Reformation)』, 1824

79_ 아서 프리먼(Arthur Freeman), 「말로, 키드와 네덜란드 교회 비방문(Marlowe, Kyd and the Dutch Church Libel)」, 『영국 문학 르네상스 3(English Literary Renaissance 3)』, 1973

80_ 페티, 위의 책. 버스티건이 이름을 밝히지는 않았지만 그에게 편지를 보낸 사람은 예수회 수사인 헨리 가넷(Henry Garnet)일 것이다.

81_ 스쿨루디, 위의 책; 스트라이프, 위의 책

82_ 영국 국립도서관, 이거턴(Egerton) MS 2804, fol. 90; 이삭 이예스(Isaac Jeayes) 엮음, 『필립 고디의 편지 1576~1616(The Letters of Philip Gawdy, 1576~1616)』, 1906

83_ 길드홀도서관, MS 6534, fol. 106

84_ 보들리언도서관, 애쉬몰(Ashmole) MS 226, fol. 254r

85_ 보들리언도서관, 애쉬몰 MS 411, fol. 101~2. 포먼은 관장은 2실링, 신경

안정제 투여는 3실링, 왕진은 5실링, 24시간 지속되는 섭생은 20노블스(6파운드 13실링 4펜스)를 청구했다. 때로 진료비 지불 여부와 액수는 차도가 얼마나 있는지에 따라 달라졌다. 1601년 한 환자는 진료비에서 6파운드를 깎고 나중에 완치가 되면 그만큼 다시 지불하는 데 동의했고, '환자의 병세에 전혀 차도가 없으면 나는 환자에게 다시 5파운드를 줘야 한다.'는 기록 또한 남아 있다.

86_ 윌리엄 릴리(William Lilly), 『그의 삶과 시대의 역사(History of his Life and Times)』, 1715; 내쉬, 위의 책

87_ 마크 에클스(Mark Eccles), 「엘리자베스 여왕 시대의 배우들(Elizabethan Actors)」, 『기록과 의문(Notes&Queries)』, 1991~3

88_ 포우크스 엮음, 『헨슬로우의 일기(Henslowe's Diary, 2nd edition)』, 2002

89_ 현존하는 여섯 권의 사례집은 1596년 3월부터 1601년 11월까지 의뢰된 사건을 지속적으로 기록했다. 첫 두 권의 사례집을 통계적으로 분석해 보면 의뢰 건수는 2,760건에 달했고 60퍼센트가 여성이 의뢰했다.

90_ 보들리언도서관, 애쉬몰 MS 802, fol. 133; 로렌 카셀(Lauren Kassell), 『엘리자베스 여왕 시대 런던의 의학과 마술: 점성가이자 연금술사, 의사인 사이먼 포먼(Medicine and Magic in Elizabethan London: Simon Forman, Astrologer, Alchemist and Physician)』, 2005

91_ 조나단 베이트(Jonathan Bate), 『데일리 텔레그라프(Daily Telegraph)』, 2001년 2월 10일; 존 보시(John Bossy), 「할레킹(Haleking)」, 『런던 북 리뷰(London Review of Books)』 23, 2006년 2월 22일

92_ 헌스던 경 1세의 부인인 앤이 당시에 생존해 있었지만 포먼은 그 남편을 '나의 옛 헌츠딘 경'이라 칭했듯이 앤 부인을 '옛(old)' 헌스던 부인이라고 구별해서 언급했을 것이다. 내쉬는 엘리자베스 캐리를 '탁월하고 교양 있고 명예로운 여인'으로 불렀다. 포먼도 캐리의 후원을 받았다. 그의 사례집에는 '1587년 12월 22일에 조지 캐리 경의 저택에 갔다.'는 기록이 있다.

93_ 레슬리 핫슨(Leslie Hotson), 『셰익스피어 대 섈로우(Shakespeare versus Shallow)』, 1931

94_ 공문서보관소, PROB 11/102, 1599년 5월 10일. '티시'는 아마도 프로테시아(Prothesia)의 준말일 것이다.

95_ 윌리엄 후프만(William Huffman), 『로버트 플러드와 르네상스의 종말(Robert

fludd and the End of the Renaissance)』, 1988

96_ 『사랑의 헛수고』는 그 이전에 완성되었으며(아마도 1593~4년) 1598년 4절판에서는 '새로 수정되고 증보된' 것을 실었다고 했다. 이 연극은 1597~8년 동안에 여왕 앞에서 공연되었다.

97_ 보들리언도서관, 애쉬몰 MS 226, fol. 258; 공문서보관소 E179/146/325, fol. 2

98_ A. L. 로우스(Rowse), 『사이먼 포먼의 사례집(The Case books of Simon Forman)』 개정판, 1976

99_ 옥스퍼드 영국 인명사전, '킷슨 가족(Kitson family)'

100_ 새해 선물 목록 1578, 존 니콜(John Nichols), 『엘리자베스 여왕의 순행과 공공 행렬(The Progresses and Public Processions of Queen Elizabeth)』, 1823

101_ 『블랙 북(The Blacke Booke, 1604)』, 토마스 미들턴(Thomas Middleton), A. H. 불렌(Bullen) 엮음, 『작품집(Works)』, 1886

102_ 옥스퍼드 영어사전의 'periwig(가발)' 3에 인용

103_ 공문서보관소 E179/146/390, fol. 32

104_ 런던 소재 프랑스 프로테스탄트 교회 결혼 등록부 1600~39, fol. 43

105_ J. C. 화이트브룩(Whitebrook), 「셰익스피어에 대한 몇 가지 새로운 사실(Some Fresh Shakespearean Facts, 1932)」, 『기록과 의문』 162

106_ 공문서보관소 C66/1750; W. 쇼(Shaw) 엮음, 『영국과 아일랜드의 외국인 귀화 허가서(Letters of Denization and Acts of Naturalization for Aliens in England and Ireland)』, 1911

107_ W. 브루스 배너먼(Bruce Bannerman) 엮음, 『하트 스트리트의 성 올라브 교회 교적부 1563~1700(Registers of St Olave, Hart Street 1563~1700)』, 1916

108_ 길드홀도서관, MS 25626/4, fol. 179

109_ 조지 채프먼(George Chapman), 『네로의 이상한 행동에 대한 변명(A Justification of a Strange Act of Nero)』, 1629

110_ 존 스토우, E. 호우(Howe) 엮음, 『연대기(Annales)』, 1631

111_ 재닛 아놀드(Janet Arnold), 『엘리자베스 여왕의 베일 벗은 의상관리인(Queen Elizabeth's Wardrobe Unlock'd)』, 1988

112_ 영국 국립도서관, 이거턴 2806, fol. 216, 1586년 9월 27일

113_ 허버트 노리스(Herbert Norris), 『튜더 왕조의 의상과 패션(Costume and Fashion: The Tudors)』, 1938

114_ 공문서보관소, LC5/36, fols 212~13, 1592년 6월 6일; LC5/37, fol. 90, 1595년 4월 29일

115_ 공문서보관소, SC6/JASI/1646, fol. 28r 또는 29r

116_ 뮤리엘 성 클레르 번(Muriel St Clare Byrne), 『엘리자베스 여왕 시대의 가정(The Elizabethan Home)』 개정판, 1930

117_ 로버트 그린(Robert Greene), 『사기에 대한 기막힌 발견(A Notable discovery of cozenage)』, 1591

118_ 보들리언도서관, 애쉬몰 MS 208, fol. 121v, 1593년경

119_ 미들턴, 위의 책

120_ 베네치아 공문서 요람 1617~19

121_ 체임버스, 『엘리자베스 여왕 시대의 무대(The Elizabethan Stage)』, 1923

122_ 우아한 필체로 연극 대본을 인용한 부분이 포함되어 있기도 한 2절판 책에 소묘가 실려 있는데, 이 책에는 '헨리쿠스 피챔(Henricus Peacham)'이란 서명이 남아 있다. 단축된 라틴어로 적혀 있는 날짜는 아마도 1594년이거나 1595년일 것이다. 『타이터스 안드로니커스』는 1593~4년 겨울에 서섹스 멘(Sussex's Men)이 로즈 극장에서 공연했던 작품이었다. 피챔은 당시에 16세로 케임브리지 대학교 학생이었으며, 이후 『소묘의 기술(The Art of Drawing)』(1606)과 『완벽한 신사(The Compleat Gentleman)』(1623)를 저술했다.

123_ 토마스 플래터(Thomas Platter), 『영국 여행(Travels in England)』, 1937

124_ 1613년 7월 2일에 워튼 경이 에드먼드 베이컨에게 보낸 편지. L. 피어설 스미스(Pearsall Smith) 엮음, 『헨리 워튼의 삶과 편지(Life and Letters of Henry Wotton)』, 1907

125_ 작가는 윌리엄 패럿(William Parrat)으로 추정된다; 체임버스, 위의 책

126_ 포우크스, 위의 책

127_ 포우크스, 위의 책

128_ 알베르 푀이라(Albert Feuillerat) 엮음, 『엘리자베스 여왕 시대의 연회청 관련 문서(Documents relating to the Office of the Revels in the Time of Queen Elizabeth)』, 1908

129_ C. H. 허포드(Herford) · 펙시(Percy) · 이블린 심슨(Evelyn Simpson) 엮음, 『벤 존슨(Ben Jonson)』, 1925~51

130_ 벨부아 성 장부(Belvoir Castle accounts) 1606년 3월 4일자와 5월 18일자, 역사기록위원회(Historical Manuscripts Commission)

131_ 허포드 외 엮음, 위의 책

132_ 화이트브룩, 위의 책

133_ 『선데이 타임스(Sunday Times)』 2006년 7월 2일자

134_ 엘리자베스 글로버(Elizabeth Glover), 『금, 은 철사 제작자(The Gold and Silver Wyre-drawers)』, 1979

135_ 레슬리 핫슨, 『셰익스피어의 소네트와 에세이(Shakespeare's Sonnets Dated and Other Essays)』, 1949에 출처와 날짜 없이 쓰여 있다.

136_ 위와 같음

137_ 옥스퍼드 영어사전에 따르면 ravelled(엉클어진)는 frayed(해진)의 뜻 또한 지니고 있다.

138_ 마틴 드루샤우트 시니어는 1560년대 말에 브뤼셀에서 출생해서 1584년경에 영국에 정착했고 1608년에 귀화했다. 마운트조이와 동일한 특허 등기부에 이름이 올랐으며 화가 및 염색가 조합에 소속되어 있었다. 그에 대한 마지막 기록은 1641년에 하트 스트리트의 성 올라브 교회 교구에 살았다는 것이다. 마틴 드루샤우트 주니어는 마이클의 아들이자 마틴 시니어의 조카로서 1601년 런던에서 출생했다. 마틴 시니어가 동시대 문서에 '화가'나 '초상화가'로는 기록되어 있지만 '조각가'라는 기록은 전혀 없기 때문에 마틴 주니어는 조각가인 것으로 추정돼 왔다. 에드먼드는 『계간 셰익스피어(Shakespeare Quarterly)』 43호(1991)에서 이런 추론에 이의를 제기했는데, '화가'라는 단어가 '그림 제작자'라는 광범위한 의미를 전달하기 위해 사용되었다는 것이 그녀의 주장이다. 조각가가 확실했던 네덜란드 예술가 레메기우스 호겐베르크(Remegius Hogenberg)는 크리플게이트의 성 자일스 교회의 등록부에 이름이 여덟 번 등장했지만 정작 '조각가'로 기록된 것은 단 한 번에 불과했고 나머지 경우에는 '그림 제작자' 또는 '화

가'로 기록되었다. 따라서 당시에 사용되었던 명칭만으로는 화가인 마틴 시니어를 셰익스피어 초상화의 '조각가'가 아니라고 배제할 수는 없다.

139_ 로이 스트롱(Roy Strong), 『튜더 왕조와 제임스 1세 시대의 초상화(Tudor and Jacobean Portraits)』, 1969

140_ 일부에서는 원래 작품이 '플라워(Flower)' 초상화(로열 셰익스피어 컴퍼니 소장)라고 여겼다. 유화 초상화의 분위기를 풍길 뿐만 아니라 드루샤우트의 초상화와 비슷한 것이 분명하고 제작 날짜가 1609년으로 새겨져 있기 때문이었다. 그러나 기술적인 분석 결과, 많은 사람들이 의심했던 것처럼 '플라워' 초상화는 19세기에 제작된 것으로 2005년 밝혀졌다.

141_ M. H. 스피엘만(Spielmann), 『제1이절판 속표지: 스트래트퍼드 기념비와 비교 연구(The Title Page of the First Folio of Shakespeare's Plays: A Comparative Study of the Stratford Monument)』, 1924

142_ 타냐 쿠퍼(Tarnya Cooper), 『셰익스피어 연구(Searching for Shakespeare)』, 2006

143_ 아놀드, 위의 책

144_ A. E. M. 커우드(Kirwood), 「인쇄업자 리처드 필드(Richard Field, Printer)」, 『도서관(The Library)』 12, 1931; 옥스퍼드 영국 인명사전, '리처드 필드'

145_ 옥스퍼드 영국 인명사전, '토마스 보트롤리에'

146_ 아벨 르프랑(Abel Lefranc), 『윌리엄 셰익스피어 가면극의 이면(Sous le masque de William Shakespeare)』, 1918

147_ 쇤바움, 위의 책

148_ 쇤바움, 위의 책

149_ 존 린드세이(John Lindsay) 엮음, 『수다쟁이들의 의회(The Parlement of Prattlers)』, 1928; 존 레버(John Lever), 「셰익스피어의 프랑스 산물(Shakespeare's French Fruits)」, 『셰익스피어 고찰(Shakespeare Survey)』 6, 1953

150_ T. H. 하워드힐(Howard-Hill), 『셰익스피어와 '토마스 모어 경'(Shakespeare and 'Sir Thomas More')』, 1989

151_ J. 도버 윌슨 엮음, 『헨리 5세(Henry V)』, 1947

152_ 토마스 로저스 포브스(Thomas Rogers Forbes), 『앨드게이트 연대기(Chronicle from Aldgate: Life and Death in Shakespeare's London)』, 1971; 피카르드, 위의 책; 에드워드 스코비(Edward Scobie), 『검은 브리타니아: 영국 흑인의 역사(Black Britannia: A History of Blacks in Britain)』, 1972

153_ 로저 프라이어(Roger Prior), 「조지 윌킨스의 삶(The Life of George Wilkins)」, 『셰익스피어 고찰(Shakespeare Survey)』 25, 1972

154_ G. 워너(Warner), 『덜위치 칼리지 원고 목록(Catalogue of the Manuscripts at Dulwich College)』, 1881; 로저 프라이어, 「조지 윌킨스와 젊은 상속인(George Wilkins and the Young Heir)」, 위의 책 29, 1976

155_ 스티븐 고슨(Stephen Gosson), E. 아버(Arber) 엮음, 『학대 학교(Schoole of Abuse, 1579)』, 1869

156_ 버나드 캡(Bernard Capp), 「웨스트민스터의 기다란 메그: 풀린 미스터리(Long Meg of Westminster: A Mystery Solved)」, 『기록과 의문』 45, 1998

157_ 윌리엄 렌들(William Rendle), 「뱅크사이드의 매음굴(The Stews on Bankside)」, 『골동품 애호가 매거진(Antiquarian Magazine)』, 1882년 8월; 데이비드 존슨(David Johnson), 『서더크와 도시(Southwark and the City)』, 1969. 스토우는 『런던 개관』에서, 여러 매음굴이 서더크의 선창가에 있었고 간판은 '템스 강을 바라보며 전면에 부착'되어 있었다고 언급했다.

158_ 앤서니 먼데이(Anthony Munday), 해즐릿(Hazlitt) 엮음, 『희곡에서의 후퇴(Retreat from Plays, 1580)』, 1869

159_ 토마스 데커(Thomas Dekker), 조지 윌킨스(George Wilkins), 『즐겁게 만드는 농담(Jests to Make you Merie)』, 1607

160_ 윌리엄 프린(William Prynne), 『히스트리오마스틱(Histriomastix)』, 1633

161_ 앤 제널리 쿡(Ann Jennalie Cook), 「매음: 극장에서의 음란한 행위(Bargains of Incontinencie: Bawdy Behaviour in the Playhouses)」, 『셰익스피어 연구(Shakespeare Studies)』 10, 1977

162_ 먼데이, 위의 책; 존 레인(John Lane), 『톰의 서약(Tom Tell-troths message)』, 1600. 『오셀로』 4막 1장 94~5에서 비앙카(Bianca)는 '자신의 성욕을 팔아 빵과 옷을 사는 가정주부'로 묘사된다.

163_ 고슨, 『연극 논박(Plays Confuted)』, 1583

164_ 미들턴, 위의 책

165_ 바바라 에버렛(Barbara Everett), 「열정의 꿈(A Dreame of Passion)」, 『런던 북 리뷰』 25, 2003년 1월 2일

166_ 성 자일스 교회 교구 기록부, 길드홀도서관, MS 6419/2

167_ 미들턴, 위의 책

168_ 이안 아처(Ian Archer), 「물질적인 런던인?(Material Londoners?)」, 레나 코웬 오를린(Lena Cowen Orlin) 엮음, 『물질적인 런던 1600(Material London, ca. 1600)』, 2000

169_ 존(John) C. 제프레슨(Jeaffreson) 엮음, 『미들섹스 카운티 기록부(Middlesex County Records)』 2, 1886~92

170_ 존 다운스(John Downes), 『명배우 앙글리카누스(Roscius Anglicanus)』, 1708; 호난, 위의 책; 옥스퍼드 영국 인명사전 '존 로윈(John Lowin)'

171_ 프레드 터너(Fred Turner)의 『브렌트포드의 역사와 유물(The History and Antiquities of Brentford, 1922)』에 따르면, 1847년에 '세 마리 비둘기' 여관의 투숙객은 내부가 제임스 1세 시대와 많이 달라지지 않았다고 판단했다. '스무 개의 방과 어두컴컴한 옷장, 통로, 좁은 계단이 있었다.'

172_ 『미들섹스 카운티 기록부』 1, 2

173_ 『마이크로코스모그래피(Microcosmographie)』 1628, no. 24

174_ 윌리엄 트럼벌 경(Sir William Trumbull)이 헤이 경(Lord Hay)에게 보낸 편지, R. F. 브링클리(Brinkley), 『배우이자 극작가 네이선 필드(Nathan Field the Actor-Playwright)』, 1920

175_ R. F. 파터슨(Patterson) 엮음, 『드러먼드와 벤 존슨의 대화(Ben Jonson's Conversations with Drummond of Hawthornden)』, 1923

176_ 오브리, 위의 책; 쇤바움, 『셰익스피어의 삶(Shakespeare's Lives)』, 1970

177_ 메리 에드먼드, 『윌리엄 대브넌트 경(Rare Sir William Dabenant)』, 1987

178_ 로린(Loreen) L. 기스(Giese), 『구애 및 결혼 관습과 셰익스피어 희극(Courtships, Marriage Customs and Shakespeare's Comedies)』, 2006

179_ 기스, 위의 책

180_ 기스, 위의 책

181_ 런던박물관, 62.121/10; 쿠퍼, 위의 책

182_ 쿡, 『중매: 셰익스피어 시대의 구혼(Making a Match: Courtship in Shakespeare and his Society)』, 1991

183_ 사라 멘델슨(Sara Mendelson), 패트리샤 크로포드(Patricia Crawford), 『영국 근대 초기의 여성들 1550~1720(Women in Early Modern England 1550~1720)』, 1998

184_ 존 데이비스, 위의 책

185_ 새뮤얼 존슨, 1765년 판 셰익스피어 전집

186_ 옥스퍼드 영국 인명사전, '헨리 콘델(Henry Condell)'

187_ 스토우, 위의 책; 존 테일러(John Talor), 『런던에서 함부르크까지의 3주(Three Weeks from London to Hamburgh)』, 1617

188_ 체임버스, 『윌리엄 셰익스피어: 사실과 문제』, 1930; 쇤바움, 『윌리엄 셰익스피어: 기록과 이미지(William Shakespeare: Records and Images)』, 1981

189_ 찰스 세번(Charles Severn) 엮음, 『존 워드 목사의 일기 1648~79(Diary of the Rec. John Ward, 1648~79)』, 1839

190_ 호난, 위의 책

셰익스피어 연보

1564 4월 20~24일경 영국 워릭셔카운티의 스트래트퍼드 어폰 에이본(Stratford upon Avon)에서 출생. 4월 25일에 세례 받음

1582 11월 앤 해스웨이(해서웨이)와 결혼. 1580년 후반부에 혼자 런던으로 떠나 쇼어디치 지역에 거주한 것으로 추정

1592 『헨리 6세 1부』 공연

1593 『비너스와 아도니스』 출간. 『사랑의 헛수고』 집필. 『타이터스 안드로니커스』 공연

1594 『루크리스』 출간. 극단 로드 체임벌린스 멘 설립됨

1596 『베니스의 상인』 완성. 비숍스게이트 지역 특별 징수세 명부에 이름이 기재됨. 아들 햄넷 11세의 나이로 사망

1597 『윈저의 명랑한 아낙네들』, 『사랑의 헛수고』 궁정 공연. 원작이 손상된 상태로 『로미오와 줄리엣』 출간. 비숍스게이트의 세금 미납자로 기록됨

1598 서더크 지역으로 이사

1599 글로브 극장 설립. 『헨리 5세』 공연. 온전한 상태의 『로미오와 줄리엣』 출간

1601 부친 사망. 『햄릿』, 『십이야』 공연

1602 『윈저의 명랑한 아낙네들』 4절판 출간. 『트로일러스와 크레시다』 집필

1603 크리플게이트의 마운트조이 가정에서 하숙 시작(~1605). 『오셀로』, 『법에는 법으로』 집필. 『햄릿』 '악한 4절판(Q1)' 출간. 로드 체임벌린스 멘이 국왕 소속 극단으로 승인되면서 킹스 멘으로 불림

1604 『햄릿』 '선한 4절판(Q2)' 출간. 『오셀로』, 『법에는 법으로』 궁정

공연. 『끝이 좋으면 다 좋은 법』 집필

1605 토마스 미들턴과 『아테네의 타이몬』 공동 집필

1606 『리어 왕』 공연. 『맥베스』 집필

1607 큰딸 수잔나 결혼. 조지 윌킨스와의 공동작 『페리클레스』 집필

1608 『페리클레스』, 『안토니와 클레오파트라』 공연. 『리어 왕』 출간

1609 『페리클레스』 출간. 서더크 지역 거주민 명단에 이름이 기재됨

1610 『겨울 이야기』 공연

1611 『폭풍우』 공연

1612 '벨롯 대 마운트조이 사건'으로 소액청구재판소에 증인으로 출석

1613 존 플레처와의 공동작 『헨리 8세』와 『카르데니오』(유실작) 공연. 『헨리 8세』 공연 중 글로브 극장 화재로 파괴. 블랙프라이어스 게이트하우스 구매

1616 4월 23일 52세의 나이로 사망

1623 존 헤밍스와 헨리 콘델 편집으로 작품집 『제1이절판』 출간

〈ㅈ〉

Charterhouse lane
Schmyt Fyeld
Long lane
S. Bartholome
Aldersgate Strete
32
31
Litle Britaine
Gray Pryers
Pie corner
Gifford S
New gat
Newgat merket
S.N. shambles
Pater nr Row
Olde baily
14